129 [COLECCIÓN TRÓPICOS]

Edición exclusiva impresa bajo demanda por CreateSpace, Charleston SC.

1.ª edición: octubre de 2017

© **Edgardo Mondolfi Gudat, 2017**
© **Editorial Alfa, 2017**
© **alfadigital.es, 2017**

Reservados todos los derechos. Queda rigurosamente prohibida, sin autorización escrita de los titulares del Copyright, bajo las sanciones establecidas en las leyes, la reproducción parcial o total de esta obra por cualquier medio o procedimiento incluidos la reprografía y el tratamiento informático.

Editorial Alfa
Apartado postal 50.304. Caracas 1050 A, Venezuela
Teléfono: [+58 212] 762. 30. 36 / Fax: [+58 212] 762. 02. 10
e-mail: contacto@editorial-alfa.com
www.editorial-alfa.com

ISBN: 978-84-17014-33-9

Diseño de colección
Ulises Milla Lacurcia

Diagramación
Rocío Jaimes

Corrección
Magaly Pérez Campos

Imagen de portada
Fotografía publicada en la revista *Memorias de Venezuela*
N.º 16, octubre 2010. Archivo del Centro Nacional de Historia, Caracas.

Fotografía del autor
Guillermo Suárez

Printed by CreateSpace, An Amazon.com Company

Edgardo Mondolfi Gudat

La insurrección anhelada
Guerrilla y violencia en la Venezuela de los sesenta

Índice

Prefacio 13

Capítulo 1. Avatares de la insurgencia 31
   La Guerra Fría se calienta en el Caribe 31
   El paraguas nuclear 43
   Misiles y petróleo 53

Capítulo 2. Cuba lo tiene todo 81
   Juventud en guerra 81
   Visiones encontradas 87
   Foquismo *versus* frentismo 96
   La violencia ejemplar 105

Capítulo 3. La guerra antivenezolana 117
   La democracia se «derechiza» 117
   Betancourt en Washington 129
   La guerra «antivenezolana» 142
   ¿Hubo –o no– guerra? 144

Capítulo 4. Orígenes y rupturas 161
   Los años de prueba 161
   Una izquierda llena de confusiones 172
   ¿Acaso eran lo mismo Betancourt y Leoni? 185

Los dos demonios 197
　　Los «zurdistas pekineses» 209
　　La rivalidad PCV-MIR 215

Capítulo 5. Pilatos frente a la insurgencia 233
　　Carantoñas a los comunistas 233
　　La diferencia entre no ser comunista
　　y ser «anticomunista» 258
　　Los «ponciopiláticos» 275

Capítulo 6. La OEA y las armas 285
　　La operación «Caracas» 285
　　El revuelo de las armas visto desde afuera 292
　　Escepticismo en el vecindario 303
　　Al margen de la estridencia 308
　　La OEA se pronuncia 310

Capítulo 7. El Ejército se prepara para la guerra 321
　　Leoni no las tiene todas consigo 322
　　Una nueva modalidad 325
　　La doctrina Johnson 342
　　La «acción cívica» 349

Capítulo 8. Una tricontinental para avivar la hoguera 359
　　La segunda independencia 360
　　El mandado está hecho 377
　　La columna guerrillera 389
　　Importar al Che 394
　　El pragmatismo frente al cielo 401

Capítulo 9. Adiós a todo eso 405
　　Entre la *détente* y la Pacificación 406
　　Caminando sobre las cenizas 414

El legado de la lucha armada 423
Las aguas lustrales 441

Bibliografía 451

A la memoria del poeta Juan Liscano (1915-2001), por el simple hecho de que su voz sonara tan alto frente a la «insurrección anhelada».

Con la Lucha Armada (...) golpearemos permanentemente a todos los enemigos de la causa (...) y, más aún, vamos a extender la guerra, al igual que lo dijo el dictador argentino [Juan Manuel de Rosas], hasta aniquilar a los facciosos, a los cómplices (...), a los espectadores y a los indiferentes. [N]adie en el país político estará a salvo del castigo de no haber participado y comulgado con nuestra causa.
Entrevista con el comandante Luben Petkoff.
Revista *Sucesos* (México). Diciembre de 1966

[N]uestra revolución la vemos como la revolución cubana, la nuestra se ha venido desarrollando como la revolución cubana, con un desarrollo del socialismo, al igual que el desarrollo del socialismo de Cuba, todas enmarcadas en las ideas del Partido Comunista, en las ideas del comandante Fidel Castro, con una interpretación verdaderamente revolucionaria de lo que es el internacionalismo proletario, un verdadero ejemplo para todo el mundo revolucionario y, en especial, para el campo venezolano.
Entrevista con el comandante Francisco Prada Barazarte.
Revista *Sucesos* (México). Diciembre de 1966

No supimos apreciar la complejidad de una situación como la venezolana, en la cual la democracia apenas se estrenaba (...) y, sin embargo, me dejé ganar de nuevo por el voluntarismo característico de la época.
Teodoro Petkoff en conversación con Agustín Blanco Muñoz.
Caracas, *circa* 1980

Metafóricamente hablando, yo digo que nosotros acumulamos un poco de cosas y después agarramos y las tiramos por la ventana.
Pompeyo Márquez en conversación con Agustín Blanco Muñoz.
Caracas, *circa* 1980

También nosotros asumimos con pasión el marxismo-leninismo y nos lanzamos al asalto.
Américo Martín, 2001

Prefacio

En estos confusos tiempos de la Revolución Bolivariana resulta fácil advertir una marcada propensión a enaltecer y rendirle culto a la dinámica insurgente que tuvo lugar durante la década de 1960. Muchos medios alternativos y páginas web de contundente fidelidad al proceso chavista así parecieran atestarlo. Cabe observar de paso que ese culto cumple a la vez con un doble propósito: por un lado, para demeritar de la actuación de las autoridades democráticas durante las presidencias de Rómulo Betancourt y Raúl Leoni; por el otro, para buscar en la llamada «lucha armada» la cuna genésica que sirva para vincular las tesis insurreccionales de un pasado no tan remoto con los avatares revolucionarios del presente.

Desde luego, frente a lo que pudiésemos considerar un escenario mediatizado a ultranza, como el que los venezolanos hemos experimentado en estos tiempos, la forma de percibir el pasado más o menos reciente que significan los años sesenta no puede verse situada dentro de un terreno excepcional. Después de todo, la historia es fuente de controversia, y si en algo contribuye ese fenómeno de polarización extrema que hemos padecido durante las últimas dos décadas ha sido en exacerbarla. Pero también, como se ha hecho cargo de precisarlo la historiadora María Elena González Deluca, conviene aclarar que no se trata de un fenómeno exclusivamente venezolano: a su juicio, la historiografía registra numerosos presentes (o pasados recientes) que no dejan de generar controversia[1]. Pero lo que tal vez complique cualquier análisis que pretenda hacerse de los años sesenta sea la extrema presión que, en este caso, ejerce la narrativa oficial. No en balde, como actor principalísimo en medio del debate, el alto Gobierno ha pretendido construir una saga que justifique la trascendencia de una *causa* que quedó truncada en el camino a raíz de que, supuestamente, los quinquenios que se sucedieron durante el período 1959-1969 terminaron cerrándole el paso al tipo de cambio, radical y violento, que reclamaba la época. Resulta innecesario ir muy lejos para advertir que entre las distintas operaciones que le son propias a la *retórica bolivariana* en su afán de autolegitimación, y especialmente a la hora de controlar el discurso histórico, está la fuerza con que, desde el asiento central del poder, se habla de condenar ese pasado inmediato que fuera producto de los entendimientos alcanzados a partir del fin del régimen de Marcos Pérez Jiménez.

Quizá todo esto fue lo que me llevó a volver la mirada sobre el período en cuestión y, al mismo tiempo, dar por cumplido el compromiso que tenía contraído con la editorial Alfa de ofrecer una trilogía relacionada con la recuperación del ensayo democrático en el contexto de la violencia de los años sesenta. Precisamente, el volumen que ahora se ofrece pretende poner punto final a esa intención que comenzó con el atentado contra Rómulo Betancourt, en 1960, y siguió luego con las insurrecciones militares que debió afrontar el mismo mandatario entre 1960 y 1962. Estimé, al completar las dos primeras obras, que la comprensión de esa época luciría incompleta si no se abordaba en un tomo aparte lo que significó la prosecución de la estrategia insurgente en clave urbana durante el año y medio restante de esa primera gestión constitucional (1962-63) y el inicio de la violencia, ya en clave de guerrilla

---

[1] González D., M.E. (2016): 118.

rural, durante prácticamente los cinco años de mandato de Raúl Leoni entre 1964 y 1969.

Varias cosas saltan a la vista cuando comienza a transitarse el tema: primero, la falta de una narrativa de consenso en torno al conflicto armado; segundo, el hecho de que la dinámica guerrillera sea, con frecuencia, pasto de la mitomanía; tercero, una marcada propensión a idealizar la violencia que caracterizó la coyuntura y, cuarto –pero no por ello menos importante–, su carácter de historia reciente, lo cual hace que mucho de cuanto se haya ofrecido hasta ahora se vea tomado por pasiones y prejuicios que corren de manera profunda. Frente a lo último existe algo que no sé cuán cierto resulte a la postre pero que, a pesar de todo, tiene el mérito de marchar por cuenta de quien le dedicara dos gruesos volúmenes a un período que se expresaría en distintos tonos de violencia, como lo fue la Revolución francesa. Hablo en este caso de Adolphe Thiers, quien hacía observar lo siguiente en 1843, al dar por concluida su obra: «Acaso el momento en que los actores de una revolución [entran en el ocaso] es el más propio para escribir la historia, pues entonces se puede recoger la historia de ellos sin participar de todas sus pasiones». A Thiers lo separaban cuarenta y cuatro años del fin de los hechos protagonizados por girondinos y jacobinos, casi la misma distancia, en número de años, de la que existe entre el 2016 y el último año de la presidencia de Leoni.

La historia del tiempo presente resulta siempre complicada y, en no poca medida, porque las pasiones se mantienen encendidas, al menos en este caso concretamente venezolano, contrariando de algún modo el sabio parecer de Thiers. Por ello es que más cerca de la sensibilidad de nuestros tiempos, y también de las prevenciones que al respecto puedan formularse, figure tal vez lo dicho por el historiador Marc Bloch, a juicio de quien existe la natural tendencia por evitar que la «casta Clío», la musa del oficio, mantenga contactos «demasiado ardientes» con el pasado reciente.

De hecho, Bloch sufrió en carne propia las consecuencias de tratar de comprender su propio tiempo con maña de historiador: alumno de la disciplina hacia finales del siglo XIX, el historiador refiere que uno de sus profesores en el instituto de enseñanza media tenía la costumbre de sentenciar sin rodeos que «desde 1830 no hay historia; lo que existe es política»[2].

Otro prejuicio que se interpone a menudo al esfuerzo de enfrentar lo contemporáneo tiene que ver con que se insista en el hecho de verse uno situado más cerca de otras disciplinas que actuando dentro del auténtico vecindario de la historia. Se trata de algún modo de la sacrosanta noción del «distanciamiento» (*recul*, en francés) que, por ello mismo, debiera entrañar (al menos en principio) una irrefutable garantía de objetividad. La dificultad estriba en que, supuestamente, el contacto con el pasado inmediato suele colocar a quien lo practique en un ámbito más próximo al periodismo, por ejemplo, que al análisis sereno que solo, según este parecer, concede el reposo del tiempo. Quienes así piensan profesan la creencia de que la historia es «inactual» o que enfrentarse a lo muy contemporáneo conlleva el riesgo de hacer que su oficiante se vea a muy corta y peligrosa distancia de la sórdida inmediatez. Frente a este problema, un defensor a ultranza de la historiografía del tiempo presente como lo fue François Bedarida hablaba de la complicada línea divisoria que se erigía entre la historia del tiempo presente y la historia en sentido estricto[3]. Sin embargo, para salir del apuro, Bedarida se defendía de una manera muy ingeniosa, cuyo sentir comparto: «En sentido estricto, no se puede hacer historia del presente porque basta con hablar de ella para que se esté ya en el pasado»[4].

Peor aún: en medio de estos avatares, resulta el hecho de verse uno a merced del «yo lo vi» o «yo estuve allí» que, dicho de otra

---

2 Bedarida, F. (1998): 20.
3 Ibíd., 19.
4 Ibíd., 21.

forma, se traduce en una cortés insinuación, de parte del testigo de un hecho o circunstancia, de que posee al respecto una opinión mucho más autorizada de lo que puedan revelar centenares de documentos que, a fin de cuentas, no solo terminan ofreciendo una mirada global sino que, como es lógico, tienen la virtud de permitir que concurran múltiples perspectivas en torno a un mismo acontecimiento. Hasta ahora he vivido –y más que vivido, padecido– en repetidas oportunidades ese trance, y puedo asegurar que no se trata de una experiencia particularmente simpática.

Me basta con referir en este sentido el «desaire» que debí sufrir con ocasión de *El día del atentado, el frustrado magnicidio contra Rómulo Betancourt*. El hecho es que en medio de uno de esos obligados coloquios que suelen formar parte de las ferias de libros, un lector, aparentemente contrariado por el hecho, pidió la palabra para hacerme ver lo sospechoso que resultaba que yo no hubiese «vivido la presidencia de Betancourt» y, por tanto, que me hubiese atrevido a descifrar las complejidades del período sin contar para ello con ese bagaje existencial. Más desconcertante aún fue que el lector en cuestión insistiera en lo mucho que había significado para él haber visto la columna de humo que se levantaba sobre la urbanización Santa Mónica, sitio desde la cual juraba haber escuchado además la estruendosa detonación que por poco acaba con la vida de Betancourt cuando este viajaba en su vehículo oficial rumbo al paseo de Los Ilustres, el 24 de junio de 1960. Desde luego, según tal parecer, el hecho de no haber tenido la suerte de atestiguar la coyuntura desautorizaba en buena medida los alcances de mi investigación. En resumen: sin muchas vueltas ni disimulos, el impertinente lector me reprochaba *no haber vivido personalmente el fragmento de historia* que me había propuesto reconstruir para ese volumen. Como puede verse, los testigos directos pueden ser a veces muy categóricos, arbitrarios y violentos hacia quien haga del pasado reciente algún motivo para sus desvelos.

Por tanto, se comprende fácilmente que cualquier esfuerzo orientado a desentrañar las claves de una época cercana a nosotros mismos suele ser mirado con suspicacia, desconfianza o, incluso, con cierta falta de seriedad. Claro está que, cuando se trata del pasado reciente, la distancia temporal con los hechos es estrecha y la certeza del saber –como diría el propio Bedarida– está menos establecida[5]. Con todo, vale la pena asumir el riesgo de abordar la historia «en caliente», especialmente cuando, en este caso, la etapa de la lucha guerrillera cuenta todavía con apólogos y cultores. Además, lo atractivo es que la conexión histórica que ha pretendido construirse entre la guerrilla de los años sesenta y la actualidad bolivariana es frágil en muchos sentidos. Se trata, a fin de cuentas, de un proceso al cual resulta posible verle algunas malas costuras, como supongo ocurre de igual modo cuando se repara en muchas de las ofertas refundacionales alentadas en estos tiempos.

Por otra parte, vale la pena tratar de ver el reverso de lo que tradicionalmente se ha dicho desde la izquierda cuando sostiene que el país de los años sesenta le tenía miedo al Gobierno o, en palabras más directas, que la sociedad venezolana se sentía presa del terror pánico que infundía el régimen de Betancourt. Basta ver las caricaturas publicadas en algunos periódicos de carácter clandestino para así confirmarlo: en ellas es posible observar al mandatario blandiendo un revólver en cuyo largo cañón figura rotulada la frase «violencia oficial»; también resulta llamativa en otros casos la estampa de Betancourt en avíos militares, disparando un fusil; o un Betancourt de cuerpo deforme que exhibe pezuñas y colmillos afilados o, inclusive, un Betancourt garrote en mano, sostenido por detrás por una enorme mano de gorila que apenas deja entrever el borde de una manga que ostenta las estrellas y barras de la bandera de los EE. UU. Para ello, es decir,

---

5 Ibíd., 26.

para tratar de invertir esa imagen, tal vez convenga acudir a lo dicho por un contemporáneo cuyo testimonio, si bien no provisto de mayores elaboraciones, deja planteadas ciertas cosas que conviene retener:

> Hoy en día no es el gobierno a quien se le tiene miedo como en los tiempos de la Dictadura [de Marcos Pérez Jiménez]: se le tiene temor a esa organización clandestina [las Fuerzas Armadas de Liberación Nacional] que hasta el mismo gobierno no permite que se mencione, la cual, con la esperanza del más nefasto de los objetivos –llegar al poder por la fuerza bruta y el terror– está matando, incendiando y destruyendo tantas cosas que le son necesarias a los venezolanos. (...)
> Debido a esa violencia le ha sido imposible al país resolver más rápidamente muchos de los problemas por los cuales [luchan las organizaciones armadas]. Ha sido imposible a las fuerzas opositoras al gobierno lograr que éste sea más efectivo y eficaz en su labor (...) [L]a violencia le ha dado por otra parte la excusa al gobierno para actuar con procedimientos que, en otras circunstancias, serían inaceptables. (...) El error de muchos de [los] alzados en armas consiste en comparar a la Venezuela actual con la Rusia de los zares de 1915, con la China del opio y del feudalismo de 1938, con la Cuba corrompida de 1958, con la Israel bajo el dominio inglés de 1946 o, más recientemente, con la Argelia en rebeldía contra Francia. (...)
> Seguramente, al ver la lentitud con que nuestros partidos tradicionales y el gobierno [atacan] los problemas, [buscan] en los dictados del leninismo, maotsetunismo, fidelismo –o como [quieran] llamarlo– [la] inspiración para una acción más rápida. La respuesta fue la acción violenta, la acción de fuerzas, la imposición a sangre y fuego de la minoría que cree poseer la verdad. (...)
> [A través de] la acción que están desarrollando (...) puede que logren falsos éxitos parciales, pero éstos no compensarán nunca el precio en dolor, miseria y sufrimientos que pagará el país para alcanzarlos[6].

---

6 González, M. «Unas palabras al guerrillero Pablo». *El Universal*, 23/12/63: 13.

No existe un estimativo exacto, ni tan siquiera aproximado, de los daños económicos –con obligado perjuicio en vidas humanas– ocasionados por esta contienda que se libró durante casi toda la década de 1960. Ciertamente, como lo da a entender el opinante antes citado, las acciones insurreccionales privaron tanto a Betancourt como a Leoni de lo mejor de su tiempo y esfuerzo para hacer frente al apogeo guerrillero que, a su vez, y en muy extensa medida, fue producto del contagioso efecto de la Revolución cubana, inducido además por sus máximos dirigentes. Este es sin duda otro aspecto que pretende abordarse en algunas secciones del libro: ver hasta qué punto Venezuela estaba a merced de una estrategia insurreccional provista de apoyos internacionales y, a partir de cierto momento y más regionalmente hablando, de Cuba. Por ello no resulta nada extraño que, al verse situado el país al servicio de un proyecto (y dentro de un mapa concreto que lo alimentaba, como lo era la confrontación Este-Oeste), el tema de la Guerra Fría recurra de manera frecuente a lo largo de estas páginas. Después de todo, como lo ha apuntado sagazmente el historiador colombiano Marco Palacios, el tiempo globalizado de la Guerra Fría fue el gran distribuidor de legitimidades para la insurgencia y, también, para la contrainsurgencia[7]. Es el propio Palacios quien se ha hecho cargo de señalar que, en casos como este, suele relegarse erróneamente la dimensión internacional[8]. Además, el hecho de que en algún momento se discutiera la posibilidad de que el Che Guevara se incorporase a la experiencia guerrillera local, o que un grupo de combatientes cubanos terminara haciéndolo al servicio de zonas controladas por el MIR, en el oriente venezolano, es justamente prueba del tipo de conflicto que se veía planteado, algo que, por lo demás, tiende a soslayarse con bastante frecuencia en la literatura existente.

---

7 Palacios, M. (2012): 22.
8 Ibíd., 21.

Esto último lleva de seguidas a otro punto importante. En la consciente expresión de sus propósitos, la izquierda armada desafió a todo trance a dos gobiernos de claro origen comicial y, si se trata en este caso de acudir a los números, ambos producto de una significativa concurrencia a las urnas, especialmente en lo que a la segunda de tales elecciones se refiere, es decir, las de 1963. Lejos de suponer, pues, que el gobierno de Betancourt hubiese minado la fe y la confianza en el sistema democrático, este se vio apuntalado a raíz de unos resultados que, en lugar de llevar a la izquierda a abandonar la fórmula armada, condujeron a que una parte de ella relanzara la estrategia insurreccional en términos mucho más agresivos contra la administración de Leoni. Además, hablamos en este caso de una insurgencia que, a pesar de lo fantasiosa en sus propósitos y alcances, no dejó de colocar al gobierno en el trance de tener que derrotarla militarmente mediante sofisticadas técnicas de combate antiguerrillero, realizando para ello una cuantiosa inversión en efectivos, equipamiento y recursos.

Una idea a este respecto la ofrece el hecho de que, entre 1965 y 1968, debió apurarse la graduación de seis promociones del Ejército a fin de poder contar con el número suficiente de oficiales que, a partir de una concepción distinta de la guerra, hiciese frente a los teatros guerrilleros. Vale la pena escuchar lo que, a este respecto, tiene que decir un testigo:

> Fue necesario un mayor presupuesto para reequipar algunas unidades, crear otras y reprogramar el sistema educativo de las escuelas de formación de oficiales, y las de especialización, para lograr conocimientos más efectivos en este tipo de guerra. Se les combatió en su mismo terreno, con las mismas técnicas que ellos empleaban, y se organizaron unidades militares similares a las del enemigo que, a la larga, dieron los resultados deseados. (...)
> En el Ejército se hizo necesario graduar varias promociones antes de cumplir los cuatro años del ciclo de formación. (...) La graduación de [seis] promociones [entre 1965 y 1968] permitió que se dispusiese

de más de trescientos oficiales, de los cuales muchos de ellos irían a los campos antiguerrilleros[9].

Que la experiencia guerrillera venezolana haya sido de corta duración, o que haya tenido una cobertura geográfica limitada, no presupone en ningún caso que dejara de ser intensa. En este sentido, ocurre con frecuencia que, a la hora de ofrecer comparaciones y ver que Colombia, por ejemplo, se vio sumida en medio siglo de violencia armada, esto les sirve la mesa a ciertos sectores que han pretendido bajarle el tono a lo ocurrido en Venezuela durante la década de 1960. Porque lo cierto es que la frustrada experiencia en el campo de la guerrilla condujo en algunos casos a una revisión sincera de lo ocurrido pero, también, a ofrecer una visión edulcorada en muchos otros, pasando por el hecho de hacer una valoración bastante cuestionable de lo que en realidad significó semejante guerra. Sin embargo, decir más de la cuenta en tal sentido no solo abultaría estas páginas que apenas pretenden servir de prefacio, sino que llevaría a hacer que al lector le resulten redundantes muchos de los testimonios que han podido recogerse y que figuran diseminados en varios capítulos de esta obra.

No solo fue intensa. También vale la pena reparar en lo que, para los grupos en armas, significó que la guerra cobrase relevancia internacional, y que las repercusiones que pudieran derivarse de ella sirviesen para colocar a Venezuela en el mapa de las luchas insurgentes que se libraban a nivel planetario durante los años sesenta. Un documento producido por el FLN (Comité Político de las Fuerzas Armadas de Liberación Nacional) en diciembre de 1965, en plena presidencia de Leoni, enfatizaba justamente lo mucho que podrían contribuir los contactos en el

---

9   Castillo M., A.J. (1996): 29, 43. La primera de ellas fue en enero del año 1965, cuando se graduó la promoción «General de División Diego Ibarra». Después siguieron las promociones «General de División Francisco Esteban Gómez», «General de División Francisco Rodríguez del Toro», «General de División Lino de Clemente», «General de División Juan Manuel Valdés» y concluyó con la promoción «General de Brigada Pedro María Freites» en 1968. Ibíd., 43.

exterior con miras a alcanzar el máximo objetivo estratégico: «la liberación nacional del país». Un fragmento de tal documento corre así:

> Tanto el FLN (Frente de Liberación Nacional), y demás organismos filiales en el extranjero, en todas aquellas partes en las cuales esté debidamente constituido, deben cuidar rigurosamente las campañas de solidaridad para con nuestra lucha, así como los pronunciamientos periódicos de todos aquellos organismos o personalidades internacionales o de relevancia mundial o continental que se hayan mostrado dispuestos a tal manifestación de apoyo a nuestra lucha. En tal sentido, conviene anotar nuevamente el deber en que se encuentra el Secretariado Político del FLN en cada uno de los países en los cuales exista, de pasar una relación exacta de todos sus contactos y relaciones[10].

En tal sentido, aparte de las redes locales establecidas en distintos países y de los comités de solidaridad como los recomendados por el documento, la insurgencia llegó a contar incluso con el buen cartel que le aportaran algunas voces de prestigio dentro del panorama intelectual del momento. De esta forma podría explicarse que hasta Jean Paul Sartre le rindiera tributo a la utópica acción de la guerrilla venezolana y que, a la hora de enumerar la miríada de razones que le llevaron a rechazar el Premio Nobel de Literatura, figurara entre sus desplantes una referencia al talante «represivo» de Betancourt. Teodoro Petkoff, valioso actor y testigo de la época, refiere la ocasión en que, hallándose en París luego de practicar exitosamente su fuga del cuartel San Carlos, pidió una audiencia con Sartre para hablarle de los alcances del plan de paz propuesto por un sector del PCV y, a fin de cuentas, intentar explicarle que la táctica guerrillera no conduciría a la larga sino a una tragedia en América Latina. El filósofo simplemente

---

[10] FLN, Comité Político. «Carta Política para organismos en el extranjero». Caracas, 10 de diciembre de 1965. Archivo Leoni. Carpeta N. 107.

le mandó a decir con una secretaria: «yo no tengo nada que hablar con traidores»[11].

Lo cierto del caso es que el escritor existencialista se entusiasmó tan paladinamente con la experiencia insurgente venezolana que ella vino a convertirse para él en una causa exótica y llamativa, más que todo, con el fin de promocionar su patrimonio literario. El escritor Pedro Díaz Seijas sería implacable al hablar así del rechazo de Sartre al premio sueco: «[B]ien poco le importa cerciorarse [de] si dice la verdad o no, cuando se refiere a un lejano país llamado Venezuela. Ese país es para él un punto borroso en el mapa del mundo. Está en el trópico y tiene fama de torbellinesco. Lo demás no importa. Para el filósofo, lo mismo hubiera dado nombrar las guerrillas del Vietnam que las de Venezuela»[12].

En lo que al mundo intelectual se refiere, y en medio de la elaboración de este trabajo, tuve la gratísima sorpresa de advertir un hecho revelador: Juan Liscano, a quien valoraba por el desarrollo de una obra poética muy personal y como extraordinario –aunque a veces atropellado– polemista durante la década de 1980, actuó como una voz solitaria en el contexto cultural de los años sesenta, aunque ello no lo amilanó a la hora de disponerse a batallar desde la prensa contra la guerrilla y sus credos. Hablamos en este caso de una época en la que, como bien lo explica Alejandro Cardozo Uzcátegui[13], los movimientos literarios abrumados, inspirados o excitados por la experiencia cubana lanzaron una variopinta serie de consignas ideológicas frente a las cuales Liscano figuraría predicando desde un montículo solitario. Esa valentía de dialogar contra los vientos condujo sin duda a su temporal execración del panorama literario nacional; sin embargo, perdura precisamente en las páginas de los periódicos, especialmente de su

---

11   Moleiro, A. (2006): 118.
12   Díaz S., P. «Sartre y las guerrillas». *El Nacional*, 13/11/64: A-4.
13   Cardozo U., A. (2014): 169.

columna semanal en el diario *El Nacional*, el testimonio de quien no se acuarteló para defenderse sino que, antes bien, salió a dar el ataque en un clima poco propicio a la comprensión de sus pareceres. De alguna manera, como lo expresa la dedicatoria, esta obra es un homenaje a Liscano, sobre todo a la vista de una cantidad casi innumerable de artículos suyos que dan cuenta de ese intento por polemizar desde rincones cuasisolitarios.

La leyenda, por lo general, tiene vida dura y cuesta trabajo vencerla. Justamente una de las más perdurables, y que Liscano se hizo cargo de confrontar en su propio tiempo, tiene que ver con la idea de que fue el gobierno constitucional el que le cerró todos los cauces legales a la izquierda y lo que llevó a esta a tener que actuar fatalmente y sin remedio a través de la violencia. Citemos al caso una de sus entregas, donde el poeta pone en duda esa versión:

> Nuestros revolucionarios razonaron de este modo: «Si los cubanos hicieron la Revolución, ¿por qué no la vamos a hacer nosotros también?». Y pusieron mano a la obra, organizando una fuerza armada capaz de determinar la insurrección o de aprovecharla. (...)
> Ya estaba en marcha un proceso democrático, con todas sus fallas y aciertos, en cuya iniciación tuvieron parte importante los mismos comunistas. El gobierno democrático no inició la represión. Por el contrario, demoró tanto en decidirse a tomar represalias que sus adversarios pudieron montar su aparato insurreccional[14].

En otro orden de ideas, el lector advertirá, tal vez con cierto grado de sorpresa, que no figure aquí el testimonio que pudieron haberme brindado de forma directa algunos protagonistas de la coyuntura. Suena extraño que así sea, sobre todo si se parte de considerar que uno de los recursos sobre los cuales descansan las posibilidades más ricas que ofrece trabajar con el pasado inmediato sea el mundo de la oralidad o lo que, en palabras más

---

14 Liscano, J. «Precisiones». *El Nacional*, 13/11/65: A-4.

gruesas, podría llamarse «la memoria viva». Menos se entiende esta prevención de mi parte si se toma en cuenta que, aun cuando cada vez sean menos –biológicamente hablando–, existen aún importantes testigos de aquella época, muchos de los cuales se mantienen opinando, incluso de manera activa, sobre el acontecer nacional. Con todo cabría hacer una observación que sirviese para justificar esta actitud de mi parte. Si bien la labor de historiar lo reciente obliga a hacer referencia a realidades que están más allá de la evidencia documental, persiste el problema de lo que significa la relativa confiabilidad de los testimonios orales. Ello por no agregar que el testigo directo tiende a incurrir muchas veces en un vicio incurable: el pretender erigirse en portavoz de la verdad[15]. Se me ocurrió sin embargo que una forma de sortear este obstáculo y no privarme de importantes testimonios era recurriendo al caudal de buenas entrevistas hechas en el pasado, muchas de las cuales, por fortuna, figuran recogidas en colecciones que yacen al alcance del investigador. De ellas, y con el debido cuidado, me permití entresacar las opiniones que sirvieran para ofrecer una mejor comprensión de la coyuntura y, especialmente, de sus contradicciones. Por lo demás, siempre partí de suponer que cualquier cosa que pudiesen decir algunos de estos protagonistas, más allá de los testimonios publicados hasta ahora, redundaría en terreno ya conocido.

Por otra parte, al encarar lo muy contemporáneo no se corre tanto el riesgo de padecer de la falta de fuentes sino todo lo contrario: experimentar su desconcertante abundancia. Esto implica que el desafío se ve situado en otra parte, es decir, en lo difícil que resulta controlar muchas de las variables documentales o lograr, en el mejor de los casos, que la recolección y consulta de centenares de textos no abrumen al investigador al punto de hacer que se extravíe en un inexorable laberinto. Es por ello que conviene decir

---

15 Bedarida, F. (1998): 25.

algo acerca de la calidad y valor de las fuentes, así como sobre los archivos en los cuales me vi precisado a pesquisar con el fin de llevar a cabo esta investigación.

Una vez más, como fue el caso de *Temporada de golpes. Las insurrecciones militares contra Rómulo Betancourt*, la cantera de testimonios colectada en varios volúmenes por el historiador y periodista Agustín Blanco Muñoz fue de una inmensa utilidad a la hora de comprender la dimensión del conflicto a través de sus propios actores. De igual modo, así como tuve la oportunidad de trabajar directamente para la elaboración de ese volumen en el archivo de la Fundación Rómulo Betancourt, para este he tenido el privilegio de consultar en cambio el archivo privado del presidente Raúl Leoni, propiedad de la familia Leoni-Fernández. La gentileza y libertad con que Luisana, hija del presidente, me permitió acceder a tan valioso repositorio es algo que de veras cuesta agradecer.

A la hora de dejar constancia del compromiso que tengo contraído con diversas instituciones debo hacer mención, muy especialmente, del Archivo Histórico del Ministerio de Relaciones Exteriores y su competente personal, encabezado por el profesor Carlos Ustáriz y del cual forma parte la historiadora y colega Yepsaly Hernández. A todos ellos va dirigido un profundo agradecimiento debido a las facilidades y el trato sin reservas que me dispensaron a la hora de consultar sus riquísimas existencias.

Al mismo tiempo, dado el volumen de material de prensa, reportajes, crónicas, entrevistas, artículos de opinión, informes oficiales y documentos semioficiales que debí examinar para redondear una visión que abarcara entre el año 1960 y finales de esa década, debí contar en todo momento con una serie de respaldos invalorables. Cabe comenzar en este sentido por reconocer la labor que corriera a cargo de mi asistente para esta investigación, la historiadora y candidata a magíster en Historia por la UCAB, Jessica Pamela Guillén, quien ubicó, fotografió y digitalizó un caudal de materiales, recurriendo para ello a diferentes repositorios documentales, desde el archivo del presidente Leoni hasta las hemerotecas de la Academia Nacional de la Historia (ANH), de la Universidad Central de Venezuela (UCV) y del Instituto Autónomo Biblioteca Nacional (IABN). Además, su labor fue toda una hazaña en estos tiempos de racionamiento eléctrico, a raíz de lo cual los incesantes cambios y fluctuaciones de los horarios de acceso al público se interpusieron de manera permanente en su labor. Todo ello sin contar, por supuesto, para mayor mérito de su trabajo, con el hecho de que algunas de las fuentes resultaron de difícil acceso, tales como la *Revista del Ejército* y la bimestral *Revista de las Fuerzas Armadas de Venezuela*.

De igual modo, para la ubicación de materiales contenidos en distintos diarios y revistas de circulación nacional, los cuales se especifican a lo largo de la obra, conté con el irreductible esfuerzo y dedicación de Adrián Gómez, aventajado alumno de la Escuela de Estudios Liberales de la Universidad Metropolitana (Unimet), quien hizo de esta experiencia una fructífera pasantía en la Academia Nacional de la Historia entre el 2015 y el 2016.

Paciente labor fue asimismo la que desarrolló la historiadora Consuelo Andara, en la ANH, en procura de rastrear materiales que figuraban en el catálogo de la Biblioteca Nacional y, sobre todo, al ayudarme a desbrozar el importantísimo repertorio hemerobibliográfico titulado *Hombres en armas. Fuentes para el estudio de la historia militar de Venezuela*, compilado por Rafael Ángel Rivas Dugarte y Gladys García Riera y que, aún en su forma de texto inédito, el catedrático y colega Rivas Dugarte tuvo la enorme gentileza de colocar en mis manos. Por otra parte, mucho debo también al paciente apoyo que me dispensara mi alumno Carlos Villegas, actualmente tesista de la Maestría en Política y Gobierno de la Unimet, en la revisión y chequeo final del referido catálogo de García Riera y Rivas Dugarte.

Empero, los agradecimientos no se detienen aquí cuando del acceso seguro a diferentes documentos se trata. En tal sentido, debo también una palabra de particular gratitud a mi amiga y antigua colega en faenas docentes en la Facultad de Estudios Jurídicos y Políticos de la Universidad Metropolitana, Angelina Jaffé Carbonell, quien de manera generosa y desinteresada puso a mi alcance la versión taquigráfica de un intenso debate librado en la Cámara de Diputados en marzo de 1966 en torno al problema insurreccional, el cual figura aludido en varios pasajes de esta obra. Lo mismo debo decir del abogado Carlos E. Hernández González, actual candidato a doctor en Historia por la UCV, quien puso a mi alcance una serie de importantes materiales y textos de época, así como algunos números de la antes mencionada *Revista del Ejército*.

Asimismo, a Guillermo Guzmán Mirabal, respetado profesor de la Universidad Católica Andrés Bello y, por feliz decreto del destino, mi tutorado por partida doble en la Maestría y Doctorado en Historia de esa misma universidad, debo el hecho de haber podido disponer de un curioso informe británico de carácter confidencial acerca de la actividad insurgente en Venezuela, el cual figura citado en más de una ocasión a lo largo de estas páginas, y cuyo hallazgo en los Archivos Nacionales de Ottawa fue obra suya. De igual modo, al joven historiador y amigo Carlos Alfredo Marín debo el hecho de haber puesto a mi alcance una asombrosa cantidad de documentos pertenecientes al Movimiento de Izquierda Revolucionaria (MIR), especialmente de una colección bastante completa del semanario *Izquierda*, que esa organización editara durante su efímera existencia legal y que persistiera en hacerlo más tarde a lo largo de su etapa clandestina.

Dentro de esta comprimida lista de agradecimientos corresponde uno especialmente dirigido al historiador, compañero de faenas y amigo inmejorable, Pedro D. Correa Pérez, con quien he compartido una serie de entendimientos en torno a los temas aquí tratados, siempre dentro del grato y estimulante ambiente de trabajo que ofrece la Academia Nacional de la Historia.

En vista de que el recorrido que ahora se ofrece es susceptible de crear polémica, debo aclarar por último que todos los juicios y comentarios formulados a lo largo de la obra, así como el manejo de las fuentes, son de mi más absoluta y completa responsabilidad. Por tanto, nada de ello compromete a las instituciones o personas que me prestaron tan valiosas facilidades para acceder a materiales sin los cuales habría sido prácticamente imposible acometer la tarea.

EMG

Capítulo 1
Avatares de la insurgencia

> Esa situación [la insurrección en Venezuela] es sólo el producto de la inconformidad, de la impopularidad, de la entrega a intereses imperialistas. La rebelión en Venezuela no debe achacársele a Cuba, pero es debida a que el país está siendo saqueado por monopolios yanquis que tienen invertidos 4.500 millones de dólares y están saqueando inmisericordemente sus riquezas, su hierro y su petróleo.
> FIDEL CASTRO. La Habana, 06/12/63[16]

> [L]os dientes del barbudo cubano son agudos, máxime cuando han sido afilados en Moscú.
> *Journal American.* New York, 07/12/63[17]

> [N]ingún país pequeño, y mucho menos latinoamericano, tiene tanta ambición intervencionista como Cuba. El sueño de Fidel Castro sería una confederación de países latinoamericanos liberados por sus guerrilleros cubano-venezolanos o cubano-colombianos o cubano-guatemaltecos, etc., y él, en el centro, glorificado por esa confederación.
> JUAN LISCANO, 29/05/69[18]

La Guerra Fría se calienta en el Caribe

En noviembre de 1960, justo por los días en que en los Estados Unidos se celebraban las elecciones que llevarían a John F. Kennedy a la Presidencia, tenía lugar en Moscú una conferencia con representantes de ochenta y un partidos comunistas de la cual emanaría una declaración referida, muy especialmente, a la política de «Coexistencia Pacífica» que venía siendo preconizada a los

---

16 *El Universal*, 07/12/63. Archivo MPPRE (País: EE.UU.) DPI/Asuntos bilaterales. Expediente N. 335-1963. Armas en el estado Falcón. Intervención cubana en Venezuela. Reunión de Consulta.
17 *La Esfera*, 07/12/63. Archivo MPPRE (País: EE.UU.) DPI/Asuntos bilaterales. Expediente N. 335-1963.
18 *El Nacional*, 29/05/69. A-4.

cuatro vientos por el primer secretario del Partido Comunista de la Unión Soviética (PCUS), Nikita Jruchov.

Dos años más tarde, al formular una opinión sobre tal documento con vistas al reciente proceder de la URSS en el ámbito internacional, la Cancillería venezolana sostendría que la noción de «Coexistencia Pacífica» revelaba un carácter exclusivamente táctico dentro del vocabulario comunista. Estimaban los diplomáticos locales que, a fin de cuentas, «se reemplaza[ba] la posibilidad de una confrontación armada entre las grandes potencias en una guerra total [a favor del] método, quizá más lento pero muy efectivo, de la interferencia indirecta en la vida de los países, la subversión, e incluso la guerra de guerrillas». «Venezuela –concluía el análisis– es un ejemplo patente de esta situación y *uno de los países que se ha encontrado más directamente sometido a la acción de este segundo frente de la política de coexistencia pacífica*»[19].

Sin necesidad de mencionarlo explícitamente –salvo que estuviese refiriéndose en este caso a la acciones emprendidas por los aparatos armados con los que de manera incipiente contaban el Partido Comunista de Venezuela (PCV) y el Movimiento de Izquierda Revolucionario (MIR)–, el informe del MRE parecía apuntar, en pocas palabras, al papel que jugaba el régimen de Castro como «sucursal» de la URSS. Más aún, de lo que se trataba, como pudiera inferirse de otros pasajes del documento, era de demostrar que Cuba venía actuando como brazo de esa política soviética que, si bien predicaba por un lado que los dos sistemas (Este-Oeste) podían sobrevivir y hasta florecer sin destruirse mutuamente, tal como parecía postularlo la «Coexistencia Pacífica», por el otro elogiaba que la Guerra Fría se hubiese trasladado al llamado «mundo periférico» para convertirse en «guerra caliente» y sacar de ello el máximo rédito posible en términos estratégicos.

---

19 Archivo MPPRE (País: EE.UU.). Expediente N. PI-5-62 (original 1962; reproducido el año 1964). «La posición venezolana frente a la política de coexistencia pacífica de la Unión Soviética». Énfasis agregado.

Después de todo, ya desde enero de 1961 –a pocos meses de haberse celebrado la conferencia de los partidos comunistas en Moscú–, Jruchov había dado muestras de prohijar ambas políticas al comprometer públicamente el apoyo de la URSS a las causas «antiimperialistas» y a los «movimientos de liberación nacional» que actuaban no solo en África y Asia sino también en América Latina[20]. Justamente, el discurso jruchoviano de 1961 habría de llevar a los diplomáticos venezolanos a coincidir con sus pares en el Departamento de Estado a la hora de observar que la «insurgencia subversiva», más que la agresión abierta, parecía ser el signo característico de la política que la URSS se hallaba dispuesta a promover en el mundo emergente[21].

A su modo, pues, este informe de la Cancillería venezolana ponía de manifiesto el clima de tensiones que había ido construyéndose a partir del hecho de que Cuba se asimilara al formato de la Guerra Fría y, en consecuencia de ello, que «recalentara» dentro de la zona del Caribe un conflicto que parecía haber dejado firmemente asentadas algunas de sus fronteras más visibles y emblemáticas en otras latitudes. De hecho, según un autor como Lawrence Freedman, experto en el tema de la Guerra Fría, la dinámica del enfrentamiento Este-Oeste en el teatro europeo tendió a estabilizarse más pronto que tarde debido a lo tajante que resultó ser la división de Europa más allá del punto inflamable que seguía representando la situación planteada en torno a Berlín[22]. Otro autor –en este caso, el estadounidense Hal Brands– también llama la atención acerca de la forma tan sorprendentemente rápida con que se normalizó la frontera más temida de la Guerra Fría y, por ende, el significativo grado de estabilidad que alcanzó el conflicto dentro de los confines europeos[23]. Brands anota de modo

---

20 Brands, H. (2009): 20.
21 Ibíd., 43.
22 Freedman, L. (1999): 256-257.
23 Brands, H. (2009): 1.

textual lo siguiente, y no sin razón, al analizar el punto: «El duelo entre las superpotencias no tardó en volverse esclerótico; la parálisis de la amenaza nuclear y, a fin de cuentas, la emergencia de un balance de poder en Europa restringió toda posibilidad de maniobra y dio lugar a una especie de 'paz fría' dentro de lo que hasta entonces había sido el más peligroso teatro de conflicto de la Guerra Fría»[24].

En cambio, dentro del mundo que habría de emerger en la inmediata posguerra como resultado del proceso de descolonización, las fronteras de la Guerra Fría serían lo suficientemente porosas como para que allí llegara a instalarse, con todas las variantes del caso, el enfrentamiento bipolar. A la hora de abordar este asunto, el historiador británico Eric Hobsbawm observa lo siguiente: «A diferencia de Europa, ni siquiera se podían prever los límites de la zona [del tercer mundo] que en el futuro iban a quedar bajo control comunista, y mucho menos negociarse, ni aun del modo más provisional y ambiguo[25]. A lo que agregaría, haciendo gala de precisión, que el tercer mundo estaba llamado a constituirse en zona de guerra al tiempo que el primero y el segundo habrían de experimentar la etapa más larga de paz desde el siglo XIX[26]. En la medida en que ese tercer mundo fuese cobrando forma –añade por su parte Hal Brands–, también lo harían los contornos de la nueva Guerra Fría[27]. Otro autor que no se queda atrás a la hora de analizar el asunto es el historiador colombiano Marco Palacios. Escuchémoslo: «Esa [nueva] forma de guerra, sustituto de una confrontación nuclear impensable, dio nuevo sentido a las luchas de liberación nacional, principalmente en Asia y África, y replanteó las reglas de la política latinoamericana»[28].

---

24 Ibíd., 19.
25 Hobsbawm, E. (2003): 231.
26 Ibíd., 433.
27 Brands, H. (2009): 21.
28 Palacios, M. (2012): 73.

Casos como el de Corea (1950-1953), o el de Vietnam entre fines de la misma década e inicios de los años sesenta, bastan para ilustrar el punto. Ahora bien, como lo observa Brands, lo interesante es que la Revolución cubana emergiera en este mismo contexto no como parte del proceso descolonizador que caracterizara a Asia y África sino al proclamar su plena adhesión a la causa del tercer mundo. Ello es así puesto que, más allá de pertenecer al elenco de repúblicas que advino en el siglo XIX (con todo y lo tardío que fuera el caso de la propia Cuba), la descolonización provocó un profundo impacto ideológico en la medida en que, para la izquierda que seguía de cerca los postulados antiimperialistas de V. I. Lenin, América Latina no lucía menos «expoliada» que aquellas regiones de Asia y África (Indochina o Argelia) donde la descolonización equivalía a una lucha armada en pro de la «liberación» política, pero también de la «emancipación» económica. Citemos al caso lo que apunta textualmente este autor:

> La descolonización [que venía teniendo lugar en Asia y África] estimuló un pensamiento distinto acerca del lugar que debía ocupar América Latina en el mundo de la posguerra. En la medida en que la descolonización iba avanzando, la noción de «Tercer Mundo» vino a significar más la condición de «subdesarrollado» que de «no alineado». (...) Si América Latina podía a duras penas ser calificada de «no alineada», su condición de «subdesarrollada» era lo que, a juicio de muchos observadores, podía darle equivalencias similares frente al resto del mundo emergente. Así, durante la década de 1960, solía ser frecuente escuchar la afirmación según la cual América Latina pertenecía más al grupo de naciones «subdesarrolladas» que a una comunidad interamericana liderada por los Estados Unidos[29].

Vale señalar por caso que la juventud venezolana afiliada a la izquierda siguió con mucha atención el conflicto que se libraba en Argelia o Vietnam y se identificó de cerca con sus esquemas

---

29 Brands, H. (2009): 16.

organizativos y métodos de lucha a la hora de tomar el atajo insurreccional. Pero sería en realidad el advenimiento de la Revolución cubana en 1959 lo que haría que esta se convirtiera, más temprano que tarde y con mayores implicaciones que Argelia o Vietnam, en el vaso comunicante de todos los movimientos de «liberación nacional», tal como no habría sido ni remotamente posible preverlo una década antes[30]. El punto resulta más importante de cuanto pudiera revelar a primera vista. Los comunistas vietnamitas, por ejemplo –con mucho, los más acertados practicantes de la estrategia guerrillera, como lo apunta Hobsbawm–, concitaron la admiración internacional, pero no hicieron que sus admiradores dejaran de advertir que aquel movimiento gravitaba exclusivamente en torno a sus propios intereses nacionales[31].

Aquí es donde cabe observar que la Revolución cubana pareció asumir, por vía de reemplazo, el antiguo ecumenismo y la retórica de la revolución mundial que la URSS se hallaba en trance de abandonar luego de haberla retomado fugazmente durante el primado de Jruchov. Así, pues, si el caso de Vietnam, el de los palestinos, el de los argelinos o el de muchos otros movimientos de liberación nacional se afincaba exclusivamente dentro de sus propias fronteras, la causa cubana le daría aliento en cambio a compromisos mucho más amplios. Demetrio Boersner observa, al respecto, lo siguiente:

> Desde sus comienzos, la Revolución cubana había mostrado un sentido de solidaridad revolucionaria internacional que se extendía más allá de los límites de Latinoamérica. El partido gobernante cubano estableció vínculos con las organizaciones revolucionarias de los negros norteamericanos y con las fuerzas antiimperialistas de África y Asia. El paso del «Che» Guevara por el Congo (Zaire) y la ayuda prestada por voluntarios cubanos a las tropas rebeldes de Pierre Mulele en ese país constituyeron pruebas prácticas de dicha solidaridad[32].

---

30   Ídem.
31   Hobsbawm, E. (2003): 436, 445-446.
32   Boersner, D. (1996): 222.

Obviamente, el empeño de la insurgencia cubana por «universalizar» su experiencia tendría mucho que ver con lo que Antonio Sánchez García ha definido como la tradición mesiánica y milenarista del marxismo[33]. Por su parte, a juicio de un excombatiente que asimiló la coyuntura de la violencia armada como un aprendizaje en el error:

> [E]sta vocación [por parte de Cuba] de meter la cabeza hasta el cuello en los asuntos de nuestra guerrilla no era por especial y única idolatría a la patria de Bolívar. Era, más bien, cumplir con el destino manifiesto de la revolución cubana para repetir su gesta no sólo en todo el continente (...) sino en Etiopía, Angola, en el Congo, en Guinea Bissau y, para ello, Fidel funda las nuevas agrupaciones que coordinarán la toma del poder en los tres continentes del subdesarrollo: la OSPAAL (Organización de Solidaridad de los Países de Asia, África y América Latina) y la OLAS (Organización Latino Americana de Solidaridad)[34].

Ahora bien, no cabe duda de que este impulso misionero de los dirigentes del 26 de Julio, el cual les condujo a hacer presencia en otras latitudes del tercer mundo, tendría su principal caja de resonancia en el vecindario inmediato donde, aparte de todas las afinidades de índole lingüística y cultural, existía un patrimonio compartido en torno a los libertadores históricos, desde Simón Bolívar hasta José Martí. Esto, junto a una tendencia marcadamente antisajona de los autores modernistas latinoamericanos de fines del siglo XIX, a lo que se sumaría una tradición ensayística ya propiamente marxista a partir de la década de 1920, nutriría la retórica del elenco dirigente cubano a la hora de proclamar su lucha contra la dominación imperial y contagiar, de manera romántica, a grupos armados afines en la región[35].

---

33 Sánchez G., A. y Pérez M., H. (2007): XIII.
34 García P., A. (2010): 108.
35 Hobsbawm, E. (1995): 438; Brands, H. (2009): 36.

Al mismo tiempo, existía por parte de Cuba una razón práctica que rebasaba todo cuanto de providencial tuviese el afán por exportar la experiencia revolucionaria. El caso es que se trataba de una forma de minimizar, hasta donde ello fuera posible, la presión ejercida por Washington, en la medida en que esto implicara crear focos en otras regiones que llevasen, por fuerza, a que EE. UU. se viese obligada a extender aún más sus labores militares, diplomáticas y de inteligencia[36]. Se trataba de algún modo de la misma política seguida por la Unión Soviética –cuando esta aún alentara a los movimientos insurgentes antes de 1962– de obligar a que EE. UU. reubicase sus recursos en otras áreas sensibles que también formaban parte del repertorio de la Guerra Fría. Por paradójico que ello pudiera sonar, la debilidad intrínseca de Cuba en este contexto fue lo que la llevó a invertir y, al poco tiempo, a sobreinvertir cuantos recursos fuesen necesarios para hacer del «desafío disuasivo» (*defiant deterrence*) una política capaz de brindarle resultados efectivos frente a los Estados Unidos[37]. Justamente como prueba de lo que significaba promover la violencia armada a fin de conjurar las presiones estadounidenses y difuminar la atención de Washington, conviene centrarse en lo dicho por Fidel Castro en 1961, tal como lo cita Brands a partir de un documento hallado por él en los archivos de la Secretaría de Relaciones Exteriores de México: «Si EE. UU. cree tener el derecho de promover la contrarrevolución y la reacción en América Latina, Cuba también siente el derecho de promover la revolución en América Latina»[38].

Librarse de tal presión podía traducirse en la promoción de la insurgencia en el vecindario inmediato; pero también, por el

---

36 Brands, H. (2009): 34.
37 Domínguez, J. (2016): 24.
38 Memorando para Acuerdo Presidencial, 25 de febrero de 1961. Topográfica III-5607-1. Archivo de Concentraciones. Dirección General del Acervo Histórico Diplomático. Secretaría de Relaciones Exteriores de México. Citado por Brands. Ibíd., 37.

alcance emotivo e inspirador de su discurso, en el resto de la periferia emergente. De hecho, ese papel de bisagra que caracterizara a Cuba ante el resto del llamado tercer mundo es lo que explica que la propia Habana fungiera como anfitriona de la Conferencia de Solidaridad de los Pueblos de Asia, África y América Latina, cuyo primer y único encuentro se celebró en enero de 1966. Pese al carácter efímero de su existencia, la «Tricontinental» se propuso convertirse en un organismo que remedara a su modo a la III Internacional (mejor conocida por su abreviatura rusa de *Komintern*) de los años veinte y treinta del siglo XX, revelando así, por parte de la dirigencia cubana, la recuperación del ecuménico anhelo marxista al cual se ha hecho referencia.

La Conferencia Tricontinental supuso en buena medida que Cuba sustituyera a la propia URSS como principal asiento de irradiación para los movimientos insurgentes a escala planetaria, entre otras cosas, puesto que su apoyo iba más allá de la adscripción de tales movimientos a las estructuras formales de los partidos comunistas. A propósito de este punto, y en su calidad de testigo directo de la coyuntura, el excomandante guerrillero Luben Petkoff tendría esto que decir:

> [E]n aquel momento se vivía una situación revolucionaria continental, hasta el punto que se realizó la Primera Conferencia Tricontinental donde asistieron la gran mayoría de los partidos comunistas latinoamericanos, el PC de China, el PC de la URSS y movimientos de liberación de América Latina que no pertenecían a partidos comunistas. *Esto es bueno señalarlo porque nunca antes en el campo socialista había entrado un movimiento, por más que se llamara revolucionario, si no tenía el visto bueno del PC de su país. Aquí entraron porque Cuba tenía esa posición.* Era una posición de oír a los revolucionarios, de oír a todo aquel que tuviera un pequeño desarrollo revolucionario en su país y que quisiera ir a hacer algún planteamiento[39].

---

39 Entrevista con Luben Petkoff. En Blanco M., A. (1981a): 148. Énfasis agregado.

Por su parte, Antonio Sánchez García, al referirse a este intento por crear una nueva internacional revolucionaria y, en especial, al detenerse en los propósitos que Cuba se había trazado sobre la base de una masiva promoción de la lucha armada, afirma lo siguiente:

> De manera que a cuarenta años de la fundación del Komintern –la Tercera Internacional o Internacional Comunista– (...), la revolución cubana se sintió obligada a fundar también su internacional de la revolución mundial basada en la voluntad y la guerra: la llamada Tricontinental. (...)
> El nombre de la internacional castrista –Tricontinental– era ya todo un teorema y una declaración de principios. Reconocía la estabilización definitiva del capitalismo en las sociedades post-industriales, esto es: aceptaba implícitamente el fracaso del marxismo leninismo en imponer el socialismo soviético entre las sociedades desarrolladas y el repliegue de las opciones revolucionarias a las zonas más depauperadas del llamado «Tiers Monde»[40].

Al concordar a su modo con lo señalado por Sánchez García, el estadounidense Hal Brands también hace énfasis en la importancia que revistió la serie de encuentros organizados en La Habana con estudiantes y activistas revolucionarios de América Latina, África y Asia con el objeto de reforzar tales afinidades entre los tres continentes[41].

Esta apropiación de la causa del tercer mundo explica en buena medida, tanto según Hal Brands como Sánchez García, la emotividad que despertó la Revolución cubana a lo largo de una región en la cual, hasta entonces, la Guerra Fría se había expresado más dentro de un formato de tensiones que de confrontaciones. En este sentido, a juicio de Brands, la Revolución cubana logró tres objetivos que ningún otro movimiento revolucionario,

---

40 Sánchez G., A. y Pérez M., H. (2007): XIV.
41 Brands, H. (2009): 27.

ni tan siquiera el Movimiento Nacionalista Revolucionario de Bolivia en 1952-53, había sido capaz de alcanzar. En primer lugar, haber contagiado en tan alto grado al mundo universitario latinoamericano (un sector cuyo crecimiento había sido particularmente notable entre 1950 y 1960), el cual se vería energizado por el ejemplo cubano y que, inclusive, en el caso de Venezuela, participaría de modo activo en la caída del régimen de Pérez Jiménez; en segundo lugar, haber exacerbado las tensiones, persistentes y de vieja data, que existían entre los Estados Unidos y el *nacionalismo* en América Latina y, no por último menos importante, haber estimulado, por la vía de lo que significara la emergencia del tercer mundo y el proceso de descolonización iniciado en otras latitudes, lo dicho ya en cuanto a una redefinición ideológica del papel que debía ocupar la región dentro del nuevo contexto internacional[42].

A propósito del impacto que cobrara la experiencia cubana luego de transcurrida la primera década y media de posguerra, Américo Martín observa que «democracia y desarrollo [era] lo que las multitudes, en América y varios lugares del mundo, esperaban de los revolucionarios de 1959»[43]. Además, según el propio Martín, esa «política tercermundista», a la cual hemos hecho referencia, se vio en la base de la justificación de los primeros pasos del acercamiento diplomático y económico hacia la Unión Soviética, junto a las prerrogativas autonomistas que Cuba pretendería exhibir frente a los Estados Unidos»[44].

Ahora bien, cabe aclarar que esta iniciativa de articular la lucha autóctona con la del resto del mundo periférico no era una idea que hubiese germinado a partir de la más absoluta originalidad cubana. En otras palabras, no carecía a su manera de antecedentes históricos. Ello es así fundamentalmente en lo que tiene que ver –como se ha dicho ya– con los planteamien-

---

42 Ibíd., 7, 19, 21.
43 Martín, A. (2001): 22.
44 Ídem.

tos formulados por V. I. Lenin a la hora de examinar el valor del mundo latinoamericano y afroasiático dentro de la lucha antiimperialista e, incluso, la importancia que la III Internacional le confirió a América Latina como parte del conjunto de países coloniales y semicoloniales cuya lucha por la liberación nacional debía constituirse en uno de los grandes frentes de combate del antiimperialismo mundial[45].

Con razón, al observar el mundo afroasiático que habría de emerger durante las décadas de 1950 y 1960, Carlos Rangel apuntaría: «Segu[ían] vigentes [allí] las tesis leninistas sobre la cuestión colonial y nacional, y allí estaban China y Vietnam (y también la India de Nehru y la Indonesia de Sukarno, y Ceilán y Birmania) para testimoniar de la corrección y clarividencia de [tales] tesis»[46]. Además, en vista de lo que habría de significar la experiencia cubana (la cual, hasta entonces, no había parecido tener otro futuro que seguir gravitando dentro del campo de influencia de los EE. UU.) añade lo siguiente:

> [S]ean cuales hayan sido sus motivaciones, Fidel logró en la práctica, a 150 kilómetros de las costas norteamericanas, en uno de los países más estrechamente vinculados a los EE. UU., una de las victorias más importantes y espectaculares dentro de la perspectiva de la tesis leninista sobre el rol de los países coloniales y dependientes en la destrucción del orden capitalista mundial. (...) Esto explicaría por sí solo (y de hecho justificaría) la inmensa resonancia de la Revolución Cubana[47].

En suma, Cuba le daría sustancia a la conexión ideológica con el *tercermundismo* al enfatizar el vínculo que existía entre América Latina y el resto de la periferia emergente. Según lo observa Hal Brands, tanto Ernesto *Che* Guevara como Fidel Castro popularizaron la idea de que la explotación económica y la subordinación

---

45 Boersner, D. (1996): 208.
46 Rangel, C. (1976): 117.
47 Ídem.

política formaban un denominador común que hacía posible que Cuba se identificase plenamente con las naciones subdesarrolladas de África y Asia, algo a lo cual le daría mayor entidad la «teoría de la dependencia», en boga dentro del mundo universitario de los años sesenta[48]. Sería lamentable no subrayar aquí o dejar de darle la merecida importancia al estímulo que dicha teoría brindaría a los movimientos que habrían de actuar dentro del formato de la subversión armada. Para ello, una vez más, la palabra de Sánchez García se convierte en una guía esclarecedora:

> [El tercer mundo habitado] predominantemente por campesinos pobres y un subproletariado marginalizado [y sometido] al sistema neo-colonial [daba sustento al] concepto del sociólogo brasileño Ruy Mauro Marini. [Esto proveía asimismo] de basamento teórico a una nueva teoría económica, sociológica y política global, la llamada «Teoría de la Dependencia», según la cual el desarrollo exponencial de las sociedades capitalistas avanzadas se nutre del trasvase de la plusvalía desde las sociedades periféricas, de manera que el conflicto primario entre burguesía y proletariado, inmanente a las sociedades industriales decimonónicas analizadas por Marx (...), habría trascendido al conflicto entre sociedades centrales y sociedades periféricas [concentradas estas] en África, Asia y América Latina[49].

El paraguas nuclear

A todo lo anterior habría que agregar algo que hizo que la Revolución de 1959 ampliase el repertorio de la Guerra Fría y convirtiera a Cuba en activa participante de la misma. La aterradora capacidad sin precedentes de las armas atómicas, que vino a convertirse en signo distintivo de la época, no alcanzó jamás –ni antes, ni después– el grado de tensión que llegó a cobrar en octubre de 1962. Ese año, como es de sobra conocido, la Unión Soviética

---

48 Brands, H. (2009): 27.
49 Sánchez G., A. y Pérez M., H. (2007): XIV.

intentó instalar subrepticiamente algunas bases para el lanzamiento de proyectiles balísticos de alcance intermedio en Cuba, viendo Jruchov en ello la oportunidad de corregir una situación desfavorable para el equilibrio nuclear, puesto que la producción norteamericana de misiles intercontinentales superaba, por mucho, a la soviética[50].

Todo esto tiene que ver –y mucho– con la forma con que, desde el Kremlin, se planteó el imperativo de defender a Cuba, comenzando por la pregunta del «cómo» hacerlo. En este punto, la síntesis que ofrece un autor es adecuada para entender el problema:

> Desde mediados de 1960, y antes de que se tomara la decisión de emplazar los misiles en la isla, los soviéticos habían enviado material bélico cuyo valor superaba los 250 millones de dólares y, junto a ello, también se envió personal especializado, cuya misión era adiestrar a los efectivos cubanos en el uso de la tecnología militar que llegó a posicionar al ejército de la isla como el mejor equipado de Latinoamérica. Pero independientemente de todo el armamento enviado hasta entonces, la conclusión a la que se llegó era que la mejor manera de proteger al régimen de Castro consistía en generar una situación que disuadiera cualquier ataque contra la isla. Para ello nada mejor que el armamento nuclear[51].

De este modo, Cuba se acreditó el controvertible privilegio de convertirse en centro de la única situación en la cual los EE. UU. y la URSS arriesgaron acercarse tanto a un enfrentamiento de tipo directo durante todo el período de la Guerra Fría. Al mismo tiempo, el emplazamiento de las bases misilísticas en la isla guarda estrecha relación con lo que, a juicio de Carlos Rangel, fue la decisión más arriesgada a la cual apostó Castro a la hora de consolidar una sobrevivencia política que, frente a los demás sectores

---

50 Freedman, L. (1999): 259.
51 Rey, L. (2014): 65.

que habían concurrido a la lucha contra el régimen de Fulgencio Batista, lucía aleatoria. Dicho de otra forma, esta decisión llevó a Castro a dar un paso audaz dentro de lo que ya venía registrándose en la práctica: una radical inversión de alianzas, es decir, abandonando la órbita de EE. UU. a favor de la URSS, sin que por ello otro autor dejara de observar, contrario a lo que sostiene la común creencia, que ni siquiera antes de 1959 Cuba y Estados Unidos llegaron a desarrollar relaciones tan normales o estrechas, al menos comparado con otros países del Caribe[52].

Sin subestimar por supuesto el ánimo contrarrevolucionario que predominaba en Washington, y que explicaría el empeño soviético por defender a Cuba ante cualquier nueva tentativa al estilo de Playa Girón así fuera mediante el emplazamiento de misiles, vale por lo interesante lo observado por Rangel:

> Lo menos riesgoso y lo más sencillo para Fidel hubiera sido entenderse con los norteamericanos y pactar con la clase media cubana, fuerte, numerosa y, en el primer momento, «fidelista» hasta el delirio. Pero esa manera de actuar hubiera puesto limitaciones al poder de Fidel (...). [Por ello] decidió la jugada más audaz y más riesgosa en el arsenal de la diplomacia: la inversión de alianzas. Lo cual, realizado [con éxito], comprometió en su defensa a la otra gran potencia [nuclear][53].

El punto, visto así, resulta muy importante en la medida en que la visión que ha tendido a predominar ha sido aquella según la cual la decisión de cobijarse bajo el paraguas atómico de la URSS respondía únicamente a una razón de carácter defensivo frente a la hostilidad de los EE. UU., y no que funcionara también como la forma más eficaz que tuvo el principal líder del Movimiento 26 de Julio de consolidar su proyecto personal de poder[54]. De hecho, el primero en abonar esta idea, que habría de aquilatarse con el

---

52   Pérez-S., M. (2016): 62.
53   Rangel, C. (1976): 255-256.
54   Brands, H. (2009): 28.

tiempo, sería desde luego el propio Castro quien, en el marco de una conversación confidencial que sostuvo con Anastás Mikoyan, una de las figuras de mayor confianza del premier soviético, dijo lo siguiente: «Le hablamos al pueblo acerca del alto objetivo patriótico que significaba la adquisición de armamento para defender al país de cualquier agresión. Le dijimos que las armas estratégicas [los MRBM soviéticos] constituían una garantía de firmeza por parte de la URSS en lo que a nuestra defensa se refiere»[55].

Por otra parte, dadas las características que se desprendían de su propio estilo de liderazgo, así como de su temperamento personal, no costaba que el entusiasmo de Jruchov se viera azuzado por las luchas independentistas en el tercer mundo y, por extensión, o particularmente, por la causa cubana. Frente a esta actitud de Jruchov habría de tomar distancia su sucesor inmediato, Alexei Kosygin, partidario más bien de la política colaborativa y «frentista» que sería desenterrada por Moscú y recomendada para que fuese adoptada de nuevo por los distintos PC en América Latina. De este modo, Kosygin y su colega en los más altos eslabones del poder soviético, Leónidas Brezhnev, se verían inclinados a favorecer sin ambages la doctrina de la Coexistencia Pacífica como eje de una dinámica que exigía el equilibrio a todo trance frente a los EE. UU., mostrándose por tanto recelosos del brutal voluntarismo, de la política insurreccional pura o, en pocas palabras, de los riesgos asumidos por Castro en su empeño por alentar movimientos armados de tipo guerrillero. A Jruchov –como lo observa Hobsbawm– la dirigencia soviética le obligaría a «hacer las maletas» en 1964, al preferir una forma menos impetuosa de actuar en política exterior[56].

Esta disminución de las tensiones, que coincidiría con el nuevo primado de Kosygin, hizo que ya para fines de la década

---

55 [Wilson Center] (1995). Notes of conversation between A.I. Mikoyan and Fidel Castro. 03/11/62. Document N. I: 93.
56 Hobsbawm, E. (2003): 247.

de 1960 la Guerra Fría diera ciertos pasos hacia la senda de la moderación, tal como llega a apreciarlo el propio Hobsbawm[57]. Sin embargo, antes de que ello ocurriera, siguió prevaleciendo una etapa que Hobsbawm describe como de «una tensión insólita entre la afición de [Jruchov] a las fanfarronadas y las decisiones impulsivas y la política de grandes gestos de John F. Kennedy (1960-1963), el presidente norteamericano más sobrevalorado [del siglo XX]»[58].

Sin embargo, no todo lo explican las «fanfarronadas» del dirigente soviético. En primer lugar, no pueden pasarse por alto sus predilecciones ideológicas a favor de cuanto el leninismo había señalado en relación con el mundo no europeo, algo que lo ayudaba a reafirmarse por contraposición al régimen de Stalin y su teoría de la construcción del socialismo «en un solo país». En este sentido, para Jruchov, el caso de Cuba servía a los fines de validar la ideología soviética no estalinista[59]. Tanto así que, durante sus conversaciones confidenciales en La Habana con Fidel Castro y la alta dirección revolucionaria, el enviado de Jruchov y miembro del presidio de la URSS, Anastás Mikoyan, dirá con el énfasis y la claridad necesarias que «[l]a victoria de la revolución en Cuba se traducía en un éxito de la teoría marxista-leninista»[60].

En segundo lugar, el caso es que la URSS, bajo el liderazgo del campesino Jruchov, afrontaba un reto doble: por un lado, la retórica ambigua, pero a menudo belicosa, de EE.UU.; por el otro, la reciente ruptura con la China continental, que ahora acusaba a Moscú de haber suavizado su actitud hacia Occidente. De modo que, independientemente de preferir inclinarse a favor de la Coexistencia Pacífica que tanto preconizara durante su mandato,

---

57 Ibíd., 246.
58 Ídem.
59 Brands, H. (2009): 37.
60 [Wilson Center] (1995). Memorandum of conversation. A. I. Mikoyan with Fidel Castro, [Cuban President] Osvaldo Dorticós Torrado, [Defense Minister] Raúl Castro, Ernesto Guevara, Emilio Aragonés and Carlos Rafael Rodríguez. 04/11/62. Document N. II: 96.

Jruchov se vio obligado a adoptar de algún modo una postura más intransigente, algo que se vería facilitado por el caso de Cuba y, también, por el sostenido proceso de descolonización en África y Asia, en el contexto de lo cual la URSS creería posible contar con un amplio margen de acción. El problema, pues, ya no se contraería a lo que para EE. UU. pudiese implicar la supervivencia de Berlín como enclave occidental sino la suerte que, dentro de la dinámica de la confrontación Oeste-Este, representasen Cuba o el Congo.

Lo cierto es que, al menos hasta que se produjo la crisis de los misiles en octubre del 62, y en la medida en que se consolidaba el acercamiento cubano-soviético, Jruchov cifró sus cálculos en que Cuba fuese exhibida como una de las principales vitrinas de lo que podía ser la vía al socialismo en el vasto tercer mundo, aún más de lo que habían sido los esfuerzos invertidos hasta entonces por la propia URSS en el Egipto de Gamal Abdel Nasser o en la India de Jawaharlal Nehru, países con los cuales Jruchov mantuvo siempre una relación «especial». Para tal fin, y aun a riesgo de que esto se tradujera en una indisimulable tutela por parte de la URSS, Cuba debía convertirse rápidamente en referente antagónico de la «explotación» que caracterizara al resto de América Latina y, por tanto, para que actuase como magneto ante el mundo emergente en su condición de «modelo» del desarrollo socialista[61].

Aparte de ello, semejante alianza le daba una dimensión aún mayor a los retos planteados dentro de la carrera estratégica Este-Oeste por todo cuanto podían significar otras insurrecciones que, a partir de entonces, se vieran inspiradas o siguieran de cerca el formato castrista[62]. Tanto así que, justamente en el empeño por hacer lo más público y rotundo posible su apoyo a los movimientos insurgentes en el tercer mundo, y según se desprendiera de sus declaraciones en defensa del proceso cubano, Jruchov preguntó en

---

61 Brands, H. (2009): 29.
62 Ibíd., 31.

una oportunidad a sus pares del Politburó del PCUS si era posible que continuasen gestándose fenómenos al estilo de Cuba, solo para darse a sí mismo esta respuesta: «sí, pueden repetirse»[63].

Resulta poco exagerado señalar entonces que Jruchov consideraba el caso de Cuba como un instrumento particularmente valioso dentro de la competencia ideológica, al punto de no solo celebrar su advenimiento «en el lugar más impensable del mundo (...), a las inefables 90 millas del imperio[64]», sino al calificarlo como el *tipo* de revolución que la URSS estaba, más que dispuesta, obligada a respaldar. En el frenético esfuerzo por construir un paraíso artificial con semejante propósito, la URSS llevó a cabo una cuantiosa inversión en recursos y asistencia técnica que incluiría la transferencia de maquinaria pesada con el fin de poner en práctica un acelerado proceso de industrialización, la provisión de petróleo a costos sensiblemente inferiores a los precios referenciales de Occidente, la compra de azúcar cubana por encima de su valor en los mercados y la dotación de cantidades masivas de armamento y sistemas defensivos. Por vía del ejemplo, la elevación de los estándares de vida cubanos debía operar como un *faro* para el resto de la región y el tercer mundo en general[65].

No obstante, construir ese paraíso –como todo paraíso– comportaría un costo altísimo. Vale como prueba de ello lo que significó que, en 1961, meses antes de que se consumara la ruptura de relaciones entre Venezuela y Cuba, la URSS le planteara al gobierno de Betancourt la posibilidad de que se reanudara el abastecimiento de petróleo a la isla. Para tal fin, no existiendo vínculos diplomáticos directos, el Kremlin envió extraoficialmente a Caracas a su embajador en México, Vladimir Bazikin, cuya reunión con el presidente venezolano se resumió en estos términos:

---

63 State Department. Principal Soviet Public Statements of Defense of Cuba. Undated. Cuban Missile Crisis Collection, NSA. Citado por Brands, Ibíd., 30.
64 Petkoff, T. (2001): 15.
65 Brands, H. (2009): 38.

> El embajador [Bazikin le preguntó a Betancourt] si las compañías petroleras estaban impidiendo [la venta de petróleo a Cuba], a lo que Betancourt respondió que no, que al contrario, que ellos querían regresar al mercado cubano. (...) Una vez aclarado esto, el embajador fue muy franco, diciendo que era un peso tremendo para la Unión Soviética abastecer a Cuba con petróleo, que ellos habían llegado al punto de alquilar varios tanqueros a [Aristóteles] Onassis para ello y que, además, las refinerías en Cuba habían sido construidas para refinar crudo venezolano, que era de una estructura diferente al de la Unión Soviética y que, por tanto, iba a ser necesario para los rusos construir una nueva refinería en Cuba[66].

También resulta muy esclarecedor destacar en este sentido la crudeza con que Mikoyan subrayara lo que había significado ese masivo y oneroso apoyo soviético a la hora de intentar contrarrestar las discrepancias que surgirían entre La Habana y Moscú al cabo de la crisis de los misiles. Así lo hizo en algún punto de las conversaciones confidenciales que sostuvo con Castro y la alta dirigencia revolucionaria cubana a fines de 1962:

> Hace algún tiempo [transcurridos ya casi dos años del proceso cubano] (...) nuestros camaradas nos informaron que la situación económica cubana había tendido a empeorar. (...) Temimos que un agravamiento de tal situación pudiera verse directamente relacionado con la implementación del plan estadounidense dirigido a debilitar económicamente a Cuba.
> El Comité Central del PCUS discutió la situación de Cuba y decidió (...) tomar una serie de medidas que ayudasen a fortalecer nuestra ayuda a Cuba. Si antes venían recibiendo parte de las armas a crédito, hemos resuelto ahora proveerles libre de todo costo otra porción de armamento, dotación de uniformes militares (...), además de equipos. En algún momento percibimos que los representantes cubanos se sentían un tanto incómodos en el curso de las negociaciones puesto que advertían que su país se hallaba cercano a acumular un déficit

---

66 Salcedo A., G. (2016): 172.

de 100 millones de dólares; aun así, aceptamos todas sus propuestas con el solo objeto de frustrar el plan, alentado por Kennedy, de desestabilizar la isla.

Lo mismo puede decirse en relación a alimentos y bienes manufacturados. A fin de aliviar la situación económica de Cuba, despachamos tales artículos por el orden de los 198 millones de rublos. Hablando con toda franqueza, hemos estado dándoles todo lo necesario sin reclamar nada a cambio[67].

Ciertamente, según el propio Kennedy, la política de restricciones había hecho que, entre 1960 y 1962, el comercio de Estados Unidos, Europa y América Latina con Cuba descendiera de los 800 millones de dólares a una cifra que apenas bordeaba los 90 millones, es decir, registrando una caída de casi el 90 % en el curso de apenas dos años[68]. Ahora bien, el supuesto desinterés de la URSS, encuadrado dentro del internacionalismo proletario y la solidaridad revolucionaria, llevaría a que Castro se viese dispuesto a seguir aceptando a partir de entonces la ayuda soviética, mas no así ninguna de las razones que le obligasen a concordar con la cautela asumida por Moscú tras el fin de la crisis de los misiles en octubre del 62[69]. En atención a como lo observa el historiador Vladislav Zubok, lo que llegó a ser visto en algún momento como la «luna de miel» de las relaciones soviético-cubanas terminó derivando en un matrimonio lleno de fisuras que colocaría a la URSS ante el predicamento de tener que moderar cada vez más las iniciativas de Castro hasta el límite de desentenderse de su conducta internacional y terminar pagando un alto costo por ello[70]. Así será al menos hasta comienzos de la década de 1970, cuando Cuba y la URSS

---

67 [Wilson Center] (1995). Memorandum of conversation. A. I. Mikoyan with Fidel Castro, [Cuban President] Osvaldo Dorticós Torrado, [Defense Minister] Raúl Castro, Ernesto Guevara, Emilio Aragonés and Carlos Rafael Rodríguez. 04/11/62. Document N. II: 96.
68 «Kennedy: la subversión basada en Cuba es el mayor problema presentado por Castro» (Cable de AP). *El Nacional*, 15/02/63: A-12.
69 Zubok, V.M. (1995): 92.
70 Ídem.

reinicien un proceso de normalización dictado por el deseo soviético de mantener la mejor relación posible con todos sus «afiliados» a raíz de las mudanzas experimentadas en la escena internacional[71].

Pero, entretanto, es decir, a lo largo del resto de la década de 1960, la tensión entre La Habana y Moscú irá creciendo en relación con cuatro asuntos: la presión soviética ante algunas iniciativas de Castro y el rechazo de este a obedecerla; el celo cubano por mantener su autonomía; el retiro de la protección nuclear como resultado del fin de la crisis de los misiles y, no por último menos importante, el empeño cubano por brindar todo el apoyo necesario a la estrategia insurreccional, medida que los soviéticos no verían ya con ningún agrado. La tensión resultante de estos desencuentros hizo, entre otras cosas, que Cuba coqueteara fugazmente con la China maoísta, creyendo posible hallar allí el respaldo que Jruchov parecía negarle. Ello también explicaría que, al menos por un tiempo, Castro estimulara sin ningún disimulo las rivalidades que venían planteándose entre rusos y chinos[72].

Existe empero un punto que habría de resultar particularmente importante a la hora en que Cuba pretendiera erigirse como anfitriona de una serie de movimientos armados e, incluso, al tratar de ejercer una política exterior mucho más independiente de Moscú. Se trata, en pocas palabras, de lo relacionado a la provisión de pertrechos militares. En este sentido, a la transferencia facilitada por la URSS de armas ligeras de infantería procedentes de los países del Bloque Oriental, se sumará un envío aún mayor de aprestos soviéticos luego de la frustrada invasión contrarrevolucionaria de Bahía de Cochinos (abril de 1961), especialmente de aviones de combate y sistemas de defensa aérea. Con razón Rómulo Betancourt habría de afirmar lo siguiente, casi a la hora de traspasarle la Presidencia a su compañero de partido, Raúl Leoni: «Cuba es actualmente un país super-armado que, después de

---

71 Blanco M., A. (1980): 386.
72 Rey, L. (2014): 64.

los Estados Unidos, es el que tiene un depósito mayor de material bélico»[73].

Según lo observa Demetrio Boersner, la fallida invasión de Bahía de Cochinos tuvo el efecto de brindarle a Castro el impulso necesario para que Cuba ingresase definitivamente al campo militar dirigido por la Unión Soviética[74]. A partir de entonces –y como se ha hecho cargo de subrayarlo otro autor–, el régimen de La Habana emprendió medidas para aplicar un mayor control sobre la economía cubana, así como para profundizar su acercamiento a la URSS al amparo de aumentar la importación de armamento a la isla[75]. A la vez, la consolidación de la presencia soviética en Cuba le agregaba una nueva dimensión a lo que, para EE. UU., podía significar la expansión del ejemplo castrista en el resto de la región[76].

Como prueba de que no faltaba disposición alguna para hacer efectiva la presencia soviética, o de perfeccionar la alianza entre ambos países, el paso decisivo, luego de que Castro endureciera el proceso interno a raíz del desastroso desembarco en Bahía de Cochinos, será –como se ha dicho– la iniciativa nuclear enfocada en Cuba, lo cual le brindaría a la URSS el papel de jugador definitivo en el área del Caribe. Para mediados de 1961 –según lo observa Hal Brands– Cuba se había convertido, junto con Berlín, en el tema más importante de las relaciones anglo-soviéticas[77].

Misiles y petróleo

El escritor y periodista francés Jean Larteguy, quien haría poco por disimular su simpatía a favor del proceso insurreccional

---

73 *El Universal*, 30/11/63; *La República*, 30/11/63; *El Nacional*, 30/11/63. Archivo MPPRE (País: EE. UU.) DPI/Asuntos bilaterales. Expediente N. 335-1963. Armas en el estado Falcón. Intervención cubana en Venezuela. Reunión de Consulta.
74 Boersner, D. (1996): 212.
75 Rey, L. (2014): 58.
76 Brands, H. (2009): 31.
77 Ibíd., 33.

que se vivía en Venezuela en la década de 1960, señalaba un tanto de pasada lo siguiente en uno de sus reportajes: «Venezuela, debido a su petróleo (...) es también vital para Fidel Castro. Mientras tenga petróleo, el líder cubano puede resistir a las exigencias de los soviéticos y no representar el papel de satélite con las manos atadas. Sabe ya que la suerte de su revolución depende en gran parte de su independencia frente a los soviéticos»[78]. El poeta Juan Liscano, opinando sobre el mismo punto, lo pondría así: «El petróleo no es azúcar sino material estratégico»[79].

Esta observación del periodista francés, y lo dicho también por Liscano, resulta más valioso de lo que aparenta en principio. El hecho de que un eventual acceso a los recursos petroleros venezolanos contribuyera a garantizar la autonomía de Cuba frente al riesgo de quedar atrapado dentro del tutelaje soviético no es para nada un dato menor. De hecho, la marcada preocupación en torno a su independencia era algo que prácticamente había nacido a partir del advenimiento mismo de la revolución. Tomando en cuenta el carácter atípico que la caracterizara, esto la distinguía y alejaba a la vez de otros procesos donde la revolución, como en el caso de la Europa oriental, se había visto más caracterizada por la presencia de los tanques soviéticos que por el efecto de una dinámica insurreccional autónoma.

Para ir incluso más allá en lo que a esta apreciación se refiere podría señalarse que, tradicionalmente hablando, la URSS había apoyado la formación de alianzas de los PC latinoamericanos con sectores progresistas en cada uno de los países donde existieran organizaciones comunistas, pero jamás había apostado a penetrar con fuerza en la región. Ese apoyo es lo que podría explicar por ejemplo, en el caso de Venezuela, el respaldo del PCV al gobierno de Isaías Medina Angarita en el marco de la política frentista contra el nazifascismo recomendada por la URSS; y es lo que explicaría

---

78 Larteguy, J. «Los Guerrilleros». *Elite*, 15/05/70: 24.
79 Liscano, J. «Perspectivas venezolanas». *El Nacional*, 29/04/62: A-4.

también que en 1954, a la muerte de Stalin, la URSS volviera a apostar una vez más a favor de que los PC locales construyeran tales alianzas con sectores nacionalistas, aunque no necesariamente de izquierda. Comoquiera que fuese, el caso era que, hasta entonces, la URSS jamás había apoyado ningún tipo de acción violenta en estas latitudes. El problema con Cuba era, pues, que el mundo soviético se vería por primera vez ante una experiencia que, a la par de revolucionaria, significaba un desafío potencialmente armado frente al resto de la región.

Por otra parte, con respecto al hecho de que la Revolución cubana obrara como un fenómeno atractivo para el Kremlin (por todo cuanto de inédito tenía), vale la pena consultar lo que sostiene Hal Brands cuando señala que el desplazamiento de Cuba hacia la izquierda radical entusiasmó de manera profunda a una dirigencia soviética que durante los años de la inmediata posguerra —es decir, justo durante los años postreros del estalinismo— se había acostumbrado a exportar el socialismo a «punta de pistola»[80].

En este caso —como se ha dicho—, no se trataba de una revolución inducida desde afuera ni tampoco de una «fraternal invasión» como la que en el pasado reciente (Hungría, 1956) había llevado al Ejército Rojo a dejar claro de qué lado estaban los húngaros dentro de los trastornos ocasionados por la Guerra Fría. A la hora de abundar sobre el punto, otro experto en la gramática de la Guerra Fría, el historiador John Lewis Gaddis, se permite citar el testimonio del propio Mikoyan, quien actuara como emisario y elemento de la mayor confianza de Jruchov, y acerca del cual se hiciera referencia en líneas anteriores. Mikoyan era, de hecho, el último representante de la *vieja guardia* bolchevique, y sería este revolucionario formado dentro de la tradición *octubrista* quien habría de sostener que el elenco dirigente en Moscú «había esperado toda la vida a que algún país se inclinara hacia el comunismo

---
80 Brands, H. (2009): 29.

sin el apoyo del Ejército Rojo. Al ocurrir en Cuba, eso nos [hizo] sentirnos jóvenes y vigorosos de nuevo»[81]. Para Mikoyan, el hecho de que Cuba se desplazara hacia la órbita del comunismo sin la ayuda de Moscú validaba las predicciones de Marx con respecto al curso correcto de la historia[82].

Ahora bien, la contralectura de ese entusiasmo que emanaba del Kremlin era que la dirigencia cubana pretendería defender a todo trance el carácter «autóctono» de su proceso. Simplemente por la claridad que emana del cuadro que ofrece, convendría reparar en lo que sostiene Demetrio Boersner cuando examina el asunto:

> Hasta ese momento, la Unión Soviética nunca había considerado seriamente la posibilidad de que su influencia penetrara en el hemisferio occidental de manera directa e importante. Sus iniciativas políticas hacia Latinoamérica habían obedecido al deber de solidarizarse con los movimientos comunistas y antimperialistas de la región, y al deseo de intensificar los problemas que la potencia norteamericana pudiera encontrar en su vecindad inmediata. (...)
> En el caso de Cuba, la URSS se encontró por primera vez, con cierto asombro, ante una fuerza revolucionaria autóctona de América Latina que, por su propia iniciativa, fue evolucionando hacia el marxismo-leninismo y el campo socialista, sin estar dirigida por hombres de [la] previa confianza del Kremlin. Ello significó también que, por su origen autóctono, la revolución socialista cubana, al igual que la yugoslava y la china, mostraría un alto grado de independencia frente a los criterios de Moscú, obligando al primer centro del comunismo mundial a modificar su línea en vista de iniciativas revolucionarias locales e inconsultas[83].

En este sentido, el proceso cubano resultó ser tan particular que solo admitiría comparársele con lo ocurrido tres años más tarde

---

81   Lewis G., J. (2007): 76.
82   Ídem.
83   Boersner, D. (1996): 209.

en Argelia, donde también se dio el caso de que la insurrección triunfante llegara al poder a través de sus propios medios. En este sentido, como lo precisa Eric Hobsbawm, ni en Cuba ni en Argelia los partidos comunistas locales jugaron un papel significativo[84].

El punto es tanto más importante cuanto que el empeño por mantener ese perfil autónomo frente a la URSS se explica no solo en función de los orígenes del «26 de Julio» como un movimiento guerrillero nacionalista, sino por el hecho de que el propio Fidel Castro procediera de filas muy distintas a las del PC cubano. De hecho, su temprana adscripción política lo había llevado a militar en el Partido Ortodoxo, al cual Teodoro Petkoff define como «un equivalente a Acción Democrática»[85]; para él, el «26 de Julio» era, en buena medida, una especie de «movimiento de adecos armados»[86]. De allí pues que, según lo explica otro testimoniante, Castro llegara a hacer lo que hizo simplemente porque no estaba atado a las estructuras propias de los partidos comunistas ni, mucho menos, sujeto a sus concepciones dogmáticas:

> [Castro era un] hombre formado no precisamente en las fraguas, los moldes de los partidos comunistas. Un hombre con una tradición, una vida política, una experiencia en partidos absolutamente distintos al Partido Comunista, a los partidos marxistas. (...) [E]l hecho de no estar impregnado, matizado, dominado por esos factores le permiten hacer la revolución, transformar un movimiento guerrillero anti-dictatorial en un movimiento socialista, en un movimiento revolucionario. Si Fidel Castro hubiese estado dominado por esas concepciones (dogmático-manualistas) no hace la Revolución Cubana[87].

---

84 Hobsbawm, E. (2003): 434. Vale agregar incluso –de acuerdo con lo que señala Demetrio Boersner– que los propios comunistas del Partido Socialista Popular (PSP) de Cuba se mostraron reacios a que la revolución transitara más allá de una etapa democrática y nacionalista para, solo luego, comenzar a participar cada vez más directamente en las decisiones del gobierno de Castro. Boersner, D. (1996): 207.
85 Moleiro, A. (2006): 62-63.
86 Ibíd., 62.
87 Entrevista con Anselmo Natale. En Blanco M., A. (1981a): 194.

Visto así, la necesidad de depender por una parte –y cada vez en mayor grado– del apoyo financiero, comercial y militar soviético y, por la otra, la tendencia de Castro a discrepar de Moscú en lo que a los términos de asistir a otros movimientos insurreccionales en América Latina se refiere, fue planteando–y resulta conveniente repetirlo– una dinámica de tensiones entre ambos aliados. El punto más significativo de esta dinámica fue cuando la URSS resolvió retirarle el apoyo «atómico» a Cuba, procediendo a desmantelar, en el marco de los acuerdos alcanzados con EE. UU., las plataformas de misiles introducidas en la isla por iniciativa de Jruchov. A propósito de ello vale la pena traer a colación el testimonio del entonces joven simpatizante de la Revolución cubana, Mario Vargas Llosa, quien de paso por La Habana poco después de la Crisis de los Misiles, supo advertir correctamente la forma en que ello habría de redundar en perjuicio de las futuras relaciones soviético-cubanas:

> Como se hicieron visibles ciertas divergencias entre Cuba y la Unión Soviética sobre el retiro de los cohetes atómicos, Fidel Castro salió a las calles a interrogar a los transeúntes de una avenida céntrica de La Habana, y también a los estudiantes. Hablé con testigos del episodio. Muchos pensaban que los cohetes debían quedarse en Cuba y, al término de la conversación, se pusieron a cantar: «Nikita, Nikita, lo que se da no se quita»[88].

Por cierto, una variante de esta estrofita popular –citada tanto por el dirigente pecevista Héctor Rodríguez Bauza como por el historiador Marco Palacios– llegaría incluso a poner en entredicho la virilidad del premier soviético: «Nikita, *mariquita*, lo que se da no se quita»[89]. A fin de cuentas, ante una situación que habría de verse signada por el deterioro, Boersner redondea el cuadro de la siguiente manera:

---

88 Vargas LL., M. (1983): 27.
89 Rodríguez B., H. (2015): 282; Palacios, M. (2012): 77. Énfasis agregado.

> El gobierno cubano (...) [p]idió a Jruchov que no cediera ante las amenazas estadounidenses, pero el primer ministro ruso le contestó que no existía otra alternativa que la de retirar los cohetes, a cambio de la promesa norteamericana de no emprender nuevos intentos de invasión a Cuba. (...)
> Aunque parecía que la URSS hubiese retrocedido unilateralmente, quedando Kennedy como el ganador visible, la verdad era ligeramente distinta. A cambio del retiro de los cohetes rusos, el gobierno norteamericano aseguró al de Moscú que en el futuro no habría más ataques armados contra Cuba por parte de Estados Unidos (...) ni tampoco de exiliados contrarrevolucionarios cubanos apoyados por la potencia norteamericana[90].

En caso de que no bastase con citar a quienes, como Boersner, se dedicaron a la vuelta de los años a examinar la dimensión que cobrarían tales desencuentros, convendría acudir al testimonio de los propios actores y, más aún, cuando algunos de tales testimonios quedaron clasificados como material de acceso restringido hasta producirse la apertura de los archivos soviéticos en la década de 1990. Tal es el caso de los papeles que involucran la actuación de Anastás Mikoyan cuando, en su condición de emisario personal de Jruchov, sostuvo una serie de conversaciones confidenciales con la alta jerarquía cubana al término de la crisis de los misiles con el fin —como se ha dicho— de intentar remediar las diferencias.

Por lo escasamente conocidos que resultan tales intercambios con Fidel y Raúl Castro, así como con Osvaldo Dorticós y Ernesto *Che* Guevara, vale la pena detenerse en algunos de sus aspectos medulares, según figuran transcritos en los registros, e insistiendo en subrayar el carácter confidencial que tuvieron de principio a fin. Fidel Castro, por ejemplo, no dudaría en expresarse con una particular sensibilidad ante Mikoyan acerca de lo que considerara la forma inconsulta con que se procedió al desmantelamiento de los cohetes:

---

90 Boersner, D. (1996): 214.

> Nuestro pueblo ha visto crecer el espíritu de confianza en la URSS. (...) [Pero] resulta necesario tomar en cuenta cierta delicadeza especial que se ha gestado entre los cubanos en relación a algunos desarrollos históricos. La «Enmienda Platt», impuesta por los estadounidenses, juega un rol particular en este sentido. Al usar dicha enmienda, los EE. UU. decidieron apartar al Gobierno de Cuba de toda decisión en materia de política exterior. Las decisiones eran tomadas por EE. UU. a espaldas del pueblo cubano. Da la impresión de que durante la actual crisis [de los cohetes] se impuso la percepción de que muchos aspectos de la misma fueron discutidos y resueltos al margen de las autoridades cubanas, es decir, sin consultar con el Gobierno de Cuba. (...)
> En conclusión, sostengo que un país joven, donde recién ha triunfado la revolución, no puede preciarse de practicar una política tan flexible como la de la URSS, puesto que la URSS es un Estado consolidado y, por tanto, tiene posibilidades de maniobrar y ser flexible en política exterior[91].

Por su parte, Mikoyan intentaría hacerles ver a sus interlocutores cubanos que no se había registrado una derrota del campo socialista a causa de la remoción de los misiles, sino que simplemente se había dado «un paso atrás» al estilo de lo que V. I. Lenin habría recomendado de haberse visto en circunstancias similares. Ello por no hablar de lo que, a juicio del emisario soviético, podía vislumbrarse en muchos sentidos como una importante victoria para la consolidación del proceso cubano. Así lo daría a entender en el curso de estas conversaciones:

> El objeto de traer tropas soviéticas y armamento estratégico a Cuba consistía, única y exclusivamente, en fortalecer el potencial defensivo de la isla. (...)
> Considerando que los misiles fueron descubiertos y que ya no representaban ningún factor disuasivo, resolvimos, con el único propósito

---

91 [Wilson Center] (1995). Memorandum of conversation. A. I. Mikoyan with Fidel Castro, [Cuban President] Osvaldo Dorticós Torrado, [Defense Minister] Raúl Castro, Ernesto Guevara, Emilio Aragonés and Carlos Rafael Rodríguez. 04/11/62. Document N. II: 95.

de salvar a Cuba, dar la orden de su desmantelamiento, hacer que los misiles regresasen a la URSS e informar de ello a Kennedy. Ustedes estuvieron de acuerdo con la remoción de dichos misiles a cambio de que se preservaran en la isla todos los demás tipos de armamento. Hemos logrado conservar aquí todas las fuerzas y medios necesarios a la defensa de la Revolución cubana aun sin los misiles estratégicos que, a fin de cuentas, sólo pretendían ser un instrumento disuasivo pero que, al ser descubiertos, perdieron por ello todo su significado. (...) Desde que Kennedy aceptara que parte de las tropas soviéticas permaneciesen acantonadas en la isla, Cuba ha logrado conservar un armamento poderoso, además de baterías anti-misiles, de modo que, en ese sentido, puede decirse que Kennedy ha hecho también una concesión importante.

[Al mismo tiempo], el compromiso de Kennedy de evitar cualquier agresión por parte de EE. UU., o de otros países de la región, representa igualmente una concesión. Si tomamos en cuenta todos estos logros y todos los demás factores podemos concluir que se alcanzó una victoria importante. Nunca antes los EE. UU. se habían comprometido a formular semejante declaración. Esta es la razón por la cual estimamos que el principal objetivo –la salvación de Cuba– se ha cumplido. (...)

Una maniobra no es lo mismo que una derrota. Comparen la situación de hace un año con la que tenemos hoy en día. Hace un año, la presencia de soldados soviéticos en Cuba habría provocado una ola de indignación [en Washington]. Ahora, se reconoce el derecho que tiene también la URSS de hacer presencia en este continente. (...) A veces, a fin de dar dos pasos hacia adelante se requiere dar uno hacia atrás. (...) ¿Debemos morir heroicamente? Eso es romántico. ¿Es que acaso los revolucionarios están llamados a morir? (...) Estudien a Lenin. *No basta con morir heroicamente.* Nada hace aceptable que se viva con humillación, pero tampoco pueden ofrecérsele al enemigo los instrumentos que hagan posible nuestra destrucción. Muchas veces hace falta buscar una salida a través del arte de la diplomacia[92].

---

92   Ibíd., 97; [Wilson Center] (1995). Memorandum of conversation. A. I. Mikoyan with Osvaldo Dorticós, Ernesto Guevara and Carlos Rafael Rodríguez. 05/11/62. Document N. IV: 108.109. Énfasis agregado.

Lo llamativo de esta cita, sobre todo de sus últimas líneas, es que Mikoyan expresara su rechazo al sacrificio inútil, incluso a la idealización y glorificación de la muerte que, en el caso de los jóvenes dirigentes cubanos, parecía verse expresado hasta en su adopción del lema «¡Patria o Muerte!» (lanzado por Fidel en 1960) en un sentido cristiano y, más concretamente, hispano-católico. Tanto más interesante es que Mikoyan hablase así delante de Ernesto *Che* Guevara quien, como pocos, hará de la muerte revolucionariamente correcta y fructífera una prédica obsesiva hasta el mismísimo momento de toparse con ella, en octubre de 1967.

Lo cierto es que Mikoyan pasaría tres agónicos días en La Habana recalcando que los EE.UU. ya no tenían de su lado los elementos que le habían servido para justificar su «neomonroísmo», es decir, para seguir invocando la doctrina Monroe en el contexto de la Guerra Fría, ni para insistir en la tesis de la «amenaza extracontinental» que entrañara la sola presencia de la URSS en el Caribe. Asimismo, el emisario del Kremlin se centraría en hacerles comprender a sus interlocutores cubanos que el desenlace de la crisis de los misiles podía analizarse perfectamente desde una lógica leninista y, en especial, que repararan en lo que habían significado los compromisos adquiridos para la preservación futura de la Revolución cubana. Por algo dirá al final, en un nuevo intento por limar las asperezas:

> Los misiles estratégicos han cumplido su parte. *Cuba se halla situada ahora en el epicentro de la política mundial* (...). El pueblo cubano aún retiene en sus manos un poderoso arsenal. No existe otro país de América Latina que sea tan respetable militarmente hablando, o que disponga de tal grado de capacidad defensiva como Cuba. Mientras no esté planteada una agresión directa por parte de EE.UU. ningún otro país de la región tiene la forma de desafiar a Cuba[93].

---

93 [Wilson Center] (1995). Memorandum of conversation. A. I. Mikoyan with Fidel Castro, [Cuban President] Osvaldo Dorticós Torrado, [Defense Minister] Raúl Castro, Ernesto Guevara, Emilio Aragonés and Carlos Rafael Rodríguez. 04/11/62. Document N. II: 100. Énfasis agregado.

En el fondo, a Mikoyan no le faltaba razón: frente al hecho de que EE.UU. ni sus aliados occidentales respondieran a la crisis planteada en Hungría en 1956 tras la invasión del Ejército Rojo, la URSS, en cambio, había asumido el riesgo y logrado vencer los obstáculos impuestos por el Tratado Interamericano de Alianza Recíproca respecto a lo que, para el aparato de seguridad hemisférica, pudiese implicar la presencia extracontinental representada por el mundo soviético. En este sentido podría decirse, desde la percepción de Mikoyan, que algo perdurable se obtuvo tras el episodio de los cohetes junto a otro elemento que, en ningún caso, conviene que pase inadvertido: su apreciación según la cual, a raíz de esta crisis, Cuba había llegado a colocarse «en el epicentro de la política mundial». Sin embargo, como si nada de lo anterior fuese suficiente para granjearse la comprensión de los cubanos, Mikoyan agregaría esta frase que revelaba su angustia personal frente al curso de las futuras relaciones: «Los países socialistas, en tanto que marxistas-leninistas, debemos hallar una forma de asegurar una unidad de acción ante casos en los que nuestras opiniones pudieran lucir un tanto diferentes»[94].

Quien menos satisfecho se sentiría con las explicaciones ofrecidas por el emisario soviético sería Ernesto *Che* Guevara, quien tendría esto que decir sobre las fracturas que –a su juicio– había dejado la forma como la URSS optó por resolver la crisis:

> Camarada Mikoyan: Me gustaría decirle, sinceramente hablando, que como consecuencia de los recientes acontecimientos, se ha creado una situación extremadamente complicada en América Latina. Muchos comunistas que representan a otros PC de la región han comenzado a vacilar. Se sienten desalentados por las acciones de la Unión Soviética. Ha empezado a experimentarse un número importante de divisiones y han surgido nuevos grupos, nuevas fracciones [al interior de esos partidos]. La cuestión está en que nos vemos convencidos de la posibilidad de alcanzar el poder en algunos países de América Latina, y

---

94 [Wilson Center] (1995). Memorandum of conversation. A. I. Mikoyan with Fidel Castro, Osvaldo Dorticós, Raúl Castro, Ernesto Guevara and Carlos Rafael Rodríguez. Document N. III: 103.

los hechos demuestran que no sólo resulta posible alcanzarlo sino consolidarlo, tomando en cuenta la experiencia práctica.

Por desgracia, muchos grupos en la región opinan que la actitud asumida por la URSS durante esta coyuntura acusa dos errores fundamentales: uno, el intercambio [la remoción de los misiles soviéticos en Cuba a cambio del desmantelamiento de misiles estadounidenses en Turquía] y, segundo, el número de concesiones hechas. Me parece que todo esto augura la posibilidad de que observemos un declive del movimiento revolucionario en América Latina que, durante estos últimos tiempos, se había fortalecido. He querido dar mi opinión personal, pero lo he hecho de manera totalmente sincera[95].

Como bien lo ha notado el especialista en la historia de la Guerra Fría Vladislav Zubok, se trataba de la tercera oportunidad en la que la URSS experimentaba un sismo tan grave dentro de la órbita comunista: la primera vez, con la Yugoslavia del mariscal Tito en 1948; la segunda, con la China de Mao, en 1959; la tercera con Cuba, a fines de 1962[96]. Más aún, el mismo autor sostiene que más allá de la fraseología revolucionaria y del ropaje ideológico que había intentado brindarle cierta suavidad a las conversaciones en La Habana, Mikoyan y sus interlocutores cubanos dejarían planteadas dos ópticas que no podían lucir más radicalmente opuestas entre sí: la del Kremlin, renuente a partir de la crisis de los misiles a desafiar frontalmente la hegemonía de EE.UU. en el hemisferio occidental, y la determinación de La Habana, en cambio, de hacerlo a través de una sostenida ofensiva revolucionaria. Después de todo, el emisario soviético hablaba en este caso como el representante de una superpotencia que había testeado los límites de los compromisos globales, algo que situaba a sus inexpertos interlocutores en un plano muy distinto. De hecho, frente a lo que había devenido en un serio peligro, como lo supuso el riesgo de una confrontación nuclear directa, el

---

95 [Wilson Center] (1995). Memorandum of conversation. A. I. Mikoyan with Osvaldo Dorticós, Ernesto Guevara and Carlos Rafael Rodríguez. Document N. IV: 108.
96 Zubok, V. M. (1995): 89.

liderazgo del Kremlin se vio llevado a favorecer el pragmatismo y la flexibilidad antes que los irreductibles principios a favor de los cuales abogaba la dirigencia cubana. Así, pues, la fraternidad cubano-soviética quedaría severamente resentida a partir de ese momento[97].

En efecto, entre las consecuencias más directas que tuvo la llamada Crisis de los Misiles de Octubre no puede perderse de vista el hecho de que Castro y Jruchov optaran por transitar sendas separadas; tanto así que, mientras el premier soviético intentaría aligerar las tensiones con EE.UU. al punto de reexaminar su apoyo a los movimientos insurreccionales en el tercer mundo, Castro apostaría más bien a seguir exportando la revolución y anudando alianzas con grupos insurgentes cada vez más radicales[98]. Nada de ello quiere decir, desde luego, que Cuba dejase de depender de la asistencia económica y material de la URSS (tendencia que luciría totalmente irreversible hacia los tempranos años setenta); pero, tal como se ha señalado, la relación no recuperaría su estrechez inicial, ni la ayuda soviética le impediría a Castro cuestionar públicamente la «timidez» de la URSS[99]. Un dato interesante en este sentido proviene de lo dicho alguna vez por Demetrio Boersner, quien señala que, si bien el Partido Comunista de la Unión Soviética asistió a la Conferencia Tricontinental reunida en La Habana a comienzos de 1966, lo hizo exhibiendo serias dudas acerca de la conveniencia de lo que significaba la línea belicista e insurreccional que Cuba continuaba alentando[100].

Como habrá de verse más adelante, ese «retroceso» de Moscú a favor de una política centrada exclusivamente en lo coexistencial, sobre todo al recomendarles a los partidos comunistas de la región un retorno a la modalidad de alianzas, habrá de tensar dramáticamente las relaciones dentro de la propia izquierda venezolana y contribuir como poco a darle combustible a los encarnizados

---

97   Ibíd., 90, 89.
98   Brands, H. (2009): 48.
99   Ídem.
100 Boersner, D. (1996): 223.

enfrentamientos librados en ese campo. Será el momento en que la URSS (cuya actitud hacia América Latina se había visto caracterizada por una dinámica de reiterados frenazos y bruscos despegues), regresaría una vez más a la política «frentista» adoptada por primera vez en tiempos de la Comintern en la década de 1930, no solo endureciendo así la posición de quienes se inclinaban por el activismo armado, sino llevando a estos a concluir que el tercer mundo no lucía tan importante para los viejos revolucionarios en la tradición de Octubre como lo habían aparentado hasta ese momento[101]. En todo caso, el cambio de enfoque sería notable en más de un sentido. Para comenzar, la URSS articularía un lenguaje diferente, más centrado en el vocablo «atraso» que en la palabra «revolución»; en segundo lugar, en el contexto de esta nueva retórica, hablaría de la ayuda prestada a países como Egipto, Guinea o la India a fin de que lograsen superar la barrera del «subdesarrollo», enfatizando la amistad que debía cultivarse con partidos «nacional-revolucionarios», mas no necesariamente de filiación marxista.

Al mantener así, a partir de entonces, una posición de cautela frente a las insurrecciones en el mundo emergente, la URSS sabía que obraba en este sentido con la madurez dialéctica de la cual no gozaban la dirigencia cubana ni sus jóvenes simpatizantes en otros puntos de América Latina que también actuaban como profetas de la revuelta armada. A juicio de quienes formulaban la política en Moscú, cada vez que se había roto, debilitado o desdeñado la política de alianzas con otros sectores de la sociedad, los PC de la región no habían hecho más que labrarse el camino hacia su propio aislamiento, viéndose llevados por ello mismo a asumir posiciones erráticas o sectarias.

Dado que aceptar la protección soviética había entrañado riesgos desde el principio, ello explica aún más el valor que para Cuba podía representar el petróleo venezolano como

---

101   Hobsbawm, E. (2003): 435.

objetivo estratégico a la hora de intentar desempeñarse con mayor autonomía de acción y, sobre todo, cuando se propusiera continuar impulsando la estrategia insurreccional a su propio aire. El punto resulta especialmente importante puesto que sería el propio Mikoyan quien, sin ningún disimulo de su parte, pondría el acento en el factor petróleo a la hora de hacerle ver a la dirigencia cubana que era preciso que observara el alcance que había cobrado la cooperación de la URSS más allá de las fisuras planteadas a raíz del retiro de los misiles de la isla: «Cuba –dirá el emisario soviético– no posee recursos energéticos propios y, simplemente, no puede sobrevivir sin combustible»[102].

Carlos Rangel, agudo comentarista, no luce descaminado en este sentido cuando observa que, a la hora de erigirse en activo promotor de movimientos insurgentes en otras esquinas del vecindario, Fidel Castro no desestimó en ningún momento la insuperable cualidad que entrañaba el petróleo venezolano[103]. Rangel no solo coincidía a este respecto con lo expresado por el periodista francés Jean Larteguy y el poeta Juan Liscano, sino que lo haría también con Antonio Sánchez García, a juicio de quien sobran razones que expliquen la decisión de Castro de intervenir política y militarmente en el conflicto interno venezolano durante la década de 1960 y de las cuales –según apunta– «dos [eran] de primordial importancia estratégica: sus reservas probadas de petróleo, las más altas del Hemisferio Occidental, y su privilegiada situación geopolítica, ocupando todo el frente norte del continente suramericano». Y agrega: «Poner pie en Venezuela y apoderarse de sus reservas energéticas podría ser el primer paso para (...) extender la revolución castrista como una mancha de petróleo por el resto del continente. (...) Ese proyecto constituyó desde el triunfo mismo de la

---

102 [Wilson Center] (1995). Memorandum of conversation. A. I. Mikoyan with Fidel Castro, [Cuban President] Osvaldo Dorticós Torrado, [Defense Minister] Raúl Castro, Ernesto Guevara, Emilio Aragonés and Carlos Rafael Rodríguez. 04/11/62. Document N. II: 96.
103 Rangel, C. (1976): 227-228.

Revolución cubana (...) un objetivo estratégico en el tablero internacional de Fidel Castro»[104]. Sin ir muy lejos, la importancia de Venezuela en términos geoestratégicos y geopolíticos se vería confirmada años más tarde por el otrora dirigente del MIR, Domingo Alberto Rangel quien, en algún momento, llegó a referirse también a las particulares consideraciones que el tema del petróleo venezolano merecieron al jefe del Departamento de las Américas del Ministerio del Interior cubano, el comandante Manuel Piñeiro, (a) «Barba Roja»[105].

Algo similar sostendrá el académico estadounidense Hal Brands, a propósito de «Barba Roja», cuando observe que, a la hora de seleccionar los principales puntos del mapa que debían contar con el apoyo de Cuba, el departamento bajo su dirección privilegiaría a Venezuela por encima de Perú, Colombia, Bolivia o Guatemala al considerarla el «Vietnam de América Latina». Ello, por varias razones: en primer lugar, la supuesta fuerza y número de sus elementos armados, hecho que llevó a Castro a confiar en los halagadores (aunque no siempre veraces) informes que le trasmitían el PCV y el MIR; en segundo lugar, un cuadro de efervescencia y conflictividad que se mantenía en pie desde el fin de la dictadura perezjimenista; en tercer lugar, el protagonismo de una contrafigura como Rómulo Betancourt y, no por último menos importante, la inmensa disponibilidad de petróleo que podría obrar de manera providencial para bien de la propia economía cubana y del movimiento insurreccional patrocinado desde la isla[106].

Otros, aparte de los propios funcionarios del Ministerio del Interior cubano, también cifraban sus expectativas en el papel que podía jugar Venezuela como asiento y caja de resonancia de la ola insurgente alentada desde Cuba. Existe en este sentido el testimonio del dirigente Blas Roca (seudónimo de Francisco Calderío), destacado miembro del sector marxista cubano, quien, en un discurso

---

104 Sánchez G., A. y Pérez M., H. (2007): XXI.
105 Hernández, R. (2010): 13.
106 Brands, H. (2009): 39.

pronunciado en enero de 1963, al conmemorarse el quinto aniversario de la caída de Pérez Jiménez, diría lo siguiente: «Cuando el pueblo de Venezuela alcance la victoria (...) toda la América arderá. (...) Si su lucha es hoy una ayuda para nosotros, su victoria nos dará una ayuda aún más tremenda. Ya no seremos la isla solitaria en el Caribe para enfrentar a los imperialistas yanquis sino que tendremos en el continente una tierra de apoyo»[107].

Asimismo, resulta muy revelador lo que opinara Ernesto *Che* Guevara acerca del valor que cobraba Venezuela dentro del mapa de las expectativas inmediatas, al expresar lo siguiente en una declaración de prensa recogida en Argelia, en julio de 1963: «En este momento uno puede decir que hay dos países en la América Latina donde la lucha revolucionaria ha adquirido una fuerza que ya asegura su desenvolvimiento hacia una revolución que tomará el poder y que introducirá grandes cambios en la estructura política y social de estos países: Venezuela y Guatemala»[108].

El propio Raúl Leoni, a través de un artículo de su autoría publicado en plena presidencia, resumiría de esta manera lo que significaba Venezuela para la política armada: «El petróleo venezolano, tan esencial a los países industrializados de Occidente, tanto en tiempos de paz como de guerra, le confiere al país una importancia estratégica principalísima como productor de tan vital insumo. Ello es lo que explica, en buena medida, que Venezuela (...) se vea atacada desde el exterior»[109].

---

107 Archivo MPPRE (País: EE. UU.). Expediente N. 4-66-63. Recortes de Prensa. Proyecto de Informe de la Comisión Investigadora de la OEA. Documento N. 9 (Confidencial). 06/02/64. Reunión de Consulta: 15.
108 Ibíd, 16.
109 Leoni agregaría: «Existen distintas razones por las cuales nuestros adversarios consideran a Venezuela como un país de primera importancia estratégica. Desde el punto de vista geográfico, significa la principal y más accesible entrada a la América del Sur, cuyas más de 1.300 millas de costa convierten al Caribe en un mar venezolano. Al mismo tiempo, desde el punto de vista económico y político (considerados así en conjunto puesto que se complementan) es importante puesto que estamos llevando a cabo una revolución –la 'Revolución Venezolana'–, cuyo éxito jamás podrá ser reconocido por quienes optaron por el camino violento y destructivo del totalitarismo». Leoni, R. (1965): 639-640.

Empero, llama la atención que al procurar bajarle el tono a la intensidad de la amenaza luego de haberse revelado el hallazgo en las costas del estado Falcón de tres toneladas de armas procedentes de Cuba, en noviembre de 1963, el representante de Venezuela ante la OEA, Enrique Tejera París, dijese lo siguiente desde Washington, en vísperas de solicitar una acción de carácter colectivo contra la isla: «[Venezuela, país rico en petróleo] está tan adelantado económica, social y políticamente que en realidad no está en peligro de ser dominado por los comunistas. El peligro es mucho mayor en otros países»[110]. La tesis, vista así, era que países como Colombia (o, por ejemplo, Guatemala, Honduras y Nicaragua, en el caso de Centroamérica) podían resultar mucho más vulnerables ante la falta de una respuesta en términos de seguridad hemisférica, a que la propia Venezuela se viera irremediablemente a merced de la acción armada cubana. A juicio de Tejera, la principal motivación para que la OEA adoptase medidas colectivas era la amenaza que pudiese afrontar el resto de la región, y no específicamente Venezuela[111]. Lo dicho por Tejera lo refrendaría el saliente presidente Betancourt en diciembre del 63 en rueda de prensa con periodistas nacionales y extranjeros: «Aquí no está en riesgo un gobierno sino que está en riesgo la seguridad misma del continente»[112].

Con todo, resulta curioso el grado de confianza que exhibían tanto el presidente Betancourt como su representante en Washington, a no ser que se tratara –como se dijo– de una forma de bajarle el tono a la desafiante apuesta venezolana de Fidel Castro. Ello es así puesto que, por el contrario, como abiertamente lo reconocería Leoni, pareciera que el hecho de ser país petrolero era

---

110   *El Nacional*, 03/12/63: A-12.
111   *La Religión*, 02/12/63. Archivo MPPRE (País: EE. UU.) DPI/Asuntos bilaterales. Expediente N. 335-1963. Armas en el estado Falcón. Intervención cubana en Venezuela. Reunión de Consulta.
112   *La República*, 04/12/63: 2.

lo que en realidad constituía el *quid* del asunto y lo que justamente le confería características muy particulares a las acciones emprendidas por Cuba contra Venezuela.

Después de todo, como se ha hecho cargo de aclararlo Sánchez García (con la previsión, desde luego, de guardar las debidas distancias), Venezuela sería para Castro lo que, a comienzos de la Revolución rusa, Alemania fue para Lenin: la palanca de la revolución continental, algo que, de no haber obrado de por medio el factor petróleo, habría hecho prácticamente impensable que, dentro de la guerra de guerrillas venezolana, participasen cuadros tan importantes y de primera línea del Ejército revolucionario cubano como muchos de quienes actuarían posteriormente como generales de división e, incluso, como jefes de Estado Mayor en las guerras africanas durante los años setenta y ochenta[113]. Como agrega por su parte Antonio García Ponce, se trataba de combatientes de la más alta significación que quizá no fueron tan importantes por lo actuado en la Venezuela de los años sesenta sino por lo que llegarían a ser en el futuro como jefes máximos del internacionalismo cubano o, a fin de cuentas, como figuras clave en el poder junto a Raúl Castro[114].

Siguiendo en esta misma línea, y a la hora de editorializar acerca de la situación venezolana, el diario *El Comercio* de Quito observaría lo siguiente:

> El ataque a Venezuela tiene su explicación por un lado en el aprovisionamiento de petróleo. Dentro de los planteamientos de la Guerra Fría sería para EE. UU. [un] golpe rudo la pérdida de sus ingentes inversiones y el suministro del petróleo principalmente, aparte del hierro. Estando Venezuela en el ángulo sur del Caribe, la cabeza de puente en que Cuba se ha convertido para [esta] campaña le ofrece ventajas especiales, pues le es fácil introducir armamentos, equipos,

---

113 Sánchez G., A. y Pérez M., H. (2007): XX.
114 García P., A. (2010): 111.

agitadores y saboteadores que traten de destruir la resistencia del gobierno venezolano. Cuba hace de ariete y es en La Habana donde está el cuartel general del amagamiento a Venezuela[115].

Esto último da pie a la vez para decir algo en relación con la particularísima importancia que EE. UU. le confería a Venezuela sobre la base de su papel como principal proveedor energético en el hemisferio occidental. Junto a lo que ya de por sí entrañara el hecho de que Venezuela concentrase cerca del 60 % del total de las inversiones estadounidenses en América Latina[116], figura el nada desdeñable dato de que, a poco de abandonar Betancourt la Presidencia, la producción petrolera venezolana alcanzase un ritmo acelerado de crecimiento, desde los tres millones cuatrocientos mil barriles de producción diaria en 1964 hasta promediar en 1968, durante el año final de la gestión de Leoni, los tres millones seiscientos mil barriles[117]. A todo ello resulta necesario agregar, tanto en términos simbólicos como reales, lo que significaba que, desde finales de la década de 1950, se hallase radicada en Venezuela una de las comunidades más numerosas de expatriados provenientes de EE. UU., dedicada tanto a la industria petrolera como al sector de los servicios[118].

Un autor lo ha puesto recientemente de esta manera:

> Para Estados Unidos, el fenómeno (...) se expresaba fundamentalmente en el hecho de que, para inicios de los años sesenta, aproximadamente el 65 % de sus importaciones totales de petróleo provinieran de Venezuela. Todo esto (...) revistió a Venezuela de una relevancia geo-estratégica que no llegaría a tener más nunca en su historia (...). Para tener un punto de comparación, considérese que, para el año

---

115 S/A. «Subversión comunista en Venezuela requiere acción de Latinoamérica». *El Universal*, 17/02/63: 1.
116 Cardozo U., A. (2014): 164.
117 Morales, O. (2014): 190; Izzo, C. (2016): 1.
118 Ewell, J. (1996): 182; Mondolfi G., E. (2000): 346.

2011, las importaciones de petróleo venezolano correspondían a sólo el 8,3 % de las importaciones totales de los Estados Unidos. (...) Además, ese petro-Estado era su tercer socio comercial, su sexto mercado y el segundo país receptor de inversiones privadas estadounidenses a nivel mundial. [Se] calculaba que la inversión privada estadounidense en Venezuela ascendía a más de tres millardos de dólares (dos tercios de los cuales estaban invertidos en la industria petrolera), la cifra más alta en el mundo a excepción de Canadá[119].

Por si fuera poco, este cuadro revelaba —según el autor antes citado— la recuperación de la credibilidad de Venezuela como receptora de inversiones durante los años de la gestión de Betancourt transcurridos hasta entonces. Ello era así teniendo en cuenta que, al menos desde enero de 1959, ante las incertidumbres generadas a raíz de los recientes comicios, el capital norteamericano había acusado una marcada tendencia a abandonar el país a ritmo creciente[120]. De allí que luzca tanto más curiosa la seguridad con que, desde Washington en 1963, el embajador Tejera hablase de la confianza que Venezuela tenía en sí misma a la hora de combatir por sí sola las acciones insurgentes; y más aún que lo hiciera subrayando que «Venezuela perdió un tercio de su población en la guerra de independencia. Venezuela no ha pedido, ni pedirá jamás, ayuda o intervención extranjera»[121].

Puede que el embajador solo hablara así debido a las delicadas implicaciones que tendría solicitar cualquier incremento de la asistencia militar frente a las ya naturales complejidades que entrañaba la Guerra Fría en este aspecto. Pero, en todo caso, lo que más llama

---

119 Salcedo A., G. (2016): 16-17, 116. Y agrega: «Estos cálculos incluyen las importaciones de Venezuela junto con el de las Antillas holandesas, las cuales prácticamente refinaban sólo petróleo venezolano. Si en cambio se toman los datos de aquellas importaciones que partían sólo de Venezuela, la cifra [en materia de petróleo] aún sigue siendo un importante 49 %». Ibíd., 16, nota 22.
120 Ibíd., 87.
121 *El Nacional*, 04/12/63: A-12. Archivo MPPRE (País: EE. UU.). Dirección de Política Internacional/Asuntos bilaterales. Expediente N. 335-1963. «Armas en el estado Falcón. Intervención cubana en Venezuela. Reunión de Consulta».

la atención es que para el momento en que se diera el traspaso del mando presidencial a Leoni, en marzo de 1964, la realidad vivida hasta ese momento parecía revelar la limitada capacidad que había tenido el aparato de seguridad a la hora de repeler acciones de tipo guerrillero. Hasta entonces, es decir, prácticamente a todo lo largo de la etapa betancourista, las labores contrainsurgentes habían corrido con dudosa efectividad por cuenta de la Dirección General de Policía (Digepol), el Servicio de Inteligencia de las Fuerzas Armadas (SIFA) y comisiones de la Guardia Nacional[122]. Será solo al darse el advenimiento de Leoni cuando la actividad antiguerrillera recaiga principalmente sobre el Ejército, el cual apenas había intervenido hasta ese momento en acciones mínimas a través del personal de tropa acantonado en guarniciones cercanas a los teatros de combate. A la larga esta habrá de ser la fuerza que asuma la mayor parte del peso y, con toda la pericia del caso, corra con la responsabilidad de derrotar a los frentes armados en su versión rural[123].

A este respecto, y como habrá de verse más adelante, su capacidad para hacer frente a las acciones subversivas era puesta en duda en la medida en que, doctrinalmente hablando, el Ejército venezolano aún se hallaba adiestrado para afrontar un hipotético ejército venido de afuera, es decir, entrenado para combatir en escenarios de tipo convencional y, por tanto, en función de un cuadro de fuerzas caracterizado por la utilización de las tradicionales estructuras divisionales y aprestos de tipo pesado. Alguien escéptico en este sentido dirá lo siguiente al tratar de explicar la diferencia que existía entre la guerra «técnicamente convencional»

---

[122] Nada de esto quiere decir que, para 1961, en plena Presidencia de Betancourt, los EE. UU. no hubiesen brindado asistencia técnica a Venezuela que involucraba el aspecto militar, la cual había sido autorizada meses antes por la saliente administración de Dwight Eisenhower. De hecho, a raíz de ello, el país había comenzado a recibir un aporte anual que se aproximaba al millón de dólares en ayuda de este tipo, al tiempo que las academias militares de Venezuela comenzaron a seguir planes de estudio moldeados dentro de un enfoque marcadamente anticomunista en asuntos internacionales. Salcedo, A., G. (2016): 175.

[123] Irwin, D. y Micett, I. (2008): 225.

y la «eficiencia» guerrillera: «[Las fuerzas convencionales] son kilómetros de continuidad mecánica que se ofrecen al picoteo de los guerrilleros, [quienes] todo lo fían a la agilidad, a la sorpresa y al infinito mejor conocimiento del terreno»[124]. Frente a la guerra «motorizada y mecanizada», el mismo autor habría de observar que la guerrilla equivalía al retorno a lo más primitivo, individualizado e intuitivo del arte de la guerra»[125].

La limitada capacidad de acción durante aquella primera etapa será advertida a tal punto que un comunicado de la Federación Campesina exhortaría a que los campesinos fuesen encuadrados dentro de las Fuerzas Armadas para actuar como refuerzos, tal vez en un intento por repetir la gesta de enfrentar a los insurgentes como pretendió hacerlo ese gremio a raíz del levantamiento ocurrido en Carúpano, en mayo de 1962[126]. Sin embargo, aunque el comunicado en cuestión no lo expresara abiertamente, se trataba en el fondo de una crítica a la eficacia de las FF.AA. a la hora de combatir a las guerrillas sin tener para ello experiencia alguna que no fuese, como se ha dicho, a partir de una preparación y un equipamiento militar que lucía más adecuado a enfrentamientos de tipo convencional[127].

Basado en lo que significaba la acción guerrillera cubana, y en lo que habían pretendido hacer sus epígonos venezolanos

---

124   Pemán, J. M. «El soldado y la guerrilla». *La Religión*, 17/09/69: 4.
125   Ídem.
126   Mondolfi G., E. (2015): 301-308.
127   El diputado Armando González (AD) tendrá el cuidado de señalar, a raíz de la publicación de dicho Comunicado, que su propósito no había implicado un cuestionamiento a la eficacia del Ejército sino que se trataba más bien de una solicitud a fin de que, bajo el mando y orientación de las autoridades civiles y militares, el campesinado pudiese prestar su colaboración directa en la erradicación de los núcleos armados. Dirá aún más: «No es por ineficacia del Ejército que la Federación Campesina ha planteado este apoyo (...), como lo ha dado en otro sentido, aportando baquianos que, corriendo todos los peligros, se incorporan a las patrullas militares con el objeto de llevarlas a zonas de las cuales no tienen conocimiento al detalle de las particularidades del terreno». Intervención del diputado Armando González. Congreso de la República (1966). *Diario de debates de la Cámara de Diputados*. Sesión del 21/03/66. Mes III, N. 9: 239, 258.

al involucrarse hasta la médula en este tipo de lucha, quedaba demostrado que los ejércitos de esta clase resultaban muy vulnerables en el marco de una guerra irregular, obligados a fragmentarse, a actuar sin mayores conocimientos de lo que exigía el combate de selva o a verse sometidos de manera permanente al factor sorpresa. Esto explica desde luego que el resultado del cuadro planteado hasta ese momento llevara a la necesidad de capacitar a las Fuerzas Armadas con el fin de que pudiesen enfrentar un tipo de adversario diferente y someterlas, por tanto, a una conversión de tipo doctrinal[128]. Será justamente durante la etapa de Leoni, coincidente con la presidencia de Lyndon B. Johnson en los EE. UU., cuando se registre una cooperación altamente eficaz en el diseño e implementación de programas «integrales» de lucha contrainsurgente, los cuales tendrán su expresión más importante en la creación de batallones de fácil movilización y despliegue llamados a operar en los teatros planteados por la modalidad guerrillera.

A partir de este punto habría de darse lo que el historiador y periodista Agustín Blanco Muñoz ha denominado una mayor «tecnificación» de parte de un gobierno que tendrá el propósito de mejorar su aparato militar en procura de superar la impericia inicial en el combate contra la guerrilla, lo cual se traduciría a la vez en un incremento sustancial del adiestramiento contrainsurgente[129]. Si bien en un principio –como lo precisa el propio Blanco Muñoz– el gobierno de Betancourt se vio obligado a actuar de una manera no del todo coherente, vista su poca experiencia ante el reto de enfrentar a un enemigo que hacía gala de armas bajo una concepción distinta, ahora, con Leoni, Gobierno y Ejército se emplearían a fondo en la lucha[130]. Obviamente, esta asistencia brindada bajo la orientación de la Misión Militar norteamericana, y que hará de Venezuela el país más favorecido de la región en términos de ayuda

---

128 Irwin, D. y Micett, I. (2008): 220.
129 Blanco M., A. (2000): 42.
130 Ibíd., 38.

operacional directa[131], estará vinculada de manera inequívoca al factor petrolero y, por extensión, al resguardo de los intereses que ello implicaba en el marco de la Guerra Fría en el Caribe.

En tal contexto, e independientemente del lado del tablero que ocuparan los antagonistas, el petróleo no será visto solo como un preciado elemento estratégico sino que, en el caso de los partidarios de la insurgencia, lo será también como elemento clave dentro del repertorio de daños que podía infligírsele al capital estadounidense y, por extensión, a la economía venezolana. En tal sentido, la actividad petrolera estará a tal punto relacionada con el campo de acción de la guerrilla que se haría frecuente que oleoductos, gasoductos, estaciones de bombeo y rebombeo y hasta simples estaciones de servicio terminaran convirtiéndose en objetivos militares durante el período de la política armada. No en vano, dentro del aguerrido argot guerrillero, se llamará «petróleo en llamas» a estas acciones supuestamente encaminadas a debilitar el poder de las compañías petroleras, así como sus estructuras y mecanismos, en distintos puntos del territorio nacional.

Pero si la guerrilla incurría en sobrestimaciones a la hora de proponerse cosechar éxitos a partir de ataques aislados contra terminales y estaciones de servicio, no resulta fácil decir lo mismo acerca de la forma en que Betancourt reaccionó, ordenando que se redoblase la protección de los complejos petroleros frente a lo que significaba la instalación de misiles en Cuba, considerando –como lo estima Leonardo Rey– que existía la muy razonable posibilidad de que tales complejos se vieran al alcance de los MRBM emplazados en el Caribe[132]. Vale la pena apuntar además que, aun antes de revelarse la presencia de misiles de alcance intermedio en el Caribe, pero debido al aumento vertiginoso de la capacidad militar de Cuba gracias al apoyo directo que le brindara la URSS,

---

131   Brands, H. (2009): 73.
132   Rey, L. (2014): 105.

el Departamento de Defensa de EE.UU. había estimado que tal armamento era capaz de afectar a la industria petrolera venezolana. Esa misma apreciación fue sensiblemente ratificada a fines de septiembre de 1962, es decir, a pocos días de desatarse la crisis de los cohetes, al detectarse la presencia en Cuba de misiles tierra-aire del tipo *SS-4 Sandal*, los cuales, al verse provistos de un radio de acción superior a los dos mil kilómetros, podían hacer que las refinerías de Maracaibo fuesen fácil presa de un ataque de ese tipo[133].

El hecho de que Venezuela figurase en tales circunstancias como potencial objetivo militar es algo que no escapa a la atención del mismo Leonardo Rey cuando apunta lo siguiente:

> No podía la nación asumirlo de otra forma. En primer lugar, y relacionado con la dinámica de la Guerra Fría, fueron numerosas las ocasiones en las cuales se insistió en el valor estratégico que podía tener el país para las hipótesis de guerra soviéticas. Esto, en consideración de la amplia producción nacional de petróleo y hierro, materiales invalorables en un conflicto bélico, lo que a su vez fue un argumento que cobraría tanta más fuerza al apreciarse las características geopolíticas del mercado internacional de tales rubros. Los países que competían directamente con Venezuela en ese ámbito se hallaban situados en la inmediata periferia de la Unión Soviética, dejando a nuestra nación como el gran productor a nivel hemisférico, vital para los Estados Unidos en el caso de una sostenida conflagración[134].

Sobre el punto en cuestión convendría escuchar las palabras del propio Betancourt: «Es bueno tener en cuenta que nosotros no producimos bananas ni piñas, sino petróleo (...). Si hubiera un choque armado, Rusia, dentro de su estrategia militar, ocuparía con sus tropas la zona productora de crudos del Medio Oriente y entonces

---

133 Memorando del subsecretario de Defensa Roswell Gilpatric al presidente J.F. Kennedy, 01/09/62. FRUS, 1961-1963, Vol. X, Cuba 1960-1962, Doc. 403; Memorando de Edwin Martin a Dean Rusk, 30/09/62. FRUS, 1961-1963, Vol. XII. American Republics. The Cuban question in Latin America, Doc. 155. Citado por Salcedo A., G. (2016): 205, 206.
134 Rey, L. (2014): 142.

nuestro país pasaría a ser fuente vital en el suministro de hidrocarburos para las fuerzas armadas del mundo libre»[135]. Un comunicado de Copei, hecho público al calor de la crisis de los misiles, y en tanto que socio principal del gobierno coaligado de Betancourt, apuntaría en la misma dirección: «La producción del petróleo y del hierro, materiales estratégicos de primerísima importancia, hace de nuestra patria un blanco codiciado de operaciones bélicas»[136]. No muy diferentes serán las palabras recogidas en el comunicado correspondiente a Acción Democrática, el cual sostenía que Venezuela se hallaba amenazada en su condición «de país productor de materiales que, como el petróleo y el hierro, son de alto interés (...) y nos obligan a adoptar una actitud de definida vigilancia frente a la previsible posibilidad de una agresión comunista»[137].

El hecho de que Venezuela fuese considerada objetivo número uno de la acción armada alentada por Cuba se desprende también de lo dicho por Betancourt ante la comisión especial de la OEA que tuvo a su cargo investigar la procedencia de las armas halladas en las playas del estado Falcón en noviembre de 1963: «El presidente Betancourt también destacó que las vastas reservas de petróleo y hierro de su país, las cuales representan una fuente principal de suministro para el mundo libre, han sido una de las razones de que Venezuela constituya un objetivo principal del comunismo internacional»[138].

Incluso, a la hora de efectuar un recuento de lo que, por un lado, habían significado las acciones llevadas a cabo por los grupos

---

135 «Pide el Presidente unidad y confianza ante la amenaza Castro-Soviética». *La Esfera*, 26/10/ 62: 1. Citado por Rey. Ibíd., 105.
136 «Dice Copei: Venezuela está amenazada por la agresión comunista». *El Nacional*, 26/10/62: 22. Citado por Rey, ibíd., 122.
137 «El partido AD-VG [Vieja Guardia] apoya medidas adoptadas por el Presidente de EE. UU. en la zona del Caribe». *El Universal*, 26/10/62: 23. Citado por Rey, ídem.
138 Archivo MPPRE (País: EE. UU.). Expediente N. 4-66-63. Recortes de Prensa. Proyecto de Informe de la Comisión Investigadora de la OEA. Documento N. 9 (Confidencial). 06/02/64. Reunión de Consulta: 10.

armados durante su gobierno y, por el otro, al subrayar el carácter que cobraba el petróleo en el contexto de la amenaza misilística procedente de Cuba, Betancourt se repetiría a sí mismo, palabras más, palabras menos, ante un corro de periodistas en vísperas de dejar el poder: «[E]ste país no produce bananos sino petróleo»[139].

Tan lejos de los bananos a los cuales se refiriera Betancourt, y tan cerca en cambio de las estimaciones hechas antes, durante y después de la crisis de los misiles, figuraría el petróleo como uno de los rubros más sensibles de la economía mundial en tiempos de Guerra Fría. Ni qué decir tiene entonces lo que ello implicaría directamente para el caso de Venezuela. No en vano, los agónicos días de octubre del año 62 revelarían cuán en peligro pudo llegar a verse el país en caso de que los misiles emplazados en el Caribe hubiesen demostrado su radio de acción; pero habría que tomar en cuenta además lo que significaría que, en términos concretos y reales, el gobierno tuviese que enfrentar durante buena parte de la década de los sesenta las acciones de sabotaje emprendidas por los grupos armados en contra de la industria petrolera.

A tanto montaba el tema del petróleo y sus vulnerabilidades que convendría citar un episodio registrado al calor de la propia crisis de los misiles. En medio de una sesión que tuvo lugar por esos días en el Congreso Nacional, el dirigente del PCV Guillermo García Ponce daría a entender que los cohetes soviéticos instalados en Cuba podían alcanzar con relativa facilidad los campos petroleros venezolanos. Sin que se supiera a ciencia cierta si el diputado pecevista hablaba así en tono de alarma, o más bien de jactancia, lo cierto es que sus palabras desagradaron tremendamente a sus propios correligionarios, comenzando por Teodoro Petkoff, quien lo consideró un acto de irresponsable provocación en medio de tan sensible coyuntura[140].

---

139   *La República*, 04/12/63: 2.
140   Sanoja H., J., 2007 (I): 88-89.

Capítulo 2
Cuba lo tiene todo

> La rama cubana del árbol de la revolución era frondosa, tropical.
> Marco Palacios[1]

> [N]os encandiló la revolución cubana que permitió dar rienda suelta (...) a nuestro afán revolucionario y a nuestro anti-betancourismo.
> Héctor Rodríguez Bauza[2]

> En Venezuela se está librando la batalla de Cuba. O el fidelismo comunista derroca a nuestro actual gobierno para acudir en ayuda del régimen cubano y constituir así la apremiante cabecera de puente sobre el continente que necesita aquel Estado, o bien no le quedará otro remedio al líder cubano que revisar su política de injerencia agresiva en los demás países hispanoamericanos.
> Juan Liscano. *El Nacional*, 18/06/62[3]

Juventud en guerra

Como la historia responde de manera invariable a las solicitudes de un ambiente concreto, sería ocioso especular si la Revolución cubana habría llegado a cobrar el mismo impacto de no haber sido por las condiciones prevalentes en América Latina hacia finales de la década de 1950. El hecho es que ocurrió en unas circunstancias en las cuales cabe observar que coincidiría la fermentación ideológica provocada por el reciente proceso de descolonización en África y Asia y la consecuente emergencia del tercer mundo. Ello, a su vez, se entremezclaba con el acelerado cambio en las condiciones materiales que había operado en el seno de las propias sociedades latinoamericanas, sobre todo en términos de una escolaridad creciente y la tendencia hacia una rápida industrialización y

---

[1] Palacios, M. (2012): 75.
[2] Rodríguez B., H. (2015): 74.
[3] Liscano, J. «Seis contestaciones». *El Nacional*, 18/06/62: A-4.

concentración en zonas urbanas[4], así como con una aguda exacerbación de sentimientos antiestadounidenses producto de su aquiescencia con regímenes de facto, una política que aún se mantenía tan fresca en la memoria como reciente había sido el fin de una etapa de la Guerra Fría caracterizada por la bipolaridad «inflexible».

En tal sentido, el efecto expansivo provocado por la Revolución cubana puede apreciarse claramente a partir de lo que observa el académico Hal Brands:

> Las expectativas anti-dictatoriales que despertara, junto a su énfasis en la redistribución del poder económico, obró por contagio sobre los sectores estudiantiles de la región, tradicionalmente inclinados hacia la izquierda y escépticos ante la posibilidad de lograr algún avance frente a sistemas dominados por la presencia de las élites.
> Cuando Castro y Guevara emprendieron un recorrido que les llevó a visitar las universidades latinoamericanas entre los años 1959 y 1960, fueron recibidos por masas estudiantiles electrizadas, al punto de que la Federación Universitaria de Argentina proclamó que «un segundo frente se abriría en las calles» en caso de que Estados Unidos agrediera a Cuba. En México, los círculos estudiantiles se movilizaron ante la atracción suscitada por la Revolución cubana a favor de que se impulsaran reformas políticas y sociales en su propio país. Cada año, las organizaciones de estudiantes celebraban ritualmente manifestaciones anti-gubernamentales en el marco de un nuevo aniversario de la Revolución cubana. (...) Los peregrinajes a Cuba, por parte de los dirigentes estudiantiles, eran un hecho frecuente. (...)
> Incluso, algunos líderes disidentes del Partido Revolucionario Institucional (PRI) empleaban mensajes de corte pro-cubano a fin de obtener apoyo a favor de la izquierda mexicana. Hasta el ex presidente Lázaro Cárdenas contribuyó a fundar el «Movimiento de Liberación Nacional», agrupación que combinaba simpatías hacia Castro con exhortos a continuar combatiendo la «in-santa Trinidad» representada por las oligarquías dominantes, el clero politizado y el imperialismo estadounidense[5].

---

4   Brands, H. (2009): 4, 22.
5   Ibíd., 23.

Tal como intenté observarlo en mi libro *Temporada de golpes. Las insurrecciones militares contra Rómulo Betancourt*, la Revolución cubana tuvo entre sus más tempranas características el hecho de verse marcada por un fuerte tono de confrontación generacional. Esto es algo que resulta fácil advertir en el caso venezolano por la forma en que las juventudes de izquierda enfrentaron a los dirigentes de los partidos que reemergieron tras la recuperación del ensayo democrático y los cuestionaron en relación con lo que significaba el fenómeno del castrismo. Ello fue válido por igual para la juventud de AD (un numeroso sector de la cual montaría tienda aparte en 1960) como para el PCV, cuyos cuadros medios se mostrarían más inclinados a la acción violenta que a la ruta cauta o «etapista» a la cual seguían aferrados muchos de sus líderes en los eslabones más altos del partido. Juan Liscano, al opinar desde el diario *El Nacional* acerca de «los jóvenes guardias comunistas y miristas», advertirá justamente que estos «se lanzaron a la acción desbordando los viejos cuadros dirigentes que se mostraron tan incapaces como cobardes a la hora de imponer su autoridad»[6].

En todo caso, y a propósito del descontento expresado por la Juventud Comunista, existe el testimonio de alguien que recién había debutado en sus filas en el año 58, justo al darse la visita a Caracas del vicepresidente de EE.UU. Richard Nixon, y frente a lo cual la máxima dirigencia del PCV trató de morigerar los ánimos en apego a su línea de cautela: «Cuando lo de Nixon, nosotros, la juventud universitaria, participamos en eso, un poco sin dirección política del partido. (...) Queríamos hacer cosas distintas a las que dictaba la línea del partido. Sentíamos que había necesidad de otra cosa, y eran necesidades inclusive políticas, ideológicas, para la realización de cosas que uno sentía que estaban siendo mal llevadas, aunque no teníamos claridad de por qué estaban [siendo] mal llevadas»[7]. No puede existir, pues, un testimonio más valioso que este a la hora

---

6   Liscano, J. «Sobre la insurrección armada venezolana». *El Nacional*, 25/09/63: A-4.
7   Entrevista con Luis Correa. En Blanco M., A. (1981a): 264-265.

de poner de relieve el modo como los sectores juveniles se vieron dispuestos a rebelarse frente a todo aquello que consideraran caduco, esquemático, poco creador o poco imaginativo, aun cuando ello implicara alzarse en contra de los lineamientos de su organización.

En halago de esa juventud que experimentaba el relumbrón de la Revolución cubana y que se mostraba resuelta a alcanzar su madurez sin la intervención de tutorías, el diputado y secretario general del MIR, Domingo Alberto Rangel, sostendría, no sin cierta exageración, que la «Generación de la Resistencia» (así llamada por su combate contra Pérez Jiménez) había sido «la más valiente en cien años», y que ni tan siquiera la del 28 había llegado a sostener una lucha tan constante y decidida[8]. En medio de semejantes lisonjas, dirigidas a la juventud por parte de la prensa de izquierda y sus voceros en el Congreso, la Revolución cubana habría de cobrar un peso significativo sobre los cuadros medios del PCV y, también, del naciente MIR, al punto de hacer que estos respondieran «golpe por golpe» –como lo subraya Teodoro Petkoff– en el mismo terreno que plantearan las supuestas provocaciones de Betancourt[9].

Que la dinámica de la violencia y la lucha armada formasen parte de una especie de credo juvenil fue algo que también llamó la atención del gobierno de los EE. UU. Por ejemplo, el presidente Kennedy, en el marco de una rueda de prensa celebrada en Washington, hablaría de 1200 estudiantes procedentes de América Latina que habían acudido a La Habana en 1962 a cumplir tareas de adoctrinamiento, lo que a su juicio confirmaba que la «amenaza» seguía estando directamente relacionada con la situación en Cuba[10]. Sobre este tráfago de estudiantes que peregrinaban a La Habana, el secretario de Estado adjunto para Asuntos Hemisféricos sería de

---

8 «Uslar Pietri diluyó un debate enconado con un llamado al cese de la violencia». *El Nacional*, 14/02/63: 27.
9 Entrevista con Teodoro Petkoff. En Blanco M., A. (1980): 198.
10 «Kennedy: la subversión basada en Cuba es el mayor problema presentado por Castro» (Cable de AP). *El Nacional*, 15/02/63: A-12.

idéntico parecer. Refiriéndose en este caso a lo que podía significar la corta distancia que mediaba entre ser estudiante y «buen guerrillero», un informe a su cargo, fechado a inicios de 1963 a propósito de la notable presencia de jóvenes extranjeros en Cuba, habría de señalar lo siguiente: «Los jóvenes que regresan de Cuba han expresado que los entrenan en ejercicios simulados tanto ofensivos como de 'guerra de guerrillas', [recibiendo] instrucciones que todo buen guerrillero debe tener». Más aún, habiendo sido Venezuela –según estimaciones del Departamento de Estado– el país del cual saliera «el mayor grupo de jóvenes» con destino a La Habana desde 1962, esto era lo que a fin de cuentas explicaba la intensidad de las acciones dirigidas contra el régimen de Betancourt[11].

Incluso, hasta Adlai Stevenson, embajador de los EE.UU. en las Naciones Unidas y figura principalísima a la hora en que se denunciara la presencia de los misiles soviéticos en Cuba ante el Consejo de Seguridad, hablaría de una amenaza distinta, «poscrisis de los misiles», representada por el fenómeno de las juventudes armadas. Ante las dudas expresadas por algunos círculos políticos y periodísticos acerca de cuán efectiva había sido la repatriación del personal militar soviético a partir de octubre del 62, Stevenson respondería así: «El peligro de Cuba no es el aumento de los recursos militares registrado el último año. (...) El peligro no es el ataque sino la subversión, la penetración y la violencia organizada. (...) Me preocupan mucho más los centenares de jóvenes latinoamericanos que acuden a Cuba para recibir instrucciones sobre la teoría y técnica comunista, y lo que ellos puedan hacer en el plano de la revolución social, que las tropas rusas»[12].

En el patio local, y en un tono más bien de cierto lirismo, Liscano señalaría lo siguiente:

---

11 «Cientos de latinoamericanos van a Cuba como estudiantes para ser buenos guerrilleros». *El Universal*, 19/02/63: 1.
12 «El peligro de Cuba no es el aumento de recursos militares, es la subversión, penetración y la violencia organizada. Venezuela, naturalmente, es el principal objetivo». *El Universal*, 20/02/63: 1.

> [N]uestros hijos están jugando a la guerra y a la revolución. No supimos curarlos de la epopeya de las guerras de independencia ni de la «gloria roja del homicidio» de que habló [Rómulo] Gallegos.
> Antes de ayer como ayer y como hoy, la vocación guerrillera del venezolano se mantiene en ellos, incólume. El centauro aún pisotea nuestro cielo con su galope salvaje. Pero lo grave y característico de la situación actual es lo siguiente: por primera vez en nuestra historia la gente adulta y madura le da la espalda a toda esa mitología guerrillera. (...) Los jóvenes que leen [esa prédica guerrillera] sólo advierten el lado heroico del asunto, la invitación a agruparse para ser dueños de la Patria. La abrumadora carencia analítica de esas tesis revolucionarias no les restan, en ningún momento, poder de contagio emocional, tanto más cuando aumentan cada día sus destinatarios: los jóvenes[13].

Para el ojo crítico de Liscano, la acción insurreccional había nacido de una «desviación emotiva» que tenía a la juventud en su epicentro:

> El concepto de generación vino a sustituir al de clase. El PC, de partido proletario, se convirtió en sucursal de centros universitarios. El concepto de edad reemplazó al de pueblo, al de masa. Las FALN nacieron de una desviación emotiva. La juventud «falnista» se presentó a sí misma como encarnación del pueblo. Desbordó a sus cuadros directivos. (...) Oportunistas y dirigentes atemorizados rivalizaron en adular a esas «juventudes» mientras (...) se hipertrofiaba en círculo cerrado por efecto de una autosugestión cultivada o delirante.

Más adelante, el poeta agregaba que buena parte de lo que podía explicar el protagonismo juvenil en el frente armado era producto de la «exagerada valoración que de sí misma hacía esa juventud», tanto como de su papel supuestamente histórico[14].

En una de sus últimas vueltas de tuerca, Liscano observaría que el dudoso curso que pudiera terminar describiendo la dinámica

---

13 Liscano, J. «La Pacificación». *El Nacional*, 04/12/65: A-4.
14 Liscano, J. «¡Recapacitar! ¡Tender puentes!». *El Nacional*, 21/11/64: A-4.

armada, y su poca recepción en el seno de la sociedad venezolana, llevaban a concluir que la realidad contradecía «el mesianismo irreflexivo de la juventud»[15]. Por ello, a guisa de remate, se explanaría de este modo al finalizar su entrega acerca del visible predominio que cobraban los jóvenes en los asuntos de la guerra: «[S]alta a la vista que la voladura de oleoductos, asesinatos como los de [el tren de El Encanto], incendios de fábricas y homicidios de policías [llevados a cabo por los grupos armados] no [pueden] despertar entusiasmo alguno en el proletariado, ni en la clase media, ni entre las FF. AA., ni entre los grupos profesionales»[16].

Visiones encontradas

Sin embargo, para la juventud, no era simplemente cuestión de cruzar el puente y dejar atrás el «etapismo» o el «conservatismo» de la vieja dirigencia sino, a juicio de un testimoniante, reconocer que se estaba actuando mal por no «pensar a la cubana». En este punto, el asunto se reducía materialmente al enfrentamiento entre dos posiciones antagónicas:

> [Si] hay algo de importante en ese momento fue el inicio, en algunos de los cuadros del partido, de la mentalidad de que se estaba actuando mal, de que se había metido la pata y de que había que hacer alguna otra cosa. Por supuesto teníamos la Revolución cubana y la lucha de los compañeros cubanos se sentía como si fuera una cuestión nuestra. Entonces, bajo ese influjo, esa dirección comenzó a pensar que también aquí, para agarrar el poder, había que pelear, había que ejercer acciones violentas para tomar el poder[17].

Todo ello demuestra, al decir de Agustín Blanco Muñoz, que el hecho de tomar las armas fue una decisión dictada por el

---

15 Ídem.
16 Ídem.
17 Entrevista con Luben Petkoff. En Blanco M., A. (1981a): 99-100.

curso de los acontecimientos, es decir, resultado de las circunstancias en que estos fueron desarrollándose, revelando así el grado de emotividad que provocó el fenómeno cubano, algo que caracterizaría por igual el inicio de la apuesta armada contra el gobierno de Betancourt como su continuación, más tarde, contra Leoni[18].

Tal será el grado de impacto que cobrará el fenómeno cubano que sus repercusiones no solo habrán de hacerse sentir entre los cuadros juveniles del PCV o de la juventud de Acción Democrática sino, incluso, entre las filas de un partido como Unión Republicana Democrática que, hasta fines de 1960, hubo de acompañar la coalición presidida por Betancourt. Será justamente la Revolución cubana la que, en el curso de esos dos años de difícil convivencia (1959-60), estimule las constantes ambigüedades y tensiones que aquejaran a URD, todo lo cual se traduciría en hacer más insostenible aún sus relaciones con los otros dos socios del gobierno, AD y Copei. De hecho, será en protesta por lo que –a su juicio– era el trato que Betancourt le dispensaba al gobierno de Fidel Castro que URD resolvería abandonar finalmente la coalición[19]. El caso lo resume Astrid Avendaño con estas palabras:

> Ese (...) año [1960] se produce la primera consecuencia directa del «tema cubano» en la política venezolana. El canciller Ignacio Luis Arcaya (URD) se opone, en la VII Conferencia de Cancilleres latinoamericanos en Costa Rica (agosto), a la aprobación de un proyecto de resoluciones que normaban las relaciones entre países miembros de la OEA y que condenaba la «intervención extracontinental» en una clara alusión a la situación cubana.
> En contrapartida, Arcaya propone la inclusión de una declaración que salvaguardara la «autodeterminación del pueblo cubano» [y] el rechazo de la misma provoca el retiro de Arcaya pero no el de Venezuela, que vota a favor de la propuesta inicial a través del jefe de la delegación venezolana, el embajador de Venezuela en Washington, Marcos Falcón

---

18 Blanco M., A. (1981): 5-6.
19 Rey, L. (2014): 21.

Briceño. AD expresa públicamente su desacuerdo con la posición asumida por Arcaya, lo que conduce a la renuncia de éste y a la salida de URD de la coalición gubernamental (17 de noviembre)[20].

Aparte –y tal vez lo más trágico de todo– fue que la izquierda local llegó a verse a tal punto hipnotizada por la experiencia cubana que esta no solo le serviría de inspiración sino que la llevaría a actuar con impaciencia al incurrir en un análisis inadecuado de la realidad venezolana y, sobre todo, de las condiciones que imponía el medio. Vale la pena cederle la palabra en este punto a quien fuera uno de los principales promotores del enfrentamiento violento que caracterizara la década de los sesenta. Hablamos en este caso de Pompeyo Márquez, a quien Blanco Muñoz define como uno de los dirigentes sobre cuyos hombros más pesó la responsabilidad de la lucha armada[21]. En tal sentido, Márquez precisa lo siguiente:

> Nosotros quisimos corregir los errores del 58 en forma apresurada, desesperada. Lo que no hicimos en el 58 lo quisimos hacer después a toda marcha. (...) Y, además, hay un factor externo que fue la victoria de la Revolución cubana, la frustración nuestra ante la victoria de la Revolución cubana, y de inmediato la manía de comparar cómo se habían resuelto los problemas del poder allá y cómo se habían resuelto aquí. Entonces quisimos corregir lo que habíamos hecho el 23 de enero [de 1958] (o hacer lo que no hicimos). Pero corregir aquello era saltarlo todo y lanzarse por el camino de la precipitación[22].

Lo cierto es que entre la dirigencia histórica de AD, y también la del PCV (al menos hasta que la posición de algunos de sus líderes variara a tal respecto), Fidel Castro era visto como un «garibaldino» o, por mejor decir, como una suerte de némesis

---

20 Avendaño, A. (1986): 399.
21 Blanco M., A. (1980): 82.
22 Entrevista con Pompeyo Márquez. En ibíd., 85.

vengadora, muy propia de las tradiciones del pasado[23]. Eso, en el más benévolo de los casos. Porque habrá también quien lo viera más como un exponente de las prácticas pistoleras en las cuales había degenerado la lucha estudiantil cubana, o como un aventurero más inclinado a la idea mesiánica de la acción directa o a los arrestos románticos (nada novedoso tampoco en el imaginario político hispanoamericano), que al estudio riguroso de la realidad como exigencia esencial del marxismo. En tanto que ello fuere así, Castro sería juzgado por los más altos órganos de dirección del PCV y, por extensión, de los partidos comunistas de América Latina, como alguien situado en las antípodas del concepto marxista de la acción revolucionaria[24].

Al margen de todo cuanto pesaren las diatribas en torno al carácter «marxista» de la experiencia insurreccional cubana, lo cierto es que la Revolución de 1959 se convirtió en un rápido fenómeno de contagio que repercutió de modo rotundo en la búsqueda de un cambio permanente de valores, de una sociedad nueva y perfecta y, sobre todo, de intentar alcanzarlo por medio de las calles, las barricadas, las bombas y las emboscadas en las montañas, como diría Hobsbawm[25]. Este último detalle (el de las montañas) es tanto más importante cuanto que revela mucho de lo que, en palabras de Antonio García Sánchez, habría de significar que las juventudes armadas en Venezuela echasen por la borda un legado centenario de teoría y práctica revolucionaria y promovieran, por tanto, el abandono del trabajo social, sindical y comunitario de masas a favor del atajo directo de la guerra de guerrillas, definido por Sánchez García como una «suerte de retorno a la naturaleza y al campesinado como escenario y protagonista revolucionario»[26].

---

23 Rodríguez B., H. (2015): 225.
24 Rangel, C. (1976): 119.
25 Hobsbawm, E. (2005): 445.
26 Sánchez G., A. y Pérez M., H. (2007): XII.

Sobre este punto del fervor «por la montaña» vale la pena escuchar nuevamente la opinión de Pompeyo Márquez. Al referirse a la manía por el calco, por el trasplante de otras experiencias (bien fuese argelina, cubana, vietnamita o china), sobre todo a propósito de la etapa –a su juicio– más equivocada de todas cuantas tuvieron lugar dentro del enfrentamiento armado, como lo fue la del guerrillerismo rural a partir de 1964, Márquez dirá lo siguiente: «[H]asta se llegó a plantear el cerco de las ciudades por el campo en un momento en el cual la población venezolana en un 65 o 70 % era urbana, olvidando que en China el problema era al revés; el 90 % era rural. Era absurda esa concepción de guerra campesina aquí»[27].

Más sorprendente todavía es lo que, a propósito de este énfasis en la lucha armada rural, revelara otro combatiente quien, en este caso, había pasado por la experiencia de la escuela «vietnamita»:

> [C]uando estuve en Vietnam, estudiando las experiencias (...), los mismos vietnamitas nos decían (...) ¿por qué consideran ustedes que es correcta la estrategia de la guerrilla como forma fundamental de lucha? Y nos argumentaban, según lo que les íbamos diciendo: ustedes dicen que menos del 30 % está en la población campesina. (...) Esa situación es muy distinta a la nuestra: (...) aquí el 97 % de la población es campesina y, [en cuanto a] las ciudades, ninguna llega al millón de habitantes. La ciudad más grande, que es Hanoi, no llega al millón. No hay edificios de cuatro pisos[28].

Sin embargo, en ardorosa defensa de esa estrategia de «guerra prolongada» que sintéticamente implicaba moverse «del campo a la ciudad»[29], acudirían opiniones como la expuesta por el comandante Luben Petkoff desde las serranías del estado Falcón a

---
27 Entrevista con Pompeyo Márquez. En Blanco M., A. (1980): 148.
28 Entrevista con Juan Vicente Cabezas. En Blanco M., A. (1981a): 328-329.
29 Palacios, M. (2012): 62.

fines de 1966. Resulta asombroso escuchar su testimonio, expresado casi en clave de evangelio; pero más asombroso aún resulta que, para ello, tuviese que coger por las ramas: «[S]e puede dar el caso de muchos campesinos (...) que no se encuentran en faenas propias del campo, pero no por esto dejar de ser de procedencia campesina (...). [Y] también podemos estar seguros de que [del] 62% de población urbana, un 50% son de origen campesino»[30]. Lo que complementaría del siguiente modo: «[Existen] opiniones de grupos opositores a nuestro movimiento que [afirman] que la población rural no es la determinante del proceso revolucionario armado en Venezuela. (...) [Les] he demostrado que tales conceptos son falsos, no tienen vigencia histórica, ya que donde estamos creciendo es precisamente en el campo y que, por cada alistado de la ciudad, poseemos hoy cinco o seis incorporados del campo»[31].

De alguna manera, como lo da a entender Petkoff, quienes adoptaron esta posición maoísta, siguiendo la línea de la «guerra popular prolongada» recomendada por los chinos en la cresta de la Revolución Cultural, estaban convencidos de que era necesario que se impusiera «la autoridad del monte» –como la define el historiador Marco Palacios[32]– y lograr, en este sentido, que los aparatos urbanos se vieran rápidamente absorbidos y abandonaran la dinamita a favor de la montaña.

Volviendo concretamente al tema de Cuba habrá quienes, desde las filas del PCV, relativicen el peso que tuvo la Revolución del 59, privilegiando más bien la idea de que una serie de condiciones históricas propias determinaron la dinámica insurreccional en Venezuela justo al darse la asunción de Betancourt a la Presidencia. Para quienes así pensaban, la insurrección local no fue un mero «calco» o, dicho de otro modo, un simple reflejo de lo

---

30   Entrevista con Luben Petkoff. Revista *Sucesos*. México, diciembre de 1966. Citado por Biaggini G., J. *et al.* (1980): 57.
31   Ibíd., 65.
32   Palacios, M. (2012): 82.

ocurrido en Cuba. Tal sería el parecer, por ejemplo, de Guillermo García Ponce, quien estuvo al frente de la dirección de la guerra dentro del PCV. Su opinión en este sentido luce alejada de lo que comúnmente llegaron a sostener algunos de sus antiguos correligionarios:

> [L]o de Cuba influye en la decisión, evidentemente [de ir a la guerra]. Pero no es lo fundamental. Lo fundamental era (...) la situación concreta del país. (...) No es cierto, como se ha querido decir, que la insurrección aquí fue una decisión caprichosa, arbitraria. Había condiciones históricas concretas. (...) Ahora, claro, *influyen otros factores, esa brisa que pega de Cuba infla los espíritus aquí, sobre todo los de la juventud,* que se siente un poco frustrada porque ve que en Cuba se avanza mientras que aquí se retrocede. Ello influye[33].

En defensa de ese autonomismo también acudirá el testimonio del excombatiente y, más tarde, dirigente fundador de la Causa R, Alfredo Maneiro:

> [C]reo que no se puede aceptar que lo ocurrido en Venezuela fuese un simple eco de la Revolución cubana. (...) *Claro, si en Cuba no hubiese ocurrido la violencia, en Venezuela y en el resto de América Latina al menos no hubiera ocurrido tal como sucedió.* Pero no bastaba Cuba. Hubo (...) razones nacionales para esa situación[34].

Sin embargo, lejos de lo que afirman García Ponce o Alfredo Maneiro está lo que observa el historiador británico Eric Hobsbawm, quien, como marxista consumado que llegaría a ser, formó parte también en algún momento del mismo credo, confesando haber integrado las huestes «atentas e incondicionales» que escuchaban el verbo encendido de Fidel Castro («quien hablaba durante horas, compartiendo sus poco sistemáticos pensamientos»,

---

33 Entrevista con Guillermo García Ponce. En Blanco M., A. (1980): 350. Énfasis agregado.
34 Entrevista con Alfredo Maneiro. En Blanco M., A. (1981a): 349. Énfasis agregado.

agrega el autor). Hobsbawm alega sus propias razones para tratar de explicar el efecto de tracción que tuvo la Revolución cubana:

> Ninguna revolución podía estar mejor preparada para atraer a la izquierda del hemisferio occidental (...) o para dar a la estrategia guerrillera [su] mejor publicidad. La revolución cubana lo tenía todo: espíritu romántico, heroísmo en las montañas, antiguos líderes estudiantiles con la desinteresada generosidad de su juventud (...), un pueblo jubiloso en un paraíso turístico tropical que latía a ritmo de rumba[35].

Si se descuenta lo que de inglés pudiese tener, Hobsbawm agrega de seguidas lo siguiente para colorear aún más el *sex appeal* que distinguiera al fenómeno cubano: «El ejemplo de Fidel inspiró a los intelectuales militantes en toda América Latina, un continente de gatillo fácil (*sic*) y donde el valor altruista, especialmente cuando se manifiesta en gestos heroicos, es bien recibido. Al poco tiempo, Cuba empezó a alentar una insurrección continental, animada especialmente por Guevara»[36]. Otro simpatizante que se vería seducido por lo que de «rumboso» y «romántico» a la vez tenía el proceso cubano fue Vargas Llosa, citado anteriormente a propósito de una crónica suya para el diario *Le Monde* al darse el desenlace de la crisis de los misiles. Vargas Llosa dirá, combinando lo épico con el sentido festinado de la vida que creía advertir en los propios cubanos:

> El comportamiento del pueblo cubano durante la crisis [de los cohetes] sorprendió a muchos observadores. El orden, la disciplina, la serenidad, no son constantes latinoamericanas, y menos cubanas. Sin embargo, en ningún momento, ni siquiera en los instantes críticos, se advirtió en La Habana la menor señal de pánico. (...)
> La Habana entera daba la impresión de estar uniformada y en armas. Las bailarinas del más famoso cabaret de la ciudad llegaban a su trabajo

---

35 Hobsbawm, E. (2005): 439.
36 Ídem.

en uniforme de milicianas, con la metralleta al hombro. Pero el bailarín estrella brillaba por su ausencia; un cartel, en la puerta, explicaba que el número central del *show* había sido suspendido porque el artista había partido a las trincheras a «defender la Patria». En reemplazo, se había improvisado un número de actualidad titulado «El Bloqueo». El comandante Ernesto Che Guevara declaró una vez: «Ésta es una revolución con *pachanga*, es decir, de buen humor[37].

Sin duda, estampas así contribuían a popularizar y darle rango de máxima adoración mediática a una causa teñida de voluntarismo, hecha –aunque no exclusivamente– de glándulas masculinas (como puede apreciarse a partir del ejemplo de las bailarinas milicianas) y, como agrega Sánchez García, llena de ansias por aventuras primarias donde se pusiera en juego el valor y la temeridad al servicio de la revolución[38]. El historiador Germán Carrera Damas hará su propio aporte al tema al señalar que el proyecto guerrillero local no se asentó sobre un análisis efectivo de las circunstancias locales sino que estuvo basado más bien «en un diagnóstico nada realista del momento histórico vivido por la sociedad venezolana», generando así «una trágica amalgama de acciones inducidas más por la imitación de la experiencia cubana, magnificada –y lastrada de arrebatos románticos–, que por cálculo político»[39].

Habrá quien, como Juan Liscano, dude también –coincidiendo con este análisis de Carrera muy posterior a los hechos– del carácter específicamente venezolano de la insurrección o de que existieran incluso condiciones propias para ello. Liscano se basaba en una simple constatación: se trataba de una acción de tipo continental y, por tanto, solo por ello existían razones de sobra para suponer que era inducida y coordinada desde afuera. Aparte, según lo observaba el opinante, las acciones mismas emprendidas

---

37 Vargas LL., M. (1983): 25, 27.
38 Sánchez G., A. y Pérez M., H. (2007): XV.
39 Carrera D., G. (2013): 326.

por el brazo armado de la izquierda no eran fruto de un proceso orgánico sino de una voluntad aventurera de imitación, es decir, desprovistas de una carta de identidad nacional:

> La Revolución Cubana y la Guerra de Argelia constituyen polos de atracción para el mencionado movimiento. Sus dirigentes legales o clandestinos imaginan, como los primitivos, que lo semejante produce lo semejante (...), o que cosas e ideas que estuvieron en contacto se actúan recíprocamente a distancia para producir los mismos efectos. (...) En términos de política contemporánea, eso se llama simplemente mecanicismo. De modo que nuestros rebeldes, sin preocuparse lo más mínimo por las condiciones políticas, sociales, económicas, históricas y psicológicas del país, organizaron en forma tradicional (...) un presunto ejército clandestino cuyas consignas, siglas, insignias, uniforme y «estilo» copian las del Movimiento 26 de Julio y las del Frente de Liberación Nacional argelino. Con eso, y con las consiguientes acciones «revolucionarias», se da por descontado que la Revolución se producirá[40].

Si se saca por el número de testimonios que se inclinan más a favor de una tesis que de la otra, resulta fácil advertir que la lucha guerrillera, en su variante venezolana, jamás pudo librarse de la percepción de haber sido una experiencia exótica y ajena al medio, por más que algunos de sus actores intentaran reclamar ese origen por derecho.

Foquismo *versus* frentismo

Los más inclinados a celebrar esa revolución trufada de romanticismo heroico –y, sobre todo, los que comulgaban con la idea de que fuese reproducida en su versión «fidelista» en otros países de la región– eran, al decir de Hobsbawm, los más insatisfechos con la prioridad que los soviéticos habían pretendido

---

40   Liscano, J. «Sobre la insurrección armada venezolana». *El Nacional*, 25/09/63: A-4.

conferirle a la doctrina de Coexistencia Pacífica y, desde luego, con la política «frentista» que Moscú recomendara adoptar de nuevo[41]. Citando a Regis Debray, precisamente el mayor perfeccionador del «foquismo» en lo que a su teoría se refiere, Hobsbawm dirá: «Un joven y brillante izquierdista francés (¿quién, si no?) proporcionó la ideología adecuada, [la cual] sostenía que, en un continente maduro para la revolución, todo lo que se necesitaba era llevar pequeños grupos de militantes armados a las montañas apropiadas y formar 'focos' para luchar por la liberación de las masas»[42].

En este sentido, las tensiones planteadas entre las tesis insurreccionales prohijadas por Cuba y la cautela observada por la Unión Soviética luego de la crisis de los misiles redundaron con fuerza en la fermentación ideológica que condujo a los cuadros juveniles de la izquierda venezolana, al igual que lo hizo con la de otros países del área, a verse rápidamente colonizados —como lo observa correctamente Antonio Sánchez García— por el impulso que podía dictar la pura voluntad de una vanguardia iluminada[43]. Era lógico, pues, que a mayor la seducción que suscitara la «acción por la acción», más débil luciera el atractivo de la política «frentista» aconsejada por la URSS y la alta dirigencia de los distintos PC en la región[44]. Otro protagonista de la coyuntura lo vería de esta forma al referirse a la actitud reticente que mostraran los altos cuadros del PCV y, sobre todo, al evaluar la política de contención que la dirección de ese partido creyó necesario aplicar ante una juventud en vías de radicalizarse: «El PCV de entonces era víctima del 'etapismo', esa concepción estalinista según la cual el movimiento revolucionario de los países subdesarrollados tenía que plantearse primero realizar una revolución democrático-burguesa,

---

41 Hobsbawm, E. (2005): 439.
42 Ídem.
43 Sánchez G., A. y Pérez M., H. (2007): XIII.
44 Brands, H. (2009): 21.

antiimperialista y anti-feudal, para después iniciar el tránsito hacia la revolución socialista»⁴⁵.

El foquismo no sería solo la antítesis del etapismo, sino también lo más diametralmente opuesto a una lectura atenta de la realidad, propia del análisis marxista, que permitiese advertir la existencia de condiciones favorables y posibilidades efectivas. El foquismo partía entonces de suponer que la lucha, por sí sola, crearía las condiciones necesarias para la revolución, por muy lejos que estas estuvieran de darse en un momento determinado. Dicho de otra forma, como se permite hacerlo un autor, «[l]a crisis del orden existente, y sobre todo la inminencia de una situación ya revolucionaria, no son las conclusiones de un análisis cuidadoso, sino los puntos de partida de toda argumentación»⁴⁶.

No será por tanto el estudio de los factores objetivos lo que recomiende el foquismo, sino más bien la filosofía de la acción directa. Se tratará, para decirlo brevemente, de una clase de activismo que, al tiempo de desatender las condiciones específicas del medio, sobrevaloraba la voluntad de actuar de manera unilateral⁴⁷. Así, a través de este atajo, de lo que se trataba era de circunvalar el etapismo que pregonara la vieja dirigencia comunista y lograr que la historia apurara el paso⁴⁸. Haciendo buena, pues, una de las principales tesis guevaristas, la violencia cumpliría de este modo el papel de ser el más poderoso catalizador, capaz de acelerar la conciencia revolucionaria⁴⁹. En tal sentido, costaría hallar mayor prueba de intoxicación foquista, o de exaltado criterio voluntarista, que lo dicho por un excombatiente: «[N]osotros decíamos: así quedemos tres, la lucha sigue, váyase quien se vaya. Se iba una persona, bueno, qué es una pinta más para un tigre, mientras haya

---

45 Entrevista con Anselmo Natale. En Blanco M., A. (1981a): 181-182.
46 Mansilla, H.C.F. (1990): 122.
47 Ibíd., 128.
48 Brands, H. (2009): 40, 42
49 Ibíd., 40.

dos o tres hay guerra en este país. Esa era nuestra concepción, la que nos guiaba»[50].

Volviendo al deterioro de la alianza cubano-soviética, y al modo como ello impactó de manera profunda en las diatribas que se libraban al interior de la izquierda latinoamericana, vale la pena citar lo que sostiene el ya varias veces citado Hal Brands al hablar precisamente acerca de la teoría del «foco»: «Desde el comienzo, el *foco* emergió como una fuerza que dividiría profundamente a las organizaciones de izquierda en América Latina. Los comunistas pro-soviéticos, al juzgarlo con desdén, calificarían al *foco* como una perversión del marxismo y como un llamado peligrosamente prematuro a las armas»[51]. A la hora de apoyarse en algún testimonio confiable, Brands llama la atención acerca de lo que expresara en una oportunidad el secretario general del PC chileno, Luis Corvalán, cuando reconocía la virtual imposibilidad de construir alguna clase de vanguardia de manera artificial y arbitraria[52]. Aparte de todo, según el propio Brands, la glorificación de la violencia que pregonaba el *foquismo* hacía que la vieja y cauta dirigencia de los PC corriera el riesgo de verse cada vez más aislada frente a una izquierda que tendía rápidamente a radicalizarse[53].

Acerca de esta visión voluntarista y, en especial, como resultado de su elevación teórica a la máxima potencia, el historiador Marco Palacios se referirá tanto a la forma en que los viejos dirigentes del PCV respondieron al foquismo como a la consagración que, en términos casi religiosos, cobrara esta forma de lucha rural: «A esta 'provocación' [que suponía ser el foquismo] respondieron los partidos comunistas del bloque soviético tachando [sus] métodos de graves desviaciones, a las que añadieron el calificativo de

---

50   Entrevista con Elegido Sibada («Magoya»). En Blanco M., A. (1981a): 27.
51   Brands, H. (2009): 48.
52   Ídem.
53   Ídem.

'pequeño-burgueses', profundamente despectivo en el canon del marxismo-leninismo ortodoxo». Respecto a lo segundo, el juicio de Palacios resulta demoledor:

> [A partir del foquismo], el análisis de las «condiciones objetivas» (...) [quedaba sepultado] bajo los postulados de una técnica insurreccional cruda, autónoma que, además, parecía recoger un eco agustiniano: la ciudad era un lugar corrupto que, inevitablemente, pervertía al cuadro político, mientras que el campo era el sitio de salvación y purificación. Desde la ciudad de Dios en las montañas se desencadenaría la furia revolucionaria. Era como si un voluntarismo de tintes teologales subrayase la prioridad de lo táctico, de la técnica de guerra irregular sobre la estrategia política. Al fin y al cabo, no se trataba tan solo de fundar un régimen socialista sino de crear el hombre nuevo[54].

Para abundar en lo dicho hasta aquí, aunque ya desde la otra punta del cabo, es decir, desde la perspectiva de quienes alababan la teoría del foco, Brands destaca la forma en que ello les llevó a proclamarse como «auténticos» socialistas, despreciando cualquier contribución que pudiera hacer la «Vieja Guardia»[55]. Para ello, cita un pronunciamiento formulado por el MIR venezolano en 1964, según el cual aquellos que negaban el papel que jugaba la violencia en las transformaciones sociales no tenían derecho a proclamarse marxistas, para concluir expresando, literalmente, lo siguiente: «Somos un país dependiente y semicolonial, altamente explotado por el imperialismo, sin tradiciones de libertad republicana, ni juego democrático (...). *La posibilidad de una salida pacífica en Venezuela es absurda*»[56]. Tal tipo de declaración bastaba –a juicio de Brands– no solo para que estos cuadros

---

54 Palacios, M. (2012): 76-77.
55 Brands, H. (2009): 48.
56 Ministerio de Relaciones Interiores. Confidencial N. 1. Caracas, 25/05/64. En: Vera G., L. (2005): 22. Citado por Brands, ídem. Énfasis agregado.

comenzasen a contar, bajo distintos grados y modalidades, con el respaldo proveniente de Cuba, sino para que la «Vieja Guardia» sintiera que su influencia simplemente se desvanecía[57]. Esta situación se haría tanto más visible a medida que la erosión de las relaciones cubano-soviéticas, sumada a la ruptura sino-soviética, llevase a Castro a apoyar, cada vez con mayor determinación, a las facciones que renegaban de la política pacifista como la que desde fines de 1964, y con más fuerza a partir de abril de 1965, comenzaran a instrumentar ciertos sectores del PCV bajo la consigna de la «Paz Democrática».

En este caso, nada ilustra mejor las ambigüedades en las cuales se vio atrapada la dirigencia más tradicional del PCV que el testimonio que el periodista francés Jean Larteguy obtuvo de Héctor Mujica, cuentista de valía, profesor universitario e importante miembro del Comité Central de ese partido. A juicio de Mujica, «Fidel Castro [cometía] un grave error dejándose llevar por sus tendencias militaristas y aventureras»[58]. Y, luego, ante la pregunta, «¿Está usted de acuerdo sobre eso con los rusos?», Mujica respondería: «Sí, como estamos de acuerdo con todos los partidos comunistas de América Latina; por el momento ha pasado el tiempo de la guerrilla»[59]. Larteguy llevaba a cabo esta entrevista en la Caracas de inicios de 1967 y más sorprendente aún será el resto del testimonio que lograría arrancarle a su interlocutor: «Cada país debe hacer su revolución como él mismo la entiende, teniendo en cuenta las tradiciones particulares propias. Fidel Castro es un loco peligroso (*sic*) que compromete todo el porvenir de la revolución en América Latina»[60]. Empero, al llegar a este punto y recapacitando sobre lo dicho, Mujica agregaría lo siguiente, revelando así la ambivalencia dentro de la cual se movían los

---

57 Ibíd., 48-49.
58 Larteguy, J. «Los Guerrilleros». *Elite*, 15/05/70: 25.
59 Ídem.
60 Ídem.

viejos cuadros del PCV ante el intratable caso de Fidel: «Pero continuaremos siempre ayudándole, ayudando, sosteniendo la Revolución cubana»[61].

En medio de las traumáticas discusiones que caracterizaran a la izquierda venezolana, la negación del *foco* corría bien expresada en estas palabras de Mujica. Ello era así por dos razones para quienes pensaban de esa manera: primero porque, a la hora de «emular» la experiencia cubana, el problema se contraía a que existiesen las condiciones objetivas y subjetivas para ello; segundo, la especificidad que reclamaba cada situación en particular, algo acerca de lo cual Mujica hacía clara referencia. Para este, como para los dirigentes más formales del PCV, el marxismo era justamente el instrumental que permitía que las distintas realidades fuesen examinadas de manera adecuada. Sin embargo, marxismo y foquismo parecían ser lo que el aceite al vinagre: la supuesta universalidad del foco exigía –como se ha dicho– que el voluntarismo puro y simple actuase con total desprecio frente al estudio de las condiciones imperantes.

Aún más, habrá quien sostenga que la teoría del foco, a partir del éxito de la experiencia en la Sierra Maestra, tuvo como una de sus principales motivaciones el empeño por disminuir la participación de otros sectores que combatieron con igual denuedo al régimen de Batista[62]. Visto así, el dogma de la guerrilla rural tendría pues una auténtica marca de origen cubano, convirtiéndose, más pronto que tarde, en parte del relato histórico oficial del castrismo. De esta forma, solo mediaba un paso entre exagerar el rol que jugaran las guerrillas en Cuba y sobrestimar el papel que el sector campesino pudiese desempeñar en otros teatros de

---

61   Ídem.
62   Brands, H. (2009): 50. Pompeyo Márquez agrega por su parte lo siguiente: «[M]uchas cosas se relatan por su final y no por su comienzo. (...) Entonces se cree que fue única y exclusivamente el ejército guerrillero el que derribó a Batista (...) y no todo aquel complejo de circunstancias que hicieron posible aquel derrocamiento de la dictadura de Batista y la aparición de un gobierno revolucionario». Entrevista con Pompeyo Márquez. En Blanco M., A. (1980): 99.

la región partiendo de dos supuestos que también lucirían cuestionables.

Tales supuestos eran, por un lado, que el campesinado fuese capaz de actuar como un sector totalmente coherente en términos de «clase»; por el otro, que el problema de la tenencia de la tierra –y, por tanto, la capacidad del campesinado de servirle de firme sostén a la guerrilla– fuese una realidad que no admitiera variantes y grados según el país del cual se tratara, cayendo equivocadamente dentro de este mismo esquema de análisis los casos de Guatemala y Perú, o un petro-Estado como el venezolano, donde el régimen de Betancourt ya había adelantado desde 1960 una política de reforma agraria más o menos exitosa[63]. Lo cierto es que la «exaltación» del sector campesino como vanguardia del nuevo tipo de lucha llevaría a que, junto con sus acres denuncias contra cualquier política «frentista», o a la hora de tildar de «derechistas» a quienes, dentro de los distintos PC, se mostraran renuentes a proseguir la lucha armada, Castro calificase de «estúpida», «criminal» y sin sentido cualquier expresión de violencia que no fuera «rural»[64].

Ahora bien, cabe preguntarse hasta qué punto el elemento campesino estaba realmente dispuesto a seguir la orientación del partido como su estructura de vanguardia. En este sentido, la respuesta pareciera ofrecerla cándidamente un excombatiente:

> Yo me incorporé a la guerrilla inconsciente de que existía un Partido Comunista. (...) Creía en los fusiles y en ese campesinero (*sic*) que nos respaldaba, porque ellos tampoco creían en partido. Todos esos campesinos nosotros no les decíamos nada de partido sino que nosotros [éramos] el ejército del pueblo y que [luchábamos] por los pobres.

---

[63] Brands, H. (2009): 50. Ello es tan así que incluso, de acuerdo con lo que sostiene Hal Brands, dentro de un mismo país como Guatemala, por ejemplo, la falta de tierras podía afectar entre el 15 % y el 25 % del campesinado en una determinada región mientras que, en otras, solo al 4 % o 5 %.

[64] Ibíd., 51.

> Pero nunca les decíamos: mira, somos el Partido Comunista, sino que éramos un grupo de las guerrillas que estábamos formando un ejército de los pobres.
> En esa época había un sentimiento contra el Partido. Uno hablaba del Partido Comunista con un campesino y ése no creía en eso. Creía en uno. (...) Ellos creen en ti, que te vean ahí con un fusil y entonces dicen: bueno, esta es la gente que nosotros respetamos. Pero uno empieza a hablar de partido, de filosofía, de Lenin, Stalin, y ellos no creen en esa vaina. Ellos creen en la acción, en la gente que los mueve[65].

Tomando como prueba este ejemplo, resulta evidente que entre las pautas de comportamiento de los frentes armados no parecía prevalecer la teoría leninista del partido (es decir, del partido como maquinaria eficaz y confiable para la lucha revolucionaria) sino más bien una serie de moldes heredados de las tradiciones del siglo XIX. No en vano, Liscano figuraría en este sentido entre quienes habrían de sostener que, a la hora de los hechos, las guerrillas venezolanas tendían a confundirse a menudo con las prácticas montoneras de antaño[66]. Así pues, frente al partido visto como una organización citadina, extraña y remota, los combatientes parecían mucho más dispuestos a seguir a quien reclamase para sí el derecho a comandar, alimentando de este modo entre sus dirigentes la esperanza de que las masas reconocieran a los destacamentos guerrilleros como su propia vanguardia. Es decir, que el foco guerrillero tuviera la suerte de transformarse en sustituto eficaz del partido leninista hecho de cuadros profesionales[67].

---

65 Entrevista con Elegido Sibada («Magoya»). En Blanco M., A. (1981a): 42.
66 Liscano, J. «Sobre la insurrección armada venezolana». *El Nacional*, 25/09/63: A-4.
67 Palacios, M. (2012): 76.

La violencia ejemplar

Otro elemento que le brindaba sustento a la teoría del foco, y que al mismo tiempo tuvo el efecto de privar a la guerrilla de contar con la simpatía de amplios sectores, fue su culto a la violencia «ejemplar». A ello ya se hizo somera referencia a propósito de la convicción guevarista de que nada como la violencia podía funcionar como el reactivo más eficaz a la hora de agitar la conciencia de las masas. En el caso concreto de Venezuela, como lo apunta Brands, el episodio que mejor ilustra esa violencia inmediata y «ejemplar» fue el llamado de los sectores armados a boicotear las elecciones presidenciales de diciembre de 1963 bajo la amenaza de actuar dentro de un formato sangriento, pero cuyo resultado condujo más bien a que se registrara una concurrencia significativamente alta de parte de los electores[68].

De hecho, para un analista agudo como Agustín Blanco Muñoz, el fracaso de ese «paro armado», de esa línea de abstención y sabotaje, fue uno de los elementos que más pronto llevó a que se intensificara la crisis experimentada por la izquierda. Por ello observa: «[E]n este momento el gobierno, en conocimiento de la brecha que se [había] abierto en el seno del movimiento popular a partir de los análisis del fracaso en la acción destinada a impedir las elecciones, hace lo posible por profundizar tales diferencias»[69].

Sin embargo, podrían agregarse otros ejemplos más de lo que significó la instrumentación de ese culto a la violencia, sobre los efectos adversos que provocó y, especialmente, acerca de la forma como tanto el gobierno como la bancada oficialista en el Congreso manejaron comunicacionalmente los hechos con el fin de sacarle

---

68 Brands, H. (2009): 51. Por su parte, Pompeyo Márquez lo resumiría de esta manera: «Nosotros buscábamos la abstención, el repudio a las elecciones, y el resultado fue que el porcentaje de votantes fue casi del 90 %». Entrevista con Pompeyo Márquez. En Blanco M., A. (1980): 140.
69 Blanco M., A. (2000): 70.

el máximo rédito posible al repudio que la violencia guerrillera generaba entre la sociedad, dentro de las Fuerzas Armadas e, incluso, entre algunos elementos de las propias filas opositoras. En esta línea puede mencionarse la operación del tren de El Encanto (cuando, en septiembre del propio año 63, un comando de las FALN enfrentó y liquidó a un grupo de efectivos de la Guardia Nacional) o el secuestro y ejecución, en 1967, del presidente del Instituto Venezolano del Seguro Social, Julio Iribarren Borges, hermano del ministro de Relaciones Exteriores del presidente Leoni, Ignacio Iribarren Borges.

Otro caso digno de señalarse en tal sentido es el fusilamiento de campesinos, lo cual desmiente que el medio rural se hubiese visto expuesto únicamente al acoso del gobierno en el marco de una guerra que se libraba en zonas apartadas. En este sentido cabría precisar lo siguiente: que ocurriesen procesos sumarios que llevaran a la ejecución de algún combatiente acusado de incurrir en actitudes «desviacionistas», en actos de desmoralización, rebelión, deserción, o por revelar «secretos militares», o poner en peligro la estructura de tal o cual frente era un asunto que se inscribía dentro de las reglas de la llamada «Justicia Militar Revolucionaria». Un excombatiente lo pondría de esta manera:

> [E]ste tipo de actividad crea sus propias leyes. Y tú no puedes en un momento dado, por salvar la vida de un hombre, hacer que mueran diez. No puedes, tienes que tomar una decisión. Y esas decisiones siempre concluyen en que muere alguien. Y cuando uno se pone después en frío a hablar de estas cosas, entonces parece una cosa del otro mundo. Pero, en aquel momento, era algo normal[70].

En este sentido, la obediencia militarizada suponía la «normal» aceptación de códigos y mecanismos particulares de justicia

---

70 Entrevista con Luben Petkoff. En Blanco M., A. (1981a): 162.

una vez que se asumía el compromiso de actuar en calidad de combatientes. Pero nada de lo que entrañara el código militar guerrillero al interior de sus propias filas permite pasar por alto en este análisis, ni mucho menos excusar, la actuación asumida muchas veces frente a elementos campesinos que disintieron de las guerrillas y de sus métodos, que se resistieron a apoyarlas u optaron simplemente por ser neutrales frente a los grupos armados y que, a consecuencia de ello, fueron víctimas de ejecuciones, no solo so pretexto de poder conducir la «correcta» lucha revolucionaria sino para controlar a la población local mediante la imposición de «castigos ejemplares» dentro del más clásico terror jacobino. A juicio de Liscano, atento como se mostró siempre desde su columna en *El Nacional* a la hora de opinar acerca de la violencia y el desviacionismo guerrillero, de lo que se trataba era de «la vertiginosa regresión psíquica de los fusilamientos sin juicio»[71].

Un combatiente resumiría así lo que, en las zonas bajo control de la guerrilla, podía significar la «virtud» de la sangre derramada:

> A partir de esta etapa se iniciaron los juicios revolucionarios, se crearon y se pusieron a funcionar los tribunales revolucionarios, mediante los cuales procedimos a juzgar a los primeros traidores al campesinado y, por ende, al pueblo venezolano.
> De esta manera se fue sembrando un ejemplo y el campesino así lo fue entendiendo y, hoy por hoy, es el campesino el que nos indica dónde se esconde el traidor y el que demanda que los mismos sean pasados a juicio, en ocasiones sumarial. También ellos han servido como fiscales acusadores y como testigos de causa, y son los que acusan y son los que sentencian cuando la hora de la sentencia llega. De esta manera hemos logrado que casi no haya necesidad de formar los tribunales revolucionarios para pedir cuenta a los traidores. De vez en cuando sale un caso, sobre todo en las zonas que hemos venido activando para

---

71 «¡Recapacitar! ¡Tender puentes!». *El Nacional*, 21/11/64: A-4.

el proceso revolucionario. Es allí donde más probabilidad hay de que surja algún traidor, pero lo general es la casi inexistencia de desafectos al pueblo entre el campesinado venezolano[72].

La pregunta tal vez luzca un tanto elemental luego de leído este testimonio: ¿qué clase de desafección podía ocurrir allí donde la guerrilla se jactara de instalar tribunales *ad hoc*, instruir juicios sumarios y aplicar *de facto* la pena de muerte? Véase como se lo quiera ver, resulta difícil hallar mayor prueba de la forma en que llegaron a operar estos pequeños laboratorios llamados a administrar la «justicia revolucionaria» en el medio rural con el fin, como lo precisa un autor, de hacerles comprender a los campesinos, a través de este «aprendizaje», la negatividad del sistema establecido y la bondad de las soluciones propugnadas por la guerrilla[73].

Otro testigo dirá lo siguiente al hablar de su propio pasado guerrillero: «En Falcón, por ejemplo, nos paseábamos por caseríos enteros y le decíamos a la gente: si ustedes se ponen a hablar tonterías los vamos a fusilar»[74]. Este lenguaje, que por sí solo sonaría insólito y totalmente inadmisible si procediera de un agente de las fuerzas del Estado, se ve aderezado con mayores detalles sin que al combatiente le temblase la voz:

> Entonces a veces tú llegabas a un caserío y no te daba tiempo de hablar con los campesinos, entonces uno decía: gente que denuncie hay que fregarla, porque si tú vas en una emergencia y no puedes hablar con nadie, la única vaina que te queda decirle es: si usted me denuncia lo fusilo. Hubo casos en que nosotros, por ejemplo, hablamos con un delator, de esos que iban a denunciar al ejército y nosotros le decíamos, mire viejo, no se meta en esa vaina porque la cuestión es

---

72   Entrevista con Francisco Prada Barazarte. Revista *Sucesos*. México, diciembre de 1966. Citado por Biaggini G., J. *et al.* (1980): 82.
73   Mansilla, H.C.F. (1990): 123.
74   Entrevista con Elegido Sibada («Magoya»). En Blanco M., A. (1981a): 24-25.

así y así, y nosotros luchamos por esto y por esto. Y bueno, el carajo, bien. A los días se iba el Ejército y volvíamos a hablar con él. Cuando ya no soportábamos era que actuábamos. Actuábamos porque ya no había más remedio.
(...) [T]ú les decías: nosotros somos tal y tal, si te pones a hablar tonterías váyase comprando su cajón y sus velitas. Pero no era una cuestión generalizada. A veces circunstancias de emergencia en las cuales tenía que pasar uno muy rápido por un pueblito, porque iba de retirada y no se podía conversar con todo el mundo. *Pero muchas veces se recurría a la gente: si ustedes se ponen a comentar tonterías los vamos a fusilar.* Y, sin embargo, alguna gente nos delataba, pero la mayoría no. A veces conversábamos con ellos, tres, cuatro y hasta cinco y seis veces. Pero cuando ya la gente no entendía había que actuar. *En el caso de Falcón no fusilamos mucha gente* (sic). Pero sobre la persona que se declaraba agente enemigo teníamos que actuar. No había más remedio. (...)
Yo al principio dije que no eran muchos, *dije que eran bastantes* los fusilados. Si nosotros tocábamos cien caseríos, por ejemplo, salían veinte sapos, y a pesar de eso, nosotros, en todos los caseríos no produjimos muchos ajusticiamientos porque se ajusticiaba un sapo en un caserío y en los demás se escarmentaba. Pero de repente el enemigo infiltraba gente en los caseríos y teníamos que actuar[75].

El grado de honestidad que se deriva de este testimonio es algo que de veras se agradece frente a la avalancha de narraciones acerca del período, en las cuales se tiende más bien a eludir semejante clase de conducta. Además, quien lo ofrece no carece de importancia: ello es así, entre otras cosas, puesto que estamos en presencia de un actor que, al ofrecer su recuento, aún se preciaba de mantener incólume su culto a la guerrilla y sus métodos de lucha. En este caso, quien comparecía a consignar lo dicho no era alguien que hubiese optado por hablar en tono de repudio o que, de alguna forma, renegara del proceder guerrillero. Todo lo contrario: se trataba de un excombatiente que aún, para la década de

---

75   Ibíd., 51, 52. Énfasis agregado.

1980, mantenía una devoción «químicamente pura» hacia la cuestión armada y su particular lógica.

En todo caso, lo primero que podría decirse para relativizar la dureza de semejante testimonio es que, después de todo, se trataba de asuntos atingentes a la guerra, a la concepción del tipo de guerra que existía, en la medida en que se considerara que aquellos campesinos «delatores», o potencialmente delatores, estaban «al servicio del enemigo» y que, por simples razones de seguridad para los propios destacamentos armados, no podía dársele cabida a otra alternativa que no fuera la simple ejecución sumaria. Sin embargo, lo que pone de relieve tal testimonio es algo mucho más grave: por un lado, el empleo del terror como instrumento de presión sobre las comunidades rurales y, por el otro, la permisiva violencia revolucionaria de quien así hablara, lo cual nos sitúa ante un tipo de combatiente al cual no parecían reclamársele las mismas responsabilidades que, en esta materia, se les exigían a los cuerpos armados del Estado.

Con exageración o sin ella, el diputado por AD Carlos Canache Mata hablará de ese apostolado de la violencia con la seguridad de poder influir de manera dramática ante la opinión pública al citar el siguiente caso desde su curul en el Congreso:

> También el extremismo ha cebado su ensañamiento contra otra fuerza que ha sido sostén del régimen democrático. *Son muchos los campesinos fusilados por las bandas guerrilleras.* Aquí mismo, en esta Cámara (...), tuvimos oportunidad de considerar y condenar el vil fusilamiento de dos dirigentes campesinos consumado en las vecindades del pueblo de Cúpira por las bandas extremistas (...). No solamente fueron fusilados, sino que una vez tendidos los cadáveres sobre la tierra, decapitaron sus cuerpos y los mutilaron totalmente. (...) [N]o se conformaron con asesinar (...) sino que llevaron su sadismo hasta descuartizar a los compañeros [campesinos] con el evidente deseo de aterrorizar a los campesinos de la zona que, en forma consecuente y responsable, no han querido colaborar con ellos en el propósito de

desquiciar las instituciones democráticas que garantiza el régimen constitucional actual[76].

Poco antes, el mismo Canache Mata se había hecho cargo de señalar que los insurgentes que debió enfrentar Betancourt, y que debía enfrentar ahora el gobierno de Leoni, no se parecían en nada a los «asesinos delicados» acerca de los cuales hablara Albert Camus en su libro *El hombre rebelde* al referirse a los terroristas europeos de fines del siglo XIX, que pensaban dos veces antes de llevar a cabo sus atentados solo por no poner a la población inerme a merced de las balas. Por el contrario –sostenía el diputado de AD– los «extremistas» venezolanos eran «fabricantes de tumbas», llegando a niveles de deshumanización y de ausencia ética incomparables «en su empeño [por] presentarse con las manos llenas de cadáveres»[77].

En esto de lo que significa la exaltación de la violencia dentro del imaginario guerrillero, un autor ha observado que su papel en la formación de la identidad revolucionaria se manifiesta de diversos modos. Si bien por un lado la violencia puede tener como pretexto cumplir una función «emancipadora» frente a la «violencia estructural», por el otro tiende a servir como vehículo de cohesión grupal o elemento en la formación de una mentalidad colectiva, cuando no para dotar de un potente sentido de virilidad a los integrantes de las agrupaciones armadas[78]. Visto de este modo, el método adecuado de lucha es, pues, la violencia, y la crueldad que esta cobre sobre la marcha dependerá siempre del comportamiento del enemigo[79]. Así, pues, al descargar toda la responsabilidad sobre el «enemigo», esto hace que la guerrilla pueda

---

76 Derecho de palabra solicitado por el diputado Carlos Canache Mata. Congreso de la República (1966). *Diario de debates de la Cámara de Diputados*. Sesión del 21/03/66. Mes III, N. 9: 210. Énfasis agregado.
77 Ibíd., 209.
78 Mansilla, H.C.F. (1990): 131.
79 Ídem.

desenvolverse con total tranquilidad de conciencia desde su particular visión redentora. Después de todo, la izquierda armada jamás se verá obligar a asumir responsabilidad alguna, al menos en su fase inicial, puesto que «su» violencia podrá ser comprendida y justificada como una respuesta directa a la «violencia de las clases dominantes», brindándole de este modo a la causa insurgente un sentido justiciero bastante primitivo. Todo ello puede verse perfectamente reflejado en esta asombrosa justificación de la violencia armada que corriera por cuenta de un alto comandante guerrillero en 1966:

> [E]sta actividad de naturaleza guerrera no se constituye de ninguna manera en asesinatos, ni por ello somos asesinos. El asesino mata por impulsos de naturaleza sicópata, por odios, celos, instintos lombrosianos, etc. Nosotros no matamos: combatimos por un ideal, por una doctrina nacionalista, por una filosofía idealista que tiende al bienestar social de las clases desposeídas (...).
> [C]uando combatimos, tomamos las armas y nos enfrentamos en un lugar de decisión: ahí ponemos en juego el poder de nuestras ideas a las de ellos; ellos combaten por mantener la continuidad del sistema imperante del capitalismo criollo y extranjero (...). Combaten (...) por mantener en el poder a un gobierno que no es capaz de resolver [la] marginalidad (...) que se traduce en violencia. (...) [V]iolencia que se traduce (...) por tener que buscar permanentemente un trabajo, violencia manifiesta en el costo de la vida que se consume día a día el sueldo mísero del trabajo; (...) violencia puesta de manifiesto a las cuatro de la mañana cuando [se] toma un autobús y otro y otro para llegar después al [sitio] de trabajo, violencia en la gota de agua que no termina de salir de la boca de la regadera en la hora de baño. (...) [V]iolencia es no tener acceso a los servicios elementales (...), violencia es no tener voz, violencia es ser tragado por la burocracia de los empleados públicos cuando requerimos sus servicios (...), violencia es tener que vivir en un piso 18 del 23 de Enero y llegar jadeante por la escalera. (...) Cuando actuamos militarmente en cada emboscada o en cada encuentro, ponemos en juego nuestra violencia contra la violencia del sistema (...) y cuando un soldado muere, muere para tratar de mantener el

orden vigente, y cuando un combatiente muere, muere tratando de cambiarlo (...).

Su muerte [la del adversario] no es un asesinato, es el producto del choque de dos ideologías en pugna mediante el instrumento del combate que son las armas[80].

Por otra parte, en lo que a esta guerra «sucia» de baja intensidad se refiere, siempre cabría mencionar desde luego los excesos cometidos por los cuerpos de seguridad, algo acerca de lo cual –dicho sea de paso– existe una bibliografía lo suficientemente abundante como para hacer innecesario volver sobre el tema. Sin embargo, el proceder de algunos autores es llamativo en este sentido: por un lado magnifican o, al menos, ponen en su justo lugar todo cuanto de cuestionable pudo tener la acción represiva del Estado; pero, por el otro, silencian o pasan por alto los desmanes cometidos por los grupos insurgentes. Por tanto, nada pareciera ser digno de interés o relevancia cuando se trata de analizar lo que un diputado por Acción Democrática llamara el curioso «catálogo» de derechos humanos manejado a capricho por quienes profesaban la lucha armada[81]. Lo mismo, o incluso de manera más visible, ocurre al revisar la literatura generada por los propios protagonistas de la coyuntura en la cual, con muy contadas excepciones, no se tiende a volver de manera crítica sobre lo ocurrido, haciendo lo posible por evitar o minimizar todo aquello que pudiese llamar la atención acerca del modo en que la acción guerrillera bordeó también, en muchos momentos, la gramática del terror y del asesinato.

Aquí, por cierto, se plantea otro problema en relación con la violencia y que, a diferencia de la deliberada ejecución de campesinos acusados de «informantes», puede que no haya sido obra de

---

80 Entrevista con Luben Petkoff. Revista *Sucesos*. México, diciembre de 1966. Citado por Biaggini G., J. *et al.* (1980): 70, 71, 72.
81 Intervención del diputado Eleazar Pinto. Congreso de la República (1966). *Diario de debates de la Cámara de Diputados*. Sesión del 21/03/66. Mes III, N. 9: 248.

las directrices de quienes conducían la política armada pero que, dada la exaltación ciega de la violencia como instrumento de combate, se prestó a prácticas que también colindaron con el campo del terrorismo. Tal fue el caso cuando llegó a registrarse, cada vez con mayor frecuencia, la ejecución de simples agentes de policía, algo acerca de lo cual un diario como *Le Monde* se expresaría muy críticamente desde el otro lado del Atlántico: «[S]i parece normal, hasta cierto punto, por parte de revolucionarios más o menos alineados sobre la tesis de Pekín, el promover acciones destructivas contra los grandes almacenes americanos o los oleoductos de la Creole, menos clásico resulta ver resurgir los bellos días del anarquismo en los que, diariamente, un policía de guardia en alguna esquina es asesinado fríamente»[82].

Ciertamente, aquella práctica que los sectores contrarios a la guerrilla quisieron bautizar con la consigna de «un policía por día» buscando acrecentar de esta forma el repudio a la violencia insurreccional, era algo que, si bien no parecía responder a los objetivos de la lucha armada, tendió a confundirse a menudo con las manifestaciones más puras y simples de delincuencia. De allí que un excombatiente señalara lo siguiente: «Las operaciones que se realizaron de ajusticiamiento de algunos policías fueron operaciones totalmente negativas, de signo terrorista»[83].

Esta opinión se vería secundada por otra muy similar a la hora de evaluar lo que significó el peligroso desviacionismo que, a fin de cuentas, sería consecuencia de la falta de control por parte de los órganos de dirección de la lucha armada:

> [E]l Partido Comunista en ningún momento dio la orden de matar policías. También es rigurosamente cierto que desde un comienzo estos hechos fueron objeto de repudio por parte del movimiento, de su dirección. También es cierto que alguna gente que cometió actos

---

82 Citado por Liscano, J. «Publicidad insurreccional». *El Nacional*, 19/09/63: A-4.
83 Entrevista con Luben Petkoff. En Blanco M., A. (1981a): 133.

de esa clase lo hizo por su cuenta y riesgo y fue objeto de sanción, fueron expulsados aquellos militantes que incurrieron en ese tipo de desviación.

Yo sí quisiera señalarte que esas aberraciones de la matanza de policías [fue] la consecuencia de una política que tenía un signo, un componente de aventurerismo. Una política que tenía un cierto coeficiente de irresponsabilidad, que hacía factible que se produjeran esas acciones. Pero el movimiento condenaba este tipo de actuación. Eso no estaba dentro de la línea política. Pero ciertamente dentro de la línea política reinaba un clima que hacía posible que esas aberraciones, esas distorsiones, se produjeran. (...) Y en tal sentido (...) la parte aventurera, la porción aventurera de esa política, creaba un clima que hacía perfectamente factible la matanza de policías[84].

Aunque «matar policías» no formara parte de la línea, evidentemente se dio un descontrol que otro testigo del desarrollo violento de esa década explicaría del siguiente modo:

Teníamos la intención de desarmar policías y lo hacíamos. Pero en general no los matábamos. (...) Muchas de esas muertes fueron hechas por el hampa. El hampa tiró muchas de esas operaciones encubiertos por la actividad nuestra de desarmar policías. Y algunos compañeros, que eran realmente gatillos alegres, por cobardía, los mataban. (...) Lo que interesaba era el arma, no la vida del policía. Y un policía desarmado es un factor desmoralizante dentro del cuerpo. Buscábamos que eso incidiera en el desmoronamiento del cuerpo. Y matándolos lo que hacíamos era cohesionar el cuerpo[85].

Cabe preguntarse entonces, cuando de víctimas concretas de carne y hueso se trata: ¿qué diferencia podía existir entre estas prácticas incoherentes e inorgánicas y la actuación «descontrolada» y «anárquica» de ciertos agentes del Estado? En todo caso, el hecho de operar fuera de los límites de una organización que no

---

84   Entrevista con Anselmo Natale. En ibíd., 216-217.
85   Entrevista con Luis Correa. En ibíd., 294.

lucía muy supervisada o, dicho de otro modo, que se dieran acciones «por cuenta propia» de parte de grupos que operaban sin órdenes o ningún tipo de comando, habla a las claras, según lo observa Blanco Muñoz, de los hilos que se le habían escapado a la dirección política de la guerra[86]. Hilos sueltos que podían fácilmente conducir, como de hecho ocurrió en repetidas oportunidades, a la realización de operaciones colindantes con la criminalidad y que, bajo ningún concepto, pudieron redundar en signo de prestigio para el movimiento armado.

---

86   Blanco M., A. (2000): 118.

Capítulo 3
La guerra antivenezolana

La democracia se «derechiza»

Puede que así como la Revolución cubana llegó a radicalizar sin demora a la izquierda regional, otro tanto ocurriría, aunque de manera inversa, con algunos sectores situados a sideral distancia de la misma. En el caso específico de Venezuela, estos sectores verían con enorme recelo la dinámica que había llegado a cobrar la «calle» desde el 23 de enero de 1958 y, en medio de ello, la irrupción de simpatías procastristas dentro del –aún frágil– contexto que había caracterizado el advenimiento del segundo ensayo democrático luego de su difícil parto. Tal habría de ser justamente el mayor reto que afrontara Betancourt: navegar sobre la base de todo cuanto pudiera significar el «reformismo betancourista» en términos de una oferta que pudiese generar seguridad frente a la tumultuosa herencia dejada a su paso por la Junta Provisional al mando de Wolfgang Larrazábal y Edgar Sanabria.

Esto, dicho de otro modo, presuponía que el nuevo presidente debía obrar como una opción confiable frente a una parte determinante de la sociedad que no había vencido su resistencia ante las actuaciones pasadas de Betancourt o, dicho de otro modo, que había asimilado con aprensión, o no había asimilado del todo, la experiencia del trienio revolucionario entre 1945 y 1948. Visto como lo hace María Teresa Romero, «La desconfianza se [había prolongado], por más que Betancourt dedicó buena parte de sus largos años de exilio a explicar que ni él, ni su proyecto ni su partido eran comunistas, y que sus luchas se enmarcaban dentro del socialismo democrático»[87]. A pesar de la relativa buena fe en el presidente electo, el hecho de que estos sectores lo juzgasen como una débil alternativa –frente al ímpetu revolucionario que cobraba rápido ascenso– hacía que el reto para Betancourt consistiera entonces en erigirse como una solución progresista de carácter latinoamericano, potencialmente viable y, por ello mismo, capaz de restarle apoyos y simpatías al radicalismo que caracterizara al proceso cubano.

Al mismo tiempo, la época del segundo mandato de Betancourt, esta vez constitucional, estaría signada por el surgimiento de fuerzas no alineadas en el campo internacional. Esta nueva realidad era tan válida para las disidencias que se habían registrado en el campo socialista como para las relativas autonomías que llegaron a manifestarse también dentro de la alianza política de Occidente. Todo ello podría resumirse en la existencia, a partir de entonces, de una bipolaridad menos aguda que la experimentada a lo largo de la década 1948-1958. Pero en ningún caso puede perderse de vista el hecho de que solo recientemente se dejara atrás la etapa más caliente de la Guerra Fría, etapa que –como se ha hecho cargo de aclararlo Demetrio Boersner– había llevado a los EE. UU. a situar el tema de la seguridad militar por encima de cualquier otra consideración en lo referente a su política hacia América Latina y el mundo emergente[88].

Por tanto, para 1958, las condiciones no estaban dadas del mismo modo como lo estuvieron al término de la Segunda Guerra Mundial, ni tampoco durante los primeros años de la Guerra Fría. Hablamos, en tal caso, de un período tan breve como el que se vivió entre 1945 y 1948, caracterizado por una relativa tolerancia hacia los líderes y partidos que privilegiaban el lenguaje de las masas, que

---

87 Romero, M.T. (2005): 113.
88 Boersner, D. (1996): 187.

actuaban como reivindicadores de los intereses populares, y cuyo discurso se distinguiera por un fuerte acento en lo social, en algunos casos con claros y confesables orígenes marxistas. Se trató, en otras palabras, de un breve período de nacionalismo reformista que, en el marco de la Carta Atlántica y de las «Cuatro Libertades» proclamadas por Franklin D. Roosevelt, llevaría a que cobrara fuerza el «entusiasmo» democratizador, marcando de esta manera el ascenso de nuevas agrupaciones que reclamaban mayor autonomía de acción, lo cual explicaría en buena medida el levantamiento «progresista» ocurrido en Guatemala, en 1944, la presidencia de Juan Domingo Perón en Argentina, a partir de 1946 o, en el caso específico de Venezuela, la revolución de octubre de 1945[89].

Si aquellos habían sido tiempos de «movilizar» al pueblo, estos lo serían en cambio de enfriar el fervor creado tras el fin del perezjimenismo y devolverles el control de la calle a las fuerzas del orden público. Así lo resumiría un testigo: «[Betancourt tenía] que frenar ese auge de masas que se había creado a raíz del derrocamiento de Pérez Jiménez, [puesto] que eso era una efervescencia revolucionaria que obstaculizaba el desarrollo de su política»[90].

De lo que se trataba entonces era de aquietar las aguas y hacer que alcanzaran nuevamente su nivel luego de un año de haber sido depuesta la dictadura. En este sentido, los tiempos del 23 de enero de 1958, aún más los del 13 de febrero de 1959, cuando Betancourt asume la Presidencia, no eran los tiempos del 18 de octubre de 1945. Si «la receta Betancourt»[91] durante la

---

89 A juicio de Germán Carrera Damas, por ejemplo, el surgimiento de esa corriente democrática que se vio convalidada, legitimada y estimulada en 1944 por la formulación de «La doctrina de las cuatro libertades» de Franklin Delano Roosevelt hizo que, en el caso venezolano, la oposición a Isaías Medina Angarita contara a partir de entonces con un referente ideológico de peso. Carrera D., G. (2013): s/p.
90 Entrevista con Juan Vicente Cabezas. En Blanco M., A. (1981a): 337.
91 Esta expresión, «la receta Betancourt», pertenece a Moisés Moleiro y figura citada por Carlos Alfredo Marín en «¿Aptos o inmaduros para la democracia? Mito, Pueblo y miedos sociales en el trienio adeco (1945-1948)».

época del trienio 45-48 habían sido las fuertes movilizaciones de masas, ahora la idea del «pueblo en la calle» avivaba las precauciones de quienes administraban de nuevo el poder. A juicio del Betancourt que fungía ahora como presidente constitucional, la calle había llegado a convertirse en sinónimo de «bochinche» luego del interinato del contralmirante Wolfgang Larrazábal, susceptible de conducir a un estado de agitación permanente que obraba en provecho de aquellos elementos que se habían radicalizado a raíz de la reciente experiencia cubana. Por tanto, ante el temor que despertara un estado de movilización constante por parte de la población, y según lo observa Guillermo Aveledo Coll, de lo que se trataba, de entonces en adelante, era de lograr que las expectativas colectivas se viesen canalizadas por los partidos a través del Estado y sus recursos[92].

Dicho de otro modo, ello equivalía a abandonar el sentido movilizador característico del primer período de gobierno de Betancourt a favor de una política institucionalista concebida a puertas cerradas. Algo similar ocurriría al mismo tiempo en Colombia con el llamado «Frente Nacional», suerte de esquema de cogobernabilidad el cual, sin embargo, jamás llegaría a revestir las complejidades que caracterizaran el entendimiento de Puntofijo. Aun así, por su semejanza, vale la pena destacar lo que supuso también esta experiencia en el país vecino, sobre todo ante el empeño de contener las movilizaciones de calle que tan consustanciales fueran a los populismos de épocas anteriores. El retrato que ofrece el historiador Marco Palacios es claro en tal sentido: «[L]a actividad política debía regresar al manejo profesional, pausado y ordenado (...). Y, en efecto, las masas no volvieron a las plazas como en los años 40»[93].

En el caso específicamente venezolano, y a la hora de las comparaciones, no hay duda de que entre 1945 y 1948 Betancourt

---

92 Aveledo C., G.T. (2014): 34.
93 Palacios, M. (2012): 73, 74.

trabajó creativamente, y con asiduidad, en la tarea de movilizar la calle como parte de su doctrina de poder; ahora, a partir de 1959, la «presencia del pueblo» en las calles de Caracas y las principales ciudades del país será vista más bien como un elemento de cuidado. Aún más: ante el riesgo de las masas extraviadas, la estabilidad del nuevo experimento estaría confiada a los componentes que habrían de imbricarse dentro del sistema de consenso que recién se estrenaba: partidos, empresarios, el movimiento obrero organizado y, no por último menos importante, las Fuerzas Armadas. Por algo diría el nuevo presidente en 1960:

> Hablo con claridad al país. Hablo con claridad a los venezolanos. Y les garantizo a los venezolanos que van a poder vivir, trabajar, actuar en sus actividades normales, con tranquilidad. *Porque la calle no será de los bochincheros. La calle será primero de las fuerzas de seguridad pública;* luego de los partidos políticos y de los sectores que soliciten permiso para manifestaciones pacíficas. Cualquier manifestación no permisada, sea cual fuere el sector que la encabece, será reprimida, será disuelta; y sus organizadores serán entregados a los tribunales para que los juzguen y para que los castiguen[94].

Algo similar a semejante tono podría decirse con respecto al ritmo de los cambios que admitía el nuevo contexto y, sobre todo, del papel que jugarían tanto el sector militar como la clase empresarial a la hora de reclamarles tacto y mesura a los partidos que, solo en fecha reciente, habían reemergido a la vida nacional con plenos derechos[95]. Esto entrañaba desde luego la necesidad de imprimirles una velocidad distinta a las reformas de carácter social y económico, comparado al menos con el carácter trepidante y vertiginoso que estas cobraran durante el período de la Junta Revolucionaria de Gobierno presidido justamente por Betancourt. Por ello, el editorial con que debutaría el semanario *Izquierda* (editado

---

94 Betancourt, R. (1969): I, 259. Énfasis agregado.
95 Rey, L. (2014): 11.

por el MIR cuando aún actuaba como «Acción Democrática de Izquierda») dirá lo siguiente en tono de crítica: «Se ha entendido la unidad democrática del país, instrumento perfectamente aceptable como garantía contra el retroceso, en el sentido de eludir con ello todo lo que perturbe alguna digestión»[96]. Frente al verbo encendido y los reclamos que dicho semanario lanzara a los cuatro vientos existe algo que no puede perderse de vista en el marco de este análisis. El hecho es que a la hora de avanzar en la ruta de los cambios, los partidos que debutaban nuevamente a partir de 1959 debían moverse con singular tino y cautela frente a dos factores reales de poder (FF. AA. y sector empresarial) que –como se ha dicho– formaban parte de la nueva ingeniería de gobierno, pero cuyo pasado reciente hacía que su fe en las bondades del juego democrático se viera aún puesta a prueba. Como bien lo sostiene el politólogo Gustavo Salcedo al hablar acerca del primero de estos dos componentes: «… el fin de Pérez Jiménez no significó obviamente el fin del *perezjimenismo* y, mucho menos, dentro de las Fuerzas Armadas»[97].

Sin embargo, por más que las circunstancias pos-1959 recomendasen no alterar mucho el «ritmo de digestión», otro autor se ha hecho cargo de precisar lo siguiente:

> Esto no implicó desde luego que no se atendieran las demandas de las bases de apoyo cualitativas. Al fin y al cabo, una de las justificaciones más importantes del gobierno era que la democracia representativa de partidos debía entenderse como un medio idóneo para extender hacia la sociedad no sólo poder político, en tanto que detentara la capacidad de tomar decisiones sobre la vida política, sino también en el orden socio-económico, a través de un mayor alcance de los beneficios del desarrollo. (…) Estos objetivos debían ser implementados y alcanzados como parte de un proyecto a largo plazo, apoyados en un cuidadoso análisis político realista y utilitario en el que se

---

96 «Marcando el rumbo». *Izquierda*. Año 1, N.2, 20/05/60: 3.
97 Salcedo A., G. (2016): 29.

atendieran, a la mayor brevedad posible, los problemas más inmediatos e impostergables[98].

Dicho así, se trataba de no ir más allá de lo que aconsejara la prudencia aprendida durante el exilio o la proscripción interna, posponiendo o matizando cualquier objetivo extremo que pudiese poner en riesgo la estabilidad del nuevo sistema consensuado de poder. En este sentido, si la política frentista del PCV no concitaba mayor atractivo entre ciertos sectores impacientes de la izquierda, menos lo haría el reformismo de Betancourt, cuyo régimen no tardaría en ser calificado de «burgués» y acusado de abrazar un discurso puramente formalista, vaciado de contenido; ello, por no hablar siquiera del modo en que, más pronto que tarde, llegaría a estigmatizarse su política económica, tachándola de «entreguista» y «antinacional». Una muestra de lo que pretende decirse se desprende del primer número del semanario *Izquierda* antes citado, cuando sus editores se dispusieron a hablar acerca de la «orientación claudicante del gobierno»:

> El tipo de reforma agraria que se preconiza nada tiene que ver con la necesidad de destruir el latifundio, y la industrialización que se auspicia no se diferencia de la que, para convertir a Puerto Rico en una vitrina de exhibición de productos yanquis, ha escenificado el señor [Gobernador Luis] Muñoz Marín. En síntesis, la coalición se ha convertido en una maquinaria que opera la burguesía con la complicidad abierta de la dirección de AD de derecha[99].

Por provenir de quien lo hace, es decir, de un antibetancourista de «pura cepa» y, además, por su calidad de dirigente máximo de la guerra, la opinión que ofrece Guillermo García Ponce en este sentido sirve para comprender a cabalidad todo cuanto se apuntara líneas más arriba:

---

98   Rey, L. (2014): 18.
99   «El Gobierno de Coalición no cumplirá con el pueblo». *Izquierda*. Año 1, N. 1, 15/05/60: 2.

[Y]o creo que Betancourt sentía que su misión era contrarrevolucionaria. Él viene a Venezuela [en 1958] con el propósito de detener el auge de masas, el ascenso revolucionario (...), detener a los comunistas. Ésa es la misión que trae Betancourt desde Estados Unidos. Y esa misión él comienza a cumplirla con una política, primero, de aislar a los comunistas (...) y, después, con medidas políticas y policiales represivas[100].

La desilusión de los sectores que pronto asumirían la vía insurreccional sería, pues, doble: por un lado, con la democracia recuperada y rápidamente «formalizada»; por el otro, con la política de alianzas y entendimientos preconizada por la URSS, todo lo cual explicaría en buena medida la decisión que les condujo a adoptar una alternativa armada que copiase el ejemplo cubano y abjurara a la vez de los lineamientos dictados por la cautela soviética. En este sentido, solo un paso separaría a la izquierda desafecta del siguiente: el primero era lógicamente proclamar que Betancourt les había cerrado el camino de la legalidad; el segundo consistiría en considerar que la actitud asumida desde el poder los empujaba de manera inevitable al terreno de la violencia.

Vale la pena poner el acento en otro punto, como lo ha hecho el historiador Germán Carrera Damas. Nos referimos en este caso a lo que significó la experiencia adquirida por Betancourt durante su prolongado tercer exilio (1948-1958), especialmente en lo concerniente al escenario internacional y la forma como ello lo capacitaba para desenvolverse ante el caso de Cuba y poner de contraste dos estilos de liderazgo e, incluso, dos estilos distintos de «revolución». Justamente con el ánimo de reafirmarse frente a su auditorio, que en este caso estaría conformado por el gremio de los industriales, Betancourt tendría esto que decir en 1961:

---

100   Entrevista con Guillermo García Ponce. En Blanco M., A. (1980): 350.

[Se espera] que precise, por último, cómo nuestra situación interna es absoluta y totalmente diferente hoy, y lo será en lo futuro, de la situación de la hermana República de Cuba. No voy a calificar ese Gobierno. Pero sabido es el rumbo por él escogido, que consiste en la abolición de la propiedad privada en lo interno y, en lo externo, en su franca ubicación dentro del bloque oriental, dentro del bloque constituido por la Unión Soviética, por China y por las llamadas democracias populares. En Venezuela existe un régimen que respeta la propiedad privada, que va hacia la justicia social realizando una revolución evolutiva (y los términos no son excluyentes ni contradictorios), y un Gobierno que está franca y decididamente ubicado dentro del mundo de Occidente[101].

Conviene reiterar que si algo caracterizó la recuperación del ensayo democrático en 1959 fue la fragilidad, y en ello se afinca el académico estadounidense Hal Brands a la hora de recalcar que el proceso tendió a mostrar un rostro más bien prudente y conservador, comparado al menos con la incorporación vertiginosa del sector obrero y el empoderamiento de las clases medias que tuvo lugar década y media antes[102]. Además, hay algo que a Brands también le interesa señalar. Más allá de la debilidad que acusara el tejido democrático, el caso es que otros países de la región también advirtieron que debía transitarse con igual cautela durante una etapa en la cual parecía haberse dejado atrás la «bipolaridad inflexible» pero que, al mismo tiempo, hacía que los EE. UU. recelasen de todo aquello que pudiera confundirse fácilmente con el discurso de la izquierda radical.

La lectura que la propia izquierda le daría a esta particular circunstancia era que, aparte de AD, tanto el APRA de Perú como la Unión Cívica Radical de Argentina, e incluso el Partido Liberal de Colombia, habían claudicado «ante sus enemigos históricos» al

---

101 Clausura de la Convención de Industriales. Caracas, 31 de enero de 1961. Citado por Carrera Damas, G. (2013): s/p.
102 Brands, H. (2009): 18.

acomodarse en pactos de «convivencia democrática» con las oligarquías «civilistas» de sus respectivos países[103]. Desde esos cuarteles se sostendrá, pues, que la «orientación derechista» incrustada en los partidos populares de América Latina había llevado a que floreciera, desde Venezuela hasta la Argentina, una versión muy particular de «gobiernos de coalición», renunciándose a todo anhelo reivindicador a favor del imperativo de «someterse a la realidad», proceso que hacía que tales partidos, que se habían proclamado «antiimperialistas» histórica y tradicionalmente hablando, se sintieran arrepentidos ahora de su «antiimperialismo»[104]. En este sentido, el semanario *Izquierda* del MIR sostendrá, por ejemplo, que la actitud «tibiamente reformista», basada en el afán de «transar» y «convivir», amenazaba con convertir a las democracias recuperadas en «caricaturas bobas y anodinas»[105]. De esta «pasta», y tal era la palabra empleada, estarían hechos los «príncipes» (otra palabra utilizada por el semanario) Betancourt, Alberto Lleras Camargo, José Figueres, Muñoz Marín, Arturo Frondizi y Víctor Raúl Haya de La Torre[106].

Un caso que viene al punto por las implicaciones que tendría concretamente para la izquierda venezolana es el de Haya de La Torre. En este sentido, el fundador y líder máximo del partido Alianza Popular Revolucionaria Americana (APRA) se mostraría inclinado a comienzos de esa década de 1960 a moderar las exigencias que habían caracterizado hasta entonces su política agraria y laboral, todo ello en procura de apoyar al industrialista Hernando de Lavalle como candidato a la Presidencia y lograr que, por esa vía, el APRA recuperara su plena existencia legal[107]. Este giro, reñido con cualquier exigencia extrema, provocaría una escisión

---

103 «Marcando el rumbo». *Izquierda*. Año 1, N.2, 20/05/60: 3.
104 Ídem.
105 «La quiebra de la derecha en los movimientos populares». *Izquierda*. Año 1, N.2, 20/05/60: 9.
106 Ídem.
107 Brands, H. (2009): 18.

al interior de APRA que daría lugar al rompimiento y trasvase de su dirigencia juvenil hacia una nueva tolda política: el partido APRA Rebelde, el cual tomaría a partir de 1962 la denominación de «Movimiento de Izquierda Revolucionaria» (MIR) y que, bajo ese rótulo, apostaría a dar inicio a la lucha armada en Perú. A juicio de Hugo Blanco, uno de los principales dirigentes del aprismo rebelde, el partido se había alejado de las masas con el fin de terminar pactando con las clases dominantes[108]. Para la novel agrupación, ya no existía el camino de la política electoral sino el de la violencia armada[109].

Llama profundamente la atención la similitud que se registrara entre el MIR peruano y el caso del MIR venezolano, aunque la cronología de ambos partidos difiera en cierto sentido. En primer lugar, el MIR venezolano nace en 1960, cuando el MIR peruano lo haría, como se ha dicho, en 1962; por otra parte, mientras el MIR venezolano asumiría plenamente la lucha armada desde su inhabilitación a fines de 1962, el MIR peruano comenzará a transitar ese camino tres años más tarde, en 1965. Ahora bien, la tendencia insurgente que se gestara al interior de las izquierdas a nivel continental a raíz de la Revolución cubana hace que los casos del MIR en Venezuela y del APRA Rebelde en Perú resulten particularmente dignos de tenerse en cuenta en este contexto. Después de todo, ambos serán embriones surgidos de partidos mellizos, como lo eran AD y APRA. Ahora bien, pese a que el MIR venezolano terminara naciendo mucho antes de que lo hiciera el APRA Rebelde, la fermentación que tenía lugar dentro del partido dirigido por Haya de La Torre sirvió de acicate para que los disidentes de la juventud adeca confrontaran a su propia dirigencia y evitaran ser lisa y llanamente acusados de actuar como serviles imitadores de la opción fidelista y, en consecuencia de ello, verse expulsados sin mayores trámites de las filas

---

108 Ídem.
109 Ídem.

del partido. Por ello, en cambio, lo que los futuros dirigentes del MIR habrían de enrostrarle a su organización matriz sería el «conservadurismo» con que obraba la alta dirección de AD en relación con otros procesos que antedataban a la Revolución cubana, algo que llevaría al historiador Manuel Caballero a señalar, con toda razón, lo siguiente:

> Todo el mundo [esperaba] que la ruptura [de AD] se produjese en torno a una discusión sobre Cuba y su revolución; sus partidarios, por el viejo espíritu consular de la izquierda; sus adversarios, porque ese podía ser, en ese momento, un buen filón para acusarlos de ser simples clones de los cubanos. Pero [la juventud disidente] encontró un ángulo que le servía para demostrar que su tendencia dentro de AD era más vieja que el triunfo de Fidel Castro; en lugar de pelearse con la Vieja Guardia sobre Cuba, buscó hacerlo con un «partido hermano» de AD (...). Fueron sus severas críticas al APRA peruano las que condujeron a su pase al tribunal disciplinario y a dar comienzo a todo el proceso que condujo a la formación del MIR[110].

Volviendo a lo dicho por el estadounidense Hal Brands, este proceso de «desilusión» con la «democracia pactada» en Venezuela tuvo su correlato en otras latitudes donde también cabía observar tanto la creciente influencia que cobrara el proceso cubano en la radicalización de la izquierda como los cuestionamientos dirigidos contra los partidos gobernantes a raíz de la supuesta «derechización» de sus nuevos proyectos de poder. En este sentido, el autor concluye señalando que el retorno a las prácticas electorales en varios países de la región hacia finales de la década de 1950 puso de manifiesto en mucho mayor grado el signo de la incertidumbre que el sereno rostro de la estabilidad[111].

---

110   Citado por Martín, A. (2013), 2: 30.
111   Brands, H. (2009): 18.

Betancourt en Washington

Es común que entre los recuentos de la época se haga mención a la visita que John F. Kennedy le dispensara a Rómulo Betancourt, en diciembre de 1961, mediante la cual pretendía enfatizarse el respaldo que Estados Unidos le otorgaba al experimento reformista local como parte de una política de signo distinto hacia América Latina. Ello era especialmente así teniendo en cuenta el punto tan alto con que Venezuela figuraba en la agenda de quien era visto en esos momentos, tanto dentro como fuera de su propio país, como el gestor de la «Nueva Frontera» y el más dinámico de los líderes del partido demócrata[112]. Sin embargo, a la hora de apreciar desde otros ángulos el lugar que Kennedy le confería a Venezuela dentro de sus prioridades, poco se habla en cambio de la gira que Betancourt emprendió a los Estados Unidos en febrero de 1963, casi un año antes de concluir su mandato. Se tratará, por cierto, de su única visita al exterior en cuatro años de gobierno transcurridos hasta entonces, con paradas en Puerto Rico, República Dominicana y México, y la cual se daría justo por las mismas fechas en que Venezuela solicitaba la extradición de Pérez Jiménez de los Estados Unidos[113].

Más allá de cierta exageración a la hora de ofrecer un sumario de su pasado político, la prensa en Washington le daría la bienvenida al presidente venezolano con estas palabras: «Betancourt, *en otro tiempo comunista y familiarizado, por tanto, con las tácticas subversivas,* se ha visto obligado a realizar un difícil ejercicio de equilibrio político para combatir ahora la subversión, sin privar por ello al país de sus instituciones democráticas actuales»[114]. Vale la pena consultar otras opiniones expresadas por la prensa en esos

---

112   Ewell, J. (1996): 214.
113   «Otra vez viajó a USA el canciller Falcón». *La Esfera,* 17/02/63: 2.
114   Calers, A. «Principales temas en las conversaciones de Betancourt en E.U. Los problemas cubano y petrolero» (Cable de la agencia AFP). *El Nacional,* 09/02/63: 1. Énfasis agregado.

momentos, como la del senador William Fulbright, quien estimaba que el gobierno de Betancourt se había adelantado en casi dos años a la implementación de las reformas sociales y económicas que recién comenzaba a promover Kennedy a través de la Alianza para el Progreso, mientras que el *Philadelphia Inquirer* concordaba diciendo que «los rojos [tenían] dos motivos especiales para odiar a Betancourt»: el primero, justamente el haber dado inicio a una serie de reformas que también formaban parte del programa kennediano; el otro, las especiales condiciones estratégicas del petróleo venezolano[115].

El propio Teodoro Moscoso, administrador asistente a nivel continental de la Alianza para el Progreso (y embajador en Caracas hasta la fecha en que Kennedy lo designara al frente de su nuevo cargo) también daría a entender que los parámetros reformistas de Betancourt actuaban como guía principal del programa estadounidense de ayuda para el resto de América Latina[116].

Una vez en Washington con el fin de conferenciar a lo largo de dos días, el elogio de Kennedy a Betancourt fue particularmente significativo al calificarlo como un dirigente «de los que deseamos para nuestro propio país», sintonizándolo de este modo con los hombres de la «Nueva Frontera» quienes, desde la Casa Blanca, y con el apoyo de sus partidarios en el Capitolio, batallaban por ampliar el espectro de los derechos civiles, especialmente en los segregados y deprimidos estados del sur de los Estados Unidos[117]. Pero más importante será lo que Kennedy diga de seguidas al dirigirse a Betancourt durante un encuentro con la prensa: «No es por mero accidente que usted y su país han sido señalados como blanco principal [de los esfuerzos comunistas] para eliminar todo lo

---

115 «Los comunistas tienen dos motivos esenciales para odiar a Betancourt»; «Esperanza de que la visita sea fructífera» (Cables de UP). *El Universal*, 21/02/63: 8.
116 «Campaña de Betancourt contra la pobreza y el subdesarrollo provoca ola de terrorismo rojo». *El Universal*, 19/02/63: 6.
117 «Llego como amigo y aliado, y no para pedir asistencia económica de Estados Unidos». *El Universal*, 20/02/63: 1.

que usted representa y el progreso que usted simboliza»[118], enfatizando de tal forma lo arduo que podía significar para los sectores más combativos de la izquierda la tarea de apelar al simple maniqueísmo frente a quien, como Betancourt, no se prestaba fácilmente a ser encajado dentro del molde del «derechismo».

Entretanto, *The Washington Star* lo saludaría editorialmente diciendo: «Es de suponer que el tema clave del programa [de la visita] serán las actividades terroristas continuamente aceleradas del comunismo internacional contra su país, y la amenaza a la larga de una persistente campaña para subvertir y sovietizar al hemisferio parte por parte»[119]. En relación con esto, resulta desde todo punto de vista innegable que, junto a proponerse discutir con Kennedy el peso que ejercían las medidas discriminatorias entonces vigentes contra la importación de petróleo venezolano a los EE. UU., los embates de los grupos armados en clave de guerrilla formarían parte también de los temas importantes tratados durante la gira. Ello, al menos por tres razones: primero, porque Betancourt enfatizaría en privado que la importancia política del petróleo convertía a Venezuela en objetivo principal de la ofensiva castrista[120]; segundo, porque la visita tuvo lugar justo cuando en Venezuela se daba la creación de las FALN (Fuerzas Armadas de Liberación Nacional)[121], hecho explícitamente aludido por Betancourt en Washington. Dirá un comentarista:

> Betancourt, en EE. UU. había calificado a las acciones «falnistas» como de «comando» o simplemente «terroristas», aludiendo así al secuestro

---

118 «También he venido a tratar con el presidente Kennedy sobre problemas creados por la infiltración soviética». *El Universal*, 16/02/63: 6.
119 «Esperanza de que la visita sea fructífera» (Cable de UP). *El Universal*, 21/02/63: 8.
120 Department of State. Confidential. Memorandum of conversation between president Kennedy and president Betancourt and other US and Venezuelan officials. Petroleum issues. 19/02/63. En FRUS 1961-1963. American Republics. Cuba 1961-1962; Cuban Missile Crisis and aftermath. Vols. X, XI & XII. Microfiche supplement. Document N. 226: 2.
121 Sanoja H., J. (2007): II, 90.

del que fueran objeto los cuadros de la exposición *Cien años de pintura francesa* en el Museo de Bellas Artes de Caracas y la reciente captura de una nave perteneciente a la Compañía Venezolana de Navegación –la motonave *Anzoátegui*–, la cual sería conducida por sus plagiarios hasta Brasil en medio de una expectativa internacional[122].

Tercero, el tema será importante por el grado de intensificación de la política armada que el presidente venezolano creía esperar de parte de Cuba a raíz del retiro de los misiles de la isla en octubre de 1962. En este punto, el pronóstico de Betancourt se vería compartido por un articulista quien, por esos mismos días, observaba lo siguiente: «Es indudable que el desmantelamiento de los cohetes rusos que habían sido instalados en Cuba (...) no ha sido bastante para conjurar el peligro que (...) representa en nuestro continente (...) el gobierno rojo de La Habana, amenazando la seguridad de nuestras instituciones»[123].

Con respecto a esto último, lo cierto es que la gira de Betancourt coincidiría con dos recientes y muy violentos discursos pronunciados por Fidel Castro en La Habana. En el primero de ellos, del 2 de enero del 63, a propósito del cuarto aniversario de la revolución, y que sería conocido como la Segunda Declaración de La Habana, el primer ministro del Gobierno Revolucionario exclamaría lo siguiente:

> [Ya] los pueblos empiezan a despertar y empiezan a luchar. He ahí la prueba de solidaridad con nuestra patria; la actitud de algunos pueblos, como el pueblo venezolano (aplausos), que mientras el títere Betancourt mandaba sus barcos, igual que el títere de Argentina y el títere de Santo Domingo, mandaban sus barcos a bloquearnos a nosotros [durante la crisis de los misiles], el pueblo de Venezuela luchó y dio pruebas extraordinarias de espíritu revolucionario, dirigido por el glorioso Partido Comunista de Venezuela (aplausos) y por los

---
122 Ídem.
123 Herfeld, J. «Las consignas de La Habana». *El Universal*, 20/02/63: 9.

valerosos combatientes del Movimiento de Izquierda Revolucionaria (aplausos), que les dieron prueba a los imperialistas de lo que es una solidaridad revolucionaria y una solidaridad activa de los revolucionarios, que no se sientan en la puerta de su casa a esperar [ver] pasar el cadáver de los enemigos (aplausos); de los revolucionarios que entienden que el deber de todo revolucionario es hacer la Revolución (aplausos)[124].

El segundo discurso, registrado dos semanas más tarde –el 15 de enero–, se tratará quizá del más vehemente de todos cuanto pronunciara el primer ministro cubano desde el fin de la crisis de los misiles. Además de que su tono aumentara en violencia, este discurso resultaría importante en muchos sentidos. Primero, al lanzar una crítica nada velada contra la política de Coexistencia Pacífica de Jruchov; segundo, al estrenarse ya como dirigente de rango mundial a raíz de la tensa dinámica de los cohetes, lo cual le daría títulos para actuar al mismo tiempo como bisagra dentro del mundo socialista, dadas las crecientes divergencias entre la URSS y Pekín; tercero, al poner en duda las garantías ofrecidas por Jruchov en el sentido de que EE. UU. estaría dispuesta a renunciar a partir de entonces a emprender nuevas acciones hostiles contra la isla; cuarto, al deslizar públicamente, por primera vez, sus simpatías hacia el campo chino (donde también se prohijaba la vía de la lucha armada frente a la tesis de la Coexistencia Pacífica) y, quinto, al proclamar la «hora de la violencia revolucionaria», en el sentido de que las masas en América Latina y el resto del mundo se lanzaran «a la batalla». Lo diría en estos términos: «Sólo lanzando las masas al combate podrán los verdaderos líderes revolucionarios lograr las aspiraciones nacionales (...), eso es lo que hicieron

---

124 Discurso pronunciado por el comandante Fidel Castro Ruz, primer ministro del Gobierno Revolucionario de Cuba, en la concentración popular y desfile militar para conmemorar el cuarto aniversario de la Revolución cubana, celebrado en la plaza de la Revolución. La Habana, 2 de enero de 1963. Departamento de versiones taquigráficas del Gobierno Revolucionario. Disponible en: http://www.cuba.cu/gobierno/discursos/1963/esp/f020163e.html

en Argelia y lo que los patriotas [del Viet Cong] están haciendo en Vietnam del Sur [y] eso es también lo que hicimos nosotros»[125].

Indudablemente, el llamamiento a favor del levantamiento armado y la toma violenta del poder hecho por Castro en el último de estos dos discursos es lo que la prensa bautizaría como el «jactancioso» estímulo cubano a la subversión, lo cual le daría mayor rango aún a la gira «poscrisis de los cohetes de octubre» de Betancourt[126].

Con toda seguridad, ni Kennedy ni Betancourt deseaban que nada de cuanto se expresara en el marco de esta visita sirviese para promocionar de algún modo la figura de Fidel Castro; sea como fuere, bien con el fin de restarle importancia a su protagonismo o al impacto mediático de sus palabras, lo cierto es que ambos mandatarios evitaron hablar específicamente del tema de Cuba para hacerlo en cambio, y de modo más bien genérico, acerca de los asuntos del Caribe. Prueba de ello sería lo expresado por Betancourt ante la prensa: «También he venido aquí a tratar con el presidente Kennedy otros problemas que afectan a nuestros países en el campo de la política internacional, especialmente los problemas que tienen su origen *en la región del Caribe* y se extienden a todo el hemisferio, los problemas creados por la infiltración soviética en esta región y, por lo tanto, en el hemisferio»[127]. El mismo tono prevalecería en la declaración adoptada por ambos presidentes (más de la mitad de la cual versaba sobre el tema petrolero), en la cual tampoco se hizo mención explícita de Cuba ni de acción alguna en contra del castrismo[128].

---

125 «Total prohibición del comercio con Cuba pide el delegado de Venezuela en la OEA». *La Esfera*, 17/01/63: 11.
126 «Castro, autor intelectual de la violencia y la subversión en América Latina, dice Lavalle». *La Esfera*, 19/01/63: 6.
127 «También he venido a tratar con el presidente Kennedy sobre problemas creados por la infiltración soviética». *El Universal*, 20/02/63: 6.
128 «Kennedy dará pleno respaldo a Venezuela para que haga frente a la campaña total desatada por comunistas internacionales» (Cable de UP). *El Universal*, 21/02/63: 1. El texto del Comunicado Conjunto figura íntegramente reproducido en *El Nacional*, 21/02/63: A-1.

En cambio, donde Betancourt sí antagonizará con fuerza los embates de la izquierda será en un discurso pronunciado por él ante el National Press Club, al verse libre ya de la inevitable discreción diplomática que imponía la visita. Allí, hablando más bien a sus anchas, expondría esta tesis: que los gobernantes de facto que habían proclamado su anticomunismo en tono de «do mayor» durante los años 50 no habían logrado alcanzar tal propósito ni tan siquiera a medias. A su juicio, la mejor prueba de ello era que la persecución desatada por la policía política en Venezuela durante el régimen militar se había cebado en los activistas democráticos que operaban desde la clandestinidad, al tiempo que había tolerado, o dejado intactos, a los elementos comunistas que hacían vida en los predios de la educación, la radio y la prensa, lo cual explicaría que las organizaciones de extrema izquierda, que habían florecido oculta y hábilmente, emergieran con fuerza una vez concluida la dictadura[129]. Más allá de lo calculadamente provocadoras que pudiesen resultar tales palabras, lo cierto era que Betancourt parecía querer enfatizar así que los mecanismos democráticos no eran insuficientes ni incapaces de asegurar el orden público dentro del marco de la ley mientras que, por el contrario, si algo demostraba la recién concluida década de los 50 era que la diplomacia de los EE. UU. había fallado al apoyar a regímenes de facto que, entre su lista de saldos cuestionables, figuraba el hecho de haberse mostrado actuando, desde la lógica de la simple represión, como ineficaces adalides del «anticomunismo».

Aclaró al mismo tiempo que si bien su gobierno había adoptado hacia La Habana una actitud libre de «esguinces», «medios tonos», o «piruetas en una cuerda floja», consideraba que los titulares «a ocho columnas» de los diarios en ambas Américas tendían a darle lugar a un engrandecimiento de lo «negativo» al hablar permanentemente de las acciones guerrilleras urbanas y rurales y

---

129 «Venezuela hace frente a una ofensiva comunista 'muy agresiva' dirigida por Moscú y Pekín, vía La Habana. Betancourt ante el National Press Club». *El Universal*, 21/02/63: 8.

tergiversar de este modo el sentir de la opinión pública, para la cual mucho más importante resultaba que a Betancourt le faltasen apenas poco más de doce meses para concluir su mandato y entregarle los símbolos de la autoridad a quien resultare electo en los comicios previstos para diciembre de ese mismo año 63[130].

Por otra parte, al referirse precisamente a las dos tronantes operaciones llevadas a cabo por las FALN (el secuestro de los cuadros del MBA y de la nave mercante *Anzoátegui*, escoltada en esos momentos hacia el puerto neutral de Belem) dijo: «Son operaciones que no representan peligro alguno para quienes las realizan, pero que captan la atención internacional por esta tendencia de los órganos de publicidad modernos, estimulada por la rapidez con que se trasmiten las noticias, de dar a conocer cuanto parezca espectacular»[131]. Alguien tan cercano al parecer de Betancourt como Juan Liscano coincidiría señalando que tales acciones solo tenían por objeto mantener en alto los logros del movimiento insurgente fuera del país[132].

Cabe decir de paso que, a lo largo de esta gira, no todo se acomodaría con facilidad a las acusaciones de «entreguismo» que a la izquierda tanto le gustaba repetir al hablar de Betancourt y sus tratos «especiales» con los Estados Unidos. Por ejemplo, un representante al Congreso por el estado de Nueva York se dirigirá públicamente a Kennedy reprochándole el privilegiado trato que le dispensara a un presidente que, a su juicio, hostilizaba las inversiones estadounidenses, al punto de haber amenazado en algunos casos con adoptar medidas expropiatorias. El legislador en cuestión se refería específicamente a la Chemical National Resources Inc., así como a la Venezuelan Sulphur Corporation C.A., con las cuales el gobierno venezolano había entrado en recientes discordias[133]. Habrá incluso quien, bastante más a la derecha del espectro

---

130 Ídem.
131 Ídem.
132 Liscano, J. «Sobre la insurrección armada venezolana». *El Nacional*, 25/09/63: A-4.
133 *El Universal*, 21/02/63: 8.

como Henry Schadeberg, representante por el estado de Wisconsin, aconsejara que «[a]ntes de que demos ningún dinero norteamericano más para apuntalar el vacilante régimen de Betancourt, creo que deberíamos preguntar[le] francamente al señor Betancourt lo que ha hecho a la economía de Venezuela para ir ahora, sombrero en mano, mendigando préstamos (...). Hay una vasta ocultación del lamentable historial de desgobierno de Venezuela *bajo su presente régimen izquierdista*»[134].

Por otra parte, puede que la resolución de la crisis de los misiles consolidara en el futuro la imagen y diera solidez al legado del entonces presidente de EE. UU.; pero, por lo pronto, aquellos primeros meses de 1963, en los cuales tendría lugar la visita de Betancourt, seguirán siendo tiempos de duras críticas contra Kennedy por parte de la oposición republicana, que le acusará de «inacción» al no haber hecho lo suficiente, luego del desmantelamiento de los cohetes, por insistir en el retiro del personal militar soviético que aún se hallaba acantonado en Cuba[135].

Por cierto, una similar acusación de «inactividad» lloverá sobre Betancourt en su propio patio, durante los mismos días de la gira. Lo interesante en este caso es que las fuentes parecen poner en duda que existiese un sólido consenso y una uniformidad de criterios entre los factores de poder, pilares del Pacto de Puntofijo, frente al fenómeno insurreccional que se registraba en Venezuela. Ello es así porque del mismo modo en que URD (exsocio del gobierno pero sostén del Pacto) criticaba la mano «dura» de Betancourt hacia Cuba y su actitud «represiva» contra la oposición de izquierda, el sector empresarial reclamaba acciones mucho más enérgicas a la hora de neutralizar y contrarrestar la insurgencia. Así lo expresará el gremio de los empresarios en una nota de

---

134 «Antes de dar algún dinero para apuntalar al régimen de Betancourt debemos preguntarle qué ha hecho de la economía de Venezuela». *El Universal*, 20/02/63: 6. Énfasis agregado.
135 «Kennedy: la subversión basada en Cuba es el mayor problema presentado por Castro» (Cable de AP). *El Nacional*, 15/02/63: A-12.

prensa publicada el 19 de febrero de 1963, justo cuando Betancourt se hallaba en Washington:

> La recurrencia de los terroristas hacia la destrucción criminal de algunos centros vitales de la economía mantiene preocupados a los hombres de negocios, y los ha impulsado a presionar sobre Fedecámaras [Federación de Cámaras y Asociaciones de Comercio y Producción] para que pida al gobierno, y con la severidad que la emergencia reclama, acción inmediata y mano dura para impedir que se siga destruyendo al país[136].

La propia Fedecámaras hablará del «recrudecimiento» del terrorismo como resultado de una ofensiva a escala continental con miras –según lo sostendrán sus voceros– a desatar el caos y conducir a las instituciones democráticas a su desprestigio[137]. Pero el detalle más interesante vendrá cuando, al decir de estos mismos voceros, ninguno de los desmanes cometidos por los grupos armados era susceptible de justificarse sobre la base de los «innegables errores» que podían atribuírsele a la política gubernamental. Esto último parecía indicar, pues, que la armonía «pactista» acusaba también sus propias fisuras durante los años iniciales del ensayo democrático.

Otra muestra de que el país opinante no se expresaba al unísono a la hora de juzgar la efectividad con que la gestión de Betancourt combatía y contrarrestaba la violencia guerrillera vendrá de parte de cierto sector de la prensa. Ello será particularmente notable en el caso de *La Esfera*, diario que ofrecería un análisis fuera de lo común, y por ello mismo descarnado, acerca de los «frentes de guerra» abiertos por los «cimarrones» en el interior del país.

En primer lugar, a sus editores les llamaría la atención que, en ciertos casos, los destacamentos guerrilleros figuraran actuando

---

136 «Repudio total a la violencia y un llamado a la convivencia democrática hace Fedecámaras». *El Universal*, 19/02/63: 1.
137 Ídem.

bajo la dirección de oficiales «en situación de retiro», aludiendo así a la alta dirigencia de las FALN. Dirán aún más que, para los venezolanos, la experiencia insurgente no era novedosa ni tenía por qué serla luego de «[m]ás de un siglo de vida republicana, por desgracia transcurrido bajo el signo de la acción guerrillera». A su juicio, lo novedoso resultaban ser más bien dos cosas: primero, haber creído equivocadamente que a esas alturas de la dinámica política el venezolano había desarrollado la musculatura suficiente para dirimir sus diferencias a través de «la irremplazable decisión de las urnas electorales»; lo segundo que se le antojaba significativo a los editores de *La Esfera* era que los «cimarrones» no fuesen «alzados comunes» sino «muchachos de la ciudad» que operaban bajo la «bandera roja»[138].

Más adelante, el mismo diario se preguntará si Betancourt no estaba incurriendo en el peligroso juego de «dejar hacer» a las guerrillas y no enfrentarlas de manera efectiva, corriendo así el riesgo –según lo explicaba una nota editorial– de terminar incurriendo «en el mismo error de Batista» en Cuba:

> Allá, Batista tenía al principio [el] siniestro interés y conveniencia en no liquidar el movimiento insurreccional. Lo necesitaba para sus componendas (...) y para sus negocios con los Estados Unidos. Nos consta que Batista recomendaba a sus jefes de operaciones contra el movimiento de Fidel Castro que fuesen cuidadosos de la vida [de los insurgentes]. Que no extremaran sus esfuerzos. Que sólo los contuvieran. Pero nada más. Hasta que llegó el instante en que Fidel Castro cobró demasiado impulso[139].

El editorial en cuestión, titulado «Cuidado con los cimarrones» y el cual, por cierto, le valdría una dura reprimenda a los propietarios de *La Esfera* por parte del ministro de la Defensa,

---

138 «Cuidado con los cimarrones» (Editorial). *La Esfera*, 06/02/63: 1.
139 Ídem.

Antonio Briceño Linares[140], no se detendría solo en este punto a la hora de lanzar sus dardos. Antes bien, subiría de tono el ataque al hablar de la responsabilidad que pesaba sobre Betancourt y el alto mando militar al no brindarle suficiente atención a la capacidad con que debían actuar las FF.AA. ante el fenómeno insurgente:

> ¿Disponen los soldados venezolanos enviados por el gobierno para combatir las guerrillas de todos los recursos técnicos y humanos necesarios para triunfar sobre los insurrectos? ¿Se estrecha el cerco sobre las posiciones montañosas ocupadas por los «cimarrones»? ¿Han sido suficientemente instruidos los oficiales y soldados que constantemente se juegan la vida (...)?; ¿o se les ha dicho [más bien] que mantengan una absurda guerra de posiciones o se embarquen en una todavía más absurda carrera hacia las trampas estratégicas montadas por los «cimarrones»?
> ¿Saben el Ministro de la Defensa, el Estado Mayor Conjunto y los Comandantes de Armas que en ésa, que parece guerra de entrenamiento, corren riesgos mortales oficiales, clases y soldados de nuestras Fuerzas Armadas cuyas vidas son preciosas? ¿Conoce el Presidente de la República el tamaño de su responsabilidad en este caso? ¿De veras se desea extirpar el cáncer «cimarrón»? ¿O solamente se le está dando largas al asunto, como largas se le está dando al cáncer del peculado?[141].

Si algo vale la pena subrayar como último comentario acerca de la visita de Betancourt a Washington en medio de tan acres críticas tanto contra él como contra Kennedy, es que esta se dio a casi dos años de la fallida invasión de Playa Girón, y casi año y medio después de la ruptura de relaciones diplomáticas entre Venezuela y el país caribeño, ocurrida el 11 de noviembre de 1961.

A la hora de recapitular lo ocurrido hasta entonces, no tendría por qué llamar la atención el hecho de que la izquierda

---

140 «Graves imputaciones a *La Esfera* hace el Ministro de la Defensa». *La Esfera*, 07/02/63: 1-2.
141 «Cuidado con los cimarrones» (Editorial). *La Esfera*, 06/02/63: 1.

silenciara interesadamente lo que dijo el presidente venezolano al producirse la ruptura con el régimen de Castro, en el sentido de que ello no modificaría ni un ápice las normas a las cuales estaba apegada Venezuela, entre las cuales figuraba la «no» intervención armada y, por tanto, que el país no había servido ni serviría jamás de base a fin de que otros países, o cualquier grupo armado, lanzara una invasión contra Cuba. Esto, en realidad, podía lucir contradictorio frente a lo dicho en Puerto Rico, en la primera escala que le llevaría a Washington, donde Betancourt sería en cambio más explícito al hablar del caso de Cuba: «Mientras no se elimine la cabeza de playa de Cuba tendremos que encarar el riesgo de sabotajes contra las empresas establecidas en mi país»[142]. Ahora bien, leído en el contexto de otras declaraciones formuladas durante el mismo viaje, el beligerante lenguaje betancourista iba dirigido en realidad a que se asumiera una férrea iniciativa de carácter colectivo como la que, una vez en Washington, le reclamara de nuevo a la OEA, presionándola a fin de que se enfocara en estrechar aún más el cerco diplomático y comercial que ya existía contra Cuba, aunque ello no presupusiera en ningún caso que tal acción dejase de ser pacífica y apegada al marco jurídico interamericano.

Lo cierto es que, en cuanto a que Venezuela no le sirviera de base a proyecto alguno de carácter invasor, tal cosa devino en promesa cumplida; tanto así que, en marzo de 1960, cuando, como resultado de una reunión del Consejo de Seguridad Nacional, la saliente administración de Dwight Eisenhower estimó conveniente utilizar a Venezuela como asiento de operaciones para la oposición anticastrista, tal posibilidad se vio inmediatamente descartada ante la negativa de Betancourt de cooperar con semejante iniciativa[143]. Además, como lo subraya Jesús Sanoja Hernández,

---

142 «Betancourt desde San Juan de Puerto Rico: tendremos que encarar el peligro de sabotaje mientras no se elimine la cabeza de playa en Cuba». *El Universal*, 19/02/63: 6.
143 Salcedo A., G. (2016): 137.

ello no solo devino en promesa cumplida por parte de Betancourt sino también de Leoni, a quien le tocaría el caso de Machurucuto, al darse la infiltración de combatientes cubanos por el oriente del país realizada en conexión con el frente armado que el MIR sostenía en la zona mirandina de El Bachiller[144]. De hecho, esta posición se haría más notoria aún durante la gestión de Leoni, quien no vacilaría en denunciar tanto la presencia de armas y efectivos cubanos en Venezuela como la intervención de los EE.UU. en la República Dominicana, condenando así, de manera simétrica, toda intervención extranjera, toda acción unilateral, todo acto de agresión en el ámbito americano[145].

La guerra «antivenezolana»

Podría sostenerse, sin riesgo a equivocaciones, que la izquierda había adoptado diversas tácticas de manera simultánea durante el período de Betancourt, desde los alzamientos en alianza con sectores disidentes de las Fuerzas Armadas hasta lo que, organizacionalmente hablando, serían las «Unidades Tácticas de Combate» –UTC–, concentradas en llevar a cabo operaciones publicitarias y de guerra, ambas de tipo urbano. En cambio, durante el mandato de Leoni, al intensificarse la lucha de tipo guerrillero-rural a partir de 1964 (y luego en 1966, a raíz de la Conferencia Tricontinental de La Habana) el gobierno concebiría, como lo observa Jesús Sanoja Hernández, un aparato militar ya en función del enfrentamiento específicamente librado contra la intervención cubana[146]. A ello se sumaría lo apuntado líneas más arriba en relación con que Betancourt, y especialmente las Fuerzas Armadas, se vieron llevados a responder a un tipo de lucha para el cual el componente militar no se hallaba preparado de manera adecuada,

---

144 Sanoja H., J. (2007): II, 64, 103.
145 Ibíd., 44-45.
146 Ibíd., 100.

ni doctrinal ni materialmente hablando. En cierto sentido, tal sería la misma limitación que hubo de afrontar en un comienzo el presidente Lyndon Johnson ante la dificultad de combatir a la guerrilla norvietnamita mediante el empleo de fuerzas de tipo convencional[147].

Vale por lo interesante comentar, como lo hace Gustavo Salcedo, que la «guerra antivenezolana» alentada desde el exterior, y acerca de la cual tanto hablara Betancourt, era aún, para los primeros meses de 1963, objeto de dudas en Washington. Por ejemplo, a inicios de febrero de ese año, con el fin de recabar pruebas definitivas en tal sentido, Kennedy consultó con el director de la CIA, John McCone, si se disponía de evidencias de que Cuba se hallaba directamente inmiscuida en la violencia insurreccional venezolana o si, simplemente, servía como fuente de inspiración a los grupos armados locales. La CIA respondió afirmando que la Agencia no contaba en realidad con pruebas concluyentes de una implicación directa,

> ... a excepción de declaraciones públicas de líderes cubanos instando a los venezolanos a actividades terroristas (...). [R]ealmente, la información a nuestra disposición es circunstancial más que [reveladora] de duras pruebas de participación directa cubana. Las autoridades venezolanas desde hace tiempo han fallado en divulgar, o en hacer pública, evidencias sobre el particular que ellos supuestamente dicen tener[148].

Será pues más con Leoni que con Betancourt —aun cuando este último no se diera tregua en denunciar lo que a su juicio representaba una izquierda al servicio de intereses «extranjeros» y «antivenezolanos»— cuando se sienta que la «guerra larga», proclamada a partir de 1964, parecía haber llegado a revelar plenamente

---

147 Dallek, R. (2004): 220.
148 Memorando para el presidente Kennedy de la Oficina del director de la CIA, 13/02/63. Citado por Salcedo A., G. (2016): 218.

la existencia de una acción dirigida contra Venezuela desde el exterior, razón por la cual las Fuerzas Armadas debían verse provistas de la especialísima misión de prepararse para ella[149].

Se trataría, sin duda alguna, de un cambio radical en materia castrense. A tal respecto, Jesús Sanoja Hernández observa lo siguiente:

> El 17 de septiembre de 1964, Ramón Florencio Gómez, Ministro de la Defensa durante todo el período de Leoni, fijó la posición de unas FAN [ya adoctrinadas y cohesionadas] dedicadas a sus funciones específicas. A mi modo de ver, esas funciones específicas habían adquirido o estaban por adquirir fuerte impulso antisubversivo, con apoyo en la política exterior de EE.UU. y de su Misión Militar[150].

En concordancia con lo anterior figura lo que apuntan por su parte los historiadores Ingrid Micett y Domingo Irwin, en el sentido de que tal situación tendería a reafirmar aún más la influencia estadounidense dentro de las Fuerzas Armadas[151].

¿Hubo –o no– guerra?

El volumen relativamente considerable de asistencia militar brindado por los EE.UU. en tiempos de Leoni habla de la dimensión que llegó a cobrar este conflicto de baja intensidad, cuyos vericuetos obligan a detenerse también en lo que significó la ayuda ofrecida al otro bando en pugna, es decir, a los partidarios de la lucha armada. Nos referimos al apoyo que, en términos de adiestramiento, financiamiento y provisión de material bélico, corriera por cuenta de China, Cuba, Argelia, Vietnam e, incluso, de Corea del Norte, así fuera de manera fugaz en algunos casos, o inconstante en

---

149 Leoni, R. (1967): III, 223.
150 Sanoja H., J. (2007): II, 98.
151 Irwin, D. y Micett, I. (2008): 213.

otros[152]. No en vano, Pompeyo Márquez se permite calificar a las guerrillas venezolanas –con exageración o sin ella– como las más caras del mundo en hombres, armas y dinero[153].

Sin embargo, según se permite observarlo Antonio García Ponce, existe una diferencia notable entre la ayuda brindada a Venezuela por parte de los EE.UU. y la forma como se canalizó el apoyo a la insurgencia venezolana por parte de sus adeptos en otras latitudes. A su juicio, a la hora de analizar al caso, el problema radica en el predominio de la opacidad o, inclusive, en la simple falta de acceso a la información. Ello es así puesto que mientras la cooperación aportada al gobierno de Leoni figura en buena medida al alcance del investigador, no resulta fácil decir lo mismo acerca de los fondos documentales que aún se conservan, por ejemplo, en países de la otrora comunidad satelital de Europa del este. Independientemente de la normal dificultad que supone acceder a materiales de semejante naturaleza, tomando en cuenta además los obstáculos propios que impone el idioma, el caso de los papeles contenidos en los archivos de otros países menos tajantemente ubicados dentro de la ex órbita soviética (por ejemplo, Cuba) no debe ser muy distinto cuando se trata de las restricciones que norman su acceso.

Segundo punto: mientras la asistencia militar ofrecida al gobierno de Venezuela operaba a través de canales oficiales, resulta lógico que no pueda decirse lo mismo acerca del modo en que los grupos insurgentes locales llevaron a cabo la tarea de verse provistos de armas y recursos. Lo que en todo caso resulta claro es que ello llegó a practicarse, entre otras vías, gracias al apoyo brindado por comités de solidaridad, a través de otros partidos comunistas o

---

152 Con relación específicamente al caso de Corea del Norte, Héctor Rodríguez Bauza apunta que, en respuesta a la petición de solidaridad formulada por el PCV, el gobierno de Pyongyang ofreció 200 fusiles que fueron trasladados primero a Bulgaria antes de que siguieran destino a Venezuela. Rodríguez B., H. (2015): 288-289.
153 Entrevista con Pompeyo Márquez. En Blanco M., A. (1980): 115.

por medio de mecanismos de triangulación, todo lo cual confirma la opacidad de este tipo de ayudas encuadradas dentro del llamado «internacionalismo proletario»[154]. En algún momento se dio incluso el caso de una oficina naviera de exportación e importación creada expresamente con el fin de servirle de fachada al tráfico de suministros de guerra a Venezuela, resultando particularmente significativo el hecho de que su sede principal tuviera asiento en Argelia aun cuando, en ningún caso, llegó a operar con la eficacia que se esperaba de ella[155]. Para más señas, una carta dirigida por un combatiente de las FALN a un correligionario suyo a fines de 1965, e incautada por los servicios de inteligencia del Estado, hablaba justamente de las «mercancías que [seguían sin salir] desde Argelia», en obvia alusión a este tráfico clandestino de aprestos[156].

Por otra parte, lo dicho por uno de los comandantes guerrilleros en la sierra del estado Falcón en 1966 viene en auxilio de suponer que, aun cuando el suministro fuese irregular, los grupos armados llegaron a contar en algún momento con un armamento bastante adecuado al tipo de guerra que se libraba en Venezuela: «En cuanto a nuestro armamento le diré que es un armamento moderno; este Frente posee casi un 90% de fusiles FAL, precisamente porque es el arma que casi exclusivamente usa el Ejército gubernamental para combatirnos»[157]. Va de seguidas otro testimonio, el cual, en este caso, corre por cuenta de un excombatiente del MIR:

> [L]as unidades tenían sus armas completas, pero en algunos casos eran armas sin uniformidad. Había desde fusiles *Springfield* y otros

---

154 García P., A. (2010): 100.
155 Castillo M., A.J. (1996): 22; Biaggini G., J. *et al.* (1980): 41.
156 «Entretanto, las mercancías que debían venir desde Argelia siguen sin salir (...), sin desestimar los esfuerzos que desde París y desde Madrid se han hecho». «Carta de 'L' a Juan Pablo R». Caracas, 05/12/1965. Archivo Leoni. Carpeta N. 107.
157 Entrevista con Francisco Prada Barazarte. Revista *Sucesos*. México, diciembre de 1966. Citado por Biaggini G., J. *et al.* (1980): 62.

que eran fusiles viejos, hasta el FAL, el FN 30, que era el fusil que usaban las Fuerzas Armadas venezolanas para el año 60. (...) Nosotros comprábamos FAL, teníamos FN 30, pero no eran muy abundantes. Teníamos también M1 y armas automáticas. Pero no llegamos a tener armas pesadas, ni bazukas, ni morteros. En cambio, el PCV sí. Claro, como la solidaridad internacional era de países comunistas, eso llegaba a través del PC y éste era el que repartía[158].

No obstante lo anterior, habrá quienes, como Guillermo García Ponce, le resten fuerza a la idea de que las guerrillas locales llegaran a verse razonablemente surtidas de material de guerra, situándose de este modo a sideral distancia de lo que sostienen Pompeyo Márquez e, incluso, su propio hermano, Antonio García Ponce. A juicio de Guillermo García Ponce, la insurrección venezolana se hizo «con fornituras vacías». Escuchemos su parecer que, en todo caso, se inscribe dentro de una posición minoritaria: «Una de las limitaciones más importantes fue la falta de armamento, la falta de pertrechos, de armas. La insurrección se inició sin armas y continuó sin armas»[159]. Y agrega de seguidas lo siguiente:

> [T]odos los movimientos socialistas y revolucionarios del mundo estuvieron al lado de la insurrección en cuanto a solidaridad política. Pero su ayuda fue muy escasa, no porque no quisieran sino por las serias dificultades que existían en Venezuela, en ese momento, para establecer líneas de abastecimiento. (...) Seguramente los camaradas cubanos hicieron algunos intentos, pero el resultado fue que la bolsa de pertrechos de la revolución venezolana siempre estuvo vacía. (...) En este sentido, yo creo [en] la desventaja que tuvo nuestra insurrección con respecto a otras luchas revolucionarias. No es el caso de Vietnam que tenía una frontera con China y una cercanía a las vías marítimas y a la Unión Soviética[160].

---

158 Entrevista con Simón Sáez Mérida. En Blanco M., A. (1981b): 150.
159 Entrevista con Guillermo García Ponce. En Blanco M., A. (1980): 367.
160 Ibíd., 367-368.

Esta opinión de Guillermo García Ponce resulta tanto más interesante cuanto que, frente a muchos otros testimonios de sus propios correligionarios, tiende a relativizar e, incluso, minimizar la ayuda recibida por parte de comités, partidos y gobiernos extranjeros. Sea lo que fuere, ello da pie para examinar otro de los aspectos más esquivos de la dinámica insurreccional. En otras palabras: saber si Venezuela atravesó, durante el período de los años sesenta, lo que podría calificarse propiamente como una experiencia de guerra, pese a su carácter irregular y sus características de baja intensidad.

En este sentido, y muy al contrario de lo que podría pensarse, han sido más bien los protagonistas de la línea armada quienes han procurado bajarle el tono al carácter que cobró la lucha. El primero en hacerlo así es el ya citado Guillermo García Ponce quien, ante una pregunta del historiador y periodista Agustín Blanco Muñoz, respondería de este modo: «Yo [no] sé realmente qué fue lo que tuvimos. Guerra supongo que es todo aquello donde hay bala y donde hay lucha armada, pero de todo eso hubo un poco: lucha armada, insurrección, un poco (*sic*) de guerra»[161]. Otro testimonio que acude al servicio de este blanqueamiento del conflicto corre por cuenta de Luben Petkoff quien, ante la grabadora del mismo Blanco Muñoz, formularía las siguientes precisiones:

> Fíjate, insurrección no hubo porque, ¿quiénes son los insurrectos en este caso? No se puede hablar de insurrección popular porque el pueblo no se insurreccionó. (...) A mí no me gusta hablar tampoco de guerra, en realidad tendríamos que ver cuál es la acepción de la palabra guerra. Por eso [me inclino a hablar de] «la guerrita», porque por una gran guerra debemos entender otra cosa, donde hay una mayor continuidad operacional y más coherencia en todo lo que entraña un estado de guerra. Ahora, si por guerra queremos entender que hay un

---

161 Ibíd., 358.

grupo beligerante frente a un Estado dominante y frente a su ejército sostenedor, entonces sí había una guerra, que no era una gran guerra, pero que era una «guerrita»[162].

Existe algo que llama poderosamente la atención acerca de este testimonio. De acuerdo con Luben Petkoff, la guerra solo podía existir en la medida en que se registrara cierta «continuidad operacional»; pareciera entonces que el carácter irregular o no «continuo» con que se libraron los enfrentamientos durante la década de los sesenta contribuyese a restarle entidad a lo ocurrido, impidiendo que estos califiquen como hechos de guerra. Algo similar ocurre con otros testimonios en relación con las bajas, como si la guerra solo pudiese tipificarse en función del número de víctimas dejadas a su paso y no de la dislocación del sistema en muchos de sus aspectos. Pero, volviendo a lo anterior, hay un detalle que conviene retener. Nos referimos en este caso a la técnica del «muerde y huye» tan propio de la guerrilla en todas sus actuaciones de guerra. Porque lo cierto es que esta modalidad, como su propio nombre así lo indica, presupone que no se esté todo el tiempo en combate directo, pudiendo darse el caso de que llegaran a registrarse largos y necesarios períodos de inacción antes de producirse nuevos ataques por sorpresa[163].

Para no hablar siquiera de «guerra», o de la sordina que se le ha puesto al vocablo, la edulcoración de lo ocurrido llega a cobrar, en algunos casos, cotas inverosímiles. Tal ocurre por ejemplo al evidenciarse un registro muy selectivo de lo actuado en el plano militar o, simplemente, al negarse el alcance y determinación con que llegaron a operar las organizaciones guerrilleras. De este modo tenemos por ejemplo lo que, a la vuelta de los años, afirmara un actor principalísimo de la época al hablar de su propio partido y relativizar el papel que este jugó en los barrancos de la lucha armada:

---

162 Entrevista con Luben Petkoff. En Blanco M., A. (1981a): 135.
163 Moleiro, A. (2006): 76.

«El MIR aparece en 1960, pero en 1962 ya estaba alzado y había guerrillas, o lo que llamábamos 'guerrilla', porque es mentira (*sic*) que en Venezuela hubo guerrilla. Es una de las invenciones más irresponsables. Aquí no hubo guerrilla»[164]. Curiosamente, quien llegó a negar de esta forma tan tajante que en la Venezuela de la década de 1960 hubiese existido «guerrilla» en el sentido cabal del término es Domingo Alberto Rangel, el mismo que, en 1963, al formular una refutación contra el diputado copeyano Rodolfo José Cárdenas, se refirió desde su curul por el MIR en el Congreso Nacional al caso de las guerrillas en el estado Falcón, «[contra las cuales] el Ministro de la Defensa [había] lanzado millares de soldados (*sic*), cosa que no se hubiera hecho si no existiera algo parecido a una guerra civil»[165]. De modo que, para Domingo Alberto Rangel, hablando en el año 2010, no habían existido las tales guerrillas mientras que, en 1963, sí lo habían hecho en un país que, según lo afirmara él mismo, se había visto en los pródromos de la guerra civil.

Por otra parte, minimizar la intensidad del período armado, o restarle importancia a sus hechos de guerra, es una actitud que revela, en el caso de algunos de los protagonistas del lado insurgente, la frustración de no haber llegado a contar con un ejército propio lo suficientemente efectivo, o consolidado en el tiempo, como para desafiar al gobierno constitucional. Por tanto, a juicio de quienes así piensan, un enfrentamiento de envergadura solo habría resultado posible cuando se le confirió a los elementos desafectos de las Fuerzas Armadas la tarea de comprometer a los cuarteles sin que, en ningún caso, tales alzamientos llegaran a materializarse[166]. Coincidiendo con esta insistencia en bajarle el tono a lo ocurrido, existe la opinión de otro excombatiente,

---

164   Hernández, R. (2010): 20.
165   «Uslar Pietri diluyó un debate enconado con un llamado al cese de la violencia». *El Nacional*, 14/02/63: 27.
166   Hablamos en concreto de los alzamientos que tuvieron lugar en Carúpano y Puerto Cabello en mayo y junio, respetivamente, del año 62.

quien también niega que hubiese llegado a registrarse una guerra como tal, resumiendo su experiencia en lo que ya se ha dicho con respecto a la falta de un ejército propio: «[No] hubo guerra. (...) Hubo esporádicos enfrentamientos armados y hubo débiles intentos por formar un ejército popular que no culminaron, no cristalizaron»[167]. Puesto que se tiene a mano la prueba, una cosa es que el intento no diera los resultados esperados y otra muy diferente es el hecho de que no hubiese existido un verdadero empeño por construir esa especie de «ejército propio». Porque lo cierto es que, a partir de 1962, los sectores que se mostraban inclinados a proseguir el enfrentamiento elegirían una táctica distinta, como lo supuso la creación de las «Fuerzas Armadas de Liberación Nacional» (FALN). El caso resulta tanto más llamativo cuanto que tampoco puede dejar de advertirse que los promotores de las FALN no fueron unos civiles sin experiencia en asuntos de armas sino algunos de los oficiales disidentes que lograron sortear su captura (o que, incluso, llegaron a evadirse de la cárcel) luego de los fallidos intentos cuartelarios practicados contra Betancourt y quienes, a partir de entonces, actuarían con bastante preminencia en calidad de comandantes de la nueva organización armada.

En este sentido, aun cuando la creación de las FALN se resumiera en una carrera contra la cual conspiraban las posibilidades reales de imponerse al adversario, ello no le resta validez alguna a la idea de que hubo guerra. Tanto así que conviene detenerse en lo dicho por dos autores como Domingo Irwin e Ingrid Micett, quienes observan con agudeza lo siguiente: «Los frentes guerrilleros (....) no son una ficción, son una realidad histórica. El que fracasaran en lograr sus propósitos es otra cosa»[168]. Para el gobierno de Betancourt, y especialmente de Leoni, sí hubo guerra, así fuese una guerra no convencional o no declarada. Por si fuera poco, y visto como quiera verse, se trataría del único enfrentamiento que,

---

167 Citado por Irwin, D. y Micett, I. (2008): 217.
168 Ídem.

en términos reales y efectivos, libraran las Fuerzas Armadas venezolanas dentro de su vida moderna como institución.

Además, si de tecnicismos del lenguaje se trata, la bancada oficialista en el Congreso calificará como actos de guerra «comunes y corrientes» el asalto a patrullas y convoyes militares[169]. Pero, aparte de ello, los parlamentarios disidentes de AD, e incluso algunos situados más a la izquierda del espectro, hablarían también en términos similares. Para demostrarlo, bastaría ver el catálogo de expresiones que se desprende de los debates librados en ambas Cámaras a la hora de abordar el fenómeno de la insurgencia. Algunos hablarán de «guerra inútil e innecesaria», de guerra «inconveniente y perjudicial a los intereses del país», de «guerra especial», o inclusive de «guerra fratricida», para definir de esta forma los enfrentamientos librados entre el Ejército y la guerrilla[170]. Un parlamentario con gusto por la historia iría aún más lejos al señalar que el desarrollo violento de esa década hacía que Venezuela se pareciera cada vez más a la república de los Borgia[171]. Convendría citar también lo que a tal respecto dijese Edecio La Riva Araujo, senador por Copei: «*Guerra que no tengo por qué inventar, porque existe*. El mismo jefe de la mayoría parlamentaria en la Cámara de Diputados habló para decir que estamos en una guerra abierta y total. Bueno, esto es cierto. Nosotros tenemos un enemigo con respaldo de potencias extranjeras, con armas, con objetivos aprobados en plenos, con plena autoridad para lograr la revolución y el derrocamiento del régimen»[172].

Desde luego, más que de tratarse de una serie de enfrentamientos «al detal», mucho de lo dicho hasta ahora obliga a ver el

---

169   Intervención del diputado Armando González. Congreso de la República (1966). *Diario de debates de la Cámara de Diputados*. Sesión del 21/03/66. Mes III, N. 9: 220.

170   Congreso de la República (1966). *Diario de debates de la Cámara de Diputados*. Sesión del 21/03/1966. Mes III, N. 9: 239, 244.

171   Intervención del diputado José Manzo González. Ibíd., 237.

172   La Riva A., E. «Lo que dije en el Senado». *El Nacional*, (¿21/12/65?). Colección Santiago Gerardo Suárez. Carpeta M-32. «Guerrillas/opiniones». Academia Nacional de la Historia, Caracas. Énfasis agregado.

período de la violencia ocurrida entre 1962 y 1968 como el desarrollo de un conflicto cuyos promotores pretendieron inscribirlo a como diera lugar dentro de la dinámica de las guerras irregulares que venían registrándose en otras latitudes del llamado mundo emergente. Además, y pese a la adopción de prácticas distintas a las que caracterizan a una guerra convencional, nada de lo que se diga con respecto a la baja intensidad del conflicto armado librado en Venezuela niega la utilización de sofisticadas técnicas de combate, bien en el caso guerrillero, como resultado de su adiestramiento en escuelas de cuadros para la lucha irregular o, bien de las propias Fuerzas Armadas, por la precisión de sus acciones en la lucha antiinsurgente. En el caso de lo primero, así lo confirma Luben Petkoff: «A mí se me saca del país con el pretexto de que los compañeros que más nos habíamos destacado en [los] primeros años de lucha debíamos tomar cursos, hacer escuela militar guerrillera en el exterior». Más adelante, en este mismo testimonio, afirma: «[H]abía seguido una escuela guerrillera y no actuaba como un guerrillero empírico sino con conocimientos de cómo debía manejarse esa forma de lucha»[173].

Con todo, en medio de las modalidades utilizadas por ambos contendientes corrió sangre venezolana y, también, cubana, sin que hasta la fecha pueda contabilizarse con exactitud el número de bajas producidas por este enfrentamiento que fue sentido de manera particular por los habitantes de muchas regiones apartadas del país. A lo cual, desde luego, habría que agregar que si aún impera un alto grado de desconocimiento acerca de la intensidad que cobrara aquella guerra, no muy distinto es lo que puede decirse en relación con las secuelas que pudo dejar, especialmente en el medio rural.

Otro detalle que llama mucho la atención se contrae a la forma como suele denominarse este período tan conflictivo, especialmente dado todo el empeño que en ello ha puesto la izquierda

---

173 Entrevista con Luben Petkoff. En Blanco M., A. (1981a): 137, 146.

para hallarle cierta comodidad semántica a lo actuado. Esto es así puesto que, a la par de evitar a todo trance el calificativo de «guerra», se insistió desde muy temprano en la tendencia de conferirle, como uso más aceptable, la serena y épica denominación de «lucha armada». Dicho en palabras de los historiadores Ingrid Micett y Domingo Irwin, «Parec[iera] existir la idea, en algunos de los derrotados protagonistas políticos de estos sucesos, de minimizar la intensidad e importancia de la guerra de baja intensidad venezolana de 1960-1970. La [expresión] *guerra civil* no es empleada y se prefiere el [término] de *lucha armada*[174]. Pero cabría insistir en que el mero intento por construir un ejército propio, como pretendió hacerse a partir de 1962 mediante la creación de las FALN, habla de la intensidad de una guerra (al menos en sus propósitos) muy superior a la idea de provocar simples choques esporádicos con elementos de las Fuerzas Armadas.

Si no hubo guerra, ¿cómo se explica entonces que los comunicados difundidos por *Pueblo y Revolución* –órgano informativo de las FALN– hablasen de las «ofensivas» emprendidas y, sobre todo, del «crecido» número de bajas infligidas a las fuerzas de seguridad del Estado?[175]. Más allá de la intención propagandística que ello hubiese podido tener, lo cierto del caso es que, en más de una ocasión, se dieron enfrentamientos armados con el Ejército que arrojaron resultados adversos a las fuerzas gubernamentales. Enfrentamientos que, como puede colegirse de sus propios «partes de guerra», la izquierda insurreccional quiso explotar con toda la conveniencia del caso pero que luego, con toda la conveniencia del caso también, especialmente cuando de visiones retrospectivas se trata, algunos de sus protagonistas han querido diluir dentro del casi inocente y lúdico concepto de «guerrita».

El asunto es en realidad importante, sobre todo por lo grave que resulta separar los recuerdos de la circunstancia histórica.

---

174   Irwin, D. y Micett, I. (2008): 217.
175   Evidencia de una de estas entregas de *Pueblo y Revolución* figura en Blanco M., A. (2000): 140.

A fin de cuentas, a la hora de compulsar los testimonios, prevalece la opinión de los actores de la violencia armada, quienes apenas se permiten definir lo ocurrido en términos de una «supuesta guerra» u otros que, también a la vuelta de los años, simplemente han eludido el vocablo para intentar disminuir de este modo la capacidad de acción de la guerrilla o, incluso, para restarle fuerza al nivel de los enfrentamientos que llegaron a librarse. Son pocos en cambio los que hablan con la sinceridad con que llegó a hacerlo un combatiente al sostener, con toda la responsabilidad del caso, que «aquí [estabas] metido en una guerra»[176]. Así, pues, por contraste con quienes han llegado a referirse a este conflicto en una especie de tono menor, convendría consultar de nuevo el testimonio del combatiente al cual se acaba de hacer referencia:

> Entre [las] operaciones, por ejemplo, hay una muy nombrada que se llamó Operación de «El Paso». Esa fue en el año 65 y una de las que yo considero más contundentes y en la cual le causamos muchas bajas al enemigo. Se consideró como una de las operaciones más brillantes del destacamento guerrillero. Se atacó a un grupo de soldados que estaban destacados en un sitio y se logró hacerles como doce bajas. (...)
> Por ejemplo, en Curimagua [estado Falcón], ahí se atacó un puesto militar y se causaron 21 bajas y el enemigo tuvo que abandonar la sierra, tuvo que retirarse. En el seno de ellos la operación estuvo considerada como de gran contundencia porque nosotros antes no habíamos atacado puestos militares acantonados. Lo que habíamos hecho era muchas emboscadas. Yo recuerdo que ahí se realizaron unas 8 emboscadas en menos de una semana, todos los días (...).
> Desde el punto de vista militar, le hicimos muchas bajas al enemigo[177].

Desde luego, el aparato del Estado respondió de manera decidida a los embates del llamado «extremismo» y resulta claro

---

176 Entrevista con Elegido Sibada («Magoya»). En Blanco M., A. (1981a): 69.
177 Ibíd., 37, 46.

también que, en este sentido, imperó muchas veces un estricto control informativo, sobre todo en los casos en que el Ejército y la aviación operaron con alto poder de fuego en la profundidad de zonas apartadas, en procura de cercar la actividad insurgente. Que ocurrieran tales bombardeos y razias se colige de un informe de la Agregaduría Militar británica en Caracas que, por su naturaleza, no califica precisamente como una fuente que tendiese a mostrar simpatía alguna por la causa guerrillera. El informe en cuestión señala, al respecto, lo siguiente:

> Hasta ahora, la Fuerza Aérea Venezolana ha utilizado, de vez en vez, sus modernos jets de combate (*Canberras, Venoms* y *F 86*) pero, debido a su excesiva velocidad en terreno montañoso y nublado, ha preferido recurrir al uso de sus antiguos *Mitchell B-25* de la II Guerra Mundial para bombardear áreas específicas y ametrallar desde el aire zonas selváticas en donde se tiene conocimiento de que se concentran elementos guerrilleros.
> La técnica consiste, en primer lugar, en rodear el área con tropas de superficie y comenzar a bombardear, logrando así que, en su fuga, los combatientes caigan en manos de quienes les tienen cercados. Los venezolanos consideran que esta técnica, *un tanto cruda*, ha arrojado con frecuencia resultados exitosos[178].

Así, pues, si la guerra se percibió en cierta forma dentro de las ciudades, especialmente en Caracas, durante la etapa de la lucha urbana (1960-63), ella habría de sentirse en cambio, y con mucha mayor intensidad aún, a partir del momento en que se trasladara al medio rural e impactara sobre caseríos aislados y sus alarmados pobladores, según se desprende de algunos testimonios proporcionados por fuentes guerrilleras y, con más cautela, de parte de fuentes oficiales.

---

[178] British Embassy, Caracas. Naval & Military Attaché (1968). Review of the present guerrilla situation in Venezuela. Archivo de Ottawa. Documento DA/S 215/1. Carpeta 27-1-2-VENEZ: 6. Énfasis agregado.

La guerrilla sorprende al enemigo y lo obliga a retirarse; el Ejército contrataca y provoca bajas. Los primeros calificarán a los segundos de «represores»; los segundos tildarán a los primeros de «bandoleros». Sobre esta línea se sustentan muchas de las noticias generadas de lado y lado, cada una intentando crear —como lo precisa Blanco Muñoz— un clima favorable a las acciones que se realizan[179].

La investigación en torno a la violencia armada de los años 60 tropieza entonces, entre otros inconvenientes, con este empeño que ha supuesto bajarle el tono a la guerra cuando se intenta mirarla a la distancia de los años transcurridos a partir de entonces. Ello es especialmente así cuando se trata de las fuentes que proceden del lado guerrillero, es decir, de la literatura testimonial generada por los propios protagonistas de la década violenta de 1960; pero tampoco resulta muy distinto el caso cuando se trata de ver la forma en que, en estos tiempos de la Revolución bolivariana, se ha insistido en impulsar una línea revisionista del período armado capaz de hacer que, a fin de cuentas, la acción de la guerrilla, convenientemente librada de todo olor cercano a la muerte, luzca tan cautivadora como romántica.

Aparte de lo difícil que resulta calificar de objetivos a muchos de tales testimonios, lo cierto es que pareciera prevalecer un mismo tono de asepsia al hablar de lo ocurrido, sin que por ninguna parte asome el trágico acento de cuanto significara una guerra irregular que, como lo aprecian Irwin y Micett, figuró dolorosamente entremezclada con acciones de terrorismo y violencia física, tanto urbana como rural[180]. Ambos historiadores van más allá y se permiten calificarla incluso de guerra «venezolana», en la medida en que los sectores enfrentados fueron venezolanos, mayoritariamente hablando. En tal sentido —prosiguen—, pese a que los cubanos secundaran a la insurgencia al punto de suministrar combatientes,

---

179 Blanco M., A. (2000): 155.
180 Irwin, D. y Micett, I. (2008): 217.

y los asesores estadounidenses apoyaran a los militares criollos con importantes volúmenes de aprestos, nunca fue dominante la presencia extranjera en ninguno de los dos bandos en pugna[181].

Por otra parte, al hacer un recuento de la dureza que entrañó esta guerra o, para decirlo de forma más precisa, cuando se dio el caso de poner en cifras el balance de lo acontecido, la izquierda lo hizo, por ejemplo, a través de un libro de Manuel Cabieses Donoso titulado *Venezuela okey*, donde se incluía una lista elaborada por el entonces joven periodista y simpatizante del PCV, Jesús Sanoja Hernández, en la cual ofrecía un cómputo de las víctimas dejadas a su paso por la violencia «betancourista» entre 1959 y comienzos de 1963[182]. Lo mismo será el caso de Guillermo García Ponce quien, preso en el cuartel San Carlos, publicaría a través de la prensa, en agosto de 1965, una larga lista de presos y bajas que el gobierno de Leoni había ocasionado al movimiento insurgente[183]. Pero el gobierno también exhibiría sus propios números, como lo demuestra un anexo que figura en el *Diario de debates* de la Cámara de Diputados de marzo de 1966, ya en tiempos de Leoni, donde se recogen los nombres de aproximadamente 260 personas entre personal militar (oficiales, clases y soldados), agentes de los servicios de seguridad (Dirección General de Policía y Servicio de Inteligencia de las FF.AA.), campesinos o simples civiles fallecidos, heridos o inutilizados de por vida, solo durante el lapso 1963-1965, bien como resultado de operaciones contrainsurgentes, emboscadas, operaciones callejeras o de choques con los aparatos urbanos de la izquierda[184]. Incluso, en fecha relativamente reciente (1988), a propósito de la entrega de placas de reconocimiento a los familiares de oficiales fallecidos en combate,

---

181 Ibíd., 220.
182 Sanoja H., J. (2007): II, 89.
183 Castillo. H. (2013): 55.
184 Recuento de las víctimas de la violencia terrorista. En: Congreso de Venezuela (1966). *Diario de debates de la Cámara de Diputados de la República de Venezuela*. Sesión del 21/03/66. Mes III, N. 9. Anexo N. 1: 221-236.

el Ministerio de la Defensa publicó una lista de 38 oficiales de distintos rangos, pertenecientes a los cuatro componentes, caídos durante la lucha antiinsurgente de los años sesenta[185].

Más allá de evitar definírsele como una guerra, el caso es que —como lo resume Blanco Muñoz— se trataría de una década inmensamente trágica y costosa, vista de un lado o del otro[186].

---

185 ¿Ministerio de la Defensa? (1988): 86-88.
186 Blanco M., A. (2004): 72.

Capítulo 4
Orígenes y rupturas

El triunfo de la revolución se logrará por medio de la violencia y el proceso tendrá la forma de guerra prolongada. (...) Nosotros no discutimos el derecho que tienen otros movimientos revolucionarios a creer que en sus países sea posible el triunfo pacífico de la revolución (...) pero la salida de la crisis venezolana es necesariamente violenta y en base a esta perspectiva debe actuar el movimiento revolucionario. El problema a plantearse no es, entonces, el de si pondremos el acento en las formas pacíficas de lucha o en las no pacíficas, sino de cómo lograremos desarrollar la violencia revolucionaria.

DOCUMENTO DEL MIR[1]

La lucha armada es la principal forma de lucha hoy en día en Venezuela. Nuestro partido ha llegado a una decisión definitiva sobre esta cuestión. Mi partido confía en derrocar al gobierno de Venezuela a través del cañón del fusil.

DECLARACIONES DE EDUARDO GALLEGOS MANCERA (PCV)
EN PEKÍN. JULIO DE 1964[2]

Toda revolución auténtica busca exportarse.
DOMINGO ALBERTO RANGEL, 2010[3]

Los años de prueba

Cualquier enumeración queda corta cuando se trata de ver las veces en que a partir de 1959, y en un contexto de «bipolaridad flexible» a nivel global, el caso de Cuba tendió por el contrario a repolarizar la situación en el área del Caribe. Descontando la fallida invasión de Bahía de Cochinos en abril de 1961, o la ruptura de relaciones diplomáticas con Venezuela en noviembre de ese mismo año –episodios ambos que sirvieron para exacerbar las

---
1 Citado por Álvarez, G. «El PCV pone al MIR en el banquillo». *Momento*. N. 523, 24/07/66: 35.
2 Ibíd., 36.
3 Hernández, R. (2010): 22.

pasiones de la izquierda–, hubo al menos dos momentos que terminaron mostrando que ningún otro país llegaría tan lejos como lo haría Cuba a la hora de cuestionar y, mucho menos, enfrentar al sistema interamericano.

El primero de tales será sin duda al producirse la crisis de los cohetes de octubre de 1962 y que, como en no corta medida lo diera a entender el emisario del Kremlin, Anastás Mikoyan, había llevado a que Cuba se colocara en el epicentro de la política mundial. El segundo momento que terminaría dándole un sello indeleble al camino de los desencuentros será cuando, en julio de 1964, y como respuesta al hecho de que Venezuela allegase pruebas concretas acerca de la actividad guerrillera patrocinada desde la isla (a raíz del hallazgo de un formidable lote de armas de procedencia cubana en las playas del estado Falcón a fines de noviembre de 1963), la OEA aprobara un paquete de sanciones que conduciría esta vez a la ruptura definitiva de Cuba con el resto del sistema regional, al punto de decretarse a partir de entonces, y durante casi una década, su virtual aislamiento dentro de la zona del Caribe.

Ahora bien, los desencuentros no se dieron solo entre Castro y el gobierno presidido por Rómulo Betancourt en la medida en que se entienda, como insiste en señalarlo Leonardo Rey, que el aislamiento de Cuba se verificó también a nivel hemisférico y por ello, en ningún caso, puede comprenderse el choque frontal entre Cuba y Venezuela aislando de este contexto el comportamiento descrito por el resto del sistema interamericano[4]. Ello es importante subrayarlo puesto que tampoco es cosa de trasmitir equivocadamente la idea de que la OEA no hubiese tomado una posición bastante definida con respecto al caso de Cuba más allá de la situación específicamente venezolana. Ya lo había hecho así en el marco de la VII Reunión de Consulta de Cancilleres celebrada en San José de Costa Rica (1960), a fin de que se implementara una

---

4 Rey, L. (2014): 49.

serie de medidas en contra del régimen castrista. La OEA actuaría de nuevo en enero de 1962, en el marco de la VIII Reunión de Cancilleres en Punta del Este, abogando esta vez por separarla de la organización al considerar que Cuba se hallaba resuelta a seguir estimulando la experiencia insurreccional en el resto de América Latina y a servirle de asiento (como lo evidenciaban sus progresivos intercambios con la URSS) a los intereses de una potencia extracontinental.

Empero, en julio de 1964, cuando se consideró en el marco de la IX Reunión de Cancilleres que la denuncia formulada por Venezuela montaba a una agresión directa contra un miembro del sistema interamericano por parte de otro país que ya ni siquiera formaba parte del mismo, la línea quedaría firmemente trazada sobre la arena, como advertencia contra futuras exportaciones de la subversión. A tal punto ello sería así que las decisiones adoptadas por la OEA contra Cuba en esta tercera oportunidad fueron prontamente elogiadas por Lyndon B. Johnson, quien, por cierto, no llevaba más de ocho meses accidentalmente a cargo de la Presidencia de los EE. UU. y que, justo en esos momentos, se hallaba metido en la crisis generada por el golfo de Tonkín, que definiría la suerte futura del conflicto en Vietnam. No por simple formalismo, el aún provisorio presidente llegaría a sostener que tales medidas aclaraban «terminantemente que este hemisferio no tolerar[ía] la agresión mediante la subversión»[5].

En todo caso, las decisiones adoptadas –una reducción más drástica de las relaciones diplomáticas y la casi total interrupción del tráfico comercial con la isla– harían que Cuba respondiese con un grado de agresividad directamente proporcional a la forma como se vería segregada a partir de este momento. Tanto así que, luego de comenzar por lo que podría calificarse como un apoyo decidido –aunque a distancia– a las organizaciones subversivas del

---

5   *El Nacional*, 07/08/64. Archivo MPPRE (País: EE. UU.). Expediente N. 5-46-64. La cuestión de Cuba.

continente a inicios de la década, poco sorprende el empeño puesto por Castro en radicalizar esa determinación e intervenir cada vez más directamente en el combate armado a medida que avanzara su propio proceso de aislamiento dentro del sistema americano. El hecho de que persistiera en hacerlo así es lo que de seguidas aclara Luben Petkoff:

> [A]quello correspondía a la situación que estaba viviendo la propia Revolución Cubana que, en aquel momento, estaba resistiendo de una manera bárbara contra el cerco que manejaban los americanos, y el rencor que tenían los soviéticos, quienes también trancaban económicamente a los cubanos. Tan es así que nosotros logramos –nosotros, me refiero a los venezolanos– con Fidel hacer que los soviéticos dieran su brazo a torcer[6].

Como conclusión de todo ello podría decirse que será a partir de entonces cuando Cuba se haga sentir con mucha mayor fuerza como patrocinadora de movimientos armados en lo que a aprestos y entrenamiento se refiere, agregando, al menos en el caso venezolano, el inicio desde mucho antes de una virulenta campaña dirigida desde Radio Habana Cuba contra la gestión de Betancourt, aunque en este punto algo similar pueda decirse también del desprestigio al cual se verían sometidos otros gobernantes de la región a través de la plataforma cubana en onda corta[7]. A la vez –y ello tampoco puede perderse de vista–, el proceso de aislamiento de Cuba del sistema coincidiría con una línea cada vez más agresiva de su política interna y de mayores controles sobre la economía de la isla[8].

Justamente, a partir de este punto, la estrategia defensiva de Castro se enfocará en estimular aún más la solidaridad revolucionaria internacional y de allí que su «tricontinentalismo», formalizado

---

6   Entrevista con Luben Petkoff. En Blanco M., A. (1981a): 150.
7   Rey, L. (2014): 55, 58.
8   Ibíd., 67.

a inicios de 1966, operara como una respuesta a las acciones promovidas desde la OEA. También será el momento en que, frente al intento por generalizar la lucha armada como respuesta a la política de aislamiento dictada a nivel hemisférico, las discrepancias entre Moscú y La Habana se hagan sentir con mayor notoriedad y fuerza.

Tal como se advirtió en algún momento, la URSS, luego de coquetear fugazmente con la promoción de la insurgencia en el tercer mundo, se vio llevada a concluir que, en el caso de América Latina, esa línea solo había tendido a unificar hasta entonces a las fuerzas reformistas en un solo frente y a aislar aún más a las formaciones comunistas de la región. A partir de este punto, Moscú optaría por dejar de jugar con dos cartas a la vez, decantándose por la doctrina de la Coexistencia Pacífica y, a lo interno de los partidos comunistas, estimulando nuevamente la formación de alianzas y frentes populares. Así, en la misma medida en que la URSS condenaba cada vez más la línea «aventurista», los simpatizantes de Cuba habrían de desmerecer por su parte del «capitulacionismo» soviético. A juicio del escritor Jesús Sanoja Hernández, este tramo de la dinámica presionaría al PCV de forma endiablada: por un lado, desde su sector en armas; por el otro, entre quienes intentaban que el partido se aviniera de nuevo a la política internacional trazada por la URSS[9].

La conducta de Cuba era prueba de cuán relativamente independientes podían llegar a ser los aliados de cada una de las dos superpotencias, lo cual era demostrativo a su vez del margen de maniobra que el régimen de Castro pretendía reservarse para sí con el objeto de instrumentar a su modo la dinámica que imponía la Guerra Fría dentro de su muy particular versión caribeña. Vale por caso comentar lo siguiente: al concluir la crisis de los misiles en octubre del 62, y pretendiendo honrar por su parte lo convenido en cuanto a que EE.UU. no alentaría a partir de entonces

---

9   Sanoja H., J. (2007): II, 105.

ningún plan contrarrevolucionario al estilo de Playa Girón ni le serviría de base a iniciativas similares por parte de la oposición anticastrista, el Departamento de Estado creyó necesario que la Embajada de EE. UU. en Moscú terciara ante Jruchov a fin de que influyese sobre Castro para reducir las tensiones en el Caribe, especialmente a raíz de «las amenazas de Fidel hacia líderes progresistas como Betancourt en Venezuela». Según lo observa un autor:

> ... los soviéticos, al ser consultados, se irritaron mucho y acusaron a los EE. UU. de «fabricar hechos», mostrando a Cuba como si dirigiese acciones subversivas en América Latina. En todo caso [de acuerdo con las autoridades soviéticas] si ello sucedía, Washington debía hablar directamente con La Habana [y] que lo que más les sorprendió fue la parte final [del mensaje de Kennedy] en donde el Presidente hablaba de Venezuela como si el gobierno de Estados Unidos quisiese hacer responsable al gobierno soviético de algo que había sucedido allí. Según los soviéticos, a ellos no se les podía responsabilizar por lo que ocurriera en Latinoamérica[10].

Con todo, pese a las sanciones aprobadas en el marco de la IX Conferencia de la OEA en julio de 1964, Cuba bailaría un nuevo cuplé al intentar recalentar el ambiente en otros foros internacionales para restarle fuerza y legitimidad a lo decidido por el órgano regional. Vale aclarar, empero, que Cuba no estaría sola en semejante baile: dadas las implicaciones del nuevo paquete de sanciones, un país como Uruguay, que acogería a regañadientes la decisión mayoritaria de los cancilleres americanos durante la IX Conferencia, era partidario de que el caso fuese examinado a un nivel superior por las Naciones Unidas.

Si bien los miembros occidentales del Consejo de Seguridad evitarían entremezclarse en un asunto al cual consideraban esencialmente interamericano (evitando, de paso, el riesgo de topar

---

10   Salcedo, A. G. (2016): 218.

con el veto de la URSS e, incluso tal vez, con el de la propia Francia, dada la política «gaullista» favorable a Cuba), la Cancillería cubana, a cargo de Raúl Roa, se haría cargo de señalar, a través de una admirable pirueta argumental ante las Naciones Unidas, que la crisis de los cohetes de octubre del 62 había sido provocada por la conducta «arbitraria» y «provocadora» de los EE. UU., que evitó en todo momento eliminar el complejo de causas que condujo a esa atmósfera de inminente confrontación en el área del Caribe[11].

Aparte de argumentar así que la crisis internacional que tenía su foco en el Caribe había sido propiciada por el gobierno de Kennedy[12] se sumaba ahora –a juicio del canciller Roa– que los EE. UU. pretendieran seguir nutriendo el repertorio de la Guerra Fría al hacer que aquellos países americanos, que aún mantenían relaciones con Cuba, las «rompieran y abandonasen la defensa de los principios de no intervención» y gestionaran además que sus «aliados» en la región interrumpiesen ahora, en 1964, las «relaciones comerciales normales con el mercado cubano» y establecieran «medidas discriminatorias contra el libre tráfico marítimo». Todo ello creaba, según Roa, un clima de histeria colectiva que alentaba a que siguiesen perpetrándose ataques armados contra Cuba[13].

Roa hablaría también de lo que implicaba que los EE. UU. incrementasen sus vuelos de reconocimiento y continuaran propiciando ataques «piratas» contra las costas cubanas, adiestrando «a saboteadores e [introduciendo] armas y explosivos en Cuba», algo acerca de lo cual, por cierto, el canciller cubano no se equivocaba[14]. Luego vendrá lo que a su juicio significaba que esa «vidriosa

---

11   Archivo MPPRE (País: EE. UU.). Expediente N. 5-46-64. La cuestión de Cuba. Raúl Roa al Secretario General de NN. UU., U Thant. Misión Permanente de Cuba en las Naciones Unidas. N. 133., 23/04/64: 2. 13.
12   Ibíd., 13.
13   Ibíd., 2.
14   Según lo sostiene Marifeli Pérez-Stable, a pesar de todo cuanto significara la fallida acción de Bahía de Cochinos en 1961, la administración Kennedy no dejó de alentar a partir de entonces acciones desestabilizadoras dentro de la isla. Pérez-S., M. (2016): 62.

política» apuntara hacia una estrategia de largo alcance dirigida, más que exclusivamente contra Cuba (que, a su juicio, se hallaba ya «en el centro de ese plan siniestro de agresión»), «al aplastamiento por la fuerza de todo movimiento de liberación nacional y desarrollo económico independiente en América Latina, África y Asia»[15].

No hacía falta, pues, estar muy atento durante ese año 64 para advertir dos cosas. La primera, que Cuba continuaba hablando, cada vez en un tono más alto, de su identificación con todas las corrientes revolucionarias del mundo y de su papel a la vanguardia de los movimientos armados allí dondequiera que hiciesen pie; segundo, que –frente a las resoluciones de carácter coercitivo por parte de la OEA– el camino hacia la «radicalización» de la lucha armada terminaría dividiendo las aguas de la izquierda venezolana y definiendo, a partir de entonces, una realidad hecha sobre la base de un aislamiento doble: el de Cuba ante el resto de la región y el de los sectores que aún sostenían tenazmente la tesis insurreccional frente a la opinión contraria de sus propias organizaciones matrices.

Por si fuera poco, a las complejidades del año 64 se sumaría la escisión ocurrida ya entre China y la URSS, que rompió la ortodoxia monolítica del movimiento comunista mundial, dando origen a la proliferación de una serie de tendencias distintas dentro de la izquierda[16], entre las cuales figuraría la copia cubana y la copia de Mao, es decir, del esquema guerrillero chino, aunque también del modelo vietnamita y «cheguevarista»[17].

El caso era que seguir decididamente del lado de Cuba hacia los años 64 y 65 significaba estar en contra de aquellos que, dentro

---

15   Archivo MPPRE (País: EE. UU.). Expediente N. 5-46-64. La cuestión de Cuba. Raúl Roa al Secretario General de NN. UU., U Thant. Misión Permanente de Cuba en las Naciones Unidas. N. 133., 23/04/64: 2-3.
16   Dib, L. (2016): 11.
17   Entrevista con Anselmo Natale. En Blanco M., A. (1981a): 189.

del PCV o del MIR, podían ser calificados de «derecha» al mostrarse dispuestos a renunciar a la línea «dura». Por alguna razón, como lo observa Agustín Blanco Muñoz, ambos años marcan la intensificación de la lucha guerrillera, acentuando al mismo tiempo el divisionismo que ya existía dentro de las diferentes organizaciones de la izquierda y aumentando la «anti lucha armada», no solo por parte del PCV sino también de ciertos sectores del MIR[18]. A partir de entonces se registrará el estallido de una agria polémica que terminaría estimulando deslindes y demarcando la existencia de grupos radicalmente distintos en el seno de ambos partidos[19]. El propio lenguaje que se utilizaría –como continúa apuntando Blanco Muñoz– es el mejor indicio del abismo que se planteaba entre la posición rectificadora y la que bien pronto habría de calificarse a sí misma como «guerrista»[20].

Los dirigentes de la guerra –como también lo precisa Blanco Muñoz– seguirán viendo en la acción histórica de Fidel Castro y de la Revolución cubana la gran guía y orientadora, el espejo a través del cual podía examinarse todo cuanto ocurría en Venezuela[21].

---

18   Según lo observa Agustín Blanco Muñoz, una vez producidos los desencuentros dentro del MIR habrá quienes persistan en mantener la línea de la guerra prolongada como, por ejemplo, en el caso de Américo Martín y Moisés Moleiro. La propia II Conferencia Nacional de ese partido, realizada en marzo de 1965, «además de ratificar la guerra prolongada, condena[ría] la 'conciliación con el enemigo'». Blanco M., A. (2000): 223. Al interior del PCV –como lo apunta también ABM– no se habrá concretado todavía una división tan tajante como en el MIR, pero las tensiones se harán cada vez más notorias e insostenibles. Ibíd., 225. De hecho, la división del PCV se verificará a partir de la declarada ruptura protagonizada por el comandante Douglas Bravo y del surgimiento de lo que, a partir de entonces, será su corriente conocida como las FALN/PRV. Ibíd., 226.
19   Blanco M., A. (2000): 14, 19, 20, 70. En este punto, el autor precisa lo siguiente: «[La anti lucha armada] no existe sólo en el PCV, también está presente en el MIR, jefaturada por Domingo Alberto Rangel. (...) Domingo Alberto Rangel en el MIR, y Pedro Ortega Díaz en el PCV, pasan a la ofensiva rápidamente y aglutinan a todas las capas vacilantes y enemigas de la lucha armada. Para ellos, ésta ha sido un error fatal. Pompeyo Márquez, Alberto Lovera, Teodoro Petkoff, Douglas Bravo y la mayoría de la dirección de la Juventud Comunista responden firmemente y mantienen que el camino general de la lucha armada es correcto y que los graves errores tácticos deben ser corregidos. Simón Sáez Mérida, Américo Martín y otros cuadros del MIR asumen igual posición (ibíd., 19).
20   Ibíd., 209.
21   Ibíd., 101.

Por este camino, como puede advertirse, el encandilamiento cubano seguía ejerciendo su peso. La meta continuaría siendo, pues, la de conquistar el poder más rápido de lo que lo habían hecho los revolucionarios cubanos, aunque, en el caso de Venezuela, tal esfuerzo llevase ya casi tres años sin arrojar mayores resultados. Sin embargo, eso poco parecía importar: para los militantes más extremistas del PCV o del MIR lo determinante en 1964 era seguir enguerrillándose[22], aunque ya no estuviera Betancourt en la Presidencia sino Leoni, o que al frente de los EE. UU. ya no estuviera Kennedy sino Johnson. Será este el sector que continúe apegado al mensaje según el cual la revolución venezolana no tenía otro derrotero que la lucha armada[23]. Aún más, lo hará sobre la base de un curioso razonamiento: los reveses experimentados hasta entonces serán vistos simplemente como «derrotas tácticas» que en nada comprometían lo que, a la larga, debía avizorarse como una «victoria estratégica».

Otra explicación acerca del modo en que habría de potenciarse aún más el apoyo cubano en términos de recursos logísticos y militares podría redundar en algo que haría preciso que tomásemos en préstamo, una vez más, las palabras de Blanco Muñoz. El caso es que, en momentos en que la guerrilla dejaba de significar algo esencial para los aparatos de dirección del PCV y del MIR (más para el primero que para el segundo) y, por tanto, en tiempos en que la guerrilla parecía materialmente librada a su suerte, o cuando carecía de muchos de los abastos necesarios para su subsistencia que los propios partidos no podían o no querían proporcionar, o en torno a lo cual no querían hacer grandes ni significativas inversiones, el calor y la solidaridad que se requería para proseguir la guerra continuaría proviniendo de La Habana[24].

---

22 Ibíd., 92.
23 Ibíd., 186.
24 Ibíd., 168.

De allí pues que, a partir de ese punto, se intensificara la conexión entre el activismo cubano y los núcleos más intransigentes de la línea insurreccional, fundamentalmente del MIR y de los disidentes del PCV que actuaban ya como el sector «duro». Ello será tan así que mientras en el seno del PCV comenzaba a darse la fractura entre «duros» y «blandos», el MIR, prácticamente en pleno, jugará a mantener encendida la lucha armada. En este sentido, a partir de 1964 –y sobre todo de 1966, al celebrarse la Conferencia Tricontinental–, La Habana, que ya se había autoerigido en asiento de la revolución mundial, pasaría a convertirse de manera definitiva en centro rector de la revolución venezolana, dándole su bendición y acogida a la actitud mirista, así como a la fracción del PCV que, a la cabeza del comandante Douglas Bravo, se mostraba dispuesta a seguir la guerra.

Caminando por la banda contraria, el PCV «prorrepliegue» habría de aprovechar estas muestras de injerencia cada vez más directas de Cuba en la lucha armada local para distanciarse de Castro y sostener que «la política revolucionaria venezolana se elabora, se decide y se ejecuta en Venezuela»[25]. En uno de sus llamados anteriores, el PCV «pacifista» ya había puntualizado lo siguiente, en previsión del desenlace que tendrían tales tensiones: «Los trascendentales sucesos (...) han demostrado que existe una clara y marcada necesidad de efectuar una revaluación objetiva y un nuevo estudio muy a fondo de la estrategia del Partido Comunista en su lucha por alcanzar el triunfo de las fuerzas revolucionarias»[26].

De hecho, dirigiéndose al sector que persistía en mantenerse sobre las armas con el apoyo directo de La Habana, el PCV «derechista» le acusará de haber incurrido en el culto al personalismo: «La ciega aceptación de Fidel Castro Ruz como jefe supremo de la lucha revolucionaria en la América Latina no puede conducir sino a la destrucción del progreso revolucionario que ha alcanzado el

---

25 Álvarez, G. «El PCV pone al MIR en el banquillo». *Momento*. N. 523, 24/07/66: 36.
26 «Grupo de la militancia comunista en abierta oposición a líderes». *La Esfera*. 22/01/63: 1.

pueblo de Venezuela bajo la dirección colectiva de nuestro partido durante los últimos años»[27]. No por último menos importante será el duro reconocimiento del siguiente hecho: «Aunque nuestra propaganda externa diga lo contrario, sabemos que las guerrillas no cuentan todavía con el apoyo del campesinado. Sin ese apoyo, el fracaso de esas acciones es inevitable»[28].

Sin embargo, cooptar «el apoyo campesino» será precisamente el objetivo que se tracen dentro de esta nueva etapa quienes se veían devorados por la idea de llevar a cabo la «guerra popular prolongada», es decir, los que habrán de desentenderse de todo llamado «pacifista» y porfíen en permanecer dentro de las entrañas de la lucha armada a partir de 1964 y durante prácticamente todo el resto de aquella década violenta. No podía faltar –claro está– que este sector «belicista» estrenara a partir de entonces su propia e inflamada retórica cónsona con el nuevo evangelio rural: «Las guerrillas rurales, embrión del futuro gran Ejército Libertador, *continuador de la gesta heroica de nuestros libertadores*, han sembrado con fe, con decisión patriótica y sacrificios, la semilla de la lucha armada»[29].

Una izquierda llena de confusiones

Según lo resume una aguda y contundente afirmación de Blanco Muñoz, la contradicción se convertirá casi desde el principio en patrimonio exclusivo de la izquierda frente a la consistencia con que el sector gubernamental pretenderá actuar a todo lo largo de esa coyuntura[30]. Bien fuera este el caso a partir de lo que se expresara desde el Palacio de Miraflores, a través de la voz del

---

27   Ídem.
28   Ídem.
29   Acosta B., P. «Nueva etapa, nueva mentalidad». Especial para *Pueblo y Revolución* (órgano de las FALN). Mimeo. Sierra de Falcón, noviembre de 1964. Colección Santiago Gerardo Suárez. Carpeta M-32. «Guerrillas/opiniones». Academia Nacional de la Historia. Énfasis agregado.
30   Blanco M., A. (2000): 109.

oficialismo en las Cámaras legislativas, o desde las páginas de opinión de la prensa oficiosa, la línea de quienes sostendrán el ensayo democrático alcanzaría un alto y notable grado de coherencia durante los años sesenta. Y, desde luego, a modo de contraste con el campo gubernamental, no habrá mayor prueba de ese patrimonio tan suyo de contradicciones que el hecho de que la izquierda se planteara llevar a cabo una política armada contra la gestión de Betancourt, primero –y contra Leoni, después– y, en el camino de ello, asumir soluciones transitorias o asimilar «derrotas tácticas» dentro de un cuadro de «victorias estratégicas», todo lo cual no haría sino hundirla cada vez más en un estado de terrible confusión. Basta revisar el camino transitado durante una década desde el punto de vista de sus consignas para poder confirmarlo: 1961-1962 (¡Nuevo Gobierno Ya!); 1963 («Paro Armado»); 1963-1964 («Repliegue» y «Tregua Unilateral»); 1964-1968 («Guerra Popular Prolongada», según unos, «Paz Democrática», según otros).

Si bien el movimiento armado se inició en firme entre fines de 1961 y comienzos de 1962, cuando se implantaron los primeros embriones guerrilleros, es decir, justo cuando el MIR y el PCV comenzaron a coincidir en tácticas y procedimientos, resulta preciso atender a lo dicho por Jesús Sanoja Hernández en el sentido de que la Venezuela izquierdista debió jugar su suerte en varios ensayos previos para la toma del poder, incluyendo el trabajo conspirativo dentro de las Fuerzas Armadas («trabajo político-militar», según el argot de sus promotores) antes de decantarse plenamente por la modalidad guerrillera[31].

De hecho, cabe la posibilidad de trazar una periodización a grandes rasgos de la época violenta que, sin remitir tan atrás, es decir, hasta los tiempos en que la juventud de AD (semillero del futuro MIR) se desarrollara en la clandestinidad en estrecho contacto con las células del PCV y fuese grandemente influida por

---

31 Sanoja H., J. (2007): II, 70.

estas durante la resistencia contra el régimen de Pérez Jiménez[32], podría situarnos, para comenzar, justo en el momento en que la izquierda aún pregonaba su acatamiento al marco de legalidad transicionalmente dispuesto a partir del 23 de enero de 1958. Tan fiel mantendrá su apego a esta línea que bien podría decirse que durante «el controvertido lapso» comprendido entre la caída de Pérez Jiménez (enero de 1958), la toma de posesión de Betancourt (febrero del 59) y el fallido atentado en su contra (junio de 1960), el PCV y el MIR jamás llegaron a participar en movimientos de tipo insurgente; antes bien, los habían combatido con denuedo[33].

De allí que una cosa fueran las confrontaciones graduales, aunque cada vez más violentas, que se registraran entre Betancourt y la izquierda desde la propia asunción del nuevo presidente y otra –muy distinta– lo que más tarde, ya tras la promulgación incluso de la nueva Constitución, sería el choque frontal con el aparato de gobierno. No obstante, en cuanto a la intensidad que cobraría la violencia armada, aún faltaba tiempo para que tanto el PCV como el MIR resolvieran decretarla en toda regla, especialmente si se toma en cuenta que jamás se pensó que la confrontación habría de adquirir los niveles que llegó a alcanzar[34]. Tanto así que, en un comienzo, privaría la tesis de brindarle a Betancourt «un compás de espera», apostando a que su gobierno diera un «viraje» por presión de los propios sectores de izquierda que aún habitaban dentro de AD, llevando a que el PCV apoyase tal viraje y que, solo en caso contrario, asumiera una oposición mucho más

---

32   Rey, L. (2014): 18.
33   Sanoja H., J. (2007): II, 61. Esto no significa que, a pesar de su apoyo a la transición democrática, no se hubiesen registrado serios choques entre el PCV y Betancourt. De hecho, el primero de ellos se produjo aun antes del advenimiento del MIR cuando, en agosto de 1959, el PCV se hizo cargo de desafiar al gobierno constitucional, que apenas tenía seis meses de haberse estrenado en el poder. Tal situación se dio con motivo de una marcha de desempleados disuelta con saldo sangriento, y a raíz de lo cual, como agrega por su parte Manuel Caballero, «los muertos que toda insurrección necesita para encender las pasiones (...) estaban servidos». Caballero, M. (2008): 315.
34   Ibíd., 60; Blanco M., A. (2004): 14.

combativa³⁵. Sin embargo, el «compás» no sería muy largo, bien porque el PCV no pretendiera concedérselo por mucho tiempo, bien porque se tuviera claro que tal «viraje» no estaba en el ánimo ni entre los planes de Betancourt. Pero en todo caso resulta sorprendente, como lo advierte Héctor Rodríguez Bauza, que en menos de un año el PCV pasase de recomendar el «viraje», como modo de presionar a Betancourt, a adoptar la fórmula radicalmente distinta de «¡Rómulo, Renuncia!»³⁶. Ya no se trataba, pues, de un cambio de rumbo sino de gobierno³⁷.

Lo cierto es que, en cuanto a los choques propiamente dichos, no hay duda de que estos irán en aumento ante una izquierda que tenía cada vez más entre sus puntos centrales a la Cuba revolucionaria y que, al mismo tiempo, se sentía llamada a asumir la «autodefensa armada» frente a lo que calificaba como la violencia betancourista³⁸. Será esto último, junto a la situación semiinsurgente registrada a raíz de una serie de motines callejeros que estuvieron a cargo del MIR en octubre del 60 y, en noviembre de ese mismo año, de la JCV (Juventud del PCV), lo que habría de recalentar el ambiente, haciendo que avanzara la radicalización y, en consecuencia de ello, que la relación entre el gobierno y las fuerzas de izquierda fuese bordeando el punto de lo irreconciliable³⁹.

Para agregar algunos elementos que terminarían dándole sus contornos definitivos a la situación insurreccional que se incubara entre fines de 1960 y los primeros meses de 1962 habría que mencionar en rápida enumeración la suspensión –en noviembre del 60 y por más de un año– de las garantías estipuladas tanto por la entonces vigente Constitución de 1953 como por la que fuera

---

35 Entrevista con Anselmo Natale. En Blanco M., A. (1981a): 184.
36 Rodríguez B., H. (2015): 269, 272.
37 Romero M., C. (2011): I, 434.
38 Sería el período que Pompeyo Márquez define como de las manifestaciones de solidaridad con Cuba. Entrevista con Pompeyo Márquez. En Blanco M., A. (1980): 105.
39 Sanoja H., J. (2007): II, 70.

emblemáticamente sancionada el 23 de enero de 1961; la clausura de los órganos partidistas *Tribuna Popular* (PCV) y el semanario *Izquierda* (MIR) durante ese mismo mes de noviembre de 1960 y, no menos, la celebración del III Congreso del PCV, en marzo del 61, a raíz de lo cual la lucha armada asomaría ya su cabeza en forma de tesis partidista puesto que, aun cuando en sus conclusiones la confrontación violenta no estuviera explícitamente anunciada, se entendía que el camino que debía emprender la revolución venezolana no era en ningún caso pacífico[40]. No muy distinto en cuanto a la decisión más o menos tibia, más o menos inicial, de asumir la vía insurreccional fue lo que concluyó el MIR durante su propia Primera Conferencia, celebrada en julio de 1960, a meses apenas de haberse fundado el nuevo partido.

Amén de ello habría que tomar en cuenta lo que significaría la ruptura de relaciones entre Cuba y Venezuela en noviembre del 61, así como la configuración de una mayoría opositora en la Cámara de Diputados que, en marzo del 62, y mediante los votos del PCV, de URD, como exsocio del gobierno de coalición, y de los exparlamentarios de AD (ahora nucleados en torno a un frente antigubernamental constituido por el MIR y el grupo ARS), pasaría a constituirse en mayoría y controlar esa Cámara[41].

Resulta preciso agregar a todo ello la recurrencia de motines callejeros (con motivo de los cuales el caso de Cuba tampoco figuraría ausente), las pintas murales de ¡Rómulo, Renuncia! y ¡Nuevo Gobierno ya!, el vehemente verbalismo «tumbagobierno» y, además, un nuevo decreto de suspensión de garantías propuesto por el gobierno entre marzo y abril del 62 y cuestionado por una oposición ya ampliada, para comprender la rapidez con que terminaría definiéndose el cuadro de confrontación que había ido gestándose durante el bienio 60-62.

---

40 Entrevista con Luis Correa. En Blanco M., A. (1981a): 302.
41 Sobre la forma en que vino a verificarse este proceso en marzo de 1962, especialmente por obra del peso que en ello tendría el grupo ARS, ver Mondolfi G., E. (2015): 247-249.

Justamente, para comienzos de 1962, la izquierda habría de apostar a dos formas simultáneas de lucha, la primera de las cuales le sobreviviría a la segunda con el correr del tiempo. Esto en cuanto a que mientras en abril del 62 ya el gobierno de Betancourt había detectado la existencia de brotes guerrilleros ubicados en Sucre, Lara, la Sierra de Coro y en zonas de Portuguesa, Mérida y Trujillo, el PCV y el MIR se habían abocado a un trabajo más extendido en procura de establecer contactos con facciones desafectas en los cuarteles para provocar alzamientos de tipo militar. El resultado de echar a rodar este formato insurreccional y, aún más, de intentar imprimirle un carácter «cívico-militar» al mismo, fueron las fracasadas acciones de Carúpano (mayo) y Puerto Cabello (junio) de 1962. El fallido resultado de tales alzamientos llevaría a un testigo de la calidad de Guillermo García Ponce a expresar lo siguiente, una vez que la base de apoyo militar a la línea insurgente se viera mermada a raíz de ambos hechos: «después de [El Porteñazo] la debilidad del movimiento revolucionario en el seno de las Fuerzas Armadas es evidente»[42].

Ahora bien, a pesar de la falta de dividendos que arrojara esta modalidad esencialmente de tipo conspirativo, se hace preciso observar que la participación militar no quedaría completamente descartada a partir de entonces. Ello es así si se atiende a que, más pronto que tarde, algunos de quienes evitaron ser capturados luego de las acciones del Carupanazo y el Porteñazo –o fueron capturados y llegaron a fugarse de la cárcel– habrían de contribuir a la creación de las Fuerzas Armadas de Liberación Nacional (FALN), a las cuales aportarían su conocimiento en materia de organización militar, amén de hacerlo a través de su experiencia personal en asuntos de guerra[43].

---

42 Entrevista con Guillermo García Ponce. En Blanco M., A. (1980): 367.
43 Entrevista con Luis Correa. En Blanco M., A. (1981a): 277. Domingo Irwin e Ingrid Micett agregan por su parte lo siguiente: «La experiencia militar, que evidentemente poseían, se pone al servicio de tratar de vertebrar una supuesta organización armada revolucionaria de inspiración doctrinal marxista-leninista y cubana fidelista». Irwin, D. y Micett, I. (2008): 222.

En este sentido, como bien lo observa Leonardo Rey, la colusión con el fermento revolucionario que existía en las Fuerzas Armadas, y que pareció frustrarse tras las acciones de Carúpano y Puerto Cabello, le deparó a la izquierda insurgente un beneficio técnico inesperado. Citando al respecto el muy documentado estudio de Luigi Valsalice –seudónimo detrás del cual se ocultaba la identidad de un militante del PC italiano comisionado para analizar el fenómeno de la guerrilla venezolana–, Rey apunta que los oficiales y suboficiales que entraron en contacto con el ensayo guerrillero aportaron el necesario tecnicismo militar y la disciplina, alcanzando –dicho sea de paso– posiciones de mando dentro de los cuadros armados[44]. La ficha «técnica», según la manejara el gobierno, habla de la constitución definitiva de las FALN el 20 de febrero de 1963[45].

Con todo, la creación de las FALN suscitó desde el principio tensiones entre los dirigentes que pertenecían bien a uno u otro mundo insurreccional, es decir, al mundo civil o militar. Como se ha hecho cargo de aclararlo Blanco Muñoz, las FALN jamás fueron un todo unitario desde su fundación y, si algo lo demuestra, fue la difícil simbiosis que llegó a plantearse entre sus partes[46]. Era imposible por tanto que dejaran de aflorar las contradicciones tratándose de un esquema de mando que combinaba por un lado a militares disidentes –que de algún modo representaban la mentalidad castrense tradicional– y, por el otro, a comandantes civiles nacidos al calor de la propia lucha de inspiración cubana y que también tendrían a su cargo dirigir las primeras brigadas de combate. Para estos últimos, o sea, para los que procedían del mundo civil, la insurrección en su versión armada tenía que verse asentada sobre una estructura revolucionaria nueva, no dependiente de la estructura tradicional del Ejército[47].

---

44 Rey, L. (2014): 29.
45 Castillo M., A.J. (1996): 19.
46 Blanco M., A. (2000): 34.
47 Biaggini G., J. *et al.* (1980): 32.

Todo esto explica en parte, según la observación hecha por uno de los protagonistas de la coyuntura, que la conformación de las FALN se tradujera a la larga en un factor irritante que le restaría aún mayores simpatías a la izquierda dentro de las Fuerzas Armadas al obligar a que estas se batieran en un plano de confrontación directa contra quienes se proclamaban como los representantes de un ejército verdaderamente «popular» que actuaba en conjunción con las unidades urbanas, los destacamentos guerrilleros y las fuerzas civiles de izquierda[48].

Se trataba, en pocas palabras, del intento por crear un ejército sedicentemente llamado «patriótico» y «nacionalista» luego de que fuesen derrotadas las asonadas militares y oponerlo así, según este parecer, a lo que habían significado las FF.AA. como uno de los soportes de mayor peso con que contaban las «clases dominantes» y el «imperialismo», reforzado esto último mediante la apreciación de lo que había implicado la presencia de la Misión Militar de EE.UU. en el país desde 1946. Las FALN estarían llamadas, pues, a actuar como una fuerza alternativa, organizada por el PCV y sus aliados[49]. Lo cierto es que, de este modo, las FALN pretendían hacer aparecer a un grupo de militares como integrantes del Estado Mayor de las guerrillas o, desde la cárcel, como dirigentes formales del nuevo aparato armado, con todo el prestigio que ello conllevaba. De tal forma, según el aguerrido lenguaje de la época, se estrenaba ahora una etapa superior de lucha contra el gobierno de Betancourt[50].

Sin embargo, al reparar en el cambio que habría de producirse dentro de la dinámica de la violencia a raíz de la creación de las FALN existe otro asunto que convendría no pasar por alto. Esos oficiales que integrarían su estructura de mando habían

---

48 La opinión expresada en estos términos corresponde a Teodoro Petkoff en conversación con Agustín Blanco Muñoz y recogida por Jesús Sanoja en Sanoja H., J. (2007): II, 87.
49 Ibíd., 128.
50 Ibíd., 89.

demostrado, en el mejor de los casos, una discutible coherencia política e ideológica. Basta revisar la nómina de sus principales miembros para darse cuenta de que los nuevos comandantes militares de las FALN habían pasado, en confuso y rápido tránsito, de ser oficiales «pro-23 de Enero» a ser «anti-Juntistas» ese mismo año 58; de ser «golpistas» antibetancouristas (mas no de izquierda) en 1960 a convertirse en oficiales —por decirlo así— «revolucionarios» a partir de las asonadas de 1962[51]. En pocas palabras, y para resumirlo de la manera tan contundente como lo hace Pompeyo Márquez, se trataba de un elenco que, para 1963, tenía apenas cinco años de haberse incorporado a la dinámica política nacional, con todo lo que ello significaba en términos de confusión ideológica y limitada experiencia práctica[52]. Haría falta, pues, un inmenso esfuerzo propagandístico, como el que corrió a cargo de *Tribuna Popular* (ya en la clandestinidad) al señalar que de las operaciones del 4 de mayo en Carúpano y del 2 de junio en Puerto Cabello habían emergido los oficiales fundadores de las FALN, los cuales habían demostrado desde hacía mucho antes su desacuerdo con las políticas «entreguistas» del régimen «AD-Copei»[53].

Un protagonista muy activo de la coyuntura, como lo fue el ya citado Pompeyo Márquez, deja asomar sus particulares reservas a la hora de evaluar esta experiencia, especialmente con respecto a la forma como las propias FF. AA., y la sociedad en general, pudieron haber llegado a percibir que las FALN tenían como objetivo superior suplantar al Ejército siguiendo la idea guevarista de que las Fuerzas Armadas solo respondían a definidos intereses de clase. Dado que esta última condición las convertía en un elemento poco confiable para el compromiso revolucionario, lo que se

---

51 Sanoja Hernández señala que, dentro de esta tipología de militares originalmente «antiadecos y anticomunistas», figuraban los casos de Juan de Dios Moncada Vidal, Manuel Azuaje y Américo Serritiello. Ibíd., 53, 58.
52 Entrevista con Pompeyo Márquez. En Blanco M., A. (1980): 134.
53 Sanoja H., J. (2007): II, 89.

pretendería por tanto sería su liquidación y sustitución por otro tipo de estructura: «[Las FALN redundaron en la] creación de unas fuerzas armadas paralelas, alimentando la idea de que nosotros queríamos destruir la institución, acabar con toda la oficialidad. (...) No cabe duda de que esto fue negativo, si queríamos darle un mensaje a las Fuerzas Armadas»[54].

Por más que el propio alto mando de las FALN persistiera en proclamar desde el principio que no se proponía disolver a las Fuerzas Armadas Nacionales bajo ningún concepto[55], los historiadores Irwin y Micett coinciden en mucho con las aprensiones de Márquez al analizar las limitadas posibilidades de éxito con que contaban las FALN: «Para cualquier observador imparcial de la época era fácil predecir una segura derrota de [las] FALN. Estaban mirando hacia atrás, al pasado. Buscando su inspiración en el siglo XIX venezolano, no en el ya bien entrado siglo XX. Cualquier posibilidad de cambio político, en la Venezuela del siglo XX, tenía que darse vía la organización militar y no contra ella»[56]; o, dicho, en otras palabras, los cambios debían ser con el sector militar y nunca contra él[57].

En todo caso, con FALN –o sin ellas– los cuarteles como tales no volverían a reaparecer de allí en adelante dentro del escenario de la insurrección armada. Es decir, en el seno de la izquierda ya no prevalecerá la convicción, más allá de lo que pudieran revelar algunos casos puntuales, de que fuese posible cooptar a la institución militar para los fines de una acción «progresista». Además, asoma algo que no resulta un detalle menor, y es que, aparte de los que integraran las FALN, una significativa porción de los oficiales y suboficiales que habían apostado en cierta forma a hacer frente común con el PCV y el MIR se hallaban por entonces en

---

54 Entrevista con Pompeyo Márquez. En Blanco M., A. (1980): 143.
55 Castillo M., A.J. (1996): 17.
56 Irwin, D. y Micett, I. (2008): 222.
57 Ibíd., 250.

prisión, habían sido expulsados del país o dados de baja de la institución armada[58].

A todo ello habría que agregar lo que, para la izquierda, luego de intentar tocar en vano a las puertas de los cuarteles, implicara tener que ofrecerse a sí misma una explicación acerca de esa derrota en el frente militar y, por tanto, blindarse ante el hecho mediante una «defensa psicológica». De allí que, más pronto que tarde, los promotores de la empresa insurgente empezaran a formular una acerada crítica dirigida a descalificar la técnica del golpe militar (es decir, del «putchismo»), con el fin de poner el énfasis en otro tipo de táctica, comenzando por la lucha guerrillera[59]. En auxilio de lo que aquí se afirma conviene consultar el testimonio de Teodoro Petkoff: «Efectivamente, a partir del [segundo semestre] del 62 el proceso insurreccional descansa de modo básico en la actividad armada de los militantes revolucionarios. Ya no cuenta con la posibilidad de una acción castrense»[60].

Los tiempos de utilizar a las Fuerzas Armadas como vanguardia habían, por tanto, quedado atrás. No habrá, pues, la posibilidad de instrumentar un «golpe» (o, más convenientemente llamado, un movimiento «cívico-militar») que le abriese camino a la opción insurreccional y, por tanto, se hará preciso –para decirlo en los términos en los que lo hace Blanco Muñoz– darle un vuelco a la forma como venía concibiéndose la lucha armada hasta ese momento[61]. De manera inversamente proporcional –como lo observa por su parte Sanoja Hernández–, Betancourt sí logrará alcanzar la unificación de la cúpula de las FF.AA. por encima de los brotes insurgentes, algo que se verá confirmado con mayor solidez aún durante el gobierno de Leoni, en la medida en que este proceso alcanzara a tocar también a los cuadros de oficiales

---

58 Blanco M., A. (2000): 196; Sanoja H., J. 2007 (II): 97.
59 Entrevista con Luis Correa. En Blanco M., A. (1981a): 276.
60 Entrevista con Teodoro Petkoff. En Blanco M., A. (1980): 290.
61 Blanco M., A. (2000): 113.

medios, pese al movimiento expansivo de los frentes guerrilleros[62]. En otras palabras: ya no se invocará la fórmula del alzamiento ni se hablará del soporte que pudiese ofrecer algún sector dentro de los cuarteles, sino que se hablará más bien, de ahora en adelante, de la conformación de un ejército que, por propio y alternativo, debía ser «popular». Mucho más será tal el caso, como se verá líneas más abajo, cuando ese ejército propio fuese indispensable para implementar la modalidad de «guerra popular prolongada» que estaría por estrenarse a partir del año 64.

Entretanto, en paralelo al esfuerzo por cooptar posibles elementos «de izquierda» dentro de los cuarteles, el período de la violencia durante buena parte del primer quinquenio democrático (1959-64) estaría signado —como se ha dicho también— por una dinámica de confrontaciones callejeras alentadas por el PCV y el MIR a partir de octubre de 1960, con expresiones que remedaban la concepción leninista orientada a la toma rápida y directa del poder. Esta otra modalidad insurreccional tenía por objeto facilitar un elevado grado de descontento entre los sectores «conservadores» que les llevara a estimular un desprendimiento de tipo militar contra el gobierno de Betancourt y que, dentro de tal lógica, este fuese respondido mediante un «contragolpe» liderado por los sectores «progresistas» de las Fuerzas Armadas. Era, cuando de paralelos imaginativos se trataba, de ver en ello una reedición casi idéntica de la Revolución de Octubre (del año 17) con Betancourt jugando el rol de Kerensky y algún militar «alzado» haciendo el papel del general Kornilov para aplicar luego la técnica del contragolpe y darle paso a una salida insurreccional de izquierda[63].

---

62 Sanoja H., J. (2007): II, 84.
63 Así lo sostendría Teodoro Petkoff: «Si uno quiere hacer paralelos históricos, o extrapolaciones un poco abusivas, esto es exactamente lo que hicieron los bolcheviques frente al intento reaccionario de Kornilov. Es decir, ellos asumieron la defensa de Kerensky frente a un golpe reaccionario, pero no para defender indefinidamente a Kerensky. Lo tumbaron tres meses más tarde». Entrevista con Teodoro Petkoff. En Blanco M., A. (1980): 180.

Pero la calle tampoco será la única modalidad que, junto a la insurrección de tipo militar, habría de ser empleada como parte del esquema inmediatista. De igual modo, dentro de este escenario, pretenderán tener peso algunas acciones de tipo puntual y, en esencia, «propagandísticas», que correrán a cargo de las llamadas «Unidades Tácticas de Combate» (UTC), principalmente en la capital de la República, donde tales acciones podían hacerse sentir con mayor estruendo mientras más cerca se estuviera del asiento central del poder. Esas operaciones armadas en las ciudades también definirán a su modo parte de la estrategia insurreccional alentada entre 1962 y 1963, tomando en muchos casos como ejemplo la actuación de los comandos urbanos del Frente de Liberación Nacional argelino[64]. No faltará, pues, durante esta etapa de «guerrillerismo urbano», el calco y la copia, práctica común de la izquierda venezolana, como lo serán luego muchos otros elementos tomados del modelo cubano, chino o vietnamita durante la etapa, ya en firme, del «guerrillerismo rural».

El período que media entre 1962 y fines del 63 se verá caracterizado, entre otras cosas, no solo por la captura de pertrechos militares para dotar de insumos a los incipientes destacamentos guerrilleros, sino también por acciones de asalto o «expropiaciones revolucionarias», para decirlo a tono con un eufemismo frecuentemente utilizado como parte del vocabulario de la época. Frente a lo que significara esta forma más urbana que rural de lucha (puesto que las operaciones guerrilleras se verían aún muy limitadas durante este tiempo[65]), el acento estará puesto en acciones «efectistas» que tuviesen por objeto elevar la tensión y la temperatura política del momento[66], cuyo punto más alto sería el intento por pertubar las elecciones de 1963 a través del llamado «paro armado», que condujese a deslegitimar, o al menos, debilitar, el

---

64   Entrevista con Anselmo Natale. En Blanco M., A. (1981a): 189.
65   Ibíd., 199.
66   Ibíd., 219.

triunfo del sucesor de Betancourt en los comicios presidenciales de diciembre de 1963.

Se tratará, en resumen, de una fórmula polivalente concebida por la izquierda para enfrentar a Betancourt en el terreno de la violencia bajo modalidades distintas y, en muchos casos, simultáneas: primero, a través de la consigna de «Nuevo Gobierno Ya», caracterizada por un alto grado de confrontación callejera; segundo, estimulando alzamientos cuartelarios y, tercero, a través de la acción de los aparatos urbanos. Haciendo buena, pues, la prédica de combinar la mayor cantidad posible de formas de lucha en el plano urbano, los *«rounds* iniciales» del período insurreccional estarían caracterizados entonces por las acciones de calle propiamente dichas (desde la tachuela, el aceite y las bombas «tres minutos» hasta la barricada, la quema de automóviles y autobuses y el intercambio de disparos con la policía); las operaciones de las UTC (dirigidas contra entidades bancarias, comercios, comisarías, empresas de capital estadounidense y hasta simples sellados del 5 y 6, o el secuestro de individuos, aviones o naves mercantes) y los movimientos de carácter conspirativo en procura de anudar contactos con elementos afines dentro de los cuarteles.

¿Acaso eran lo mismo Betancourt y Leoni?

A pesar del estruendoso fracaso del «inmediatismo insurreccional», y más aún pese al hecho de haber intentado contar para el boicot electoral con un importante suministro de material militar procedente de Cuba, esta experiencia será asimilada por el sector insurgente como una simple «derrota táctica». Ello será así en la medida en que el movimiento armado perciba, frente a lo inesperadamente alta que resultara la marea electoral, la necesidad de improvisar una nueva clase de respuesta y, por ese camino, aterrizar en el terreno de la «tregua unilateral», recurso pensado sobre la marcha para conocer de las intenciones de Leoni y, al mismo tiempo –como lo sostiene Blanco Muñoz– con el propósito de reagrupar fuerzas[67]. Será esta fórmula la que, con el tiempo, abra el entendimiento de un sector del PCV hacia el camino de la «Paz Democrática» y, por tanto, hacia la futura y tortuosa legalización de las agrupaciones de izquierda a fin de que pudiesen competir de nuevo como opción política dentro del marco legal[68].

Sin embargo, para otro sector, el sector belicista, el que estaba dispuesto a proseguir la guerra, será más bien el momento de pasar del «inmediatismo», que había definido la contienda contra Betancourt, a una estrategia mejor calculada en el tiempo. En una suerte de acto de alquimia o, por mejor decir, de estridente autocrítica que justificara el salto hacia la siguiente etapa, el alto mando del MIR declararía, por ejemplo, lo siguiente: «Cuando el mito de la geopolítica fue roto por la Revolución Cubana, se produjo una exaltación pequeño-burguesa que nos hizo caer en el aventurerismo y se pretendió que todo era cuestión de empezar de una vez la preparación de la insurrección que nos llevaría al poder»[69].

Será precisamente este sector el que hable a partir de ese momento, y sin que medie mayor análisis, acerca de la necesidad de asumir el «campo» como escenario principal y emprender la «guerra popular prolongada», copia al pie de la letra –según lo observa Blanco Muñoz– de los materiales sobre la lucha larga china[70]. Junto a esta tesis, e incluso, en consonancia con el vocabulario cubano y las trajinadas gestas del tercer mundo, se hará común durante esta nueva coyuntura el empleo de otra denominación, aparte de los adjetivos «popular» y «prolongada»: se tratará también, a partir de ahora, de una «Guerra de Liberación Nacional»,

---

67 Blanco M., A. (2000): 222.
68 La «Paz Democrática» serviría de puente a su vez al llamado «repliegue» entre 1965 y 1967. El MIR, en cambio, continuaría mayoritariamente aferrado a la política guerrillera y abstencionista. Entrevista con Anselmo Natale. En Blanco M., A. (1981a): 191.
69 Citado por Álvarez, G. «El PCV pone al MIR en el banquillo». *Momento*. N. 523, 24/07/66: 34-35.
70 Blanco M., A. (1980): 251.

clisé que, en el caso venezolano, tenía poco que ver con el sentido de la guerra que se librara en el pasado reciente, por ejemplo, en países como Argelia, pero cuyo uso podía justificarse sobre la base de que Venezuela fuese definida por la izquierda armada como un país «semicolonial»[71].

De allí que, gracias a la ayuda que para ello habrían de brindar algunos textos chinos y manuales de instrucción militar de origen vietnamita, las acciones de quienes aún cultivaban la guerra se vieran dirigidas ahora a combatir la «impaciencia». Será el punto a partir del cual la izquierda quede irremediablemente dividida en dos. Y algo más importante: la palabra orientadora de Ernesto *Che* Guevara serviría para intentar liquidar la supuesta falsa antinomia planteada entre «lucha de masas» y «lucha armada». Dirá el Che frente a los pacifistas: «Suele criticarse a aquellos que quieren hacer la Guerra de Guerrillas aduciendo que se olvidan de la lucha de masas, casi como si fueran métodos contrapuestos. Nosotros rechazamos el concepto que encierra esa posición; la Guerra de Guerrillas es una Guerra del Pueblo, es una lucha de masas»[72]. Comoquiera que fuere, entre las dos opciones –la pacífica y la violenta– la armada siempre sería «la forma superior de lucha»[73].

En ningún caso se verá con mayor evidencia la separación que empezaba a gestarse entre «duros» y «blandos» dentro de la izquierda venezolana como a la hora de juzgar si Betancourt y Leoni eran químicamente equivalentes o, en otras palabras, si no era necesario aguardar primero a que se hicieran buenas las ofertas electorales que Leoni traía consigo antes de proseguir la guerra. Se trataba, pues, de darle una especie de «compás de espera» (como el que fallidamente había querido dársele a Betancourt en 1959) a fin de que el nuevo mandatario revelara sus verdaderas intenciones.

---

71 «Porque la liberación nacional no era lo que estaba planteado en nuestro país, era una copia de otros movimientos». Entrevista con Pompeyo Márquez. En Blanco M., A. (1980): 127.
72 *FALN*, Año 1, N. 1: 7.
73 Blanco M., A. (2000): 81.

Quienes así pensaban lo hacían sobre la base de dos supuestos. Primero: que dentro de la lógica con la que había querido dársele vida a la acción insurreccional, la izquierda se había visto obligada a asumir una política de «autodefensa armada» ante las arremetidas practicadas de manera sistemática por Betancourt pero que, ahora, con el cambio de gobierno, se aspiraba a que esa violencia quedase enterrada en el pasado. Una vez clarificado el punto, era cuestión de ver confirmada en la práctica si la «violencia betancourista» no continuaría haciendo de las suyas y, por tanto, si Leoni no actuaría aferrado a la política de su antecesor[74]. Segundo, y era lo que le daba aval a lo anterior (es decir, a la expectativa de quienes se inclinaban por esperar a que se diera un cambio de política), considerar que Leoni podía ser capaz de exhibir un estilo propio y, por ello mismo, darle un tratamiento diferente a la izquierda en la medida en que su gobierno, llamado «de Amplia Base», fuese garantía de la presencia de voces y sensibilidades distintas, como las del Frente Nacional Democrático de Arturo Uslar Pietri o las de URD, capitaneado por Jóvito Villalba[75]. De tal forma, semejante tesis pretendía ponerle un alto a la política armada, contener el proceso revolucionario y, a fin de cuentas, tascarle el freno a los factores que seguían prohijando las fórmulas insurreccionales y la oleada guerrillera.

En este sentido existe algo que resulta preciso tener en cuenta para entender lo que de veras parecía ser un cambio de clima. Nos referimos a las diferencias que existían entre Leoni y Betancourt, las cuales se harían visibles en muchos aspectos, entre otros, con respecto a la aplicación de la llamada «doctrina Betancourt», entendiéndose por ello la política de profilaxis y cordón sanitario que el –ahora– exmandatario recomendase aplicar durante sus cinco años de gobierno contra aquellos regímenes que no exhibieran un claro origen comicial. Pero la diferencia entre ambos

---

74 Ibíd., 188.
75 Ibíd., 135.

se percibirá también con respecto al estilo polarizador que caracterizara a Betancourt dentro de la propia escena nacional. Además, cabe recordar –como lo hace Pompeyo Márquez– que la candidatura de Leoni no solo nacería a partir de un sentimiento de ruptura de la alianza con Copei, sino que se fraguó en buena medida gracias al apoyo del Buró Sindical de AD, el cual planteaba, entre otras, la idea de buscarle una salida distinta al tema de la violencia[76].

Así, para quienes vieron que Betancourt había emergido intacto de su quinquenio y que, derrotada la fórmula de la abstención electoral, verían a Leoni instalado ahora en el poder, se hacía necesario redirigir los pasos y reorientar los objetivos del movimiento revolucionario. La «tregua unilateral» decretada como resultado de las elecciones que le dieran el triunfo a Leoni será, como se dijo, el primer paso emprendido por cierto sector de la izquierda hacia la formulación de lo que vendría a conocerse como la «Paz Democrática», en consonancia con la acción rectificadora. Sin embargo, para la militancia que seguía apegada a la línea armada, a Leoni solo podía leérsele con base en los mismos «contenidos de clase» y en apego a la misma «estructura represiva» que le había dado piso al gobierno de Betancourt. Se tratará, según este parecer –y para decirlo de algún modo–, del «betancourismo continuado por otros medios». Además, para quienes sostengan esta posición, o sea, los promotores de la guerra, Leoni había llegado a la Presidencia a través de un «fraude electoral» que en nada comprometía la estrategia belicista[77].

A juicio de Blanco Muñoz, este enfrentamiento entre ambas líneas (en pro y en contra de la lucha armada) llevará al debutante gobierno de Leoni a percibir la situación con cierta claridad e instrumentar sobre la base de ello algunas ofertas[78], comenzando

---

76 Entrevista a Pompeyo Márquez. En: Blanco M., A. (1980): 149, 151.
77 Blanco M., A. (2000): 84.
78 Ibíd., 70-71.

por la que sería a la larga la más compleja y accidentada de todas: el camino hacia la Pacificación. Basta detenerse en este punto para advertir la doble perplejidad que debió haber experimentado la izquierda en poco menos de seis años: por un lado, el «inesperado» triunfo de Betancourt en 1959, que la llevó a declararle apresuradamente la guerra; por el otro, el no menos «inesperado» y masivo triunfo comicial de Leoni en diciembre de 1963, el cual representaba al mismo tiempo la continuidad del orden democrático y la escasa aceptación del mensaje insurreccional[79].

Habrá sin embargo varios factores que compliquen la oferta pacificadora de Leoni a lo largo de su quinquenio (1964-1969). Para comenzar, dos de ellos podrían resumirse a un mismo tiempo dentro de la clásica imagen del huevo y la gallina: legalizar primero a las organizaciones en armas para que, a la postre, pudiesen pacificarse o, la que sería más bien la tesis prohijada por Leoni: que los movimientos armados se pacificaran primero para ser legalizados después. En tal sentido, el presidente lo expresaría claramente del siguiente modo: «[L]a rehabilitación de los partidos extremistas debe ser la obra de ellos mismos. Es decir, que cuando éstos abandonen el camino de la violencia (...) y, con hechos reiterados y concretos demuestren que quieren reintegrarse a la legalidad democrática, entonces, y sólo entonces, no se alzarán objeciones para facilitarles su reincorporación al libre juego democrático»[80].

Esta será justamente la polémica que tome cuerpo frente al gobierno de «Amplia Base»: primero, desde las filas del PCV y el MIR en la clandestinidad –o la cárcel– y, luego, entre los propios socios del gobierno, llevando incluso a que, dentro del capítulo de cargos, esta fuese parte de las razones invocadas por Uslar y los

---

79 Ibíd., 80.
80 Mensaje del Presidente Leoni del 11 de marzo de 1964 al tomar posesión de su cargo. Citado en: Congreso de la República (1966). *Diario de debates de la Cámara de Diputados*. Sesión del 21/03/66. Mes III, N. 9: 214.

suyos a la hora de justificar su salida de la coalición, al discrepar de la forma en que, supuestamente, Leoni conducía la Pacificación a partir de una concepción inmutable y unívoca del fenómeno guerrillero[81]. No obstante, para AD no quedaban dudas: Leoni había invitado a la rectificación desde que tomara posesión de la jefatura del Estado en marzo del 64, demostrando así que había tenido voluntad «pacifista»; lo que no había tenido en cambio –ni podría tener– era voluntad apaciguadora[82].

En medio de este debate habrá quien sostenga que la decisión de pacificarse ni siquiera era un asunto sobre el cual los grupos armados tuviesen mayor capacidad de decidir por sí solos en la medida en que, de acuerdo con este parecer, las organizaciones guerrilleras no actuaban de forma autónoma sino como grupos dirigidos desde el exterior, algo que podía leerse en consonancia con la tesis según la cual no se trataba de una guerra de venezolanos contra venezolanos sino de una guerra «antivenezolana»:

> [E]l problema de la Pacificación en Venezuela solamente puede hacerse en la medida en que (...) las contradicciones internas del Partido Comunista y del MIR les lleven a adoptar una política de lucha legal (...). Porque no puede el Partido Comunista y no puede el MIR, comprometidos en seguir consignas internacionales, decretar, así lo quisieran, el cese de la guerra. Esto sólo ocurrirá cuando en el desenvolvimiento de las contradicciones en que se debate la política exterior rusa o la política exterior china, convenga a esos partidos que el Partido Comunista venezolano abandone la lucha armada[83].

Por otra parte, para un partido como el PCV, era prácticamente impensable que la Pacificación pudiese plantearse en términos de una «rendición incondicional» (o como una aceptación a

---

81 Mondolfi G., E. (2016): 317.
82 Intervención del diputado Carlos Canache Mata. Ibíd., 214.
83 Intervención del diputado José Vargas. Ibíd., 255.

todo trance de la derrota) en tanto que ello habría sido «deshonroso» e, incluso, «suicida». Resultaba, por tanto, inconcebible darle un corte violento al proceso y pasar de la lucha guerrillera a la súbita desmovilización sin que operara una mediana justificación histórica del hecho, entre otras cosas, porque quienes aún participaban del movimiento armado no habrían podido entenderlo de ese modo; de allí que hubiera la necesidad de construir alguna fórmula que permitiese suponer que la lucha armada seguiría en pie[84]. Además –y el dato no es menor dentro de la lógica con que actuaba el sector del PCV dispuesto a llegar al diálogo– la persistencia real o potencial de los destacamentos guerrilleros podía servir de importante basa a la hora de unas hipotéticas negociaciones con el gobierno de Leoni.

Visto así, la única alternativa que existía para la izquierda dispuesta a llegar a alguna clase de entendimiento con Leoni y su oferta pacificadora era que el repliegue se practicase de modo gradual, planteando así una liquidación progresiva del aparato armado, dada la imposibilidad de trasmitirle esa decisión a su militancia de modo directo y terminante[85]. La forma como Blanco Muñoz sintetiza el dilema es amarga en extremo: «Al grupo de combatientes no se les podía decir simplemente que depusieran sus fusiles y bajaran a reincorporarse a la vida política legal. Menos cuando la decisión de 'subirlos' había estado basada en todo un análisis que conducía a demostrar que sólo la violencia revolucionaria sería capaz de erradicar la violencia (...) explotadora»[86].

La estrategia, dicho en palabras de Teodoro Petkoff, sería similar a la que aplicara el batallón Valencey en Carabobo, en 1821: retroceder poco a poco, pero echando plomo todavía[87]. Según Petkoff, ello debía ser así «mientras la gente [fuera]

---

84 Blanco M., A. (1981): 233.
85 Blanco M., A. (2000): 167.
86 Ibíd., 233.
87 Entrevista con Teodoro Petkoff. En Blanco M., A. (1980): 222.

asimilando y comprendiendo que se trataba de una nueva línea política, un nuevo viraje táctico el que se estaba dando. Pero si lo decíamos de golpe y porrazo, nadie lo iba a entender. (...) Tú no te puedes pasar seis años hablando de lucha armada y de pronto, de la noche a la mañana, decir: o éstos se volvieron locos o se rajaron, o son unos inconscientes»[88]. Frente a este llamado a la desmovilización, y la forma incierta de practicarlo, un combatiente resumiría su experiencia del siguiente modo: «A mí me llega la orden donde me dicen que todo el mundo tiene que bajar y yo me opuse a esa vaina y envié una carta al Buró Político [del PCV], que no sé si llegó, donde les decía que nosotros [aceptábamos] la paz democrática, pero que bajar la gente, coño, no era tan fácil, no era bajar un ascensor»[89]. Esto confirma que el principal drama de los «paz-democratistas» sería el agónico esfuerzo de intentar mostrarse convincentes ante el oficialismo pero, en igual medida, ante sus propios correligionarios.

Ya se ha dicho cuál sería en cambio la condición impuesta por Leoni: abandonar primero las armas para luego transitar el camino hacia la legalización. Lo dirá de tal forma durante su discurso de toma de posesión del 11 de marzo de 1964 que la lectura de este pasaje hace superfluo cualquier comentario adicional:

> [M]e parece prudente ratificar lo que sostuve en numerosas oportunidades ante las concentraciones populares de la pasada campaña electoral: que la rehabilitación de los partidos extremistas debe ser la obra de ellos mismos. Es decir, que cuando éstos abandonen el camino de la violencia, del terrorismo, del pandillaje y del bandolerismo, y con hechos reiterados y concretos demuestren que quieren integrarse a la legalidad democrática, entonces, y sólo entonces, no se alzarán objeciones para facilitarles su reincorporación al libre juego democrático[90].

---

88 Ibíd., 222.
89 Linarez, P. P. (2006): 156. Citado por Carmona y Snijder (2010): 63.
90 Leoni, R. (1965): I, 19.

Para Leoni, no entendiendo –ni teniendo por qué entender– los desgarres que sufría la izquierda a causa de este dilema entre el repliegue y la guerra, la oferta pacificadora solo podía dar fruto a partir de la desmovilización total de los insurrectos, es decir, sin que hubiese margen de duda acerca de la sinceridad de acogerse a un desarme completo. De otra forma, Leoni y los suyos tenían razones para suponer que lo que se planteaba al interior de la izquierda era una interesada «división del trabajo»: por un lado, los «duros», dispuestos a continuar la política armada, y los «blandos» o «pacifistas» que abogaban por la Paz Democrática y la amnistía de los alzados en armas[91]. «Paz Democrática» que, por cierto –y tal como se señaló en algún momento–, sería asumida como un anatema por parte de los cubanos, y que llevará a Castro a declarar una ruptura pública, estruendosa y llena de insultos contra el PCV, acogiendo y dándole su total apoyo a quienes disentían del «pacifismo» dentro de ese partido. Estos, y no la dirección «derechista» del PCV, habrán de ser acogidos a partir de entonces como los auténticos adalides del proceso revolucionario. Para muestra, bastaría reparar en la execración dirigida por Castro a los mandos pecevistas desde las escalinatas de la Universidad de La Habana, en marzo de 1967, al referirse al asesinato de Julio Iribarren Borges, hermano del canciller de Leoni:

> Desde hace varios días una gran campaña contra nuestro país ha venido siendo desatada por el gobierno de [Venezuela] y por las agencias cablegráficas yankis con motivo de la muerte de un ex funcionario del gobierno de Venezuela. Y desde hace varios meses en la prensa clandestina y semiclandestina, e incluso en la prensa legal de ese país, y en distintos eventos internacionales, la dirección *derechista del Partido Comunista de Venezuela* ha estado haciendo contra nuestro Partido similares imputaciones (...) de que intervenimos en los asuntos internos de Venezuela; y la dirección derechista, [de] que intervenimos en los

---

91   Leoni, R. (1967): III, 262. Citado por Sanoja H., J. (2007): II, 102. Mondolfi G., E. (2016): 318.

asuntos internos del Partido [Comunista] de Venezuela. ¡Coincidencia nada extraña entre reaccionarios y derechistas![92].

Desde su columna en el diario *El Nacional*, Juan Liscano será uno de los que más llamen la atención acerca de la existencia de estas dos tendencias opuestas, en especial, a raíz de las elecciones que le dieran el triunfo a Leoni en diciembre de 1963. Lo hará justamente alertando sobre la necesidad de advertir que se había abierto un boquete en el campo de una izquierda que «hasta ayer [figuraba] aparentemente unificada en torno a la tesis insurreccional». Y proseguirá diciendo:

> En tanto se quiera presentar el panorama de la izquierda marxista como un solo frente insurreccional, se está deliberadamente entorpeciendo las posibilidades de pacificación. No son, por ejemplo, los comunistas ni el PC los propugnadores del terrorismo político sino las FALN. Ya es tiempo de distinguir entre las FALN, que gozan del apoyo de [Fidel] Castro, el PC [y] las dos tendencias antagónicas del MIR. (...)
> Las guerrillas no obedecen propiamente al comando de los respectivos partidos inhabilitados sino a sus propios dirigentes. Mientras un sector del MIR publica un manifiesto proponiendo respetar la Constitución y repudiando la lucha armada, activistas [suyos] integrados a las FALN vuelan oleoductos. La confusión creada, es claro, sirve a los partidarios de la lucha armada, no a quienes desean rectificar en aras de una pacificación y una eventual rehabilitación. (...)
> No se puede esperar nada, en materia de pacificación, si el gobierno, los grupos de presión, las FF.AA. [o] los partidos democráticos, se empeñan en no distinguir entre las FALN y sus opositores internos[93].

---

92   Discurso pronunciado por el comandante Fidel Castro Ruz, primer secretario del Partido Comunista de Cuba, y primer ministro del Gobierno Revolucionario, en la conmemoración del X Aniversario del asalto al Palacio Presidencial. La Habana, 13 de marzo de 1967. Departamento de versiones taquigráficas del Gobierno Revolucionario. Disponible en: http://www.cuba.cu/gobierno/discursos/1967/esp/f130367e.html. Énfasis agregado.
93   Liscano, J. «¡Recapacitar! ¡Tender puentes!». *El Nacional*, 21/11/64: A-4.

Si algo vale la pena agregar es lo que, para mayor desorientación de la izquierda, significara que en el curso del año 64 – el primero de su Presidencia–, Leoni aprovechase esas fisuras que experimentaba la lucha armada, y acerca de las cuales hablaría Liscano, para adoptar algunas medidas de gracia. En este sentido, como heredero directo de los juicios que ya habían recibido sentencia contra elementos que habían desafiado a Betancourt desde los predios de la oposición armada, Leoni se había sentido inclinado –como lo precisó en su Primer Mensaje– a aplicar en unos cuantos casos la conmutación de penas por indulto o extrañamiento del país con arreglo a una ley de reciente aprobación por parte del Congreso. Por ello dirá:

> Tengo siempre presente que este ensayo democrático está rodeado de enemigos, escasos en número, pero agresivos y fanáticos, que ni quieren ni entienden los generosos esfuerzos que se hacen para olvidar agravios y alentar la reconciliación entre hombres y partidos que hasta ayer se combatieron con encono. Por eso continuaré aplicando las medidas de magnanimidad solamente en aquellos casos en que ayuden a rectificar rumbos torcidos y no sirvan de estímulo a ejercicios de violencia[94].

Lo más significativo es que lo hiciera señalando lo siguiente en otro texto y, además, en un estilo totalmente «antibetancourista»: «[N]o cerraré nunca los caminos que conduzcan a la concordia nacional»[95]. Ese lenguaje no se había escuchado prácticamente en ningún momento del quinquenio de su predecesor, envuelto como se había visto en una dinámica polarizadora que el propio Betancourt se había hecho cargo de estimular al máximo para deslindar las aguas en el momento en el cual resultaba preciso hacerlo. E incluso, para ir más allá, tal vez no se tratara solo de dividir violentamente las aguas sino de legitimar de este modo el miedo al

---

94 Leoni, R. (1965): I, 322-323.
95 Alocución del 15 de diciembre de 1964. En ibíd., 280.

peligro comunista, algo que –como se han hecho cargo de observarlo tanto el historiador colombiano Marco Palacios como el historiador estadounidense John Lewis Gaddis– revela mucho de la experiencia registrada en otros países del tercer mundo, donde ese «miedo» se añadió a la lista de los estigmas más característicos de la Guerra Fría[96].

En todo caso, las providencias implementadas durante el primer año de gestión de Leoni, a las cuales se ha hecho referencia, habrían de beneficiar de manera directa a doscientos cincuenta presos políticos[97], principalmente a muchos de quienes se habían visto implicados en las insurrecciones de tipo militar motorizadas durante el año 62 en alianza con la izquierda.

Los dos demonios

Al mismo tiempo, y este será otro elemento que entrabe el esfuerzo pacificador, el lenguaje de Leoni exhibirá también sus rasgos marcadamente belicistas. En el fondo no podía ser de otro modo frente al complejo compromiso que representaba para un presidente democrático defenderse ante una opción que pretendía seguir desafiando al sistema desde el campo armado. En este caso, pues, el suyo no será el lenguaje de la pradera puesto que, obviamente, el nuevo presidente tendría que responder a su manera a la gramática de la guerra, como lo demuestran algunas de sus expresiones más emblemáticas. Hablará, por ejemplo, de «la campaña de *limpieza* que se viene librando contra grupos de inadaptados que, por obedecer a consignas e ideologías antinacionales, han merecido el repudio total de la colectividad»[98]; y hablará también de «combatir y *liquidar* para siempre la acción subversiva», como lo hizo al dirigirse a un pelotón de la Guardia

---

96 Palacios, M. (2012): 51; Lewis G., J. (2005): 123.
97 Morales, O. (2014): 190.
98 Leoni, R. (1965): I, 247. Énfasis agregado.

Nacional en Barquisimeto que se aprestaba a entrar en operaciones antiinsurgentes[99].

Desde luego, este tipo de lenguaje explica a su modo el desbordamiento que llegaría a registrarse en la base de la pirámide del poder: hablamos en tal caso de subalternos quienes, seguramente, no tenían necesidad de contar con mayores estímulos a la hora de verse llevados a actuar con mano dura; pero, comoquiera que fuere, dentro del clima de enrarecimiento que la guerra fue construyendo no ayudaban mucho ciertas expresiones provenientes de otros costados del campo oficial, como una que corriera a cargo del diputado obrerista por AD, José Vargas, quien se expresaría de este modo: «[Y]o quiero declarar aquí (...) que, *si para salvar la democracia, si para evitar que el país sucumba en manos de los comunistas hay que asesinar comunistas, yo, si fuese Presidente de la República, mandaría a asesinar comunistas* (sic) porque quiero la democracia y porque así evitaría que los comunistas asesinen a quienes no lo son»[100]. En caso de que hiciere falta, cabe aclarar que el propio Leoni jamás habló en tales términos al referirse a sus adversarios en armas.

Sin embargo, habría que reparar también, específicamente en lo que al caso de las Fuerzas Armadas se refiere, en todo cuanto pudo significar que, frente a una escalada de violencia que había cobrado la vida de un buen número de oficiales, clases y soldados, estas se mantuvieran deseosas de responder mediante prácticas punitivas que vengasen a los caídos del lado de los suyos, más allá de lo que el sector civil pudiera hacer por controlarlo o los límites que pudiera imponer para evitarlo. Vaya por caso un ejemplo: a raíz de los sucesos del tren de El Encanto, ocurrido casi a fines del quinquenio betancourista, y en el cual perecieron varios efectivos de la Guardia Nacional, ello sirvió para nuclear tanto el espíritu de cuerpo de la GN que, a juicio de un combatiente, «llegó un

---

99 Ibíd., 211. Énfasis agregado.
100 Intervención del diputado José Vargas. Congreso de la República (1966). *Diario de debates de la Cámara de Diputados*. Sesión del 21/03/66. Mes III, N. 9: 257. Énfasis agregado.

momento en que ese cuerpo era salvajemente enemigo nuestro y el que caía en sus manos había que decirle: ¡Que Dios lo ampare!»[101].

De algún modo, este tipo de actuaciones pondría de bulto una actitud marcadamente discrecional asumida en muchos casos por las FF.AA., la cual, aparte de resquebrajar el limitado grado de control civil que a duras penas había logrado construirse hasta ese momento, significaría –como se hizo cargo de subrayarlo alguna vez Moisés Moleiro– una tecnificación de los métodos represivos que fueron decididos, planeados y ejecutados por militares, al margen del poder civil[102]. Pompeyo Márquez, por su parte, habrá de sumarse a esta apreciación del siguiente modo: durante el gobierno de Leoni existiría una política expresada desde el punto de vista civil y, en paralelo, una de tipo represivo, violentamente asumida por los militares[103]. Ahora bien, si la lucha guerrillera y la violencia subversiva amenazaban mortalmente la propia existencia física de los militares –como se ha hecho cargo de observarlo el politólogo e historiador Hernán Castillo[104]– era más que previsible que semejante guerra enervase a los elementos profesionales de las FF.AA. al punto de hacer que, en el camino de reforzar las acciones contrainsurgentes, el poder civil perdiera un considerable margen de vigilancia sobre la actividad castrense. Un diputado de la época resumiría todo ello dentro de la imagen del círculo vicioso: «[A]nte la muerte de los efectivos de la FAN viene la lógica reacción de los oficiales de las Fuerzas Armadas [y], luego, la violencia por parte de los extremistas»[105].

Dos cosas se desprenden de lo dicho: primero, que la estrategia antisubversiva pasó de ser inicialmente una tarea que no llegaron a manejar adecuadamente las fuerzas del orden público ni la

---

101 Entrevista con Luis Correa. En Blanco M., A. (1981a): 302.
102 Citado por Morales, O. (2014): 192.
103 Entrevista con Pompeyo Márquez. En Blanco M., A. (1980): 151.
104 Castillo, H. (2014): 11.
105 Intervención del diputado Luigi Zapata. Congreso de la República (1966). *Diario de debates de la Cámara de Diputados*. Sesión del 21/03/66. Mes III, N. 9: 245.

policía política para trocarse en una responsabilidad casi exclusiva de las Fuerzas Armadas; segundo, la posibilidad de estar en presencia de unas relaciones civiles-militares donde los civiles ejercieran un control político relativamente bajo sobre el sector castrense y, en consecuencia de lo cual, las FF. AA. se arrogaran la facultad de actuar en muchos casos de manera independiente dentro del marco de este conflicto. Naturalmente, ello hace inevitable adentrarse en un terreno siempre polémico y pedregoso: el grado de las responsabilidades, habiéndose precisado ya en algún momento que los reclamos a causa de las trasgresiones cometidas por parte de los agentes del Estado no parecían expresarse en igual medida, ni con el mismo tono ni con la misma fuerza condenatoria en relación con los desmanes cometidos por los grupos alzados en armas.

Comoquiera que sea, en este punto acude la valiosa opinión del politólogo Luis Alberto Buttó, a juicio de quien, efectivamente, llegó a registrarse un progresivo debilitamiento del poder civil durante el período presidencial de Leoni y, al mismo tiempo, una hipertrofia de la ética militar al dedicarse las FF. AA. a actividades oscuras de tipo represivo, incluyendo la escalada que cobraron las «desapariciones». Y concluye señalando:

> Claro está que muchas de estas acciones de uso desproporcionado de la fuerza (...) fueron producto del libertinaje individual desarrollado en tal sentido por elementos de las fuerzas policiales, militares y de inteligencia y en otros tantos casos en modo alguno autorizadas, alentadas u ordenadas por los responsables de la dirección del Estado o del gobierno. Sin embargo, el hecho de que tales actos hayan respondido a la decisión íntima y final tomada sobre el terreno por sus responsables directos, ya en modo de ejecución, ya en modo de aprobación u ocultamiento (complicidad, se entiende), ya por haber girado la instrucción correspondiente, no exime de responsabilidad a los funcionarios investidos de autoridad jerárquica[106].

---

106 Buttó, L.A. (2014): 145.

Aun entre compañeros de generación, e incluso entre parientes cercanos, la tensión que suscitara el tema puede advertirse en una entrevista que Miguel Otero Silva le hiciera al entonces casi expresidente y «primo», Raúl Leoni Otero, en 1968 para el diario *El Nacional*. Al presidente le faltaban apenas horas para entregar el poder a su sucesor, y MOS preguntará y repreguntará con acuciosidad justamente cuando aterricen en el asunto de la violencia:

> –Los escritores políticos José Vicente Rangel, Guillermo García Ponce, Orlando Araujo y otros, han afirmado en diversas publicaciones que bajo su gobierno, doctor Leoni, se han practicado torturas a detenidos políticos y se han realizado más de un centenar de fusilamientos. ¿Qué hay de cierto en tales denuncias?
> El Presidente frunce el ceño, median unos segundos y se extiende en una minuciosa contestación:
> –Conozco esas acusaciones (...). Las conozco desde hace mucho tiempo y tengo algunas cosas que decir a ese respecto. El Partido Comunista está desgarrado por una lucha de fracciones, amén de su enfrentamiento con el MIR. Tales luchas fraccionales los han llevado a crear sus propios aparatos armados de «justicia popular». Para nadie es un secreto que con frecuencia ellos se *autofusilan* después de juicios sumarios realizados en las montoneras y comandos. (...)
> En los campamentos guerrilleros ocupados se han encontrado actas de fusilamiento, incluso de inocentes campesinos tildados arbitrariamente de espías de las Fuerzas Armadas o de agentes de la DIGEPOL. Pero los comunistas son hábiles en la fabricación de imposturas y en las campañas destinadas a despertar sentimentalismos. Con el aditamento de que la opinión venezolana está por lo general dispuesta a creer acusaciones sobre violencias cometidas con los presos políticos porque esa ha sido la historia tradicional del trato de los gobiernos de este país para con sus adversarios.
> –Ellos mencionan nombres propios, Presidente...
> –Es posible. No niego que haya habido muertos y heridos. En la lucha que llevan a cabo las Fuerzas Armadas contra la subversión comunista, contra una guerra declarada por guerrillas urbanas y rurales, se ha

creado una situación muy cercana a la guerra civil. Y en toda guerra, en todo choque entre bandos armados, se producen inevitablemente bajas: muertos, heridos y prisioneros. (...)
Quiero agregar dos palabras sobre los presuntos fusilamientos y torturas –me dice el Presidente sin esperar la pregunta subsiguiente–. No niego inclusive que, en la aplicación de medidas de defensa colectiva, alguna autoridad, y en muy contada ocasión, haya incurrido en exceso de celo durante la realización de tareas que le habían sido encomendadas. Capturar a un individuo armado y con antecedentes de peligroso homicida no es lo mismo que detener a un ciudadano cualquiera. Pero ese exceso, estoy seguro de ello, nunca puede haber llegado al atentado contra la integridad física de los detenidos en forma de torturas, ni muchos menos al fusilamiento. Me resisto a creer que semejantes actos puedan haber ocurrido durante mi gobierno y, en el caso de que hubieran ocurrido, nada podrá impedir la acción reparadora de los tribunales de justicia[107].

Por más que sus comprobadas convicciones civilistas llevaran a que Leoni se resistiera a darles crédito, muchos de tales desmanes sí ocurrieron y, por tanto, no tiene caso negarlos. En otras palabras, no tiene sentido matizar el hecho de que, en medio de esta guerra sucia de baja intensidad, algunos agentes del Estado incurrieran en un patrón de procedimientos inconstitucionales a la hora de enfrentar a los insurgentes, fuere ello en la forma de detenciones arbitrarias, cuando no en el caso de desapariciones forzosas. Teodoro Petkoff, cuya opinión merece confianza en este punto en la medida en que no acude precisamente en defensa de lo que fue la política armada, sostiene lo siguiente, con todo lo crudo que ello pudiera sonar: «En los años sesenta no había una dictadura, pero se aplicaron métodos policiales represivos incluso peores que [durante] el perezjimenismo»[108].

---

107 Otero S., M. (1998): 121-122,123-124.
108 Moleiro, A. (2006): 50.

Sobre los riesgos de tal «descontrol», el entonces diputado José Vicente Rangel observaría lo siguiente poco antes de concluir la contienda:

> La contradicción (...) entre lo que se hace a los detenidos, el tratamiento que se les da en los llamados «TO» (Teatros de Operaciones), y lo que prescribe la Constitución y todo el régimen legal del país, es insostenible.
> Esa contradicción se decide comúnmente hacia la arbitrariedad; hacia el ejercicio sin controles de un poder militar que deviene en una desnaturalización del sistema democrático, que perjudica al propio Ejército y lesiona el prestigio de la institución. (...)
> Muchos jefes dentro de esos campos han manifestado que la Constitución llega hasta las puertas del lugar; y que, puertas adentro, ellos son la ley. Sustituido en tales sitios el mecanismo básico de garantía del ciudadano, relevada la Constitución y cualquier instrumento legal que luzca como un control, no puede darse otra cosa que el desbordamiento[109].

A la vuelta de unas líneas Rangel precisaría aún más lo siguiente:

> No se trata de debilitar al Estado frente a quienes lo adversan con las armas en la mano, de enervar la ley o de exigirle al gobierno que no se defienda. Se trata de que todo se haga sin menoscabo de ciertos principios elementales, porque lo que es inaceptable es que se diga que se está defendiendo la Constitución, violándola, que se defienda la democracia, torturando al adversario[110].

No tendría nada de ilógico que muchos contemporáneos –especialmente los más rabiosamente anticomunistas– experimentasen algún grado de prevención o marcaran distancia frente a las opiniones que a este respecto sostuviera el diputado y columnista Rangel. Después de todo, el hecho de que Rangel fuese uno

---
109 Rangel, J.V. «TO5, campo antiguerrillero». *Últimas Noticias*, 04/02/70: 63.
110 Ídem.

de los parlamentarios más críticos del proceso, y que desde su curul en el Congreso contribuyera como pocos a sustanciar casos de abusos cometidos contra presos políticos, viene en abono de esa clase de suspicacias y contribuiría a explicarlas. Sin embargo, en auxilio de la misma preocupación expresada por Rangel acude otro opinante al cual, en ningún caso, podría tachársele de haber mostrado algún grado de afinidad con la izquierda sino que, antes bien, llegó a identificarse muy de cerca con las gestiones de Betancourt y Leoni a través del oficioso diario *La República*.

Nos referimos a Guillermo Feo Calcaño, cuya opinión, concluido el período de Leoni, confirma la sensibilidad que despertara el tema. Al referirse a «nuestras Fuerzas Armadas en su patriótica lucha contra la subversión totalitaria –dirá Feo Calcaño–, se corre el riesgo de seguir contemplando con las manos cruzadas una peligrosa hipertrofia de [esas estructuras de los servicios de seguridad del Estado] que, en poco tiempo, podría llegar a minar las bases mismas de las Fuerzas Armadas, tal como sucedió en el pasado reciente con la tenebrosa Seguridad Nacional perezjimenista»[111]. Hablaría así pues «de todos aquellos elementos que entienden sus funciones como privilegio para ofender, vejar y maltratar hasta el punto de convertirse en mafia militarizada, más propia de cuerpos represivos dictatoriales que de cuerpos de prevención del delito político en un régimen de libertades»[112]. Más adelante, en esta misma entrega, el articulista observará: «[L]a democracia no puede responder al 'terror revolucionario' de sus enemigos con la invención, o con la creación gemela de algo que se llamaría el 'terror democrático'. Porque esta expresión es, por sí misma, además de un crimen lingüístico, una cínica contradicción y un monstruoso absurdo»[113].

---

111 Feo C., G. «Las Fuerzas Armadas y la subversión (IV)». *El Mundo*, 28/04/70: 2.
112 Ídem.
113 Ibíd., 6.

A guisa de remate, apuntaría:

> Hay que dejar constancia con toda claridad de que en esto no se trata de que la subversión arroje balas y nosotros debamos responderle con pétalos de rosa. En guerra regular o irregular, las balas responden a las balas y, en el campo de batalla, puede hasta comprenderse algún exceso de uno y otro lado.
> Pero, fuera del campo de batalla, los anarco-comunistas emplean métodos bárbaros para doblegar y aniquilar a sus enemigos; eso es problema de ellos: allá ellos con su conciencia. Nosotros no podemos hacer lo mismo sin anular buena parte de las razones políticas que nos asisten para combatirlos en el terreno cívico en el que, cada día, aparecen más y más desacreditados[114].

Más recientemente, coincidiendo en mucho con lo que Feo Calcaño expresara hace ya casi medio siglo, el veterano militante del PCV Héctor Rodríguez Bauza, quien fuera a su vez un duro crítico de lo que él mismo llamara el «nefasto» período de la lucha armada[115], ha puntualizado lo siguiente con ánimo retrospectivo:

> ¿Dónde está el reconocimiento de los desafueros cometidos entre 1963 y 1970? ¿Dónde la explicación? La respuesta dada tardíamente, con la que intentan todavía hoy justificar las torturas, las muertes y las desapariciones ilegales cada vez que el tema es puesto sobre el tapete es: «los extremistas nos obligaron a utilizar esos métodos». Eso no alcanza a ser una explicación, es apenas una justificación vergonzante, que evidencia la incomodidad que la sola mención del hecho produce, y los deseos de que no se mencione más el asunto. (...) ¿Qué clase de democracia es esa que se desnaturaliza de tal modo ante quienes la enfrentan incorrectamente apelando a medios ilícitos e irregulares? ¿Es que acaso la democracia no tiene sus métodos para enfrentar las crisis sin desvirtuarse a tales extremos?[116].

---

114 Feo C., G. «Las Fuerzas Armadas y la subversión (Fin)». *El Mundo*, 04/05/70: 2.
115 Rodríguez B., H. (2015): 74.
116 Ibíd., 75.

En medio del interminable debate, y aproximándose al igual que lo hiciera Rodríguez Bauza a la ardua tarea de opinar desde estos tiempos, habrá quien, como Simón Alberto Consalvi, sostenga lo siguiente a propósito de los terribles esfuerzos personales hechos por Leoni con el fin de defender al gobierno que presidía: «¿Cómo se defiende un Gobierno democrático contra un enemigo armado? El Presidente de la República no podía salir con un rosario en la mano a rezar por las calles de Caracas para convencer a los insurgentes de que volvieran al redil. (...) Es muy deshonesto persistir en inculpar al régimen democrático de los desmanes. Reconozcamos que se cometieron los desmanes, pero reconozcamos también su origen»[117].

Por otra parte, el tema de lo que significaran unas FF. AA. «enervadas» a causa de las bajas sufridas entre sus filas hará posible –como también lo reconociera Feo Calcaño en su momento– que se generara el peligroso sentimiento según el cual «los militares que combaten la subversión no se [sintieran] totalmente comprendidos y respaldados por los políticos e intelectuales que, en el terreno de la acción cívica, ciertamente combaten la subversión»[118]. Dicho sea de paso, estas tensiones entre la «excesiva dureza» militar y la «incomprensión» de los dirigentes civiles se revelará muy a menudo como un aspecto de cuidado dentro de una dinámica que mucho tenía que ver con las denuncias de descontrol por parte del aparato de seguridad del Estado.

Naturalmente, es mucho lo que se presta a la polémica cuando se pretende hacer un inventario de los tormentos y, para ello, existen numerosos testimonios generados por la izquierda, o producidos por los propios protagonistas de aquella década violenta que hablan, con mayor o menor grado de precisión, acerca de las torturas, las prácticas llevadas a cabo en los campamentos antiguerrilleros, la política de aislamiento e incomunicación de prisioneros

---

117 Hernández, R. (2011): 151-152.
118 Feo C., G. «Las Fuerzas Armadas y la subversión (IV)». *El Mundo*, 28/04/70: 6.

o, incluso, de casos tan sonados ante la opinión pública como lo fue el de Alberto Lovera, uno de los jefes principales del aparato armado del PCV, cuyo cadáver fue hallado con evidentes señales de tortura en las playas de Lechería, en 1966, y acerca de lo cual existe abundante literatura, comenzando por el muy conocido *Expediente negro*, escrito por José Vicente Rangel.

De hecho, un testigo confiable como lo es Teodoro Petkoff, quien –como se ha dicho– no reivindica en ningún caso lo que significó la lucha armada, y que apenas rescata de aquella experiencia algunos elementos emocionales de carácter personal, es capaz de expresarse en estos términos: «Comenzó a meterse de lleno las Fuerzas Armadas [y con ello] llegaron sus prácticas: comenzaron a lanzar a personas vivas desde helicópteros (...); comenzaron las prácticas de los Teatros de Operaciones, con sus salas de tortura, que eran espantosas; las desapariciones, compañeros de los cuales no se supo nunca más (...); los tiros de gracia en la cabeza»[119].

Sin embargo, así como se dio el caso de individuos comprobadamente detenidos de los cuales apenas aparecieron los cadáveres (y, en otros, ni tan siquiera ello), también existe la posibilidad, como lo insinuó el diputado por AD, Carlos Canache Mata, de que se registraran ejecuciones convenientemente atribuidas a la policía o las Fuerzas Armadas cuando en realidad se trataba de combatientes ajusticiados por sus propios correligionarios que renegaban de la línea insurreccional[120].

En todo caso, frente a tan espinoso asunto, el oficialismo, sobre todo a través de su vocería parlamentaria, insistiría en poner de relieve los pruritos con que el gobierno de Leoni se hallaba actuando dentro del marco legal, comparando al menos la situación venezolana con la de otros países de la región donde también se enfrentaba la experiencia armada:

---

119 Moleiro, A. (2006): 124.
120 Intervención del diputado Carlos Canache Mata. Congreso de la República (1966). *Diario de debates de la Cámara de Diputados*. Sesión del 21/03/66. Mes III, N. 9: 211.

En contraste con la actitud del Gobierno de Venezuela, que detiene, encarcela y somete a juicio de acuerdo con los procedimientos legales a quienes han ejercido incluso jefatura de guerrillas, podríamos señalar el de otros países, como Perú y Colombia, donde la mayoría de los dirigentes de las guerrillas que en esos países existen han sido pasados por las armas en el mismo campo de acción. En Venezuela, por el contrario, han sido detenidos en el campo de acción gentes que estuvieron alzadas contra las leyes y contra la República. Ahí están detenidas y denunciado a la prensa el asesinato de cuatro seudo-guerrilleros (*sic*)[121].

Un articulista favorable a esta misma percepción hablaría de la comodidad que implicaba asumir el combate guerrillero dentro de un régimen de garantías: «La desarticulación actual animada por jóvenes inexpertos en la materia ha venido a ejercitar un deporte peligroso por la aparición en Cuba del barbudo Fidel (...). Estas guerrillas, que podríamos calificarlas de democráticas, saben que las tratan como tales, y no tienen miedo cuando llegan a ser apresadas; sus componentes, al ser juzgados, tienen la esperanza del sobreseimiento, del indulto, o de evadirse de las prisiones donde son recluidos; de esto ya tenemos varios casos sucedidos, que abren [interrogantes] y minan la seguridad democrática del gobierno»[122].

Lo importante es insistir en lo que anteriormente se dijo acerca del grado de discrecionalidad con el cual pudieron llegar a actuar algunos agentes del Estado y retener lo dicho en este sentido por un testigo que participó de lleno en la lucha armada, a juicio de quien «[t]ambién [sucedía] que, en los cuerpos policiales, se escapa[ba] un poco el control del Ejecutivo, y se da[ban] casos de acciones anárquicas». Y vale un dato adicional que se desprende de este mismo testimonio, referido específicamente al caso de Alberto Lovera. Señala el protagonista en cuestión –para más señas, el

---

121 Intervención del diputado Armando González. Ibíd., 220.
122 Osuna L., F.J. «Las guerrillas». *La Esfera*, 21/04/64: 13.

escritor y cineasta Luis Correa– que, de los cinco sujetos implicados en su muerte, al menos dos fueron ajusticiados más tarde por la propia guerrilla, y quienes, a su parecer, «ni siquiera [habían actuado] como policías [sino] como malhechores»[123].

Para rematar, cabría citar también el parecer de Ramón Guillermo Aveledo: «[E]l gobierno [tanto el presidido por Betancourt como por Leoni] reaccionó con dureza y la represión, frecuentemente, no fue un modelo de escrúpulos jurídicos. La dinámica de la situación permitía que en los escalones más bajos de la estructura estatal se cayera en abusos y en excesos inhumanos, réplica de los cometidos por los alzados»[124]. Y termina señalando: «Recordemos que Venezuela tenía libertades democráticas y leyes democráticas, pero no hábitos democráticos. Que como los opositores radicales de izquierda se sintieron con derecho a recurrir a la violencia para alcanzar el poder (...) era dolorosamente natural que los agentes policiales, con más voluntad que formación, se sintieran titulares de un derecho similar para [defender la democracia]. Conste que explico, no excuso ni, muchos menos, justifico»[125]. Si hemos resuelto incorporar esta opinión que, de buenas a primera, podría lucir redundante frente a lo ya dicho es porque se ve lo suficientemente alejada de la izquierda y, a la vez, de los gobiernos de Betancourt y Leoni como para tomarla en todo su valor y confiabilidad al hablar del tema.

Los «zurdistas pekineses»

Si hasta 1963 había privado el «inmediatismo», o sea, la intención de derrocar al gobierno pensando «a la rusa», ahora, a partir del 64, se hablará en cambio de «guerra popular prolongada», y la cuestión será entonces pasar a «pensar a la cubana», «a

---

123 Entrevista con Luis Correa. En Blanco M., A. (1981a): 303.
124 Aveledo, R. G. (2007): 93.
125 Ídem.

la china» o, incluso, «a la vietnamita». En el primero de los casos la concepción se había centrado esencialmente en los cuarteles y en las acciones urbanas y de lo que, organizacionalmente hablando, fueran las Unidades Tácticas de Combate; ahora, tras la derrota de la abstención y el triunfo electoral de Leoni, y cuando más pesaba la imagen cubana, el acento habría de estar puesto en otro escenario: se tratará de la violencia extendida al campo, en consonancia con la más preciada de las tesis maoístas, y también fidelistas, con el fin de poder materializar esa política de guerra larga. Según tal punto de vista, «la dirección tenía que irse a la montaña, no valía la pena aislarse [o] construir partido, puesto que la guerrilla era el germen del partido y era la que, en definitiva, derrumbaría el orden existente[126]. Acerca de esta exaltación de lo «rural» frente a la lucha urbana, lo cual iba de la mano de una exacerbación aún mayor del voluntarismo típico de la filosofía insurgente que cobraría vigor en tiempos de Leoni, Teodoro Petkoff opina lo siguiente:

> Mira, esa es una época en que en el partido comienza a tener una gran influencia las cuestiones chinas. La lectura de Mao es la lectura voluntarista. Entonces, el análisis de la realidad empezó a ser sustituido por el espíritu voluntarista. Y creo que esto tuvo una influencia importante. O tal vez fue el «chinismo» la cobertura ideológica que se buscó nuestro voluntarismo «nacional». En todo caso, efectivamente, el análisis político de lo que estaba pasando en el país fue acomodado, ideologizado a lo que uno quería que fuera. No había objetividad[127].

La nueva táctica, que relegaba a un simple rol auxiliar las acciones de carácter urbano como las que fueran practicadas contra Betancourt, ponía a la izquierda ahora, con Leoni en la Presidencia, ante la necesidad de aceitar sobre la marcha una dinámica

---

126 Entrevista con Pompeyo Márquez. En Blanco M., A. (1980): 116.
127 Entrevista con Teodoro Petkoff. En ibíd., 210.

guerrillera que no solo cuasiparalizara las actividades urbanas sino que implicase el desmantelamiento y traslado de muchos de sus cuadros, a todos los niveles, al interior de las zonas rurales. No habría, pues, mejor forma que esta de honrar lo sostenido por Fidel Castro quien, junto al Che, sería el otro gran gurú del «guerrillerismo rural», amén de su fuente inspiradora[128]. Además, en materia de imitaciones, y fuera de lo que en este sentido significara el contagioso «fidelismo», parecía pesar dentro de la nueva táctica el discurso maoísta, que también recomendaba la adopción de la guerra prolongada para su aplicación en zonas netamente rurales y campesinas.

La decisión de mover a los partidos hacia la guerra larga fue resultado de las decisiones tomadas por el VI Pleno del Comité Central del PCV, celebrado en abril de 1964, y también por el Secretariado del MIR, en enero de ese mismo año, en un contexto en el cual buena parte de la dirigencia más destacada de ambas organizaciones se hallaba presa o en la clandestinidad y sus congresistas, despojados ya de su inmunidad parlamentaria y también en prisión. Uno de los artífices del enfrentamiento armado hasta ese momento, pero que entraría en total desacuerdo con la nueva línea de acción, sería Guillermo García Ponce, quien sintetiza su parecer de este modo:

> [E]l VI Pleno afirmó ese vuelco de la guerra hacia el campo, casi vació a nuestras organizaciones de las ciudades para volcarlas hacia la lucha guerrillera. Y desmanteló casi por completo las últimas unidades (...) que quedaban en las zonas urbanas. Ya ahí se siente la influencia mucho más marcada de la concepción china y la tentativa de identificar nuestro proceso revolucionario casi al caletre con el proceso chino de que la guerra tenía que ser prolongada. (...) [El] sello principal de ese

---

128 Fidel Castro criticaría acremente a los revolucionarios que, dentro de la gramática de la lucha, preferían las ciudades al medio rural, y cuya máxima expresión, en lo tocante a este punto, quedaría resumida tres años más tarde en su famoso discurso pronunciado desde las escalinatas de la Universidad de La Habana, el 13 de marzo de 1967.

Pleno es llevar la guerra a las guerrillas. Se [va] entonces por la línea china de la revolución[129].

Por su parte, la conclusión a la que a la vuelta de los años llegaría alguien que sí adoptó en cambio –y con todo entusiasmo– la nueva línea, como fue el caso del dirigente del MIR Héctor Pérez Marcano, es desoladora en extremo:

> Es entonces cuando se acepta que el cortoplacismo ha sido un error y se plantea lo que se llamó la estrategia de la «guerra prolongada», que fue decidida por el MIR en su Pleno de enero de 1964 y ratificada en su Segunda Conferencia de abril de 1965. Se hace un análisis y se concluye [que] ha habido toda una etapa de cortoplacismo, de política *putchista* equivocada, que ha desgastado al movimiento popular. Ahora vamos a desarrollar el «largoplacismo», y se señala que la estrategia tiene que ser de guerra prolongada, que el acento debe ponerse en (…) los frentes guerrilleros. (…)

Ello lo complementaría de este modo:

> Mayor disparate imposible: pretender desarrollar una guerra campesina «larga y prolongada» en un país que ya se había urbanizado suficientemente como para que el factor campesino no tuviera prácticamente ninguna incidencia sobre la vida política nacional. Y muy pronto vendríamos a dar, además, con la novedad de que el campesinado que iba quedando, cada vez menos relevante por cierto, respaldaba absolutamente no sólo a la democracia venezolana sino al partido Acción Democrática.
> (…) Un brutal desequilibrio demográfico a favor de las ciudades tampoco parecía convencernos de ese hecho palmario: ¿qué tenía que ver la China de Mao con la Venezuela de Rómulo Betancourt? Vistas las cosas desde la distancia no puedo menos que asombrarme ante el hecho de que hombres medianamente inteligentes como éramos todos nosotros hubiéramos podido aceptar y cometer tal cantidad de monstruosos disparates[130].

---

129 Entrevista con Guillermo García Ponce. En Blanco M., A. (1980): 376.
130 Entrevista con Héctor Pérez Marcano. En Blanco M., A. (1981b): 320; Sánchez G., A. y Pérez M., H. (2007): 62.

A la hora de hacer algunas precisiones acerca de esta conversión de la lucha armada de lo urbano a lo rural, el historiador Blanco Muñoz creerá advertir en ello otro caso de incoherencia y contradicción o, para decirlo de modo más cortés, de falta de unidad de criterios por parte de la izquierda. Ello es así puesto que, en este punto, la ubicación geográfica de la contienda daría un vuelco radical: si entre 1960 y 1963 se pensaba en unas guerrillas que sirviesen simplemente de instrumento complementario a la tesis militar-insurreccional, ahora el teatro se verá invertido: quienes impulsaban este nuevo capítulo, o sea, quienes apostaban a concentrar el esfuerzo guerrillero en el medio rural, sostendrán que debían ser los responsables del trabajo urbano los que se trasladaran al campo, sin importar que este se hallare cada vez más despoblado y que, en consecuencia, el peso de los combates que allí se libraran cobrasen un peso relativo, cuando no ínfimo[131].

Con todo, quienes persistan en darle impulso a la «guerrilla rural» creerán que detrás de tal decisión obraba una lógica de peso. Y así lo explica Blanco Muñoz: «Ha quedado establecido que la mayor parte de la derrota hasta el momento ha recaído sobre los destacamentos urbanos. De allí que ahora se piense (...) [colocar] los contingentes militares lo más resguardado posible a fin de que puedan trabajar en función de su crecimiento»[132]. Comoquiera que fuere, el peso puesto en las guerrillas rurales explica entonces que los combates de mayor importancia registrados durante el período se libraran, a partir de 1964, en las montañas. De hecho, según lo da a entender el excombatiente Teodoro Petkoff, serán sobre todo los años 64 y 65 cuando se produzcan también las grandes ofensivas militares de parte del gobierno[133].

Esta traslación del teatro de operaciones en su casi totalidad a la montaña, luego del triunfo de Leoni, hace pensar –según

---

131 Blanco M., A. (2000): 83.
132 Ibíd., 112.
133 Entrevista con Teodoro Petkoff. En Blanco M., A. (1980): 249.

el parecer de Blanco Muñoz– en dos explicaciones: por un lado, lograr que se constituyera de una vez por todas el llamado «ejército popular» capaz, a fin de cuentas, de hacer frente a las posibilidades reales de combate una vez que los contingentes armados del frente urbano se desplazaran al medio rural; por el otro –y aquí cabría darle más bien un sentido oscuro a tal decisión– que esta «marcha al campo» se hubiese visto alentada por quienes se oponían a la guerra, buscando alejar así de las decisiones tomadas por el partido a quienes no aceptaban bajo ningún concepto la política de Pacificación[134].

Ahora bien, la puesta en práctica de este recurso, es decir, de trasladar las operaciones al medio rural, como se hizo a partir de 1964, pudo obedecer más bien a una intención contraria a lo último que se señalara: es decir, que se intentara poner a salvo y concentrar en zonas montañosas y caseríos apartados a los elementos que se hallaban sobre las armas para evitar que se vieran al alcance del sector del partido que abogaba por el desmontaje del aparato militar y la liquidación de la guerra. Pero también cabe observar que la decisión de mover la guerra al campo pudo deberse a un hecho que, por simple, escapa a la vista: la cadena de reveses registrada hasta entonces en el ámbito de la capital y en algunas ciudades principales, incluyendo desde luego el fracaso del «paro armado», dirigido a frustrar los comicios de diciembre del 63, les había restado a los comandos urbanos toda posibilidad efectiva de combate. Comoquiera que fuese, habrá de ser la nueva táctica, basada en la guerra larga, lo que explique a fin de cuentas, como se ha dicho ya, la intensificación del apoyo logístico y militar cubano.

El asentamiento en zonas campesinas de estos núcleos de combatientes con miras a la creación del tan necesitado «ejército popular» tendrá otra ventaja, esta vez según lo estima Teodoro Petkoff, uno de los nombres más significativos de la época violenta.

---

134   Blanco M., A. (2000): 198.

Justamente por tratarse de una historia tan reciente que permite que sus protagonistas compartan el tiempo actual, la voz de Petkoff resulta muy reveladora en este punto. El excomandante guerrillero se permite observar que, al darse al traste con todo el «infantilismo» de la primera etapa (1962-64), la nueva táctica se orientaba hacia un trabajo provocado, en el sentido de estimular «la creación de una base campesina, etc., [con] mucho más acento en aquello que en el combate inmediato»[135].

La rivalidad PCV-MIR

Anselmo Natale, quien llegara a desempeñarse como comandante del Distrito Militar N. 1 de las FALN, hablaría de una tradición opositora «más o menos elegante», «un poco a la inglesa», con pocos «objetivos reales de poder», para resumir de este modo la actitud histórica que había caracterizado al PCV[136]. Cuesta entender entonces cómo ese partido, el cual llevaba poco menos de tres años de haberse reconstruido en la legalidad, se decantara por la línea insurreccional y el desarrollo de la lucha armada. En todo caso, no resulta exageradamente dramático verlo como lo hiciera

---

135   Entrevista con Teodoro Petkoff. En Blanco M., A. (1980): 215.
136   Entrevista con Anselmo Natale. En Blanco M., A. (1981a): 188. Por actitud «histórica» debe entenderse en este caso que el PCV apoyara enérgicamente los esfuerzos unitarios en 1958, se empeñara como ninguna otra organización en que se celebraran cuanto antes los comicios nacionales y que, incluso, respaldase la fórmula del avenimiento obrero-patronal. Teodoro Petkoff dirá lo siguiente a la hora de reforzar lo anterior: «Creo que consciente o inconscientemente, la política comunista no iba más allá de desear el establecimiento de una democracia, un gobierno democrático-burgués, y de que se abriera un período constitucional, de institucionalización democrática en el país. Su objetivo no iba más allá de eso. (...) De ahí el esfuerzo que hizo [el PCV] porque se celebraran elecciones lo más rápidamente, lo que era en definitiva encorsetar (*sic*) un proceso muy fluido ya dentro de la camisa de fuerza de un régimen constitucional. (...) ¿Estaba la revolución como proyecto en la política del PCV? No, no estaba. (...) [S]e dio una crisis revolucionaria dentro de la cual la conducta del partido no fue la de desarrollar esa crisis y llevarla a una culminación revolucionaria, sino todo lo contrario: desaprovecharla, incluso apagarla. (...) Entonces, por supuesto vivieron una crisis revolucionaria». Entrevista con Teodoro Petkoff. En Blanco M., A. (1980): 181, 182, 183, 191.

Natale, es decir, como un Partido Comunista que, de «constitucionalista» y dispuesto a defender el orden vigente, pasara a verse entrampado en la disyuntiva de la guerra.

Otro testimonio valioso en este sentido lo aporta Luben Petkoff al referirse a la «mentalidad» de quienes ejercían la dirección del PCV: «Incluso, cuando el triunfo de Rómulo [en diciembre de 1958], y el pueblo se echó a la calle porque no lo quería reconocer, el partido organizó brigadas para recorrer las calles llamando a la gente a aceptar el triunfo, el orden constitucional. (...) [Dentro del] partido desde ese momento se evidenció que no iba a pasar de ser un agente de relaciones públicas de los soviéticos y un partido de eterna oposición al gobierno de turno»[137].

Ciertamente, como se apuntó en la parte inicial de este capítulo, su III Congreso, celebrado en marzo del 61, dejaría sobreentendido que la línea sería violenta y, por tanto, que resultaba necesario enfrentar al gobierno de otra forma que no fuera bajo el esquema legalista. Ahora bien, a la hora del tránsito definitivo hacia la guerra, tampoco fue simplemente cuestión –según algunos testimonios– de que una facción del PCV terminase imponiéndose a rajatabla sobre las demás. De acuerdo con este parecer había ciertamente quienes, a media voz en ese momento, adversaban la tesis insurreccional y estos serían quienes, justamente luego de la «tregua unilateral» a fines del año 63, estarían buscándole camino a la futura y lenta legalización del partido a través de la «Paz Democrática». Pero, por lo pronto, como se ha hecho cargo de aclararlo un testimoniante, no fue que se le exigió a la militancia del PCV su incorporación total a la lucha armada, ni tampoco que una corriente asfixiara a la otra imponiendo –como se ha dicho– la tesis insurreccional.

Se trató más bien, según lo resume esta opinión, de delimitar campos entre quienes habrían de ocuparse de los problemas

---

137 Entrevista con Luben Petkoff. En Blanco M., A. (1981a): 104.

políticos (principalmente, la «Vieja Guardia») y los asuntos militares, a cargo fundamentalmente de los sectores juveniles[138]. Por su parte, Teodoro Petkoff habría de explicarlo de esta manera al hablar de quienes disentían de la guerra: «[En] esos temas los comunistas éramos unos seres extraños; ellos [los disidentes] asumieron disciplinadamente la decisión de la mayoría. Pedro Ortega Díaz llegó a ser secretario militar del partido, él, que estaba tan en contra de aquello. Asumió sus tareas con disciplina; así como Gustavo Machado, que también estaba en contra. Cuando declaraba lo hacía a favor, así como [Jesús] Faría. Los comunistas eran una cosa seria como militantes»[139].

Habrá sin embargo quien, habiendo militado en el PCV de la época, lo viese de otro modo, como consecuencia de los llamados «hechos cumplidos», es decir, como resultado de la presión ejercida por una facción del partido sobre los restantes sectores, y no como una simple cuestión de acatamiento disciplinario. Tal será la opinión del ya citado Anselmo Natale, futuro dirigente del MAS:

> [E]n esa época hubo lo que se llamó los «hechos cumplidos». (...) Con el pretexto de convencer, y más que convencer, de imponerle al partido la línea insurreccional, un grupo de dirigentes hacía las cosas y después se presentaban los célebres «hechos cumplidos» ante la dirección política de manera de forzar una decisión, de empujar las líneas hacia niveles de mayor radicalización (...). [La] línea insurreccional se impone por presión de la propia militancia y de una parte de la dirección, pero en definitiva por presión de la militancia[140].

Al margen de tales discrepancias, lo cierto es que todo ello le conferiría al PCV del año 61 un carácter más bien *sui generis* comparado con el resto de los partidos comunistas de la región,

---

138 Entrevista con Luis Correa. En ibíd., 270.
139 Moleiro, A. (2006): 65.
140 Entrevista con Anselmo Natale. En Blanco M., A. (1981a): 224, 231.

empezando por el hecho de que ese llamado a la guerra, asumido «en pleno» (pese a todas las reservas del caso), lo colocaba a sideral distancia de la cautelosa política soviética del «frentismo» y de la llamada «Coexistencia Pacífica». De modo que a la hora de tratar de entender cómo, y por qué, el PCV tomó abiertamente el camino de la guerra, no basta con decir que en su seno operara una rebelión de los cuadros inferiores frente a la vieja jefatura, sino también una rebelión decretada por el propio PCV contra la Santa Madre Iglesia soviética.

De tal forma, el PCV había tomado una decisión singular, inexplicable incluso dentro de cualquier otro PC latinoamericano y, para ponerlo en los términos más claros, inexplicable en tanto más estalinistas estos fueran, como en el caso del PC argentino[141]. A lo que agregaría de seguidas quien así opinaba: «[E]l Partido Comunista [de Venezuela] es un partido distinto a los otros partidos comunistas latinoamericanos, en el sentido de que, aun siendo como lo es, no es un partido que respondía a todo el diseño del partido estalinista, sino que era un partido que se dio el lujo de pensar con cabeza propia aun dentro de [sus] limitaciones»[142]. Lo mismo dirán sus dirigentes «históricos» cuando traten de interponer distancias frente al modelo insurreccional cubano evitando, a «troche y moche», su aplicación mecánica al caso de Venezuela[143].

Esta opinión bordea lo que alguna vez señalara Teodoro Petkoff al referirse al carácter «autónomo» y volcado a la «especificidad nacional» que llegó a caracterizar al PCV en comparación con otros PC de la región:

> Claro, como era un partido comunista bastante especial, distinto a los otros del continente, con un clima interno de mucha mayor tolerancia,

---

141 Ibíd., 245.
142 Ibíd., 244.
143 Ibíd., 187.

con una capacidad para la autonomía y la independencia, pudo hacer (...) una lucha armada cuando los soviéticos no querían.
Ese es otro detalle interesante. La década de los sesenta es la década de la coexistencia pacífica. Y los soviéticos no veían con buenos ojos en absoluto la lucha armada en Venezuela. Y, sin embargo, el Partido [Comunista] venezolano la hizo[144].

Eso de conferirle «perfil nacional» al PCV era sin duda una forma inteligente de desmarcarse de las acusaciones de Betancourt, a juicio de quien (y solo por citar una opinión suya del año 1956), «los comunistas son aliados inseguros en las luchas políticas nacionales porque cambian sin mayor esfuerzo visible su línea de conducta cuando así convenga a la estrategia mundial de la Unión Soviética»[145]. Para Betancourt, el PCV simplemente se había distinguido por actuar siempre como una suerte de brazo consular de la URSS.

Pero nada de esto responde con claridad a la duda antes planteada acerca de cómo y por qué el PCV terminó lanzándose a los pantanos de la guerra. En este punto podría tener cabida lo que dijera otro opinante de la llamada «Generación de la Resistencia» o «Generación del 58», a cuyo parecer el partido se enfrentó a una realidad que, al principio, no sabía cómo manejar y ante la cual, muy venezolanamente hablando, resolvió «echarle pichón», empujado y presionado sobre todo por la juventud del partido[146]. Sobre este punto, el poeta y columnista Juan Liscano haría su propia apreciación al señalar lo siguiente: «[C]ada vez que el Partido Comunista pasa a la acción insurreccional se crean oposiciones irreductibles entre la burocracia y los activistas. La guerra [civil] en España es un ejemplo de ello, entre muchos otros»[147].

---

144 Entrevista con Teodoro Petkoff. En Blanco M., A. (1980): 238-239.
145 Betancourt, R. «¿Adónde va Venezuela?». *Cuadernos Americanos*, vol. 15, noviembre-diciembre de 1956. Citado por Stambouli, A. (1999): 272.
146 Entrevista con Luis Correa. En Blanco M., A. (1981a): 267.
147 Liscano, J. «FALN *versus* PC». *El Nacional*, 23-10-1965, A-4.

El caso del MIR será en cambio mucho más complejo a raíz de su celosa adopción del credo «marxista-leninista» y, en buena medida, por ser el partido más directamente penetrado por el eco revolucionario caribeño. De hecho, casi podría decirse que la Revolución cubana tendría una repercusión definitiva en lo que, más temprano que tarde, será la configuración ideológica del MIR y, especialmente, sobre la línea de acción que habría de seguir durante su etapa «guerrista». Pero, por lo pronto, esto – es decir, la adopción de su credo ideológico– será un punto polémico y por varias razones. Figura para comenzar el testimonio de un alto dirigente del MIR, a juicio de quien «Acción Democrática de Izquierda» (ADI) decidió proclamarse como tal, al margen de la AD «oficial», sin el menor asomo de marxismo-leninismo[148]. Llama la atención en este sentido que el MIR (cuando, previo a su bautismo definitivo, actuaba aún con el nombre de ADI) hiciera sentir su ruidosa protesta, como si del ultraje de una virgen vestal se tratara, por la forma tan despectiva con que el Che se refiriera a Betancourt durante el Primer Congreso Latinoamericano de Juventudes celebrado en La Habana, en julio de 1960, incidente que hace suponer que el salto de ADI a MIR, es decir, de la incubadora a la vida plena, no hubiese cancelado todavía el peso reverencial que concitaba la figura de Betancourt[149].

    Lo segundo es que quienes hacían vida dentro del PCV consideraban que la «izquierda» adeca habría podido cumplir un papel mucho más efectivo permaneciendo dentro de su propia organización, presionando desde las entrañas de la misma y reclamando una política de cambios que la mantuviera en contacto con las masas y los sectores gremiales conquistados por AD. Tal sería la opinión, por ejemplo, de Pompeyo Márquez quien, para mayor abundamiento, lo vio como un caso de innecesaria rivalidad dentro del campo de las doctrinas, existiendo ya en el escenario un

---

148 Sánchez G., A. y Pérez M., H. (2007): 43.
149 Ibíd., 44.

partido que, como el PCV, se proclamaba de orientación «marxista-leninista». Por si fuera poco, los propios cubanos habrían de insistir en la idea de que la izquierda «adeca» permaneciera dentro de AD[150]. Héctor Rodríguez Bauza sostiene por su parte algo que no es menor y que conviene retener. Según su entender, el surgimiento del MIR originó no solo una competencia con el PCV sino que esa nueva realidad, expresada a través de la existencia de dos partidos marxista-leninistas, llegaría a incrementar la confusión que ya azotaba al campo de la izquierda[151].

Otro testimonio, aun cuando en este caso acuda más bien a propósito de reconocer que los consejos del PCV fueron rotundamente desoídos por los dirigentes del MIR, es el de Héctor Pérez Marcano, quien llegaría a afirmar lo siguiente:

> [L]os compañeros del PCV, particularmente Pompeyo Márquez y Jesús Faría, insistían en disuadirnos de romper con el partido y sobre todo de caer en el error de declararnos marxistas-leninistas. Nos prevenían con el argumento de que, siendo socialdemócratas, teníamos todas las puertas abiertas para realizar nuestro trabajo revolucionario entre los sectores populares mientras que ellos encontraban tremendos escollos y prejuicios, precisamente por ser marxistas-leninistas, por ser comunistas. Por supuesto que desde su perspectiva tenían toda la razón. Pero nosotros estábamos embalados en la idea de separarnos, de convertirnos en un partido independiente y, sobre todo, de declararnos marxistas-leninistas. Lo que finalmente terminamos haciendo[152].

El hecho indudable es que, dentro de Acción Democrática, existía una izquierda. Tanto así que, en su momento, el futuro presidente Leoni admitiría que el MIR se había llevado a un buen sector de la juventud «formado y fogueado en la clandestinidad»[153].

---

150 Hernández, R. (2010): 19-20.
151 Rodríguez B., H. (2015): 271.
152 Sánchez G., A. y Pérez M., H. (2007): 31.
153 S/A. «Leoni: el pueblo está conmigo». *Elite*, N. 1989, 09/11/63: 27.

De hecho, a ello se hizo referencia anteriormente al hablar del contacto que mantendrían los cuadros juveniles de AD con el aparato clandestino del PCV durante la resistencia contra Pérez Jiménez y que ahora, en lo que a las condiciones específicas de inicios de la década de 1960 se refiere, se verían mediatizados por el espejismo cubano, trocando deseos por realidad. Teodoro Petkoff lo pondría de este modo: «La juventud de AD se definía por su propia cuenta como marxista-leninista. Era una facción que estaba entonces tan ciega y desbrujulada como estábamos nosotros»[154].

Guillermo García Ponce, uno de los «paladines» de la guerra de los sesenta, sería de similar parecer. A su juicio, la aparición del MIR significó uno de los factores que más poderosamente influyeron en la posterior política insurreccional. Sin embargo, a la hora de opinar acerca de la competencia ideológica que su adopción del credo «marxista-leninista» supondría para el PCV, observaría lo siguiente:

> [Y]o recuerdo que cuando aparece el MIR, algunos de nuestros consejos iniciales a los dirigentes fue que trataran de conservar lo más posible una imagen, un lenguaje y un proyecto que los acercara mucho más a las soluciones democráticas, a abrir un camino a las masas más amplias que estaban dentro de AD, en lugar de asumir una actitud marxista, de copia de la línea y de la organización del PC.
> Tal vez hemos debido insistir más en esos pronunciamientos porque de lo que se trataba no era de crear una fuerza sectaria, radicalizada, sino más bien de crear un movimiento muy amplio para poder contrarrestar la política de Betancourt. (...)
> Sin embargo, el MIR fue cada día radicalizándose más, cada día haciéndose mucho más adherido al marxismo y al leninismo, y en esa misma medida se fue separando de las masas que dejaba atrás[155].

---

154 Moleiro, A. (2006): 64.
155 Entrevista con Guillermo García Ponce. En Blanco M., A. (1980): 346.

Según se infiere de lo expresado por todos estos testigos de la época, convivirían pues, en un mismo contexto, dos partidos de orientación «marxista-leninista». Por supuesto, el problema natural y lógico era dilucidar a cuál de ellos correspondería dirigir la insurrección: si a los revolucionarios de «abolengo», o sea, al «treintañero» PCV, o al neonato MIR que, para mayores señas, hacía de inspirador de la apuesta armada. Era indudable que, en función de su antigüedad, tanto como de la experiencia que traía a cuestas, el PCV no podía fungir simplemente como seguidor incondicional del nuevo partido surgido del riñón de Acción Democrática. Ahora bien, para el MIR, existía la ventaja de estrenarse exhibiendo un marxismo mucho más «novedoso» en cuanto mayores fueran sus insuficiencias teóricas. Ello fue lo que le permitió al MIR colocarse a la izquierda del propio Partido Comunista, según llegó a observarlo Guillermo García Ponce en su momento[156].

De hecho, García Ponce abunda al respecto señalando lo siguiente: «La experiencia cubana parecía indicar que los partidos comunistas no eran capaces de dirigir la revolución y que se necesitaba una fuerza tipo '26 de Julio', suficientemente radical, que no tuviera los problemas del Partido Comunista. Comenzó a verse, de alguna manera, que este Partido Comunista era muy conservador, muy parecido al cubano, que no iba a hacer nunca la revolución, que no era capaz de empuñar las armas»[157]. En todo caso, que el MIR luciera más «radical» que el PCV queda demostrado a raíz de lo que Domingo Alberto Rangel le atribuye haber dicho a este respecto al entonces presidente de la Cámara de Diputados, Rafael Caldera, en el sentido de que el PCV actuaba a la «derecha» del MIR[158].

No obstante lo anterior, existía algo que complicaría aún más el papel del MIR cuando, desde su concepción «novedosa»

---

[156] Ibíd., 347.
[157] Ídem.
[158] Hernández, R. (2010): 22.

del marxismo-leninismo, asumiera la línea guerrista y emprendiese formas insurreccionales de combate. Quien mejor sintetiza este «salto largo» al hablar de la «izquierda adeca» (o sea, del MIR) es Anselmo Natale, por aquel entonces joven dirigente del PCV y responsable –como se ha dicho– de una de sus brigadas urbanas:

> Efectivamente, el MIR sale de AD y escoge una política bastante disparatada. Sale del gobierno a la insurrección. El MIR no cumplió ese proceso lógico que debe cumplir la elaboración de cualquier decisión política. No puedes salir del gobierno para pedir la caída del gobierno. Lo lógico es que tú te salgas del gobierno para hacer una oposición fuerte, muy radical, al gobierno. Pero es una locura saltar del gobierno a la insurrección. Eso era un disparate[159].

En cuanto al camino de su definitiva identificación con la prédica marxista, convendría escuchar de nuevo la opinión de Domingo Alberto Rangel, quien fuera uno de los miembros fundadores del MIR. A su juicio, el PCV cobró efectivamente una enorme ascendencia sobre la dirección de la novel organización, al punto de generar una especie de complejo cuando de autoridad en asuntos de doctrina se trataba[160]. Ahora bien, en medio de todo esto, existe un dato que conviene no perder de vista, y que tiene que ver con las propias reservas del MIR frente al PCV dentro de la órbita de su adscripción ideológica. Ello es así puesto que, aunque nacido de un vientre distinto y proclamándose marxista-leninista por cuenta propia, el MIR jamás disimuló sus recelos hacia un partido al que consideraba construido bajo el sovietismo ortodoxo, como lo era el PCV.

Además, cabe mencionar a propósito de este tema lo que señalara por su parte el investigador Pedro José Martínez:

---

159 Entrevista con Anselmo Natale. En Blanco M., A. (1981a): 187.
160 Hernández, R. (2010): 10-11.

[La Fundación del MIR] marca el fin de la unidad de la izquierda en Venezuela. Que el sector marxista se haya ido de AD es comprensible pero que, siendo marxistas-leninistas no se hayan insertado masivamente en el PCV, lesionando en esta forma el principio de la unidad, es algo que requiere explicación. Un motivo psicológico, o psicosocial, podría estar en la raíz del fenómeno, y es la aversión que desde sus orígenes ha existido entre AD y el PCV. Conforme a esto, los jóvenes marxistas de AD, a pesar de la influencia sufrida y de sus convicciones izquierdistas, conservaban ese rechazo casi instintivo contra los comunistas[161].

Aún más, de acuerdo con el mismo Martínez, luce sobradamente probable que este no haya sido el único motivo y tal vez, ni siquiera, el principal para explicar las naturales reservas del MIR hacia el PCV. Es por ello que el autor va más allá al sostener que la separación de la izquierda de AD (sector que, a su entender, no abarcaba en realidad ni una décima parte de la militancia total del partido[162]) pudo haberse debido más bien, según muchas otras indicaciones, a la crisis mundial que experimentara el marxismo a comienzos de la década de 1960. De allí que el empeño del MIR por profesar una especie de «marxismo-leninismo» distinto se explicara no solo en rechazo a la actuación internacional de la URSS (especialmente a partir de su más o menos reciente intervención en Hungría) sino que, desde que naciera como movimiento insurreccional, lo hiciera con la mirada puesta en ciertos desarrollos que tenían lugar al mismo tiempo en otras latitudes, como la «línea yugoslava», el nacionalismo revolucionario árabe, la proliferación de tesis heterodoxas entre los marxistas en el mundo occidental, por no hablar del comunismo «asiático» en su expresión vietnamita o, en el caso chino, maoísta[163]. En otras palabras, resultaba dudoso que una juventud disidente como la que habría

---

161 Martínez I., P.J. (1981): 325-326.
162 Ibíd., 326.
163 Ídem.

de abandonar las filas de Acción Democrática se embarcara en la nave de la ortodoxia tan propia del PCV[164].

Persiste sin embargo otro punto polémico entre muchos de aquellos dirigentes de la izquierda que estuvieron en armas durante la década de los sesenta, y es el referido a cuánto pudo el MIR servirle de polea al PCV a la hora en que este se viera actuando en el terreno de la guerra. Para opinantes como Teodoro Petkoff, ese efecto de tracción se dio[165]; lo mismo dirá Domingo Alberto Rangel, a cuyo juicio fue la organización desprendida del vientre de Acción Democrática la que arrastró al PCV a lanzarse a la carrera insurreccional[166]. Para mayor abundamiento, Rangel apelaría a esta especie de símil atmosférico:

> [El MIR arrastró al PCV] no sólo por presión, que se parece un poco en estos casos a los fenómenos físicos. En la insurrección ocurre lo mismo que en la naturaleza cuando sobreviene la tempestad, que es un producto de corrientes, de frío y de calor, que van propagándose y engendran esos acontecimientos. La masa caliente que se desprende del MIR produjo en el Partido Comunista unos fenómenos de condensación evidentes, que tuvieron la ayuda de la juventud de ese partido, que era una especie de MIR interno, para que el PCV fuera a vivir la experiencia de la insurrección[167].

Pompeyo Márquez dirá por su parte algo similar: «Sí, el MIR impulsó una política de enfrentamiento mucho más abierta y también errónea. Empuja al PCV, eso es indudable»[168]. Márquez agregará aún más que, para un partido como el MIR, que apenas contaba con cinco meses de fundado al momento en que prácticamente

---

164 Ídem.
165 «Yo creo que el PCV caminó por su cuenta. Claro, seguramente la aparición de un partido que surge con el radicalismo con que lo hace el MIR, debe haber tenido alguna influencia». Entrevista con Teodoro Petkoff. En Blanco M., A. (1980): 200.
166 Entrevista con Domingo Alberto Rangel. En Blanco M., A. (1981b): 30.
167 Ídem.
168 Entrevista con Pompeyo Márquez. En Blanco M., A. (1980): 106.

resolvió asumir el lenguaje de la guerra, su definición «marxista-leninista» le llevaría a precipitarse por el camino de una línea insurreccional desbordada y sin control[169].

En medio de esta competencia por ver, en puridad de verdad, cuál de las dos organizaciones debía asumir con mayor prontitud, entereza y resolución el llamado a las armas, vale la pena preguntarse si en realidad su cauta experiencia histórica podía brindarle al PCV la fuerza necesaria para colocarse a la vanguardia de la lucha insurreccional. En este sentido, la opinión del comunista italiano Luigi Valsalice resulta esclarecedora:

> [N]o era entonces el PCV el eje de la organización técnica de la lucha guerrillera, frenado por los consejos de prudencia de los soviéticos, quienes no estaban convencidos de que una revolución en un país latinoamericano hubiera tenido un tilde comunista. *Era muy diferente la posición del MIR* que, integrado por jóvenes sin mucha experiencia política, encontraba en sus filas y en su confusa ideología –firme tan solo en su voluntad de agitación y de revolución a toda costa– el estímulo de dejar atrás cualquier duda en la imitación del castrismo hasta en sus aspectos marginales[170].

Más aún, frente al recién nacido MIR, el treintañero PCV será visto como dos partidos que habitaban en uno: el de su dirigencia histórica, formada en los tiempos finales del *gomecismo*, y el de su juventud, sobre la cual el MIR obraría justamente con la fuerza con que es capaz de hacerlo todo fenómeno de arrastre. Cercana a esta opinión se ubica la del pecevista Natale: «Sobre eso del impulso a la lucha armada, hay que decir que la decisión de ir a este tipo de lucha sí fue empujada por el MIR, fue producto en parte de la presión del MIR[171]. No obstante, en este como en muchos otros aspectos, persistirán opiniones un tanto

---

169   Ibíd., 96.
170   Valsalice, L. (1979): 28-29. Citado por Rey, L. (2014): 24. Énfasis agregado.
171   Entrevista con Anselmo Natale. En Blanco M., A. (1981a): 187.

contrarias entre los entonces activistas del PCV. Tal es el caso de Luis Correa, cuya memoria de lo ocurrido lo lleva a ver las cosas de manera diferente: «Cuando nosotros comenzábamos a buscar armas y cosas, ni siquiera existía el MIR. Ahora, evidentemente, que si tú le metes a un movimiento una inyección de hombres, ese movimiento repuja, toma otra velocidad. Eso sí es posible, que lo haya acelerado, que haya sido un catalizador, eso sí. Pero no fueron ellos quienes empujaron a la JC [Juventud Comunista] ni nada»[172].

Comoquiera que sea, cuando los asuntos sean llevados al plano de la «guerra popular prolongada» la rivalidad entre el PCV y el MIR se hará sentir de forma más visible, al menos en comparación con lo que había sido el caso al principio, según lo sostiene Teodoro Petkoff[173]. Ello será así pese a que algunos intentasen remediar las diferencias poniendo de bulto lo que había significado hasta entonces la existencia de una sólida empatía entre los aparatos armados de ambas organizaciones hasta el punto de haber llegado a coordinar acciones o, incluso, a impartir cursos a sus respectivos efectivos, tal como se haría cargo de recalcarlo el pecevista Luis Correa al referirse concretamente a la actuación de los comandos urbanos[174]. Otro que coincide con esta opinión es Domingo Alberto Rangel, a juicio de quien existió, al menos en los años iniciales de la lucha armada, una especie de comité mixto para organizar de manera conjunta la táctica insurreccional, abrir los frentes guerrilleros de común acuerdo y hacer trabajo de organización política en las zonas escogidas para el combate[175].

Nada de ello basta empero para dejar de ver las mal zurcidas costuras que pretendieron unir a estos dos partidos que se

---

172 Entrevista con Luis Correa. En ibíd., 268.
173 «En ese período (...) no hay fricciones entre el MIR y el PCV. Es un período en el que vamos a millón. Esas fricciones comienzan a aparecer después». Entrevista con Teodoro Petkoff. En Blanco M., A. (1980): 212.
174 Entrevista con Luis Correa. En Blanco M., A. (1981a): 277.
175 Hernández, R. (2010): 29-30.

habían preciado de compartir objetivos insurreccionales comunes. No solo los documentos internos o las confidencias de sus dirigentes hablan de tales tensiones entre el PCV y el MIR. Está también el caso, en lo que a estas querellas se refiere, de lo ocurrido en La Habana durante la Conferencia Tricontinental de 1966, en la cual, según el corresponsal para varios diarios europeos, Marcel Niedergang, «mientras en una rueda de prensa dos representantes del MIR recordaban que la lucha armada era la forma de lucha más alta, los del PCV distribuían copias de un artículo de Pompeyo Márquez sobre la táctica de la Paz Democrática contraria a la línea del MIR»[176].

Además, es probable que estos roces entre ambas organizaciones se percibieran con mucha mayor intensidad en los frentes rurales a partir de 1964 de lo que habían podido sentirse en los frentes urbanos hasta 1963. Para muestra, y según lo reseña Blanco Muñoz, se dio por caso la difícil convivencia al interior de las FALN, organización en la cual sus jefes de origen militar, e incluso los elementos provenientes del PCV, reclamaron tener siempre mayor peso que los combatientes del MIR en relación con los puestos de dirección; y, si del PCV solamente se trata, haciendo valer en este caso el volumen de su militancia, la superioridad en número de efectivos, así como su mayor experiencia y capacidad para abastecerse[177]. Más tarde, cuando la actividad guerrillera comience a transitar el camino hacia su punto más alto, las divergencias en asuntos de organización y, especialmente, el enfrentamiento por la dirección de la lucha, hará que el PCV persista en la tesis de que esta debía «estar en manos fundamentalmente de la organización política que poseyera mayor fuerza, mayores recursos y que, a su vez, pudiera hacer frente a mayores responsabilidades»[178]. De hecho, según Blanco Muñoz, los propios miristas insistirían

---

176 Álvarez, G. «El PCV pone al MIR en el banquillo». *Momento*. N. 523, 24/07/66: 35.
177 Blanco M. (2000): 34.
178 Ibíd., 131.

amargamente en el hecho de que les tocara contar apenas con una parte muy escasa de los recursos provistos para la guerra puesto que todo se lo apropiaba el Partido Comunista[179].

Domingo Alberto Rangel concordaría señalando por su parte que lo que le sobraba al MIR en emoción le faltaba en apoyo material y en una concepción más sostenida de la guerra. Veamos:

> [El] PCV era mucho más eficaz cuando se trataba ya no de provocar la insurrección, sino de realizarla, en los hechos, mediante una política sistemática. El PCV tenía mayor número de cuadros, mejor disciplina, más recursos económicos, en una palabra, poseía una organización mucho más eficiente. Entonces, a la hora del combate, predominaban los cuadros y la gente del PC, aunque el discurso más encendido lo pronunciara un mirista[180].

Además, cuando de la Iglesia marxista-leninista y de sus auténticos acólitos se tratara, pues con mucha mayor razón se acentuaría la rivalidad derivada de la presencia de dos partidos que reclamaban para sí la misma orientación. Como es lógico, esto redundaría en la existencia de dos direcciones paralelas, ninguna de las cuales estaba dispuesta a ceder ante la otra dentro del mismo proceso, a pesar de los intereses comunes[181]. Llegará el punto incluso, a medida que este cuadro vaya agudizándose, en que el MIR asuma la decisión de reforzar de manera independiente sus frentes guerrilleros gracias a la ayuda que lograra gestionar para ello a través de La Habana. En adelante, cada organización –los del MIR y la fracción «guerrerista» del PCV– dispondrá de sus propias guerrillas por separado[182]. Los frentes del MIR, una vez que la geografía del conflicto se decantara plenamente hacia el ámbito rural a partir de 1964, son la mejor prueba de lo que

---

179 Blanco M., A. (1980): 118-119.
180 Entrevista con Domingo Alberto Rangel. En: Blanco M., A. (1981b): 70.
181 Blanco M., A. (2000): 131.
182 Ibíd., 132.

se viene comentando; de hecho, los teatros insurgentes establecidos por este partido en el oriente del país correrán prácticamente bajo su control exclusivo, especialmente a partir de 1967. Blanco Muñoz ofrece una estupenda síntesis al observar lo siguiente a tal respecto:

> [E]l PCV siempre estuvo opuesto a conceder al MIR la misma jerarquía, el mismo papel en las decisiones y conducción del movimiento, y mantenía tal posición sobre la base de que el MIR, además de ser una organización política recién surgida, no tenía los recursos humanos, financieros y militares de que disponía el PCV.
> Sin embargo, en términos generales y a nivel de publicidad, se consideraba conveniente sostener la imagen de la unidad y la armonía de las izquierdas y, como tal, por ejemplo, el órgano de las FALN, *Pueblo y Revolución*, en manos del PCV, a pesar de estar en desacuerdo en lo militar con el establecimiento del Frente El Bachiller [conducido por el MIR en el estado Miranda] (...), hace permanente publicidad sobre el desarrollo de los acontecimientos que se registran en este Frente Guerrillero[183].

Un posible epílogo a todo esto podría derivarse de lo que sostuviera en algún momento Teodoro Petkoff al tocar el punto. A su juicio, el PCV contaba con un aparato logístico mucho más robusto y dotado de mejor organización interna que el MIR, lo que explicaría que terminase cargando con mayor peso a lo largo de la lucha armada. Por otra parte, en cuanto a los méritos propios del MIR, pues así los aprecia el propio Petkoff: «El MIR tenía una leyenda por su radicalismo, y porque era el partido que mejor se entendía con los cubanos»[184].

En suma, el rasgo que tal vez mejor diferenciaría a un partido del otro era que, en medio de las ondas emocionales que lo recorrían de pies a cabeza, el MIR actuaba con mayor agilidad a

---

183 Ídem.
184 Moleiro, A. (2006): 123.

la hora de creer que las condiciones estaban dadas para promover la insurrección, pero sería lento en asimilar, llegado el momento, que esa insurrección lucía ya prácticamente derrotada. El PCV, en cambio, fue lento para despertar ante la supuesta insurrección, pero mucho más rápido en comprender su derrota[185].

---

185 Entrevista con Domingo Alberto Rangel. En: Blanco M., A. (1981b): 71.

Capítulo 5
Pilatos frente a la insurgencia

> Yo me ubicaría como un hombre de centro... aunque a los políticos les pasa un poco como a los insectos: son los demás quienes los clasifican. Yo creo que soy de centro. Y, sin embargo, no faltan gentes que me clasifiquen de otro modo, como de derecha extrema... y hasta como peligroso izquierdista.
> Entrevista a Arturo Uslar Pietri, 05/04/1962[1]

> Uslar no es solamente un hombre comprometido con un pasado que ningún bien le ha proporcionado al pueblo venezolano sino que, en sus ambiciones de Restauración, hay un grave equívoco frente al extremismo actual que quiere crear el caos en el país. (...) [Uslar] ha dicho [como candidato] que pondrá fin a la violencia y defiende a los guerrilleros y ataca al gobierno por tomar medidas contra los extremistas.
> Editorial del diario La República, 25/11/63[2]

> [Y]o preguntaría al diputado de Acción Democrática que me precedió en el uso de la palabra, al hablar de personas que vienen de la burguesía y le hacen carantoñas a los comunistas, si se refería al doctor [Arturo] Uslar Pietri.
> Intervención del diputado José Manzo González, 21/03/66[3]

Carantoñas a los comunistas

En octubre de 1963, desde su columna en el diario *El Nacional*, el poeta Juan Liscano habría de dirigirles una sentida advertencia a varios de los candidatos opositores que competían con Raúl Leoni en la justa electoral que debía tener lugar a fines de ese mismo año. Quizá lo más significativo de todo fuese que el

---

1 «La estabilidad de un régimen está en razón directa de su eficiencia y capacidad para resolver los grandes problemas nacionales». Entrevista con Guillermo Álvarez Bajares y Eleazar Díaz Rangel. *El Nacional*, 05/04/62. Sección Foro: 1.
2 «Uslar, entre el antiguo régimen y la restauración». *La República*, 25/11/63: 6.
3 Congreso de la República (1966). *Diario de debates de la Cámara de Diputados*. Sesión del 21/03/66. Mes III, N. 9: 251.

peso mayor de sus palabras recayera sobre su colega escritor, senador independiente desde 1958 y en esos momentos candidato por cuenta propia, Arturo Uslar Pietri:

> Uslar Pietri [comete] un error al asumir posiciones neutrales en el conflicto que opone el gobierno, asistido por AD y Copei, y definidos grupos de presión, a los comandos terroristas y activistas. [Por más que no quiera aceptarlo, Uslar] está embarcado en la misma nave parlamentaria de adeístas y copeyanos. (...)
> Por otra parte, los objetivos de los grupos insurreccionales no deberían dejarles ilusión alguna [a los candidatos opositores Jóvito Villalba, Wolfgang Larrazábal y el propio Uslar Pietri] con respecto al porvenir que espera a los movimientos [que lideran], en el supuesto de que triunfaran aquéllos[4].

Liscano ponía el acento así en las ambivalencias que caracterizaran la actitud de Uslar frente a la violencia, primero durante su ejercicio como parlamentario y, ahora, como candidato presidencial. Para Liscano, tales ambigüedades eran dignas de mayor nota respecto a lo que significaba la preservación del sistema y, especialmente, frente a una izquierda en armas resuelta a sacrificar a la larga cualquier entendimiento que pudiese alcanzar con las fuerzas moderadas de la oposición. A su juicio, el movimiento insurreccional estaba simplemente dispuesto a liquidar cualquier aliado momentáneo o transitorio[5]. Además, según este mismo parecer, al «uslarismo» y al «larrazabalismo», tanto como a la alta dirigencia de URD, convenía recordarles que los dos atributos más encomiables con que contaba el sistema estrenado en 1958 –la legalidad constitucional y la pluralidad partidista– eran precisamente los elementos que más facilitaban a su vez la lucha por el poder en clave guerrillera. Al llamar la atención acerca de la «inconsciencia» de la oposición democrática en este terreno y calibrar sus riesgos, Liscano apuntaría de seguidas:

---

4 Liscano, J. «Remachando el clavo». *El Nacional*, 29/10/1963: A-4.
5 Liscano, J. «Sobre la insurrección armada venezolana». *El Nacional*, 25/09/1963: A-4.

No cabe minimizar la importancia de este [fenómeno insurreccional], tanto más cuando la legalidad constitucional, y el juego parlamentario, con sus demoras, sus ordenanzas, su respeto jurídico, hace involuntariamente el juego a los insurrectos. Porque está de más recordar que si en Venezuela existiera un solo partido en el poder, al igual que en México, en Argelia, en Cuba, en Irak, en Egipto, en Siria o en la URSS, para escoger diversos ejemplos de gobierno, el movimiento clandestino se vería en otra clase de aprietos que en los actuales[6].

Para este opinante habitual del acontecer venezolano no podían existir, pues, medias tintas a la hora de exigir que se asumiera una postura combativa en todos los frentes, incluyendo el parlamentario, para detener los avances de la insurgencia. A juicio de Liscano, lo que reclamaba la coyuntura era una defensa a fondo y sin esguinces de la política seguida hasta ese momento por la coalición gubernamental, añadiendo de paso el siguiente comentario en respaldo a Betancourt: «Cualquier experiencia reformista (...) aleja a las masas –como sucede en nuestro país– de la insurrección anhelada»[7].

En este sentido, dado que el tema de la violencia se había convertido en uno de los puntos de mayor divergencia entre Acción Democrática y el candidato presidencial independiente, Liscano observará en Uslar una posición peligrosa que lo emparentaba con la actitud que venía exhibiendo URD, el partido que lo había postulado a una senaduría por el Distrito Federal en 1958 y que, en 1960, a propósito de la cuestión cubana, había abandonado por completo la coalición gubernamental[8]. Ahora

---

6 Ídem.
7 Liscano, J. «Remachando el clavo». *El Nacional*, 29/10/1963: A-4.
8 En este sentido, vale la pena traer a colación un lacerante comentario hecho por el entonces candidato presidencial Rafael Caldera a propósito de la participación de URD en el gobierno coalicionista. Dirá Caldera que URD acompañó al elenco presidido por Betancourt pero que «luego lo abandonó porque quería estar bailando en Miraflores el pasodoble del Gobierno y, en la calle, el merecumbé de la oposición extremista». «Desde Puerto Cabello, el paracaidista Arturo Uslar Pietri reconoce su derrota». *La Esfera*, 13/09/63: 2.

que tanto Uslar como el capitán máximo de URD –Jóvito Villalba– competían separadamente por suceder a Betancourt en la Presidencia, Liscano continuaría voceando su preocupación de la siguiente manera:

> En una Venezuela cubanizada, argelina, nasserista o democrática-popular, no habría sitio para una oposición, como lo hay actualmente en Venezuela, para Uslar, Larrazábal, URD (...). Y es preciso reconocer que estas tendencias políticas pretenden asumir, en el más sereno de los casos, una actitud salomónica frente al fenómeno insurreccional existente. «Ni la violencia de los castro-comunistas ni la violencia del gobierno». La verdad es que la «violencia» del gobierno les asegura una posibilidad de sobrevivencia que les negaría la llegada al poder de la violencia ultra-izquierdista[9].

El hecho de que tanto Uslar como Villalba –e, incluso, Wolfgang Larrazábal, quien vestiría de nuevo los arreos de candidato presidencial– pretendieran desmarcarse a todo trance de la política antiinsurgente seguida por Betancourt hasta ese momento era lo que llevaba a Liscano a concentrar su mirada en los riesgos que comportaba cualquier actitud ambigua, especialmente por la forma en que, a juicio del articulista, ello podía impactar sobre el futuro de los propios candidatos:

> [A] estas alturas se vacila en señalar el origen de la violencia o bien, so pretexto de no hacerle «el juego al gobierno», se silencia la responsabilidad mayor que la produjo. Táctica suicida la de la oposición que no sabe distinguir entre el riesgo relativo de perder las elecciones y poderlas ganar mañana, y el peligro inminente de perder sus derechos políticos, si en Venezuela triunfase la insurrección ultra-izquierdista[10].

---

9 Liscano, J. «Remachando el clavo». *El Nacional*, 29/10/1963: A-4.
10 Ídem.

Un año y unos meses antes de que su candidatura se convirtiera en una cuidadosa puesta en escena, asistida tras bastidores por el empleo simbólico de la imagen de Isaías Medina Angarita[11], Uslar ya había dado muestras de exhibir una actitud un tanto esquiva frente al tema cuando, como senador independiente, mostrara sus reservas ante los términos del acuerdo condenatorio presentado por la bancada de AD en el Senado a raíz del alzamiento ocurrido en Carúpano, en mayo de 1962. Uslar había dicho lo siguiente en esa oportunidad:

> Nadie puede objetar que se condene la violencia, nadie puede objetar que levantemos la voz con toda la autoridad de que seamos capaces para acusar, condenar y perseguir cualquier movimiento que se proponga influir en la vida nacional, por el camino del asalto al poder. (...) Pero, sin embargo, a mí me parece que limitarnos a la mera condenación (...) sería limitarnos extraordinariamente en la consideración de un problema que lo desborda (...).
> Deberíamos considerar en su conjunto este panorama (...) porque ese mal va a reaparecer y a rebrotar si no acudimos a sus fuentes y si no remediamos en su raíz el origen de ese malestar (...) y de ese deterioro de la vida democrática (...). ¿[P]or qué jóvenes venezolanos se van a un monte con un fusil a convertirse en guerrilleros? (...). El hecho de ser gobierno constituye un privilegio y constituye simultáneamente una gran obligación. Yo creo que es a quien le toca en este instante

---

11 Varios datos resultan reveladores en tal sentido. En primer lugar, para la proclamación oficial de su candidatura el 13 de julio de 1963, Uslar escogió de manera emblemática la ciudad de San Cristóbal, sitio natal de Medina; además, como imagen central de la vinculación «medinista», figura el hecho de que Uslar se viera acompañado en esa oportunidad por Irma Felizzola, viuda de Medina Angarita. Avendaño, A. (1986): 468, 469. Por otra parte, esa herencia política del medinismo fue codiciada tanto por Uslar como por Villalba a lo largo de la campaña. A tal punto que, según lo observa la propia Avendaño, «la disputa más evidente (...) con Unión Republicana Democrática (URD) la constituía la captación del 'medinismo' y su conexión simbólica con la figura de Medina. Villalba y Uslar no sólo apelarán a sus vinculaciones con el gobierno de Medina y el Partido Democrático Venezolano (PDV), sino que contarán con el respaldo de algunos de sus personeros». Ibíd., 515. Por último, aunque no menos importante, será justamente en 1963 cuando salga publicado el libro –hasta entonces inédito– de Medina Angarita, titulado *Cuatro años de democracia*, precisamente con prólogo de Uslar Pietri.

hacer ese examen a fondo, esa rectificación de rumbos para enderezar el destino del país[12].

Pocas semanas después, un reportero resumiría los sentimientos de Uslar de esta forma:

> Preocupa al doctor Uslar la vigencia de la violencia. No es un secreto la existencia de focos subversivos que trabajan para el derrocamiento del gobierno. Dos alzamientos militares consecutivos [Carúpano y Puerto Cabello] dan, por otra parte, [indicio] de la gravedad de la situación. Sobre este punto, el doctor Uslar expresaba recientemente en el Senado que la solución no estaba en dictar acuerdos condenatorios contra los intentos subversivos sino analizar nuestra situación a fin de establecer las causas de esos hechos y el enguerrillamiento[13].

Quizá más importante que lo dicho por el reportero en cuestión fuera lo expresado por un exmiembro de las FF.AA. a través del diario *La República* –el teniente (r) Jaime Fonseca–, a quien el régimen de Pérez Jiménez forzara tempranamente a ponerle fin a su carrera militar. Lejos de aupar que un sector de las FF.AA. se proclamara en estado de desobediencia frente al gobierno de Betancourt, Fonseca reclamaba de parte de Uslar un repudio franco que dejase de lado el lenguaje salomónico que había asumido al hablar ante el Senado acerca del conato insurreccional de Carúpano. Según el opinante que así terciaba desde las páginas de *La República*, Uslar coincidía –lo quisiera o no– con la izquierda «internacionalizante», la misma que había preparado el clima para el ejercicio de la violencia: «[A]sí piensan los irresponsables, los anti-nacionales, los que no creen en la democracia representativa y hacen lo indecible por ridiculizarla y destruirla, los que se obstinan en su algarabía para presentar esa impresión, de un proceso de

---

12 Intervención del senador Arturo Uslar Pietri. Sesión del 04/05/62. Cámara del Senado. Citado por Avendaño, A. (1986): 413.
13 Villamizar, M. «¿Hacia dónde va el Hombre-Congreso?». *Momento*, N. 315, 29/07/62: 30.

crisis dentro de la democracia venezolana, de su [deterioro], etc., como también lo analiza usted»[14].

No resulta ocioso insistir en la vinculación simbólica que Uslar pretendió construir con Medina, especialmente por la forma en que el candidato intentaba hacer que esa invocación del pasado le diera sustento a su prédica, repetida varias veces a lo largo de la campaña, de acabar con «el trágico sistema de perseguidos y perseguidores»[15]. Por algo declararía lo siguiente, buscando establecer las conexiones apropiadas con los años 41-45 a fin de poner de contraste la «tolerancia» que el imaginario colectivo asociaba con Medina a la «pugnacidad» de Betancourt: «Hay un factor medinista en mi candidatura. Y es el recuerdo de lo que fue el presidente Medina como orientador de un régimen donde no hubo presos políticos ni persecuciones personales ni ideológicas»[16]. También daría a entender que era necesario «reemprender la ruta» trazada durante el cuasiquinquenio medinista, permitiéndose afirmar que «Venezuela se enfrenta hoy a graves problemas (...) entre los cuales acaso no sea el menor la división profunda que nos ha ido minando y separando, la siembra de recelos y de odios que ha ido creciendo, el enguerrillamiento de los espíritus»[17].

Como puede verse, se trataba de «desarmar a los espíritus»[18], teniendo como ejemplo a quien mantuvo las cárceles vacías de opositores, y cuyo «único gran desterrado» –a juicio de Uslar– había sido el miedo que paralizaba y dividía al país[19]. Por algo, en contraposición a los tiempos que corrían, el candidato independiente dejaría caer esta declaración durante una de sus paradas por el

---

14 Fonseca, J. «Al Dr. Arturo Uslar Pietri: ¿Protágoras ante Sócrates?». *La República*, 11/05/62: 7.
15 «Dijo Uslar que acabaría con el trágico sistema de perseguidos y perseguidores». *La Esfera*, 27/11/63: 2.
16 Carrasco Bracho, F. «Uslar Pietri, un fenómeno político». *Elite*, N. 1994, 14/12/63: 63.
17 Uslar Pietri, A. «Isaías Medina vuelve a su terruño». *El Nacional*, 27/03/62: A-4.
18 Carrasco Bracho, F. «Uslar Pietri, un fenómeno político». *Elite*, N. 1994, 14/12/63: 63.
19 Uslar Pietri, A. «Isaías Medina vuelve a su terruño». *El Nacional*, 27/03/62: A-4.

interior del país: «[E]l camino (...) no puede ser el de mantener la presente situación de violencia (...) que vive [Venezuela] para que las cárceles sigan siendo abarrotadas cada día de perseguidos políticos»[20]. Por si fuera poco, subiéndole el tono a su propio presente, diría desde Puerto Cabello que «ha sido éste [el de Betancourt] un gobierno de represiones, de digepoles, encarcelamientos y atropellos que ha llevado al país a vivir en una atmósfera de guerra civil»[21].

Además, entre una y otra escala de su gira electoral, el candidato tocaría el problema de lo que podía interpretarse como la «irracionalidad» a la cual eran capaces de llegar ciertos sectores frente al fenómeno del comunismo:

> Así como hay el peligro de convertirse en lo que la gente llama un «tonto útil» (...) yo creo que no hay menos peligro en ser lo que llamaría un «energúmeno inútil». Con este calificativo me refiero al género de gentes pacíficas que juegan canasta o dominó y que, en un entreacto del juego, dicen sin mayor responsabilidad: «¿Y por qué no fusilamos a los comunistas?» Estas gentes lo que hacen es acentuar pugnas, envenenar el ambiente y no proponen ninguna solución factible ni práctica a los problemas que tenemos planteados[22].

En otra oportunidad, el siempre culto Uslar hablaría del «Moloch» de la violencia, equiparando así a la terrible deidad de los cananeos con una situación donde, a su parecer, «ha[bía] faltado mucho de política y ha habido casi un exceso de policía»[23]. Habrá por cierto quien, tratando de interpretar esta angustia del

---

20 «Dijo Uslar que acabará con el trágico sistema de perseguidos y perseguidores». *La Esfera*, 27/11/63: 2.
21 «Arturo Uslar Pietri: En diciembre Venezuela se salva o se hunde» [Diálogo abierto, Puerto Cabello]. *El Nacional*, 10/09/63: C-1.
22 Rangel, C. «Uslar Pietri se confiesa». *Momento*, N. 367, 28/07/63: 28.
23 «Contra la violencia y por un país en el que los venezolanos podamos vivir. Palabras del Dr. Arturo Uslar Pietri en la comisión delegada del Congreso pronunciadas en la sesión del miércoles 13 de febrero [de 1963]». *El Nacional*, 15/02/63: 29.

senador en el contexto de un país que se devoraba a sí mismo dentro de la dinámica de la violencia, dijese lo siguiente: «No le auguramos mucho éxito a la gestión de Uslar Pietri. Nosotros creemos que la mayoría de nuestros paisanos prefiere la policía a la política»[24]. No obstante, el senador insistirá en recalcar que las medidas tomadas por el gobierno en la órbita represiva no eran las más adecuadas para erradicar el problema. Lo pondría así, en estos términos, unos meses antes de formalizar su candidatura para la justa comicial de diciembre del 63: «[E]l remedio [no] consiste simple y llanamente en el aplastamiento físico de quienes puedan encontrarse culpables de recurrir [a la violencia][25].

Su prédica invariable ante el tema de la violencia llevaría a Uslar a culpar abiertamente al gobierno de Betancourt de haber desatado una «vasta política de represión», tal como lo hizo en un reportaje para la revista *Elite* en plena campaña electoral[26]. Por cierto, esta es quizá la entrevista donde con mayor claridad el candidato dejaba caer una opinión acerca del origen de la violencia, la cual, por cierto, lo colocaría a muy cercana distancia de lo que Liscano llamara el empeño por silenciar «la responsabilidad mayor que la produjo so pretexto de no hacerle 'el juego al gobierno'». Uslar exclamaría: «Si hubiera habido una política de equilibrio y acercamiento de parte del Gobierno hacia la oposición democrática; si ésta no hubiera temido, con razón, que el partido de Gobierno trataba de utilizar las ventajas de su posición para crearse posiciones de predominio político, es muy probable que la violencia hubiera sido un episodio reducido y pasajero»[27].

---

24 Ruiz, L. «Lo de más política y menos policía». *El Universal*, 16/02/63: 5.
25 «Contra la violencia y por un país en el que los venezolanos podamos vivir. Palabras del Dr. Arturo Uslar Pietri en la comisión delegada del Congreso pronunciadas en la sesión del miércoles 13 de febrero [de 1963]». *El Nacional*, 15/02/63: 29.
26 «Los candidatos se confiesan. Uslar Pietri: el Hombre». Entrevista de Félix Carrasco Bracho. *Elite*, noviembre de 1963, N. 1990: 31.
27 Ídem.

Por otra parte, seguramente ante lo sensacional que resultaría pescar algún indicio que pusiera en evidencia la posibilidad de que detrás del atildado escritor latiese también una especie de «Uslar rojo», el reportero de *Elite* le preguntaría de seguidas lo siguiente con el ánimo de sorprenderlo: «Qué piensa de Fidel Castro?». A lo cual contestaría Uslar: «Es indudable que Fidel Castro es un personaje de extraordinaria dimensión histórica. Para enjuiciar la validez de su obra es indispensable situarse en un punto de vista ideológico. Para los comunistas, Castro tiene que ser el héroe que incorporó a Cuba al bloque soviético. Pero, para los que no participan de esta ideología es posible que Castro sea el hombre que, por precipitación o por falta de equilibrio (...), lanzó su país a un campo cerrado de dependencia política»[28]. Al leer esta declaración sorprende ver hasta qué punto Uslar fue capaz de moverse con tanta destreza dentro de los predios de la ambigüedad.

Cabe observar también que, a lo largo de su actuación como parlamentario y candidato a la Presidencia, y haciendo gala de su proverbial reposo, Uslar tendió a poner de relieve la cercana interacción que a su juicio existía entre la violencia y la democracia «ineficiente» como si, para la izquierda en armas, sus desvelos apuntaran en la misma dirección que los de Uslar, es decir, hacia la «monstruosa burocracia, monstruosamente ineficiente», como lo expresó al formular sus cuestionamientos al texto condenatorio del Carupanazo en la Cámara del Senado[29].

En este sentido, cabe preguntarse, como intenté hacerlo en *Temporada de golpes. Las insurrecciones militares contra Rómulo Betancourt*: ¿qué pretendía decir Uslar cuando hablaba entre 1962 y 1963 de «democracia deteriorada» o «democracia ineficiente»

---

28   Ídem.
29   Intervención del senador Arturo Uslar Pietri en la sesión del día 4 de mayo de 1962. Cámara del Senado. Recogida luego bajo el título de «La violencia y la crisis de la democracia venezolana». Citado por Avendaño, A. (1986): 413.

en tiempos en que el reinicio de la dinámica democrática no había alcanzado a cumplir siquiera sus primeros cinco años de existencia? La pregunta no es ociosa dado que, en medio de la vehemencia de la campaña, Uslar soltaría estas palabras para completar lo que dijera en otras oportunidades con respecto a la calidad del experimento: «[E]l 23 de enero [de 1958] nació el país que se consideraba libre pero que ahora está (...) dividido (...) por la violencia (...) debido a la acción gubernamental (...). Hay que demostrar que este pueblo (...) está harto de odios y desea una democracia verdadera. No la de ahora, que es una burla y parodia de ella»[30].

En todo caso –según lo observa Astrid Avendaño, estudiosa de la trayectoria política de Uslar– quienes no se ahorrarían críticas frente a su inclemente actitud serían algunos voceros de AD, especialmente a través del oficioso diario *La República*. Uno de sus columnistas centrará el ataque preguntándole lo siguiente al exministro de Relaciones Interiores de Medina y antiguo jefe del oficialista Partido Democrático Venezolano (PDV): «¿Cuándo ha estado más deteriorada la democracia venezolana: cuando los presidentes se escogían con la punta del dedo o cuando los escoge el pueblo mediante su voluntad soberana?»[31]. Algo similar planteará el mismo articulista, aunque quizá en este caso con una dureza excesiva, cuando se refiera a los factores que frustraran a Medina en el ámbito de la reforma agraria, comparándolo con todo cuanto se había alcanzado en esta materia durante los cuatro años transcurridos hasta entonces de la gestión de Betancourt: «¿[C]uándo ha estado más deteriorada la democracia venezolana: cuando los campesinos sudan de sol a sol para el terrateniente urbano, o cuando más de cuarenta mil familias campesinas reciben títulos

---

30   «Si triunfamos prometo que se hará una política de pacificación total, dijo Uslar Pietri en el mitin de Valencia». *El Nacional*, 08/09/63: C-1.
31   Feo Calcaño, G. «Pilatos en el Senado». *La República*, 06/05/62: 6. Citado por Astrid Avendaño. En Avendaño, A. (1986): 414.

de propiedad de la tierra y muchas otras aguardan igual destino reivindicador?»[32].

Lo más interesante de todo es que, mientras AD y algunos sectores de Copei lo tildaban de «representante de la burguesía nacional», no solo por sus orígenes de clase sino por expresarse permanentemente en pro de una redefinición del Estado frente al sector empresarial, hubo quienes, dentro de la propia AD y Copei, le atribuían la tendencia de hacerles peligrosas concesiones a los grupos armados a través de sus constantes exhortos y denuncias en relación con el tema de la violencia. No en vano, el hecho de que los responsables de perpetrar el asalto al Museo de Bellas Artes en enero de ese mismo año 63 considerasen a Uslar como posible (aunque, a fin de cuentas, frustrado) receptor de las obras que habían sido sustraídas por la fuerza de aquel recinto como parte de una acción propagandística de las FALN, le daba cierto aval a la creencia de que el senador, y ahora candidato presidencial, gozaba, en el fondo, de la confianza de quienes practicaban la violencia armada. Lo paradójico sin embargo es que, en repetidas oportunidades, la propia izquierda había denigrado también de sus actuaciones recientes como candidato y vocero opositor, calificándolo de «cabecilla de las oligarquías criollas e intérprete de las compañías petroleras»[33]. Por algo, Domingo Alberto Rangel se permitiría formular la siguiente apreciación desde las páginas del diario *Crítica*: «Nuestra oligarquía hace con Uslar Pietri una de sus más audaces maniobras. Las clases poseyentes del país van al debate electoral unidas con un candidato de oposición»[34].

Tal vez la circunstancia de que Uslar llegase a ser a un mismo tiempo blanco de ataques provenientes de tan variados puntos del arco político fuese lo que terminara brindándoles a sus

---

32 Ídem.
33 Avendaño, A. (1986): 413.
34 «La Semana Política. ¿Qué busca Uslar?» *Momento*, N. 367, 28/07/63: 46.

seguidores el impulso para postularlo como una alternativa extra-partido capaz de garantizar la «paz y la concordia», lo cual, de paso, le confería cierto tinte mesiánico a su rol como candidato[35]. De hecho, el propio Uslar, a la cabeza del llamado «Comité Independiente Pro Frente Nacional», alimentará a su manera esa urgencia providencial. Prueba de ello fue lo dicho por él durante una concentración en Valencia donde no disimularía mucho ese anhelo:

> Yo me encontraba tranquilamente en mi casa ocupado en mis actividades de escritor e intelectual cuando grupos de trabajadores, intelectuales, profesionales, etc., me pidieron que me pusiera a la cabeza de un movimiento que pudiera liberar (*sic*) a este sufrido país (...). Y, sin pensarlo más, abandoné la tranquilidad de mi hogar para meterme de lleno en la vorágine de la lucha política con el fin de evitar que Venezuela [fuera] destrozada completamente. (...) Si triunfamos prometo que se hará una política de reconciliación y pacificación total[36].

Subiéndole algunos decibeles más a este discurso de claro corte voluntarista, Uslar Pietri diría lo siguiente en Barquisimeto, durante el mitin de clausura de su campaña, siempre en clave de primera persona:

> Yo tengo un gran respeto por todas las candidaturas de la oposición, y no tengo nada que decir contra esos partidos, pero creo que *en los actuales momentos un partido político en el gobierno no tendría la posibilidad de gobernar ampliamente* por cuanto los demás tendrían

---

35 Habrá quien, a este respecto, comente lo siguiente: «[A] Arturo Uslar se lo presenta hoy como el Moisés venezolano». Feo Calcaño, G. «Uslar Pietri-Caldera». *La República*, 28/10/63: 6. Otro opinante dirá que «[Uslar pretende] que la historia política sufra una especie de lavado providencial (...) con el ritornelo de que el país (...) necesita un nuevo salvador». Díaz S., P. «Una candidatura de regresión». *La República*, 02/10/63: 3.

36 «Si triunfamos prometo que se hará una política de pacificación total, dijo Uslar Pietri en el mitin de Valencia». *El Nacional*, 08/09/63: C-1.

recelo para sumar sus fuerzas, y esto simplemente significa que los que desean que haya paz y entendimiento deben darse cuenta de que sólo un Presidente independiente podría lograrlo y salvar la democracia (*sic*) y salvar a esos mismos partidos políticos[37].

La ironía sin embargo bordaría con hilos muy finos en este caso, como en muchos otros, cuando se trata de analizar las actuaciones de Uslar en plan de candidato. De hecho, lo dicho por él en Barquisimeto resultaría doblemente irónico a la larga. Por un lado, a los pocos meses de haber terminado la justa electoral, Uslar se incorporará al tren de Leoni junto al URD de Villalba y a la propia AD, negando de plano la tesis de que, en tal contexto, *un partido político en el gobierno no tendría la posibilidad de gobernar*; por el otro, lo haría mediante un partido de su propia creación –el FND–, constituido como tal al no más concluir la contienda. Uslar parecía confirmar de este modo que no se piensa igual cuando se es candidato opositor a cuando se actúa desde el poder: si para él había sido cosa de un «hombre» y no de partidos que, según sus propias palabras, tenderían en el mejor de los casos a mostrar «recelo para sumar fuerzas», pues resulta que ahora serían de nuevo tres organizaciones distintas –AD, URD y el FND– las que tendrían a su cargo darle continuidad al ensayo de gobierno coaligado.

Por si fuera poco, algunos simpatizantes de Uslar habrían de identificarse muy de cerca con esa visión providencial que se había apoderado de su candidatura, tal como fue el caso del columnista Francisco Vera Izquierdo, quien habría de argumentar que «[l]os veteranos del rencor y del fracaso temen que la llegada al poder de Uslar Pietri produzca automáticamente (*sic*) el cese de la violencia»[38].

---

37 «Es necesario detener esta ola de sangre y violencia que va a arrastrarnos a todos». *El Nacional*, 21/11/63: D-1.
38 Vera I., F. «Gonzalo Barrios ante Uslar y el Medinismo». *El Nacional*, 24/08/63: A-4.

Comoquiera que sea, a fin de conferirle el peso necesario a tamaño papel y, al mismo tiempo, evitar verse actuando como simple rehén del pasado, Uslar sostendrá a lo largo de la campaña que el «medinismo» era apenas un factor parcial de su candidatura; lo demás –a su juicio– era la situación del momento y la necesidad de equilibrar al país, situación ante la cual él mismo estimaba que podía actuar como una especie de árbitro[39]. En todo caso, y como claramente se desprendía de sus intervenciones, caracterizadas por un tono frontal a la hora de fijar una línea demarcatoria entre él y los dos candidatos de la coalición gubernamental (Leoni, por AD, y Caldera, por Copei), el empeño en erigirse como factor de equilibrio nacional era algo que pasaba naturalmente por reevaluar tanto la estrategia como los métodos seguidos por el gobierno de Betancourt en relación con la violencia. Por algo, su simpatizante Vera Izquierdo diría lo siguiente, tal vez con cierto tono de exageración y dramatismo, al referirse a este asunto: «El advenimiento al poder del Dr. Uslar Pietri no puede conformar a los que no conciben gobierno sin cárcel, tortura, exilio, despojo»[40].

Existe sin embargo un costado que no puede dejar de tenerse en cuenta y el cual, de alguna manera, remite directamente al lastre del pasado. Si bien la actitud de Uslar se vio reñida con la forma en que Betancourt trataba el tema de la violencia insurreccional, también lo estuvo con muchas otras políticas del gobierno, al punto de haber obrado más allá de lo que podría considerarse como una conducta opositora «constructiva» y terminar aterrizando en un terreno en el cual el candidato por el «Comité Independiente Pro Frente Nacional» parecía verse negándole a todo trance el pan y el agua a Betancourt, para decirlo de la forma en que lo

---

[39] «Los candidatos se confiesan. Uslar Pietri: el Hombre». Entrevista de Félix Carrasco Bracho. *Elite*, noviembre de 1963, N. 1990: 30.
[40] Vera I., F. «Gonzalo Barrios ante Uslar y el Medinismo». *El Nacional*, 24/08/63: A-4.

sintetizó un articulista[41]. En otras palabras –y la conjetura no es para nada ociosa– cabe preguntarse cuánto encajaron de veras Uslar y Villalba dentro del ensayo de recuperación democrática sin que aflorasen de su parte las heridas mal restañadas del pasado. Cabe observar sin embargo que esta apreciación es válida por igual para ambas partes, puesto que la «conciliación pos-1958», que pretendía abarcar a lopecistas y medinistas, también dejaría ver sus resquemores desde el lado del oficialismo cuando el semanario *AD*, en su edición del 16 de agosto de 1963, en plena campaña electoral, tildase a Uslar de «gacetillero de los hijos del dictador Juan Vicente Gómez, peculador y creador de vicios en la política nacional [y] Ministro de Relaciones Interiores –léase Ministro del fraude y la corrupción– del régimen de Medina Angarita»[42].

A este respecto vale la pena detenerse específicamente en el caso del propio Uslar y su visión del proceso ensayado hasta 1963, fecha de su candidatura a la Presidencia. Al fustigar sin clemencia la política petrolera de Betancourt, al calificar la reforma agraria impulsada por la coalición de «demagógica» y «antiproductiva», al tachar de «inorgánico» el proceso de industrialización y, especialmente, al insistir en que el origen de la violencia era un asunto cuya autoría compartían en igual medida el gobernante partido AD y la izquierda en armas, Uslar parecía estar hablando con la voz del medinismo que creía llegada la hora de ajustar cuentas con el adversario que lo desplazara del poder el 18 de octubre de 1945.

Desde AD, al menos en lo que a una de sus más calificadas voces por la prensa se refiere, se escuchará decir que existía perfectamente personificado en la candidatura de Uslar un medinismo «en planes revanchistas» que le hacía el juego a la estrategia de los «extremistas del crimen»[43]. Habrá también quien sostenga que «Uslar ha sido llamado el enemigo clásico, tradicional, ideológico

---

41 Díaz S., P. «Una candidatura de regresión». *La República*, 02/10/63: 3.
42 «Uslar Pietri se dirige a Betancourt». *El Nacional*, 21/08/63: C-1.
43 Henríquez V., R. «La agresividad neopedevista». *La República*, 18/09/63: 8.

y clasista de Acción Democrática»[44], en tanto que otro opinante, sin quedarse ni remotamente atrás en este sentido, observaría lo siguiente: «No le niego al Dr. Uslar su derecho a enjuiciar al gobierno aun cuando se vea a [todas] luces el despecho incurable que dejó en su espíritu el 18 de octubre de 1945»[45]. El joven, y desde entonces punzante periodista, Rafael Poleo, dirá por su parte que «esa aberración», «ese gran disparate» que significaba la candidatura de Uslar, solo era posible explicarlo «por obra del odio que la figura de Betancourt despierta en multitud de venezolanos»[46]. Palabras más, palabras menos, esta será también la opinión del entonces diputado por Copei, Luis Herrera Campíns, a juicio de quien la candidatura de Uslar contaba únicamente con el común denominador de los desafectos del sistema: «[E]l drama del senador Uslar Pietri son los uslaristas, especie de arcoíris político pintado con gente que ha abandonado diferentes tiendas y cuyo común denominador –fuera del despecho o del odio al gobierno de coalición democrática– resulta difícil de percibir»[47].

Curiosamente para otros, y como si la polémica del pasado y del presente con AD no fuera suficiente para teñir de rojo carmesí los ataques dirigidos contra el candidato «resurrecto», Uslar no parecía haber actuado como un «medinista» a carta cabal. Tal será al menos el caso de quien se preciaría de decir lo siguiente a la hora de proclamarse más purista que el propio Uslar en este terreno:

> Ahora que alguien levanta la bandera de Medina Angarita como símbolo de un estilo de gobierno (...) se sabe hoy que una gran mayoría

---

44 Álvarez, G. «En la recta final: ¿Quién ganará las elecciones?». *Momento*, N. 383, 17/11/63. Citado por Avendaño, A. (1986): 507.
45 «La C.A. Villalba-Uslar durante cuatro años ha estado coqueteando con los extremistas, dijo Caldera en Falcón». *La Esfera*, 09/10/63: 15.
46 Poleo, R. «Por odio a Betancourt». *El Mundo*, 19/07/63: 8. Citado por Avendaño, A. (1986): 519.
47 Herrera C., L. «Con plomo en el ala». *El Nacional*, 05/09/63: A-4.

de compatriotas sigue con interés y simpatía el movimiento que, a partir de este momento, adquiere forma de candidatura presidencial de oposición alrededor de la ilustre personalidad del doctor Arturo Uslar Pietri; pero sigue sin respuesta la pregunta tantas veces formulada según la cual el escritor y político debe a la opinión pública una explicación de cómo fue posible que, en su condición de Ministro de Relaciones Interiores y hombre representativo e influyente en el Gabinete de Medina Angarita, no pudo sin embargo impedir que se consumara el atentado contra uno de los sistemas democráticos de perfiles más humanos que registra la historia contemporánea. Su primera obligación y responsabilidad debió haber sido siempre velar por la integridad del gobierno liberal, democrático y constitucional del cual formaba parte[48].

En todo caso, para una izquierda que buscaba refugio en cualquier respiradero, el hecho –y valga insistir en ello– de que se depositara «absoluta confianza» en Uslar como intermediario en un asunto tan publicitado como lo fue el secuestro de las obras de la exposición «Cien años de pintura francesa» en el Museo de Bellas Artes de Caracas habla a las claras de que el candidato independiente pretendía erigirse como una alternativa distinta a la forma como Betancourt había encarado su combate sin cuartel contra la izquierda en armas. Así, paradójicamente, como lo observa Astrid Avendaño, el que se le acusara simultáneamente de ser «comunista» y «oligarca» confirmaba, para los partidarios de su candidatura, una amplitud política y una capacidad notable de convocatoria frente a distintos sectores[49]. Otro autor comparte una apreciación similar al observar que si algo hizo posible que Uslar uniera, por primera vez en la historia electoral del país, a un espectro que iba desde la «extrema derecha hasta la extrema izquierda» había sido el carácter vehemente de su prédica «anti-AD» pero no menos, entre otra lista de razones, la política de «amnistía» que

---

48   Schael, G.J. «La bandera de Medina». *El Universal*, 18/07/63: 28.
49   Avendaño, A. (1986): 465.

ofreciera como parte de su campaña, así como el hecho de que cuestionase la forma como Betancourt venía enfrentando el problema de la violencia[50].

Tal vez extremando un tanto sus apreciaciones, pero en relación directa con el hecho de que el movimiento uslarista pretendiera congregar en torno a sí un arco tan amplio y heterogéneo de electores, los editores del diario *La República* se lanzarían al ruedo formulando la siguiente apreciación: «[U]slar puede irse hacia un gobierno de franca reacción derechista, como tentado por su demagogia política [o] puede abrirle la puerta al comunismo. Estas son las dos alternativas que se plantean con el triunfo de Uslar. [Así] se justifica que los *perezjimenistas* o los izquierdistas le hagan coro a su candidatura»[51].

Por otra parte, su Programa de Gobierno, lanzado en Maracaibo en octubre de 1963[52], propondría una política de acercamiento a los países del Caribe[53], enunciada con tal grado de vaguedad que ello permite suponer hasta cierto punto que Uslar pretendía incluir dentro de esta oferta la posibilidad de reemprender relaciones diplomáticas con Cuba luego de la ruptura ocurrida en 1961. Esto, naturalmente, podía leerse en contraposición a lo expresado con ironía por Betancourt a la United Press cuando señalaba, por esas mismas fechas, que «[s]i estuviese dispuesto a contemporizar con Fidel Castro la violencia concluiría rápidamente» porque ello implicaría «venderle[s] petróleo a los cubanos» y «permitir la propaganda revolucionaria», como una forma de dar a entender así que todo pasaba, en este caso, por la simple gramática del chantaje[54]. Comoquiera que fuese, Uslar ya había adelantado insinuaciones de querer encaminar algún tipo de relación con

---

50 Boris Bunimov Parra. Citado por Avendaño en ibíd., 505-506.
51 «Uslar, entre el antiguo régimen y la restauración». *La República*, 25/11/63: 6.
52 Avendaño, A. (1986): 489.
53 Ibíd., 493.
54 Liscano, J. «Remachando el clavo». *El Nacional*, 29/10/63: A-4.

el Caribe revolucionario al declarar lo siguiente en un momento dado de su campaña: «Se pueden tener relaciones con un país socialista sin que por eso uno sea socialista»[55]. Además, disparando por mampuesto, el candidato parecía verse aludiendo de este modo a la llamada «doctrina Betancourt», dentro de cuyo radio caía precisamente el caso de Cuba por la doble e inseparable condición de no poseer un gobierno representativo ni tener un claro origen comicial. Al menos es lo que se estila de estas palabras suyas con las cuales buscaría asestarle un nuevo golpe al partido gobernante: «Es una posición un poco pueblerina, aldeana y ridícula el pensar que los países deben mantener relaciones buscando una identidad de principios»[56].

Ahora bien, si lo dicho sobre el Caribe resultaba más o menos vago, el candidato será en cambio de una claridad meridiana cuando postule, a través de ese mismo Programa de Gobierno, la necesidad de enfrentar la insurgencia «por medios legales» y no a través de la implantación de «un sistema totalitario y de fuerza que podía traducirse en un sistema policial incompatible con la democracia»[57]. Por si fuera poco, una genérica afirmación suya, formulada mientras hacía contacto con sus electores a lo largo de la campaña, sería susceptible de levantar ronchas: «Si llego al poder abriré las puertas de las cárceles y las fronteras (...) a los exiliados políticos»[58]. Dos cosas llaman la atención acerca de esta promesa concebida para desafiar a sus principales rivales –Leoni y Caldera–, ambos procedentes del gobierno coalicionista. Lanzada así a los cuatro vientos, y sin condicionantes de ningún género, lo primero que llama la atención es el talante personalista que

---

55 Rangel, C. «Uslar Pietri se confiesa». *Momento*, N. 367, 28/07/63: 32.
56 Ídem.
57 Avendaño, A. (1986): 493. Véase también «Posición del doctor Arturo Uslar Pietri ante la Iglesia y el Comunismo. Tomado de su Programa de Gobierno presentado a la nación en Maracaibo, el lunes 7 de octubre de 1963». *La Esfera*, 18/10/63: 8.
58 «Abrir las cárceles y las fronteras de la Patria a los detenidos y exiliados promete Uslar Pietri». *La Esfera*, 21/11/63: 2.

emanaba de la oferta, lo cual situaba a su proponente a una distancia sideral de quienes más bien eran partidarios de que, en asuntos de esta naturaleza, la última palabra la siguiesen teniendo los tribunales y el Congreso. Lo segundo era que, al menos dicho así, el candidato independiente ni siquiera proponía una revisión puntual de los casos que pudiesen ser objeto de indultos o sobreseimientos por parte del presidente, tal como lo haría Leoni –una vez llegado al poder–, con el fin de ofrecerle una salida a cierto sector de la izquierda insurgente.

De hecho, más comedido que Uslar sería justamente su contrincante Leoni cuando, aún en plena campaña, se pronunciara sobre el tema de esta forma:

> No se puede hablar de amnistía, como proyecto definitivo. Además, esa facultad no es del Presidente sino del Congreso, que debería dictar una ley al respecto. Pero, de todas formas, creo que no se puede pensar en ello mientras el país viva el desafío de la violencia (...). [A]hora, si la situación se normaliza y la violencia pasa a ser un mal recuerdo de un mal momento, el gobierno tomaría medidas para acomodarse a ese nuevo clima. Pero los extremistas tendrían que enmendarse y demostrar (...) su deseo de rectificación, de regresar a las normas del juego democrático. Tal vez, en esas condiciones, se pensaría en un indulto[59].

Hubo empero un momento en que, corrigiendo la impetuosidad de sus palabras, Uslar precisaría el calibre de su oferta en estos términos: «Se haría una revisión de todos los expedientes y solamente los culpables de hechos que justifiquen su encarcelamiento continuarían privados de libertad. Pero no aquellos que no tengan juicios pendientes»[60]. Además, a la hora de aterrizar en la realidad haciendo gala de un tono más sereno, el «candidato

---

59 «Leoni: el pueblo está conmigo». *Elite*, N. 1989, 09/11/63: 29.
60 «Arturo Uslar Pietri: En diciembre Venezuela se salva o se hunde» [Diálogo abierto, Puerto Cabello]. *El Nacional*, 10/09/63: C-1.

providencial» se vería llevado a concordar con su principal contrincante en que decretar amnistías no era una facultad que le concerniera en primer lugar al presidente sino que le competía al Congreso[61].

En todo caso, para ir más allá cuando se trata de conocer las intenciones de Uslar frente al reto que suponía la lucha armada resulta muy significativo que, entre las variantes que introdujo su campaña, figurara una innovación basada en el formato de foros públicos, que le permitiría interactuar directamente con sus electores a través de «diálogos abiertos». Será justamente en el marco de algunos de estos «diálogos abiertos» donde Uslar se referirá, entre otras cosas, al respeto por el pluralismo ideológico, la revisión de los expedientes de quienes habían sido objeto de juicios sumarios o de excepción vinculados a la guerra irregular, la política de reconciliación y, en suma, a la pacificación «total» del país[62]. Pero será también cuando el candidato se vea confrontado en más de una oportunidad con preguntas de este estilo: «¿aceptaría usted el apoyo de los grupos extremistas en las elecciones?», o «¿está de acuerdo con la colaboración del PCV y del MIR en su gobierno?». O bien del siguiente tenor: «¿devolvería la legalidad a los partidos Comunista y MIR?», lo cual parecía ser demostrativo de la confianza –o de las dudas– que seguían suscitando sus planteamientos en este terreno[63].

Es precisamente en relación con una de tales preguntas que no puede dejar de advertirse cierta candidez de parte del candidato, sobre todo teniendo en cuenta el complejo origen de la violencia pero, aún más, los complejos caminos que hacía falta recorrer para acabar con ella. Ello es así a raíz de que, frente a la pregunta acerca de una eventual legalización de las organizaciones clandestinas, el candidato Uslar respondiera de este modo:

---

61 Ídem.
62 Avendaño, A. (1986): 487.
63 Ibíd., 476.

«[S]oy enemigo de la violencia, pero tengo la seguridad de que esos jóvenes depondrán las armas una vez restablecida en Venezuela la normalidad democrática»[64]. Dicho tal como lo hacía el candidato, Uslar parecía ignorar que el movimiento insurreccional extremoizquierdista se basaba en una organización hecha para la guerra, sin otro porvenir, militarmente hablando, que el triunfo o la derrota. Su propuesta, basada a fin de cuentas en las posibilidades mágicas de la virtud, hacía difícil que pudiese avanzarse con éxito frente a quienes adversaban a Betancourt, y prometían seguir haciéndolo con su sucesor, contando para ello con grupos alzados en armas capaces de determinar el rumbo de la insurgencia. Por contraste, la recomendación de Liscano sería categórica: «Ante una tan reiterada declaración de guerra, el Gobierno no puede ni debe bajar la guardia. Sería entregarse al enemigo. Pero, a la vez que golpea a éste, debe propiciar la reintegración a la vida democrática de aquellos dirigentes y sectores que ya rectificaron. Y debe también resolver, de manera generosa, algunos casos individuales»[65].

En medio de uno de esos «diálogos abiertos», Uslar acusará a la que tildaba de «Compañía Anónima Betancourt-Caldera» (para execrar de esta forma a la coalición gubernamental) de llevar a cabo una política desacertada frente a la izquierda al enfrentarla solo con la represión y no –según él– mediante una política de reformas sociales. Es por ello que el candidato, que habría de utilizar una campana como emblema de su campaña para alertar a los electores acerca de la hora «agónica» que enfrentaba el país, tendría esto que decir con respecto a la actividad insurgente alentada por la izquierda: «Es un error creer que el comunismo se combate con la violencia, con la represión. No, al comunismo se combate con grandes reformas sociales

---

64 «Arturo Uslar Pietri: En diciembre Venezuela se salva o se hunde» [Diálogo abierto, Puerto Cabello]. *El Nacional*, 10/09/63: C-1.
65 Liscano, J. «Análisis III». *El Nacional*, 11/09/65: A-4.

que salven a los pueblos del caos y la miseria y, en síntesis, haciendo las cosas mejor que las que ellos puedan hacer»[66].

Ahora bien, cabe preguntarse, en medio de la agonía con que así hablara Uslar (no en vano sostenía que Venezuela se «salvaría» o se «hundiría» en función del resultado de esos comicios del 63), ¿qué otro rumbo, que no fuera el de las «reformas sociales», se había trazado la gestión de Betancourt? Convendría citar aquí a un autor cuya opinión contribuye a restarle seriedad a la forma como el candidato independiente hablara a tal respecto:

> El gobierno de Rómulo Betancourt se caracterizó entre otras cosas por su política de marcado contenido social; por ejemplo, en materia de educación se incrementó en un 70 % el número de inscritos en liceos y se redujo el analfabetismo a un 21 % del total de la población. Asimismo se creó el INCE, instrumento fundamental para capacitar e insertar a la juventud desempleada en el sector laboral. Se reforzó el sindicalismo y las condiciones de los trabajadores al celebrarse más de 3.500 contratos colectivos. Se construyeron 55 mil viviendas y, en materia de salud, se incrementó en un 65 % la población servida por agua, se construyeron hospitales y se redujo la mortalidad infantil y la general[67].

Quizá uno de los puntos más controvertidos en plena campaña electoral fuera cuando una de las brigadas de las FALN, en aras de cumplir el doble propósito de insistir en su promoción propagandística y abastecerse de armas, planificó el asalto al tren turístico de El Encanto, en el estado Miranda, el 30 de septiembre de 1963, con saldo de cinco efectivos militares fallecidos[68]. Según lo resume Rafael Simón Jiménez, la acción produjo el repudio tanto de la opinión pública como de las Fuerzas Armadas, y a pesar

---

66 «Arturo Uslar Pietri: En diciembre Venezuela se salva o se hunde» [Diálogo abierto, Puerto Cabello]. *El Nacional*, 10/09/63: C-1.
67 Salcedo A., G. (2016): 8.
68 Soler, A. (2015): 85.

de que los parlamentarios Gustavo Machado y Domingo Alberto Rangel, actuando como voceros del PCV y el MIR respectivamente, trataran de desvincularse de los hechos, condenándolos, las pruebas concluyentes en manos del gobierno hicieron que Betancourt ordenara la prisión de los senadores y diputados de ambos partidos y la apertura de un juicio militar[69]. A decir verdad, dado el carácter que había cobrado la guerra hasta ese momento, sorprende que el PCV y el MIR aún se mantuvieran con vida en el Parlamento. De hecho, tras los sucesos ocurridos en Carúpano, en mayo del 62, ambos partidos fueron «inhabilitados», conllevando a una situación particularmente curiosa en vista de que, como lo ha observado Alessandra Soler, el PCV y el MIR vieron prohibidas sus actividades proselitistas al tiempo que, dentro del Congreso, sus senadores y diputados pudieron permanecer en funciones, representando a sus electores, mas no así a ninguno de los dos partidos como tales[70].

A partir de entonces, y a todo lo largo del año 63, la ilegalización pendió como una espada de Damocles sobre el PCV y el MIR hasta producirse los sucesos de El Encanto. Obligado a pronunciarse sobre el tema durante lo que ya figuraba como el tramo final de la campaña, Uslar vio en ello una oportunidad para continuar enfilando sus críticas hacia el manejo que el gobierno de la coalición hacía de la violencia guerrillera, al punto de tachar de «ilegal» la detención de los parlamentarios frente a la tesis contraria del gobierno, según la cual estos habían incurrido en un abuso sistemático de su inmunidad al darle cobertura, fomento y protección a la actividad armada[71]. Según lo recogía una nota de prensa, «El doctor Uslar Pietri señaló que, evidentemente, a la luz de un análisis jurídico, las medidas tomadas contra los parlamentarios extremistas eran ilegales e inconstitucionales. 'Esos

---

69 Jiménez, R.S. «El tren de El Encanto», *Las Verdades de Miguel*, 23/09/14.
70 Soler, A. (2015): 81.
71 «Prisión de los parlamentarios es ilegal, afirmó Uslar Pietri». *La Esfera*, 15/10/63: 2.

medios aplicados por el gobierno para combatir la violencia (...) son negativos y contraproducentes, por cuanto en su esencia también llevan la siembra de la violencia' [señaló el candidato]»[72]. Esta posición colocaría a Uslar ante el caso de verse opinando, en el contexto de un año particularmente violento como el 63 (durante el cual se habían registrado más de cien acciones de tipo subversivo[73]), en sintonía con el urredista Ignacio Luis Arcaya, para entonces vicepresidente del Congreso, o el senador independiente Miguel Otero Silva, como parte de una entente histórica que, en el más benévolo de los casos, profesaba profundas animosidades hacia sus rivales de Acción Democrática.

La diferencia entre no ser comunista y ser «anticomunista»

Sin embargo, nunca como desde la plataforma electoral copeyana se hablaría de un modo tan acre acerca de las supuestas carantoñas que Uslar le hacía a la izquierda en el contexto de los comicios presidenciales. El secretario general de Copei, socio coalicionista de Betancourt y nuevamente candidato por la tolda verde, Rafael Caldera, hablaría con fuerza —con mucha más fuerza incluso de lo que lo había hecho Juan Liscano— acerca de las ambivalencias que, a su juicio, caracterizaran la posición de Uslar frente a la violencia armada. Según lo observa Avendaño, el candidato socialcristiano hará del empeño por exigirle a Uslar una definición clara y contundente en torno al comunismo una especie de constante a lo largo de la contienda[74].

De hecho, al no más darse el arranque de la campaña en la ciudad de San Cristóbal, adonde llegaría en julio con motivo de su proclamación como candidato, un diario procatólico de

---

72 Ídem.
73 Avendaño, A. (1986): 517.
74 Ibíd., 491.

la localidad editorializaría del siguiente modo: «El doctor Uslar Pietri recibirá apoyo de algunos sectores de significación, aunque no todos capaces de ofrecer confianza. Se espera que se defina de manera categórica en puntos de trascendencia para el país como la posición de su gobierno, en caso de ganar las elecciones, frente al comunismo internacional: existencia del Partido Comunista, relaciones diplomáticas con las naciones del bloque soviético-chino, libertad de enseñanza, relaciones entre Estado e Iglesia [y] Concordato»[75].

Aún más, si algo habría de conferirle particulares tintes al choque directo entre Uslar y Caldera será que la cuestión religiosa se cuele con fuerza en el marco de esta confrontación, generando de paso la clásica polémica que suele suscitarse cuando se trata de comparar los contenidos del espíritu con el materialismo propio del pensamiento marxista. La polémica llegará a tal punto que así como Uslar acusaría a Copei de utilizar los cursillos de cristiandad para captar adherentes a favor de la candidatura de Caldera, el Comité Nacional de ese partido no solo refutará la acusación de que se estuviese empleando la religión para hacer proselitismo sino que lo emplazaría a clarificar su «actitud ambigua y equívoca (...) frente a los comunistas y a las posiciones adoptadas por éstos»[76]. «Copei –dirá un comunicado de sus altas autoridades– no estaba dispuesto a dejarse arrastrar a una polémica religiosa en la actual contienda», pero lamentaba que Uslar hubiese evadido en cambio un pronunciamiento claro sobre el fenómeno insurreccional. El texto en cuestión, publicado por el Comité Nacional del partido, diría así:

> Copei lamenta que, en estos momentos dramáticos que vive Venezuela, y mientras el país espera pronunciamientos categóricos con respecto

---

[75] «Definición sobre posición frente al comunismo piden al Dr. Arturo Uslar Pietri». *El Universal*, 14/07/63: 10.
[76] «Definición frente al comunismo pide Copei a Uslar Pietri». *La República*, 10/10/63: 3.

a la violencia insurreccional y a las medidas que los Poderes Públicos se han visto obligados a tomar en contra de los que la dirigen, el Dr. Uslar Pietri haya evadido un pronunciamiento sobre estos asuntos. (...) Copei, sus dirigentes y militantes, sí son responsables de haber afirmado y de continuar afirmando que el Dr. Uslar Pietri ha mantenido y mantiene una actitud ambigua y equívoca frente a los comunistas y a las posiciones adoptadas por éstos. Copei emplaza al Dr. Uslar Pietri para que se defina sobre esta materia de vital trascendencia para el presente y el futuro del país[77].

La polémica será tan áspera en el terreno de la fe que Uslar dirá, en algún momento, lo siguiente: «[D]el lado de Copei (...) se me ataca a mí de mil maneras, se me llama ateo, se me llama enemigo de la Iglesia; han llegado a decir que soy (...) bígamo»[78]. No menos noticioso en medio del ruido será que el obispo auxiliar de la Arquidiócesis de Caracas, monseñor José Rincón Bonilla, se viera obligado a terciar para exigirle a Uslar pruebas de que los llamados «cursillos de cristiandad» estaban siendo utilizados para hacer campaña a favor del candidato copeyano[79].

Pero el debate en torno a lo confesional será apenas un dato menor frente a lo que, para Caldera (y coincidiendo en ello con AD), parecía ser la actitud «guabinosa» de Uslar en relación con la violencia. De hecho, disparando desde el mismo terreno, es decir, utilizando la misma figura de «Compañía Anónima» con que Uslar denostara del gobierno coalicionista, Caldera dirá que la «C.A. Villalba-Uslar» había venido «coqueteando a más y mejor con las fuerzas extremistas» durante los cuatro años de la gestión de Betancourt[80]. Y agregaría: «[E]l pueblo tiene derecho también a que se le explique cuál fue su labor en el papel de árbitro (...) [en]

---

77 «Copei frente a las imputaciones del doctor Uslar Pietri» (remitido). Caracas, 9 de octubre de 1963. *El Universal*, 11/10/63: 18.
78 V.M.R. «¿Quién ganó el debate? ¿Caldera o Uslar?». *Elite*, N. 1988, 02/11/63: 55.
79 «Uslar Pietri debe presentar pruebas, dice monseñor Rincón Bonilla». *La República*, 14/10/63: 1.
80 «La C.A. Villalba-Uslar durante cuatro años ha estado coqueteando con los extremistas, dijo Caldera en Falcón». *La Esfera*, 09/10/63: 15.

el Congreso Nacional que le valió el remoquete del 'Hombre Congreso' porque siempre evadió la responsabilidad de fijar posiciones claras frente a los extremistas»[81].

Como era lógico, habiendo mantenido hasta entonces una posición que algunos calificaran de «ambigua» frente a los sectores armados, la única diferencia planteada entre el Uslar senador y el que actuaba ahora como candidato era que el tema de la violencia llegaría a cobrar una dimensión aún más estridente durante los casi seis meses que durara la campaña[82]. Tan pugnaz será la polémica en torno a este tema que ello se vería reflejado en un debate de alto *rating* que Caldera y Uslar protagonizaron por TV, en octubre del 63, habiendo sido Caldera quien, luego de convenirse el orden de la discusión, propuso que se agregara al temario la fijación de posiciones con respecto al comunismo y la violencia[83]. Tal decisión se vio seguramente motivada por la intención de Caldera de conquistar la simpatía de dos destinatarios a los cuales les concernía en particular esta franja de la polémica: por un lado, el país «católico»; por el otro, el sector empresarial, supuestamente más inclinado a simpatizar con Uslar que con su contrincante copeyano. Al menos así lo resumiría la percepción de un reportero al concluir el debate:

> Uslar Pietri no es simpatizante comunista. Pero eso no basta. Caldera, declarándose anti-comunista, quería probarle al electorado, sobre todo al católico, que debe votar por él. La fijación de posición también iba dirigida a los sectores financieros que nada quieren saber de comunismo. Uslar Pietri ha declarado que no es marxista, cada vez que se lo han preguntado. Dice que los combate ideológicamente. Caldera va más allá: los niega a rajatablas[84].

---

81 Ídem.
82 Avendaño, A. (1986): 517.
83 V.M.R. «¿Quién ganó el debate? ¿Caldera o Uslar?». *Elite*, N. 1988, 02/11/63: 46.
84 Ídem.

Por alguna razón, otro observador vería el debate sobre este tema como el enfrentamiento de dos rivales que se habían propuesto la tarea de ganar prosélitos para un gobierno que intranquilizara lo menos posible a los sectores pudientes o, dicho de otra forma, para disputarse entre sí parte de la clientela conservadora que aún actuaba en calidad de «electores fluctuantes» de cara a los comicios[85].

Una vez plantado frente al público televisivo en su doble papel de candidato de Copei y socio del gobierno de coalición, Caldera se aprestaría a trazar lo más rápido posible una raya frente a su rival en lo tocante a la violencia. Seguramente con ese ánimo fue que se dispuso a decir lo siguiente acerca del carácter irredento de la izquierda:

> Yo vi en las propias calles de Caracas, en los momentos en que se posesionaba el presidente electo [Betancourt] por la mayoría popular, disturbios que ya se fomentaban. Yo observé las manifestaciones absolutamente injustificadas que, por medio de la violencia, irrumpían todos los días quemando vehículos, rompiendo vidrieras, provocando desórdenes, en una forma sistemáticamente organizada. Yo no creo que es (*sic*) justo decir que los comunistas son unos buenos muchachos que, como Betancourt no los entendió, los trató con cierta malacrianza[86].

Comoquiera que fuera, en medio de los intercambios que se suscitaron por espacio de dos y horas y media entre ambos polemistas, Caldera buscaría arrancarle en varias oportunidades a su rival una declaración «tibia» acerca del tema. En algún momento intentaría hacerlo, no sin provocarlo antes endilgándole el rol de Poncio Pilatos:

> Se ha desatado en Venezuela un proceso de violencia sistemática (...), a tal punto de que son muy pocos los sectores que no saben de dónde

---

85 Feo Calcaño, G. «Uslar Pietri-Caldera». *La República*, 28/10/63: 6.
86 V.M.R. «¿Quién ganó el debate? ¿Caldera o Uslar?». *Elite*, N. 1988, 02/11/63: 49.

mana esa violencia y cómo se realiza. Frente a ese problema ha habido una especie de [posición], no quisiera decir aquí de Pilatos, pero sí como de observador más o menos tranquilo que dice: «No vamos a averiguar de dónde salió la violencia. Ha habido violencia de lado y lado». (...)
Yo no puedo estar de acuerdo con esta interpretación y debo comenzar por recordar que mi partido ha condenado siempre cualquier exceso que se haya cometido por parte de cualquier autoridad. Que cuando se denunciaron hechos de tortura ante la Cámara de Diputados, siendo yo todavía Presidente [de esa Cámara], encomendé con una manifestación especial de encarecimiento (...) la averiguación de los hechos, porque considero que debía estar en el interés del gobierno el reprimir cualquier hecho de esa naturaleza, cuyas consecuencias son inmensamente dañinas para el gobierno.
Yo creo que en este momento es de suma gravedad para el país que sus dirigentes democráticos (...) no hayan adoptado una actitud terminante, tajante, categórica, para decir ¡esto no! (...), porque cada vez que los terroristas cometen un hecho lamentable hay algunas palabras de condenación, pero seguidas inmediatamente de la excusa de que eso lo hacen porque el gobierno los coloca en esa situación. (...)
[Precisamente lo grave] es atribuirle al gobierno, como para suavizar las culpas de los comunistas (...) la responsabilidad por cualquier exceso de cualquier actitud, de cualquier autoridad subalterna[87].

Como respuesta a las incitaciones de Caldera, Uslar contestaría lacónicamente: «Yo no creo que el gobierno esté limpio de toda culpabilidad en materia de violencia»[88]. Pero aún más, luego de que Uslar hiciese una larga profesión de su fe *no comunista*, Caldera trataría de acorralarlo de nuevo subrayando que ese *«no»* estaba lejos de definirlo claramente como un *«anti»*:

> [E]l doctor Uslar dijo: «no soy comunista, no tengo pactos con los comunistas», pero no lo oí una sola vez que dijera «soy anticomunista».

---

87   Ibíd., 51, 52.
88   Ibíd., 51.

> Yo en todas las declaraciones [mías] que leyó el doctor Uslar [en este debate] dije «soy anticomunista» y estoy dispuesto a luchar contra el comunismo en el campo ideológico con ideas que creo mejores a las suyas[89].

Cuando le corresponda el turno de responder, Uslar intentará desmentir que fuese compañero de ruta de la izquierda diciendo lo siguiente ante los exhortos de Caldera con el fin de que se «definiera»:

> En cuanto a lo que usted me pide, que yo me declare *anti*, le voy a decir lo siguiente al doctor Caldera: Yo no soy anti-comunista, estoy frente al comunismo y no creo en la doctrina comunista; lo he combatido en muchas formas, he tenido debates públicos con militantes comunistas sobre puntos doctrinarios.
> Ahora, yo, por naturaleza, no soy anti-musulmán, ni soy anti-judío, ni soy anti-nada (...) y creo que el que tiene una ideología distinta a la mía tiene derecho a la vida como yo. (...)
> De manera que yo, de salir con una lanza de San Jorge a preguntar dónde hay un comunista para exterminarlo, eso no lo haré yo nunca. Ahora, enfrentar al comunismo para impedir que triunfe (...), eso sí lo dije, lo he dicho. (...) Ahora, yo creo que eso ni me tacha a mí ni me disminuye a mí. (...) Pero nadie me va a convertir en macartista. (...) Yo lamento defraudarlo en ese punto y no poder complacerlo[90].

Sin embargo, el contrincante no se quedaría simplemente aguardando a que los ataques de Caldera acerca del comunismo llovieran sobre sus costillas. Uslar dirá en este sentido que le extrañaba que el candidato de Copei lo emplazara a efectuar pronunciamientos tan tajantes cuando el propio Caldera, como lo demostraba su trayectoria desde 1958, había tenido una posición «muy flexible» frente al comunismo. Hurgando entre viejas

---

89 Ibíd., 52.
90 Ibíd., 53.

declaraciones del líder copeyano, Uslar diría lo siguiente ante las cámaras:

> Cuando el Dr. Caldera presentó su penúltima candidatura presidencial, el año de 1958, dijo en su discurso que «yo tengo una posición, una actitud decididamente anticomunista, [pero] considero sin embargo que el interés actual de Venezuela aconseja dar al Partido Comunista (...) el ejercicio de las libertades democráticas y que, como tales, los ciudadanos venezolanos que profesan esa doctrina o actúan en ese partido tienen derecho al mismo respaldo, las mismas consideraciones, la misma seguridad a que tienen derecho todos los venezolanos. No creo en el anticomunismo de los tiranos porque sé que las ideas se combaten con ideas». (...)
> [Y en otro momento], en un programa que presentó, el Dr. Caldera decía, hablando del partido Acción Democrática, decía esto textualmente: «[N]o somos anticomunistas por odio, y no somos anticomunistas cerriles que consideran como la única forma posible del anti-comunismo insultar y atacar y aliarse con todo aquello que vaya en alguna forma a combatir la doctrina comunista, nosotros creemos que mucho daño le ha hecho a la genuina reflexión de la humanidad contra la doctrina comunista el pregonado anti-comunismo de grupo, que no tiene autoridad para hablar porque no respetan el derecho sustancial de la persona humana»[91].

Da la casualidad de que, más allá del propio debate, esta idea según la cual el «anticomunismo» de Caldera era un simple ardid para disminuir a Uslar, la manejó también, en su columna de opinión, Francisco Vera Izquierdo, a juicio de quien tal actitud era contradictoria frente al ruido que el propio Caldera había hecho en 1962, luego de los sucesos de Carúpano y Puerto Cabello, alegando que, en la clandestinidad, el PCV era mucho más efectivo y temible que en la legalidad[92]. Vera Izquierdo la emprendería así contra el aliado del gobierno de Betancourt:

---

91 Ibíd., 51, 52.
92 Vera I., F. «Colaboración de Copei contra Uslar Pietri». *El Nacional*, 08/09/63: A-4.

Después de que el Dr. Caldera formó aquella alharaca en octubre del 62, y amenazó con irse de la coalición si ilegalizaban al PCV, ¿en qué paró su teatral actitud? En nada; en venir a obedecer a su jefe y protector [Rómulo Betancourt] después que la violencia ha alcanzado sus máximos efectos. Se opuso a una medida que hubiera evitado los sacrificios de policías y guardias nacionales y las inmensas pérdidas habidas en los ataques contra la propiedad por guardar una apariencia de autonomía y fracasó como siempre[93].

No obstante, Vera Izquierdo no se quedaría quieto a la hora de contemplar estos ataques dirigidos a arrinconar a Uslar y poner de bulto sus supuestas afinidades soterradas con el extremismo puesto que, a su entender, no se trataba solo de una actitud propia de Caldera sino de su organización en pleno:

> Un partido [Copei], que se ha hecho subsidiario, que se ha convertido como en una filial de Acción Democrática, y que recibe el beneficio de administrar algunos despachos y algunas gobernaciones, a cambio de prestar su apoyo a todas las medidas económicas o políticas, legales o arbitrarias, que crea conveniente tomar Acción Democrática, debía ser consecuente con su protector y apoyarlo también en las elecciones. (...)
> [S]igue trabajando para su señor (...) pero esta vez [lo hace] en forma contenciosa contra la [candidatura] de Uslar Pietri[94].

Puede que en el fondo existiese una tremenda injusticia en esto de desnaturalizar las diferencias doctrinales y programáticas que existían entre AD y Copei; pero, para Vera Izquierdo, los ataques contra el candidato independiente solo podían entenderse en relación directa con el temor de Caldera de verse desplazado por el «fenómeno» Uslar, o de advertir que Uslar se beneficiaba de la «impopularidad» de Copei como partido de la coalición, todo lo cual explicaría su empeño por hacer que el candidato

---

93   Vera I., F. «Desaciertos y propagandas de Copei contra Uslar Pietri». *El Nacional*, 13/10/63: A-4.
94   Vera I., F. «Colaboración de Copei contra Uslar Pietri». *El Nacional*, 08/09/63: A-4.

independiente fuese percibido por el electorado como «el emisario de Satanás», acusándolo, entre otras cosas, de ser simpatizante del comunismo[95].

Sin embargo, ya de nuevo en relación con el debate, Caldera no se quedaría quieto en su afán por atacar a Uslar en relación con las «carantoñas» que le hacía al comunismo, así tuviese que revolver para ello en el cajón de la historia. Insistiendo pues en arrinconarlo, Caldera pretenderá referirse al pasado «pedevista» de su rival para remachar que tales «carantoñas» eran de vieja data:

> [C]onsidero sumamente grave el que no se diga con claridad y con entera responsabilidad que los hechos de violencia que ocurren están manejados, dirigidos, fomentados y sostenidos por organizaciones políticas que tienen una estructura totalitaria y que han decidido andar el camino de la insurrección. (...)
> Esas organizaciones (...) [t]ienen armas, tienen dinero, tienen muchas conexiones (...) y tienen, desde luego, una poderosa maquinaria internacional que los respalda y que actualmente tienen su base de operaciones en la cercana (...) isla de Cuba.
> Yo quisiera que el doctor Uslar a ese respecto contestara a una clara formulación que le hizo el Partido Social Cristiano Copei [de] cómo el doctor Uslar fue de los directores del Partido Democrático Venezolano [PDV] que, en 1944, celebró hasta un pacto electoral con el Partido Comunista de Venezuela. [Y]o creo que tiene mucho mayor interés en el presente momento que, por la posición que ocupa y por el mismo hecho de su candidatura, el doctor Uslar haga a este respecto un categórico pronunciamiento[96].

Tal como puede verse, el pasado ejercerá tanto peso sobre la coyuntura electoral de 1963 que la candidatura de Uslar no solo será rehén del antiguo antagonismo AD-PDV sino que, por parte de Copei, hará reflotar el recuerdo de la alianza PDV-PCV que

---

95 Vera I., F. «Arturo, pesadilla de Copei». *El Nacional*, 06/10/63: A-4.
96 V.M.R. «¿Quién ganó el debate? ¿Caldera o Uslar?». *Elite*, N. 1988, 02/11/63: 51.

tanto encono despertara entre las filas de los futuros socialcristianos durante el último año del régimen de Medina. La respuesta de Uslar en este sentido será apenas una variación de lo que él mismo tuvo que decir en julio de ese año, cuando recién había comenzado la campaña, al hablar de la supuesta alianza PCV-PDV y, especialmente, para refutar la idea de que, por el hecho de reivindicar la figura de Medina desde que pusiera pie en la ruta electoral, actuase como un simple nostálgico de lo que sus adversarios calificasen de «anacronismos medinistas». Por ello conviene citar esta versión de julio del 63 a fin de redondear mejor lo que –palabras más, palabras menos– le respondió a Caldera antes de concluir el debate: «Es un mito la famosa alianza del gobierno de Medina con los comunistas. No hubo nada de este tipo. Sólo hubo en las elecciones municipales de 1944 un compromiso a no presentar candidatos del gobierno en parroquias donde había postulaciones comunistas[97]».

Un crítico muy agudo de la opción «uslarista» se referiría en estos términos al candidato independiente a la hora de hacer un balance de lo que fuera aquel toma y daca por TV dedicado, en buena parte, al tema de la violencia:

> [F]ue en el debate sobre la violencia y en la fijación de los comunistas dentro de ella, donde Arturo Uslar mejor demostró su gran capacidad para las ambigüedades y su debilidad de convicciones para enfrentarse al realismo político de Rafael Caldera.
> Uslar Pietri no puede ser tenido ciertamente por nadie como un simpatizante de los comunistas. Pero, con todo y ser [calificado como] «el cerebro mejor organizado de Venezuela», por aguas bautismales de Miguel Otero Silva, ha servido indirectamente a los comunistas por medio de repetidas coincidencias críticas, por inhibiciones y ambigüedades, productos de un denominador común en la conducta de Uslar Pietri, de los comunistas y de los totalitarios: el odio abierto o simulado a Acción Democrática y a Rómulo Betancourt[98].

---

97 Rangel, C. «Uslar Pietri se confiesa». *Momento*, N. 367, 28/07/63: 30.
98 Feo Calcaño, G. «Uslar Pietri-Caldera». *La República*, 28/10/63: 6.

A juicio de este mismo articulista, una cosa habían sido los comunistas «pacíficos» de la época de Medina y otra muy diferente la izquierda insurreccional de los años sesenta:

> Rafael Caldera no necesitaba remontarse al pacto electoral del PDV con el Partido Comunista en 1941 (*sic*) para poner en evidencia las debilidades de Uslar Pietri frente al PC. Después de todo, es apenas de octubre y noviembre de 1960 a esta parte que los comunistas se nos han mostrado de cuerpo entero a los venezolanos. En el pasado, unos más, otros menos, muchos hicieron alianzas tácticas y emplearon cordialidad y simpatías hacia los comunistas pacíficos del medinismo. Caldera sólo necesitaba referirse, entre muchas otras cosas, a la intervención de Uslar Pietri en el Senado a propósito de la subversión de Carúpano (...) para refrescar la memoria de los venezolanos en cuanto al papel de Pilatos interpretado por el candidato presidencial ante las arremetidas de fuerza y terrorismo del PCV y el MIR[99].

Y concluiría diciendo:

> Por otra parte, Uslar Pietri piensa que intelectualmente no es muy elegante declararse «anti-comunista». Puede uno declararse (...) «antifascista»; puede uno, frente al problema racial norteamericano, declararse «anti-segregacionista»; puedo uno, inclusive, declararse «antitotalitario». Pero, para Uslar Pietri, es puro macartismo eso de declararse uno «anti-comunista». Otra simple coincidencia con la ley del embudo bolchevique[100].

Más a tono con el propio año 63, y menos con la mirada puesta en el tema de la alianza PCV-Medina de la década de los cuarenta, de lo cual hubo de defenderse tanto de Caldera como del partido Copei, Uslar había creído conveniente sentar posición desde el arranque de su campaña con respecto al caudal de votos procedente de la izquierda que pudiese desembocar a su favor: «Yo

---

99   Ídem.
100 Ídem.

no llegaría mediante un pacto a solicitar los votos de los comunistas, pero mi candidatura está en la calle, y si los comunistas resuelven votar por ella, no veo cómo pueda impedirlo u oponerme a que lo hicieran». Sin embargo, acto seguido, deslizaría la siguiente aclaratoria ante sus potenciales electores para no dejar dudas acerca de sus inexistentes compromisos con la izquierda: «Yo no emplearía comunistas en mi gobierno, ni veo por qué hay necesidad de hacerlo»[101].

Al mismo tiempo, la actitud de la izquierda será de tal desconcierto frente al «fenómeno» electoral que encarnaba Uslar o, incluso ante el rol de un Villalba «redivivo», que las aguas se separarían entre boicotear las elecciones o transarse a favor de una eventual participación en los comicios respaldando a alguno de los candidatos desde las filas de la ilegalidad. En este caso, los nombres más barajados a la hora de un eventual respaldo fueron los de Villalba y del contralmirante Wolfgang Larrazábal, aunque desde el PCV clandestino hubo también quienes se inclinaron a favor de Uslar basándose para ello tanto en su empeño por ofrecer un gobierno «sin perseguidos ni perseguidores» como en el hecho de que sus declaraciones «anticomunistas» habían sido tibias o casi inexistentes. Al final sin embargo fue la abstención, traducida en «paro armado», la que se presentó como fórmula salvadora del dilema que afrontaba la izquierda[102].

Si bien esta nueva experiencia de su vida política lo aventaría a un cuarto lugar del total nacional detrás de Leoni, Caldera y Villalba al darse los resultados de diciembre de 1963, lo cierto es que Uslar había llegado a medirse dentro de una fragmentación del escenario como no se había planteado durante las elecciones que llevaron a Betancourt al poder en 1958. Tal como lo resume Avendaño, «[participarían] doce organizaciones políticas de las cuales siete lo harían por primera vez», dando como resultado que Leoni

---

101 Rangel, C. «Uslar Pietri se confiesa». *Momento*, N. 367, 28/07/63: 30.
102 Blanco M., A. (2000): 62.

saliera electo con apenas el 32 % del total electoral, haciendo de esta manera que AD experimentase una disminución sensible de su caudal con respecto a las elecciones en las cuales Betancourt resultó favorecido con el 49,18 % de los votos[103].

En todo caso, a la hora del balance, pareciera que Uslar, al debutar en su rol de candidato, se hubiese visto atrapado en un clima de confrontación que había ido más allá de la polémica *democracia deficitaria-amenaza comunista* que caracterizara la interacción entre las principales fuerzas políticas del país durante aquella primera mitad de la década de los sesenta. En este sentido, su candidatura pareció ser rehén de dos revoluciones a dos tiempos: la cubana de 1959, ante la cual un sector le reclamaba definiciones más contundentes, y la revolución de octubre del 45, frente a la cual su candidatura lucía –fuera ello cierto o no– como expresión de etapas superadas en la historia política venezolana[104] o, para emplear las palabras de un editorial del diario *La República*, como una «restauración anti-histórica»[105].

Más paradójico, por un lado, y trágico, por el otro, será lo que el futuro le depare a los dos protagonistas de este tramo particularmente feroz de la campaña por la Presidencia en 1963: el «anticomunista» Caldera, quien durante su primera presidencia se alzaría con el título de «pacificador» –al darle impulso definitivo al proceso de entendimientos que Leoni había adelantado hasta entonces con un sector de la izquierda en armas– y quien, durante su segundo mandato, sería el adalid extrapartido de una coalición en la que prevalecerían viejos dirigentes de la insurgencia. Por su parte, el «ambivalente» Uslar quien, en 1992, en un momento en el cual habría de aflorar de nuevo su «antiadequismo», manifestase

---

103 Avendaño, A. (1986): 405. Rafael Arráiz Lucca precisa que, en realidad, el porcentaje fue de 32,80 % (957 574 votos). Arráiz L., R. (2005a): 88.
104 Díaz S., P. «Una candidatura de regresión». *La República*, 02/10/63: 3.
105 «La candidatura de Uslar es la anti-historia que no debe ser restaurada», señala el editorial en cuestión. «Uslar, entre el antiguo régimen y la restauración». *La República*, 25/11/63: 6.

cierta indisimulada simpatía por la aventura golpista del 4F, en cuyo fondo anidaba mucho del espíritu insurreccional de los años sesenta.

Nada impidió sin embargo que, luego de una campaña tan virulenta, donde abundaron los argumentos descalificatorios dirigidos a restarle votos a Acción Democrática, tanto Villalba por URD como Uslar, a través de lo que sería su recién creado «Frente Nacional Democrático» (FND), integrasen el gobierno de «Amplia Base» presidido por Leoni como resultado de la apreciable figuración que ambos candidatos habían tenido en los comicios. De hecho, el propio Leoni fue claro al decir lo siguiente algunos meses antes de su elección: «La consolidación de la democracia no puede descansar en un solo partido»[106]. Más razón tendría en hacer buenas estas palabras luego de combinarse el caudal electoral obtenido por Villalba (510 975 votos) con el de Uslar (469 363), cifra que superaba ligeramente los 957 574 votos conquistados por el candidato de AD[107], lo cual le garantizaba al nuevo presidente la posibilidad de ampliar considerablemente su radio de acción tras el ingreso de URD y el FND a las filas del gobierno sin depender del magro apoyo electoral obtenido por sí solo[108].

A raíz del nuevo pacto tripartito, las palabras de Uslar se las habría de llevar el viento al haber dicho apenas en octubre del 63, dos meses antes de las elecciones, que «[votar en 1958 por Betancourt había sido] llevar al poder a un partido político [AD] muy sectario, muy pugnaz, con una tradición exclusivista grande, con apetitos de predominio evidentes y que, por lo demás, tenía resistencia, resquemores y un ambiente de hostilidad en muchos sectores de la vida venezolana»[109]. De hecho, este rosario de adjetivos («sectario», «agresivo», «pugnaz» y «arrogante») al hablar de AD,

---

106 «Leoni: el pueblo está conmigo». *Elite*, N. 1989, 09/11/63: 29.
107 Avendaño, A. (1986): 505.
108 Blanco M., A. (2000): 64.
109 V.M.R. «¿Quién ganó el debate? ¿Caldera o Uslar?». *Elite*, N. 1988, 02/11/63: 46.

lo había subrayado Uslar con fuerza durante el debate televisado con Caldera[110]. Obviamente, la propia AD no se había quedado atrás durante la campaña a la hora de centrar sus ataques en el futuro socio de Leoni: para AD, Uslar Pietri era la encarnación de una candidatura nacida en las vecindades del Country Club, poseedor de un sonoro apellido de abolengo y asociado a las «castas encopetadas, viajadas y bilingües» del país[111]. Otro opinante llegaría a preguntarse lo siguiente frente a la prédica «antiadeca» que había caracterizado la campaña de Uslar y, sobre todo, a raíz de los flecos «pedevistas» que dejara asomar su candidatura: «¿Entonces por qué no llamar PDV al PDV? Si la gestión pedevista fue verdaderamente positiva (...), ¿a qué se debe eso de llamarse independientes?»[112].

Sin embargo, plantado frente a los resultados concretos, las palabras de Uslar –como se ha dicho– terminarían apuntando en otra dirección: «Todo es posible políticamente, y es posible que las circunstancias que se presenten en los próximos meses abran la salida a mil formas de combinación»[113]. Curioso contraste con lo que él mismo afirmara año y medio antes en tono de marcado desdén: «[N]o comparto una expresión que (...) se ha oído en los medios parlamentarios, y que me parece horrible, que es la de que 'en política todo es posible', lo cual es lo mismo que decir que los hombres que hacen profesión de políticos no tienen ni convicciones ni principios»[114].

Evaluando lo ocurrido, la opinión de Agustín Blanco Muñoz será particularmente dura a la hora de enjuiciar los méritos de los nuevos socios de la coalición:

---

110 «La Semana Política: El debate Uslar-Caldera». *Momento*, 03/11/63: 58.
111 Henríquez V., R. «La agresividad neopedevista». *La República*, 18/09/63: 8.
112 Rodríguez, T. «Vuelve el PDV». *La República*, 04/07/63: 6.
113 Rangel, C. «Uslar Pietri se confiesa». *Momento*, N. 367, 28/07/63: 30.
114 «La estabilidad de un régimen está en razón directa de su eficiencia y capacidad para resolver los grandes problemas nacionales». Entrevista con Guillermo Álvarez Bajares y Eleazar Díaz Rangel. *El Nacional*, 05/04/62. Sección Foro: 1.

[L]uego de haber asumido una gran cantidad de bancas parlamentarias vendiendo la mercancía de la oposición al gobierno, acusando a éste de todo tipo de incapacidades, de haber esgrimido la consigna de «Ni perseguidos ni perseguidores» y de haber luchado por una amplia paz para Venezuela, [Uslar] se limita simplemente a proponer una Amplia Base, un reparto del gobierno como manera de alcanzar altos fines para el «interés nacional»[115].

Con una dosis de similar condena al examinar el caso de URD y de su máximo líder Jóvito Villalba, la opinión de Blanco Muñoz cobrará en este caso un tono irónico: «A su vez URD hizo lo propio: cambió todos sus ímpetus oposicionistas, olvidó que en un momento determinado había roto con AD y emigrado de la coalición debido a su desacuerdo con la política represiva del gobierno y a la forma como se conducía la política exterior (en especial, el caso cubano). *De nuevo URD estaba dispuesta al 'sacrificio'*»[116]. Sin embargo, un hecho que resulta conveniente destacar es que, a diferencia del enfrentamiento cuasisolitario de Betancourt con la insurgencia (contando apenas para ello con el apoyo inequívoco de Caldera y su partido, Copei), Leoni tendría a su favor la posibilidad de ver ensanchado el espectro de quienes adversaban la lucha armada, aun cuando estos mismos sectores se hubiesen mostrado ambiguos o mantuvieran hasta entonces algunas ventanas abiertas hacia el mundo de la oposición violenta. Sea como fuere, la lucha antiinsurgente ya no se vería como un problema exclusivo de Acción Democrática[117]. Como bien lo resume Blanco Muñoz:

[L]a gran mayoría de los partidos políticos que tienen significado y fuerza [en este nuevo contexto, es decir, AD, URD y el FND] adversan al comunismo porque [en relación con los que se hallan en la coalición saliente], en cuanto respecta a estos fines concretos, se une Copei. Es

---

115 Blanco M., A. (2000): 60.
116 Ibíd., 60-61. Énfasis agregado.
117 Ibíd., 65.

decir que, en [ese] momento, el radio de oposición al comunismo es mucho mayor que en el año sesenta y tres (...). [E]ra precisamente el momento adecuado para darle el golpe final al «extremismo»[118].

Visto como lo hace Blanco Muñoz, todo hace suponer entonces que, a partir de ese momento, se cerrarían los poros que habían permitido que la «oposición democrática» y la «oposición insurreccional» se comunicaran de algún modo entre sí. La única diferencia que existía en este sentido entre Uslar y Villalba era que el FND, relativamente más homogéneo en su composición y, además, de muy reciente factura, no sufrió los desgarres que experimentaría URD, el cual, ya desde las vísperas de los comicios del 63, había buscado la forma de ir aislando a la izquierda que existía dentro de sus propias filas, cuya presencia había explicado en buena medida las ambigüedades con que actuara el partido en relación con el tema de la insurgencia y, especialmente, en su rol opositor frente al gobierno coalicionista entre 1960 y 1963. Así, en un intento por darle más coherencia y fuerza a la candidatura de su máximo líder y, más tarde, como resultado de los entendimientos alcanzados con Leoni, URD, ya más claramente definido como «jovitero» de cara al futuro, generará dentro de su propio patio un proceso de depuración, de «limpieza» de sus filas, cuyo resultado será que los elementos más identificados con la izquierda, como Luis Miquilena y José Vicente Rangel, terminasen integrando un partido de creación propia: Vanguardia Popular Nacionalista (VPN)[119].

Los «ponciopiláticos»

Independientemente de que Uslar hiciese caso omiso de la prédica antigubernamental y anti-AD que caracterizara su campaña

---
118 Ídem.
119 Ibíd., 61.

y terminara integrándose a la administración de Leoni, la opinión de la izquierda se vería dividida en partes casi iguales al anunciarse la formación del nuevo gobierno de «Amplia Base». Habrá por un lado quienes vean en la incorporación de Uslar y Villalba indicios de lo que presagiaba ser una sensibilidad diferente y, sobre todo, la posibilidad de trazar un enfoque distinto ante los sectores en armas; habrá, en cambio, la otra mitad dispuesta solo a ver detrás del apoyo de Uslar a la gestión de Leoni una decisión movida por apetencias burocráticas y, en el mejor de los casos, por un afán de figuración en el mundo oficial[120]. Frente a estos últimos, Uslar saldrá con las manos escaldadas, sobre todo luego de haberse negado enfáticamente a ser tildado de «anticomunista» y, por ello mismo, llevado a invertir buena parte del kilometraje recorrido durante la campaña haciendo aclaratorias en tal sentido.

En todo caso, concluido el proceso del 1 de diciembre de 1963, y con medio millón de votos bajo la manga, el excandidato y senador reelecto por el Distrito Federal se sentiría más seguro a la hora de subirle el tono a sus exhortos. Incluso, luego de recibir la visita de un grupo de familiares de presos políticos en época propicia –según el Uslar que así hablaba en vísperas pascuales– «para exaltar la generosidad», la oportunidad de debutar como una voz distinta desde el poder se expresaría de este modo:

> Creo que la situación actual de los detenidos políticos (...) se caracteriza en dos hechos: en primer lugar, por la gran cantidad de detenidos políticos por razones preventivas o de sospecha, a los cuales, hasta ahora, no se les ha seguido juicio. Éstos deben ser puestos en libertad, pues nada justifica su permanencia en prisión. (...) Luego está el caso (...) de los detenidos por un juicio ordinario o de excepción, muchos de los cuales están siendo víctimas de injustificable retraso en el curso de los procesos. (...)

---

120   Ibíd., 61, 62.

Creo que, para darle al país las condiciones de una vida normal y pacífica, sería justo esforzarse porque hubiera más clemencia y menos dureza y porque sólo aquéllos que tengan que responder por definidos hechos punibles queden sometidos a la acción legal justa y expedita de sus jueces naturales[121].

Más allá del esfuerzo por hacer coincidir corrientes de tan disímil coloratura como AD, URD y el nuevo FND de Uslar Pietri, bastaba ver la diferencia de enfoques que privaría en torno al problema de la violencia para comprender que la construcción del nuevo gobierno tripartito no sería una tarea sencilla ni libre de pruebas. De hecho, un columnista hablaría de las enervantes deliberaciones que habían conducido a la formación del Gobierno de Amplia Base, al cual calificaba de «coalición de nombres [que miraban] hacia el pretérito», al menos a partir de lo que revelaba su «rostro contrarrevolucionario octubrista»[122]. A juicio de quien así hablara, la «policarencia de virtudes magnéticas» que se derivaba de la alianza que ahora acompañaría a Leoni hacía dudoso que se tratara del elenco más indicado para enfrentar a las guerrillas:

> Los líderes del gobierno juzgan exagerado todo intento honesto de llamar la atención sobre cuatro años de existencia guerrera. Es un error. El pueblo venezolano debe saber la verdad: no es *camping* ni escultismo lo que hacen los guerrilleros. Hacen una guerra nueva, ideológica, ahora con grandes ventajas frente a un sistema político heterogéneo. (...) El reto guerrillero es demasiado reto para una política sin aliento espiritual y sin grandeza nacional[123].

Sin extraviarse en términos tan dramáticos ni tan melosos, a Juan Liscano también había llegado a preocuparle el hecho de

---

121 «Declaración de Uslar Pietri: 'La inmensa mayoría espera y aplaudiría la libertad de los presos políticos'». *El Nacional*, 18/12/63: C-1.
122 Cárdenas, R.J. «La Ancha Base y las guerrillas». *El Nacional*, 07/11/64: A-4.
123 Ídem.

que «mientras las conversaciones para [formar] un gobierno de Amplia Base se estira[ban] como un bostezo», la guerra irregular –decretada contra el régimen democrático– amenazara con prolongarse. A su juicio, no todo auguraba que, con el triunfo de Leoni, se impusiera dentro de la izquierda la tesis de la rectificación frente a la tesis insurreccional, es decir, que predominara definitivamente la opinión de quienes estaban dispuestos a inclinarse a favor de la línea coexistencial de Moscú y, por tanto, a dejar atrás el activismo armado que, en esos momentos, se veía alentado con más fuerza que nunca por el ejemplo chino en combinación con el ejemplo cubano. Lo que llevaba al poeta a darle cabida a semejante inquietud había sido la noticia del reciente viaje de Eduardo Gallegos Mancera, alto dirigente del PCV, a Pekín y Vietnam del Norte. Por ello, a raíz de unas declaraciones que este ofreciera en la capital china, Liscano comentaría lo siguiente: «Cabe suponer que el viaje de Gallegos Mancera, así como sus mencionadas declaraciones (...), significan [que] al escoger de manera enfática [proseguir] la lucha armada, Gallegos Mancera proclama públicamente [su rechazo a la política exterior de la URSS y] su adhesión a la tesis insurreccional y belicista propugnada por los comunistas chinos y principalmente elaborada para los países subdesarrollados de la América Latina, del Asia y de África[124].

No todo se limitaba sin embargo a quienes –como Liscano– continuaban expresando sus preocupaciones a través de la prensa. En todo caso existe constancia de que la coalición de Amplia Base y sus fragilidades llegaron a inquietar también al sector militar. De ello da cuenta el contenido de una nota confidencial en la cual el embajador Tejera París le hablara a Leoni de una conversación que sostuviera en Washington con el general de aviación Antonio Briceño Linares, quien se desempeñara como ministro de la Defensa durante buena parte del gobierno de Betancourt:

---

124   Liscano, J. «Hechos y rumores». *El Nacional*, 12/09/64: A-4.

He conversado mucho con Briceño, que es realmente un hombre bien informado y de buen criterio. Hubo [una cosa] que me dijo que quiero trasmitirle. [Briceño] estima que –todavía– el principal aglutinante de las FAV [Fuerzas Aéreas Venezolanas] con nosotros es el anticomunismo. Cualquier declaración modificativa puede comenzar a abrir brechas. Tiene miedo de que la presencia de Uslar pueda impulsarnos a eso. Él [Briceño] es un hombre objetivo, [conoce el pensamiento suyo] y comprende sus declaraciones. Pero conoció de la reacción de los oficiales que están aquí [cursando estudios en Washington] sobre una noticia del *Washington Post* que dijo que tú les ofrecías un pacto a los comunistas[125].

La idea, expresada no solo por el *Washington Post* sino, incluso, por diarios de menor monta como *The Times Picayune* de Nueva Orleans[126], en el sentido de que Leoni parecía mostrarse dispuesto a ofrecerles garantías y condiciones concretas a «los rojos», dibuja un retrato de los primeros intentos de Pacificación en los cuales sus aliados de la Amplia Base debieron tener cierto peso. Sin embargo, las diferencias se harían sentir más temprano que tarde una vez que Leoni insistiera en la condición –a su juicio *sine qua non*– de que se hacían precisos la rendición y el desarme total de los grupos armados antes de abrirle camino a cualquier programa amplio de indultos y, más aún, a cualquier posibilidad de legalización. Para Leoni, las palabras expresadas por Gallegos Mancera en Pekín, en su carácter de representante oficial del PCV, eran un recordatorio reciente de hasta dónde la izquierda estaba realmente dispuesta a transigir: «Solamente con las armas podemos obligar al imperialismo norteamericano a dejar libre a Venezuela», fue lo que se le atribuye a Gallegos Mancera haber dicho durante su visita a la capital de la China roja[127].

---

125 Carta de Enrique Tejera, embajador de Venezuela en Washington, a Raúl Leoni, Presidente de la República de Venezuela. Washington, 21/09/64: 2-3. Archivo Leoni, Carpeta 158.
126 *The Times-Picayune*, 08/09/64. Archivo MPPRE (País: EE. UU.). Expediente N. 15 (Año 1964). Varios. Asuntos Bilaterales.
127 Ídem.

Comoquiera que fuere, la alianza del FND con Leoni será una experiencia que habría de prolongarse apenas a lo largo de dos años (1964-1966), luego de lo cual Uslar razonaría en una larga carta la decisión de su partido de abandonar la coalición. De acuerdo con lo que señala Rafael Arráiz Lucca, la figura máxima del FND aludiría en dicha carta a la falta de unidad real entre los tres partidos y al hecho de no haberse podido concretar los objetivos que llevaron a la formación misma del gobierno de «Amplia Base»[128]. Para ser exactos, la convivencia «anchabasista» duraría dieciséis meses, a partir de lo cual el FND de Uslar aclarará haberse separado, entre otras cosas, por estimar que «las medidas adoptadas [contra el 'enguerrillamiento' que había vivido el país] han sido muy tímidas (...). Las medidas de Pacificación acordadas hasta ahora han sido incompletas, discontinuas y han carecido de eficacia suficiente»[129].

Una vez más, el siempre inclemente Liscano, quien al comenzar la campaña presidencial de 1963 llamara la atención acerca de las ambigüedades en las que incurriera Uslar al hablar del tema de la violencia, estimaría ahora, vista la ruptura ocurrida en 1966, que el FND no le había dado suficiente crédito al empeño puesto por Leoni a la hora de definir los únicos términos a partir de los cuales solo sería posible aceptar un regreso de las organizaciones de izquierda a la vida legal: entregar las armas y desmantelar los aparatos de guerra. Liscano, empero, dirá más. Estimaba que, al hablar de medidas «tímidas» por parte del presidente Leoni, Uslar corría el riesgo de colocarse del lado de quienes abogaban por una «amnistía total» sin reparar en las peligrosas implicaciones que tendría la posibilidad de que se reiniciara la violencia si no se lograba antes el abandonamiento completo de la vía armada.

Para Liscano, viejo amigo de Uslar e infatigable compañero de andanzas literarias, el autor de *Las lanzas coloradas* incurría en

---

128 Arráiz L., R. (2005 a): 95; Arráiz L., R. (2005 b): 101.
129 Citado por Liscano, J. «Sobre Pacificación». *El Nacional*, 26/03/66: A-4.

cierta peligrosa nostalgia, creyendo que en el contexto de los años sesenta, caracterizados por la estrategia insurgente chino-cubana, era posible alcanzar el tipo de colaboración que se había dado entre el PDV y el PCV en los ya muy idos tiempos de Medina[130]. Aún más, Liscano deplorará que el FND hubiese tomado el camino de la ruptura cuando ya Leoni había demostrado actuar con un cariz distinto, no solo al haber abogado a favor de la promulgación de una Ley de Conmutación de Penas al recién arribar a la Presidencia, beneficiando así a un significativo grupo de procesados, sino que lo haría de nuevo a fines de ese año 66 —por vía de gracia directa— al ofrecer como importante gesto en pro de una salida legal al conflicto la liberación de treinta y un presos políticos, entre ellos el dirigente pecevista Eloy Torres, detenido tras la acción insurreccional de Carúpano[131].

Si algo –a juicio de Liscano– definía a los «ponciopiláticos» era el hecho de creer que la violencia guerrillera montaba a un hecho inexplicable, o frente a la cual el gobierno y la oposición armada compartían igual grado de responsabilidad. Así fuera Uslar el que así pensara, esta posición lo acercaba a quienes sostenían que, si existía terrorismo, ello «se de[bía] a Betancourt» y que, si existía guerrilla, tal cosa solo podía explicarse en función de que hubiese «represión oficial»[132]. Liscano dirá mucho más en defensa de una postura que, como puede fácilmente suponerse, iría a contramano de la opinión dominante entre los círculos literarios e intelectuales de la época: «El Gobierno democrático no inició

---

130 Ídem.
131 Liscano, J. «Intentos definitorios». *El Nacional*, 26/11/66: A-1. Agregando un comentario al margen de lo que Liscano pudo haber dicho en su momento con respecto al talante significativamente distinto que exhibiera Leoni ante la dinámica de la violencia, cabe señalar que en su archivo personal reposa una nómina de oficiales y suboficiales involucrados en los distintos *putchs* contra Betancourt y cuyas causas fueron sobreseídas, montando dicha lista a ochocientos individuos. Si bien el sobreseimiento de algunas de tales causas antedatan al año 64, la mayoría corresponden a la administración de Leoni. «Nómina de los procesados militares sobreseídos desde 1962 a 1965». Archivo Leoni. Carpeta N. 129.
132 Liscano, J. «Precisiones». *El Nacional*, 13/11/65.

la represión. Por el contrario, demoró tanto en decidirse a tomar represalias que sus adversarios pudieron montar impunemente su aparato insurreccional»[133].

En su batalla cuasisolitaria a través de la prensa, el poeta y columnista buscaría respaldar el razonamiento de Leoni expresándose de esta manera:

> Para nosotros no hay sino una sola posibilidad real; que el Partido Comunista [y] el MIR enguerrillado y guerrillero (...) desistan de la lucha armada y depongan las armas. No será porque el Gobierno ponga en libertad [a los parlamentarios encarcelados] que se va a operar una recesión en la lucha insurreccional. (...) Si el Gobierno [los libera] por decisión del Presidente, de ningún modo ello contribuirá a la pacificación, lo cual no implica que no seamos partidarios resueltos de esa puesta en libertad. Pero no incidirá ella, de ningún modo, en el desarrollo de la lucha planteada, pues tan sólo pueden determinar el estallido de la paz quienes dirigen la insurrección. Y todos los documentos existentes –decimos TODOS– indican que la decisión de esos dirigentes es proseguir la lucha armada hasta sus últimas consecuencias. De modo que la pacificación, en última instancia, no depende propiamente del Gobierno sino de los que manejan la lucha armada y la insurrección[134].

Por otra parte, al proponerse contrastar contrastar la pacificación «efectiva» de Leoni con la visión melancólica de aquel pacifismo que corría el peligro de terminar convirtiéndose en fácil presa del esquema guerrista de la izquierda, Liscano observaría lo siguiente:

---

133 Ídem.
134 Y agregaría: «Lo fundamental es señalar que el Gobierno nunca se ha negado a ofrecer garantías a aquellos adversarios que se plieguen a las leyes y acepten el juego democrático. De modo que la insurrección (...) tiene una salida honrosa: cesar la lucha armada, integrarse a la vida política normal». Ídem.

> [S]i el Gobierno cede ante la presión pacifista, y baja la guardia frente a un adversario en resuelta actitud de matar, se autoliquida en una suerte de suicidio político. Porque será barrido por la insurrección marxista que no depuso las armas o por [algún sector retrógrado de las FF. AA.] que proclamará una emergencia nacional ante un régimen incapaz de defender las instituciones. (...) Para el Gobierno (...) no puede ser una solución ceder ante la presión de las armas, conceder una amnistía que reforzaría los cuadros de la insurrección, y cavar así su propia tumba[135].

Vale la pena detenerse en esta interesante tesis de Liscano. En resumen, al no imperar a su juicio las condiciones que justificasen el fenómeno insurreccional, su solo desarrollo podía conducir en cambio a una regresión militarista y a una nueva dictadura más o menos copiada de otras experiencias donde la democracia había fracasado en el combate contra la violencia armada. Dicho en otras palabras, la embestida insurgente podía llevar a concluir que el gobierno de Leoni, como otros gobiernos democráticamente electos de la región, era incapaz de afrontar esta clase de amenaza. O peor aún: que con toda razón se le hiciera responsable de ella si solo optaba, a fin de cuentas, por la inacción frente al adversario en armas. De modo que, empeñada la izquierda en proseguir la guerra, y frente a un gobierno que, a diferencia del de Leoni, hubiese actuado bajo la ilusión de una falsa labor pacificadora, el columnista observaba que la prédica «salvacionista», que desde siempre había seducido a los militares, habría podido hallar las puertas abiertas a fin de obrar a sus anchas.

Cabe aclarar que Uslar sería, por ejemplo, consecuente defensor del «anchabasismo» con respecto a temas como la libertad de prensa, especialmente cuando la oposición parlamentaria se embarcara en el empeño de denunciar al gobierno de Leoni por supuestamente incurrir en indebidas restricciones al ejercicio del

---

135 Ídem.

periodismo libre[136]. Pero, en relación con el fenómeno insurgente, su actitud será diferente, al punto de que ello habrá de incidir a su manera en la ruptura de la coalición.

Lo cierto era, pues, que quien había actuado como fundador de una nueva organización política llamada a sustituir al improvisado Comité Independiente Pro Frente Nacional volvería a entrar en disonancias con Acción Democrática, a pesar de que en esta oportunidad lo hiciese luego de haber actuado como su socio al más alto nivel del poder durante casi dos años. Ahora bien, si hasta el pasado reciente tales desacuerdos se habían centrado en la forma como –a su juicio– Betancourt le había dado curso a un gobierno hecho de «encarcelamientos y digepoles», tal como llegó a afirmarlo en plena contienda por la Presidencia, ahora sus reparos se centrarían en la forma en que Leoni intentaba aplicar algunas variantes «no betancouristas» con el fin de contener la curva de violencia. Parecía que Uslar no pudiese dar un paso sin antes exhibir una actitud cuestionadora frente a quienes intentaban conducir el ensayo democrático en medio de las dificultades planteadas. Solo así se explica que, para alguien tan inveterado a la hora de la crítica como el excandidato presidencial del 63 (y nuevamente senador hasta 1973), las gestiones que adelantara Leoni en procura de disuadir a los sectores en armas tampoco hallasen cabida en su ánimo.

Algunos meses más tarde, y con ese tono tan providencialista que lo caracterizara durante la campaña, Uslar afirmaría lo siguiente en respuesta al ministro del Interior, Gonzalo Barrios: «Si yo fuera gobierno sabría cómo acabar con la violencia»[137].

---

136 Cañizález, A. (2016): 16.
137 «Si yo fuera gobierno sabría cómo acabar con la violencia: Uslar Pietri responde a Gonzalo Barrios». *El Nacional*, 29/11/66: D-1.

Capítulo 6
La OEA y las armas

> [N]o consideramos que por la vía eleccionaria pueda, en la actualidad, darse solución definitiva a los problemas que confronta el país debido a la forma ventajista y fraudulenta como viene conduciendo el proceso electoral el gobierno del señor Betancourt con la intención de burlar la voluntad popular. Los cambios que se requieren (...) sólo pueden obtenerse mediante el triunfo de la revolución nacionalista y democrática que las FALN auspician.
> COMUNICADO DEL COMANDO NACIONAL DE LAS FUERZAS ARMADAS DE LIBERACIÓN NACIONAL (FALN). Abril de 1963[1]

La operación «Caracas»

Al tiempo que Leoni, Caldera, Villalba, Uslar, Larrazábal y el resto de los candidatos de la justa del 63 dejaban plantadas sus últimas ofertas electorales, la izquierda en armas intentaría poner en su sitio la pieza que aún faltaba dentro del esquema insurreccional urbano. Coincidiendo justamente con el fin de las respectivas campañas, el empeño por instrumentar un plan de dislocación violenta de los comicios llevaría a que la «exportación» de la revolución por parte de Cuba se materializara esta vez en el suministro de un lote sustantivo de armas cuyo destino, por error o no, serían las costas del estado Falcón.

Esta operación, conocida en los documentos de la época como el «Plan Caracas», y dirigida a dotar al movimiento insurgente del equipo básico capaz de asegurar el sabotaje de las elecciones, figuraría –a juicio de Agustín Blanco Muñoz– entre las cuestiones más importantes planteadas a lo largo del año 63[2]. Como lo apunta por otra parte uno de los responsables directos de su ejecución, el plan tenía como escenario los centros electorales

---
1 Citado por Biaggini G., J. *et al.* (1980): 28.
2 Blanco M., A. 1980: 368.

y su fundamento serían precisamente las armas enviadas desde Cuba[3].

De hecho, a diferencia de las acciones «publicitarias» que habían tenido lugar desde fines de 1962 y que hasta entonces no habían puesto al gobierno bajo asedio directo, el «Plan Caracas» implicaría una intervención distinta en el terreno de la violencia urbana. Así lo ratificaría un testigo: «Evidentemente con el 'Plan Caracas' ya se da otra concepción. Ya ahí había la intención de intervenir directamente nosotros en combates abiertos con el gobierno»[4]. Y de seguidas explica:

> Nosotros habíamos dividido la ciudad de Caracas en tres sectores (...). Básicamente se trataba de buscar un estallido popular, con una buena apoyatura en armamentos, que eran las famosas armas de Cuba. (...) Ahora, el error inicial es que uno construyó todo ese plan en función de unas armas que todavía no se tenían (...). El otro problema era la inexperiencia. Habríamos (*sic*) unos veinte tipos que sabíamos manejar una bazuca. Pero un hombre que no sabe utilizarla es como si no la tuviera[5].

Por su parte, al hablar de la caída de las armas procedentes de Cuba, el testimonio de Anselmo Natale, jefe de una de las principales brigadas a cargo de la operación, resulta muy revelador respecto a las consecuencias que habría podido comportar dicho plan:

> Afortunadamente, esas armas cayeron porque si no hubieran caído la matazón hubiera sido enorme. Es evidente para mí que el movimiento armado venezolano no estaba en condiciones de hacer buen uso de esas armas. Lo que justificaba la política de sabotaje de las elecciones

---

3   Entrevista con Anselmo Natale. En Blanco M., A. (1981a): 212. Además, de haberse llevado a cabo –y según lo observa Gustavo Salcedo–, el plan preveía igualmente el asalto a varios cuarteles de la capital. Salcedo A., G. (2016): 228.
4   Entrevista con Luis Correa. En Blanco M., A. (1981a): 285.
5   Ibíd., 286, 287.

por parte del PCV descansaba mucho en el ofrecimiento hecho por los cubanos de esas armas. (...)

Por supuesto, no estaba enterado de que esas armas iban a venir, y mucho menos de dónde venían, porque eso era «secreto de Estado», secreto militar. Pero, cuando me dieron las instrucciones me dijeron que tenía que planificar el desarrollo de la insurrección de una parte de Caracas sobre la base de que iba a venir una enorme cantidad de armas. En la planificación, por consiguiente, debía tomar en consideración que iba a haber armas suficientes. Lo que no se tomaba en cuenta era si iba a haber gente suficiente para poder hacer uso adecuado de ese armamento[6].

Y más adelante agrega:

Afortunadamente cayeron esas armas (...) porque, si no, la matazón que se hubiera producido, especialmente del lado de la izquierda (...), hubiera sido de proporciones incalculables. Como te decía antes, para esa época el movimiento popular, y el propio partido, no estaban en capacidad de hacer una utilización adecuada de ese armamento. (...) Por eso te decía que afortunadamente esas armas no vinieron porque si hubieran venido la matazón hubiera sido desastrosa. Aquí hubiera habido un diciembre sangriento, un diciembre negro[7].

A pesar de que siempre se mostró mucho más cauto que el resto de sus pares a la hora de opinar sobre las debilidades o errores cometidos a lo largo de la dinámica insurgente, Guillermo García Ponce vendría a reconocer que se trató de una operación cuyos pobres resultados no se condijeron en ningún caso con los sofisticados niveles de preparación de los cuales requirió. Después de todo, dada su calidad dentro del aparato de la guerra, convendría escucharlo, pues su testimonio cobra un valor especial a la hora de atar los cabos:

---

6   Entrevista con Anselmo Natale. En ibíd., 199-200.
7   Ibíd., 212, 229.

[E]l Plan de la Operación Caracas (...) era (...) esencialmente un golpe de mano contra Betancourt y [contaba] con las armas que iban a llegar del exterior para poder luchar a distancia y desorganizar las fuerzas militares del enemigo. (...) Tenía como fundamento disponer de un armamento moderno. Nosotros habíamos dedicado una parte considerable de los meses anteriores al adiestramiento del personal. (...) Se habían hecho cursos y distribuido los objetivos. (...) [E]l plan era atacar simultáneamente algunos de los principales sitios fuertes de Caracas, también en Coro y otros lugares. Primero se trataba de una acción que se iba a descargar sobre los cuarteles, combinado con apoyo militar, con los últimos recursos que nos quedaban (...).
[D]urante seis o siete meses acondicionamos un sitio en las costas de Falcón, incluso con un subterráneo, para recibir esas armas. (...) [S]e construyó allí un dispositivo subterráneo para recibir y esconder las armas. (...) Pero [la persona a cargo de la operación], en lugar de descargarlas allí, las descargó en otro sitio, donde lo único que hizo fue ocultarlas con un poco de arena. (...)
Esa es la razón por la que se perdieron esas armas. La gente que tenía que recibirlas se quedaron esperando y todo el dispositivo en el que habíamos invertido sacrificios y dinero se perdió. (...) [Unos lugareños] vieron que estaban enterrando unas cosas y pusieron la denuncia a la Guardia Nacional, creyendo que era un contrabando. Vino la Guardia Nacional y, en lugar de un contrabando, encontró las armas. Así fue[8].

El cineasta y escritor Luis Correa, otro de quienes tenían la responsabilidad de llevar a cabo la acción a nivel de las brigadas escogidas para actuar dentro del «Plan Caracas», comparte la misma percepción de que se trató de un desenlace deplorable. Hasta dónde fue capaz de llegar su desengaño, lo revelan estas palabras:

> Nosotros teníamos (...) todo un operativo para recibir las armas. Ahí hubo una falla (...) en la organización de esa operación. Si nosotros éramos los que íbamos a utilizar esas armas, lo más lógico era que fuéramos nosotros a recibirlas y encargarnos a nosotros de todo el

---

8   Entrevista con Guillermo García Ponce. En Blanco M., A. (1980): 369, 370, 371.

operativo. Pero (...) el grupo de recepción falló. (...) Nosotros lo que sabíamos era que, en determinado punto, ya aquí en Caracas, íbamos a recibir las armas, pero no llegaron. (...) Las armas [se] las dejó así, a la *machimberra*[9].

Según otro testigo, La Habana se vería por largo tiempo ante el espejo de esa derrota, pero se cuidaría de insistir en que las armas fueron capturadas solo a causa de la irresponsabilidad de quienes tuvieron a su cargo recibirlas. «Ellos dicen que cumplieron su papel: pusieron las armas en el sitio indicado y esas armas estuvieron allí hasta que fueron detectadas»[10].

El fracaso del «Plan Caracas» tendría tres implicaciones que, a la larga, harían más compleja la dinámica insurreccional que la izquierda se había planteado llevar adelante con la ayuda de Cuba. En primer lugar, si bien el hallazgo coincidiría con los últimos meses de la gestión de Betancourt, sería el debutante Leoni quien tendría a su cargo redefinir los términos de la guerra a partir de lo que ya, sin duda, era prueba fehaciente del apoyo material que el régimen de Castro había resuelto proporcionarle a la insurgencia venezolana. En segundo lugar, para la fecha en que ello ocurriera –noviembre de 1963–, la captura del armamento le daría finalmente a los EE.UU. una prueba incontrovertible del grado de intervención cubana, algo que contrastaba con los informes que, apenas en enero de ese mismo año, daban cuenta a Kennedy de la falta de evidencias concluyentes en tal sentido.

Lo tercero sería lo que habría de ocurrir en la OEA. Si bien ya durante la VIII Reunión de Consulta de Ministros de Relaciones Exteriores celebrada en Punta del Este, en enero de 1962, se había acordado suspender a Cuba del sistema interamericano[11], el gobierno de Betancourt había persistido infructuosamente, al

---

9 Entrevista con Luis Correa. En Blanco M., A. (1981a): 287, 289.
10 Entrevista con Héctor Pérez Marcano. En Blanco M., A. (1981b): 334.
11 Dicha suspensión se resolvió contando apenas con el mínimo de votos necesarios para ello, es decir, catorce. Salcedo A., G. (2016): 192.

menos desde enero del 63[12], en que se ampliara aún más la lista de restricciones que afectaban el comercio con la isla, así como el tráfico de armas hacia Cuba, todo ello bajo el supuesto de que Venezuela continuaba viéndose agredida por el estímulo que recibían los grupos armados. De allí que, con base en las resoluciones tomadas en Punta del Este, Betancourt estimara necesario seguir llamando la atención acerca de esta clase de situaciones susceptibles de poner en peligro la paz y seguridad del continente.

Sin embargo, al darse el hallazgo de las armas en vísperas de la cita electoral, la gestión de Leoni, que se estrenaría en marzo del 64, tendría la determinación de llevar el caso, ya con pruebas concretas en la mano de lo que montaba a una agresión directa, ante la IX Reunión de Consulta que se convocaría en Washington en julio de ese año. El objeto que se propondría Venezuela sería, pues, con mucha mayor razón ahora, lograr que se impulsara una limitación más drástica de las relaciones con la isla de la que fuera implementada dos años antes, es decir, desde que se hiciera efectiva la suspensión de Cuba de la OEA. Vale subrayar de paso que esta decisión, promovida a raíz del tema de las armas descubiertas en Falcón, haría que la OEA no solo endureciera sus sanciones contra Cuba sino que prácticamente las mantuviese en pie hasta 1975.

El proceso de cotejo al cual fueron sometidas las armas halladas por la Guardia Nacional el 3 de noviembre de 1963 en la península de Paraguaná reveló más pronto que tarde las características indicativas de su procedencia. Según lo precisaría el Ministerio de la Defensa, la pericia practicada con base en reactivos especiales confirmaba que se les había borrado tanto el escudo cubano como los números de serial, los cuales pudieron ser parcialmente rehabilitados luego de someterlos a pruebas moleculares de laboratorio. Justamente, dado que el trabajo de limar escudos y seriales no hizo desaparecer por completo algunas evidencias que resultaron

---

12   «Plan rojo contra Venezuela denunciado ayer en la OEA». *La Esfera*, 17/01/63: 1.

visibles a los técnicos venezolanos, se pudo confirmar que se trataba de un lote de aprestos, una parte de origen belga y otra de procedencia estadounidense e italiana, así como se pudo demostrar, en ambos casos, que constituían material de guerra perteneciente al Ejército de Cuba.

Si bien una parte de tales aprestos antedataba a la revolución[13], otra, en cambio, había sido adquirida por el propio régimen de Castro antes de volcarse finalmente al aprovisionamiento de material soviético y de otros países de Europa del Este. En este sentido, el Ministerio de la Defensa no solo precisaría que algunas de las armas fueron modificadas previamente utilizando piezas de otras con la intención de entorpecer cualquier averiguación en caso de que fuesen incautadas, sino que, en lo que específicamente se refería al hallazgo de fusiles tipo FN FAL, subrayaba que solo Cuba, Argentina, Ecuador, Perú y Venezuela los poseían, y que la casa belga que los fabricaba había certificado que las trazas de serial pertenecían al Ejército cubano[14]. En efecto, el lote de fusiles FN FAL formaba parte de algunos aprestos comprados por el gobierno de Castro entre febrero y agosto de 1959; para mayor precisión, la Fábrica Nacional de Armas de Guerra Herstal de Bélgica, que contribuiría a la investigación consultando sus propios registros, confirmaría que los fusiles descubiertos en las playas de Falcón respondían a tales características y fueron adquiridos a esa empresa[15].

Visto como quiera verse, el lote completo lucía impresionante en términos de su uso con fines de guerra. Aparte de los 81 fusiles automáticos ligeros FN FAL y de 31 subametralladoras

---

13 *La República,* 29/11/1963; *El Nacional,* 29/11/63.
14 *El Universal,* 29/11/63. Archivo MPPRE (País: EE. UU.) Dirección de Política Internacional/ Asuntos bilaterales. Expediente N. 335-1963. Armas en el estado Falcón. Intervención cubana en Venezuela. IX Reunión de Consulta.
15 De acuerdo con el Ministerio de la Defensa, en poder del Gobierno Nacional obraba copia de un documento que certificaba estos pedidos hechos por Cuba a Bélgica entre febrero y agosto de 1959, y cuyo contenido concordaba con el inventario de las armas incautadas en Falcón. *El Nacional,* 29/11/63: C-15.

UZI con abundancia de cargadores, todo lo cual –como se ha dicho– era de fabricación belga, se sumaban cinco morteros de tipo M2 60 con sus respectivas cargas propulsivas; veinte lanzacohetes M20 («bazookas»); nueve cañones sin retroceso de 57 mm; 28 bloques de demolición M3 y 39 cargas de demolición (composición C-3). De acuerdo con las autoridades venezolanas, semejantes aprestos habrían podido servir para poner en pie lo que, en el argot militar, se conocía como una compañía tipo «A», consistente en 156 efectivos[16]. Además, el hecho de que se hallaran los afustes de varias ametralladoras pesadas de fabricación estadounidense, mas no así las ametralladoras mismas, llevaba a la sospecha de que el desembarco había sido solo parcial, en conexión con otros que no pudieron efectuarse o que se vieron frustrados a raíz de este hallazgo[17]. Por último, según lo indicara la prensa, el material se hallaba enterrado en la playa, a poca profundidad de la superficie, lo cual confirmaba que había sido dejado provisionalmente en el sitio, «esperando la llegada de sus destinatarios»[18].

El revuelo de las armas visto desde afuera

Junto al resto de quienes se dedicaban a la pesca artesanal en esa localidad, Gerardo Amaya solía tender sus redes a orillas de boca Macama, una ensenada prácticamente desierta en la península de Paraguaná, a sesenta kilómetros de Punto Fijo. Ni a él ni a sus acompañantes tuvo por qué llamarles la atención el hecho de que la arena luciera frescamente removida, puesto que esa caleta solía ser sitio predilecto para que los contrabandistas procedentes de Curazao introdujesen sus alijos en la zona. Excepto por un detalle: en esta oportunidad, un bulto mal enterrado les reveló la existencia de varias cajas de fusiles FN. «Amaya que sirvió como

---

16 Ídem.
17 *La Esfera*, 29/11/63: 2.
18 *La Religión*, 29/11/63: 1.

soldado y actualmente es reservista del Ejército venezolano –puntualizaría una crónica de los enviados especiales de *El Nacional*, Alberto Jordán Hernández y Francisco Verde– identificó aquel armamento. No tenía dudas de que era material bélico». Amaya y el resto de los pescadores decidieron dar aviso al Comando Regional de la Guardia Nacional acerca de semejante hallazgo[19].

Hecho el cómputo final de los bultos y cajas allí enterradas, las arenas de Macama revelarían la existencia de tres toneladas de armas valoradas en un cuarto de millón de dólares. Este hallazgo llevaría, como se dijo antes, a que EE.UU. dispusiera de una evidencia concreta con la cual, hasta ese momento, no había contado. Según Gustavo Salcedo, «el Secretario de Estado (...) informó a [Andréi Gromyko, ministro de Relaciones Exteriores de la URSS] que los Estados Unidos (...) contaban con pruebas incontrovertibles de la intervención cubana en Venezuela. Pero los soviéticos optaron por negar la veracidad de los hechos. Tal como lo hicieron las autoridades en La Habana (...), la Unión Soviética también decidió considerar el asunto como un burdo espectáculo de la CIA»[20]. No obstante, más allá de la renuencia de la URSS por admitir lo ocurrido, el Departamento de Estado expresaría lo siguiente a través de un comunicado:

> El anuncio formulado por el Gobierno de Venezuela de que las armas descubiertas en las playas de la Península de Paraguaná el 3 de noviembre son de origen cubano es una confirmación dramática de que el régimen de Castro lleva a cabo una política activa de agresión indirecta en este hemisferio.
> Esto desmiente las repetidas afirmaciones de Castro de que Cuba sólo exporta su revolución a través del pueblo. La evidencia presentada por el Gobierno venezolano demuestra que el régimen de Castro está fomentando la violencia en otras repúblicas americanas, no sólo con

---

19 «Interrogado por los delegados de la OEA el pescador que halló las armas de guerra en la solitaria ensenada de Punta Macama». *El Nacional*, 11/12/63: C-8.
20 Salcedo A., G. (2016): 235-236.

propaganda subversiva, fondos y agentes experimentados sino también con armas y municiones[21].

El portavoz del Departamento de Estado recalcaría que el hallazgo de las armas era «un desmentido terminante de las repetidas declaraciones de Castro, según las cuales Cuba no exporta[ba] la revolución comunista sino por su ejemplo»[22].

Según lo precisa el mismo Salcedo, puede que Jruchov no se tomara en serio el reclamo formulado por los EE. UU. puesto que quizá, en el fondo, no se hallaba realmente al tanto de lo ocurrido[23]. De modo que hasta este punto podría comprenderse el carácter displicente de la reacción soviética. Ahora bien, por otro lado, todo haría pensar –al menos de buenas a primeras– que luego del hallazgo de las armas, y de su verificación por parte de un comité de la OEA, al régimen de Castro le resultaría aparatoso cualquier desmentido categórico a este respecto. No obstante, ello sería dudar de la asombrosa capacidad que tuvo La Habana para librarse de semejante clase de acusaciones durante la etapa más crítica de la lucha armada, es decir, a partir de fines del año 63. En este caso, según un cable de la agencia Associated Press procedente de Miami, la radio cubana había rechazado la acusación de que Cuba hubiese introducido armas en Venezuela, agregando de paso que la transmisión captada en Miami declaraba que «esta [era] una nueva campaña de Betancourt contra Cuba y su gobierno revolucionario, culpando a los cubanos por la explosiva situación en su país y por la inestabilidad de su gobierno»[24].

De acuerdo con otro cable, esta vez generado desde La Habana por la agencia United Press International el 3 de diciembre

---

21   *La Esfera* (Cable de AP), 30/11/63: 15; *La República*, 30/11/63. Archivo MPPRE (País: EE. UU.) Dirección de Política Internacional/Asuntos bilaterales. Expediente N. 335-1963. Armas en el estado Falcón. Intervención cubana en Venezuela. IX Reunión de Consulta.
22   *La Esfera*, 30/11/63: 15.
23   Salcedo A., G. (2016): 236.
24   *El Nacional*, 30/11/63: A-12.

de 1963, o sea, al cumplirse el mes exacto de haber sido descubierto el lote de armas y de haberse procedido a su verificación:

> El gobierno cubano negó (...) que las armas encontradas en Venezuela pertenezcan a Cuba. Afirmó en cambio que «son de la CIA». (...) Al mismo tiempo declaró que el «Gobierno cubano está interesado en que se termine cabalmente la investigación para mostrar cuál es su verdadera procedencia». Un comunicado firmado por el Ministro de Relaciones Exteriores Raúl Roa rechaza el cargo venezolano (*sic*) –verificado por expertos norteamericanos y belgas– de que las armas fueron introducidas de contrabando desde Cuba (...). «El Gobierno revolucionario –señala el comunicado– nunca compró armas sin retroceso de fabricación norteamericana, ni anti-tanques, ni morteros». (...) Pruebas completas de laboratorio e investigaciones serias e imparciales sólo pueden producir una conclusión: que esas armas proceden de los arsenales del Servicio Central de Inteligencia yanqui[25].

El propio Castro, no sin antes aprovechar para calificar a Betancourt de «sanguinario tirano y miserable vendepatria», ratificaría lo dicho por su canciller Roa señalando que «la CIA tiene armas cubanas que fueron entregadas por desertores o robadas por contrarrevolucionarios»[26]. Hasta aquí, el castrismo confiaba en cubrir sus pasos, y probablemente lo hiciera en cierto modo durante el resto de la coyuntura. En realidad, los testimonios antes citados de Luis Correa, Anselmo Natale y Guillermo García Ponce, amén de la literatura testimonial generada en años recientes, es lo que se ha hecho cargo de confirmar, con toda la contundencia del caso, la participación directa de Cuba en este asunto de las armas[27].

---

25   *La Esfera*, 04/12/63. Archivo MPPRE (País: EE. UU.) Dirección de Política Internacional/Asuntos bilaterales. Expediente N. 335-1963. Armas en el estado Falcón. Intervención cubana en Venezuela. IX Reunión de Consulta.
26   *El Universal*, 07/12/63. Archivo MPPRE. Expediente N. 335-1963.
27   A este respecto, vale la pena consultar el libro de Rafael Elino Martínez titulado *Conversaciones secretas. Los primeros intentos de Cuba por acabar con la democracia en Venezuela*. Caracas: Editorial Libros Marcados, 2013.

Ahora bien, nada de lo anterior quiere decir que La Habana no experimentara algún grado de sobresalto a pesar de todo cuanto hubiese intentado desmentir por medio de sus ruidosas y ofensivas declaraciones dirigidas contra el mandatario venezolano. Los corresponsales extranjeros acreditados en la isla, como el enviado de la agencia France Press, aseguraban que en ese momento se percibía un ambiente similar al que se viviera en abril de 1961 en vísperas de darse la fallida invasión de Bahía de Cochinos. Ello era así no solo porque a los veinte días del hallazgo de las armas ocurriera el asesinato del presidente Kennedy (sin que, desde luego, nada tuviera que ver un hecho con el otro), sino por el cariz que podían cobrar las acusaciones de Venezuela, la cual amenazaba con llevar el caso, esta vez con mayor determinación, ante el pleno de la OEA[28] y, en virtud de ello, exigir la aplicación más estricta posible de las providencias contempladas por el Tratado Interamericano de Asistencia Recíproca (TIAR) de 1947[29].

Al tiempo que el expresidente cubano Carlos Prío Socarrás sostenía desde Miami que las armas halladas en Falcón le pertenecían en efecto a las Fuerzas Armadas Revolucionarias de su país[30], una circunstancia adicional le daría eco a la noticia del alijo descubierto en las costas de Paraguaná: la presencia de numerosos periodistas internacionales que habían acudido desde semanas antes a Caracas con motivo de las elecciones presidenciales del 1 de diciembre[31].

El hecho de que el hallazgo de las armas coincidiera con la primera oportunidad que tendría Venezuela de probar electoralmente el grado de solidez que había alcanzado el sistema construido a partir de 1959 daba espacio suficiente para que la prensa

---

28   *La Esfera*, 07/12/63. Archivo MPPRE (País: EE. UU.) DPI/Asuntos bilaterales. Expediente N. 335-1963. Armas en el estado Falcón. Intervención cubana en Venezuela. IX Reunión de Consulta.
29   *El Universal*, 29/11/63. Archivo MPPRE. Expediente N. 335-1963.
30   *La Esfera*, 07/12/63. Archivo MPPRE. Expediente N. 335-1963.
31   *La Religión*, 02/12/63. Archivo MPPRE. Expediente N. 335-1963.

internacional se ocupara de lo que acontecía en el país que acaparaba por ese entonces el 15% de la producción petrolera y que actuaba como uno de los principales abastecedores de ese rubro a nivel mundial. Pese a ciertas exageraciones contenidas en un editorial dedicado al caso de Venezuela, un diario neoyorquino sostendría, entre otras cosas que, si bien Castro no parecía hallarse «complicado en el horrible asesinato en Dallas», aludiendo así a la muerte del presidente Kennedy, demostraba, «a través de la actitud de sus agentes y aliados en Caracas, estar dispuesto a alterar a como diere lugar los comicios de diciembre del 63». Y agregaría: «Castro no cree en el voto. Se lo ha negado a su propio pueblo y quisiera negárselo a los venezolanos. Castro cree en el terror como medio revolucionario y como instrumento de gobierno[32]».

Más interesante aún resultaba la apreciación formulada por *The Daily Telegraph* de Londres:

> Si el electorado da una buena mayoría al partido Acción Democrática y elige al señor Leoni como sucesor del presidente Betancourt, él [Leoni] considerará que tiene mandato para enfrentar la subversión comunista por medios constitucionales. En cambio, si la votación no arroja un resultado decisivo y el nuevo Presidente no puede controlar el Congreso, los jefes de las Fuerzas Armadas podrían intervenir en nombre del orden y la estabilidad. Esto es lo que han querido provocar los comunistas.

Y añadía, teniendo a la vista los pronunciamientos militares que, en cuestión de año y medio, habían tenido lugar contra Arturo Frondizi en Argentina, Miguel Ydígoras en Guatemala, Carlos Arosemena en Ecuador y Manuel Prado Ugarteche en Perú: «El gobierno democrático, frágil como es en América Latina, ha sufrido varios reveses en los últimos meses. Venezuela, bajo Betancourt, prometía demostrar que los males sociales de que se alimenta el

---

32 *El Nacional*, 30/11/63: A-7 (Cable de AP).

comunismo podrían ser remediados por reformas democráticas. Sería desastroso si el terrorismo de una ínfima minoría hiciese que el país regrese al gobierno autoritario[33]».

Por su parte, al pasar revista a los incidentes destinados a impedir las elecciones, y que habían culminado un mes antes con el hallazgo de las armas cubanas, el *New York Herald Tribune* observaba lo siguiente: «Tales actividades se adaptan perfectamente a un nuevo tipo de terror no dirigido, como el de los antiguos nihilistas rusos contra un poder arbitrario respaldado por toda la potencia del Estado, sino contra la expresión democrática de la mayoría. Se trata de hecho de negar la democracia incluso antes del voto»[34].

A propósito de haberse visto involucrado como país fabricante de una parte del lote de armas hallado en Venezuela, y a la vez teniendo el Partido Socialista de ese país marcadas afinidades con el régimen cubano, la prensa de Bruselas, a través del diario *La dernière heure*, quiso referirse tanto al clima que se registrara durante las elecciones de 1963 como al tema de las armas propiamente dicho, y lo hizo en estos términos:

> En diciembre de 1963, los comunistas, después de una campaña de violencias y de propaganda marxista, cuyos ecos llegaron hasta nosotros, anunciaron que «toda persona que se encaminara a las urnas sería despiadadamente liquidada». Esta amenaza no produjo el más mínimo temor a los venezolanos, los cuales se trasladaron masivamente a las mesas electorales en una proporción del 96 % del padrón electoral contra 93.4 % en 1958.
> Los dos partidos en el poder (AD y COPEI) obtuvieron el 53 % de los votos, contra el 55.4 % en 1958. En cambio, el almirante Larrazábal, siempre sostenido por los comunistas, vio declinar sus votos mientras un nuevo partido partido anti-betancourista [el de Uslar Pietri] que se presentó sólo recogió el 18 % de los votos. (...). Sin embargo, Fidel Castro ha ayudado manifiestamente a los comunistas venezolanos. Las

---

33 Ídem.
34 *La Esfera*, 30/11/63: 14.

autoridades de Venezuela han descubierto un arsenal de armas y de material estratégico de origen belga, italiano y americano[35].

Sin importar que aquel lote de fusiles FN hubiese sido adquirido por el gobierno de Fidel Castro, o comprado anteriormente en tiempos de Fulgencio Batista, el mismo diario se permitía observar que lo importante, en cualquiera de ambos casos, era que dicha venta debió haberse visto sometida a lo que señalaban expresamente las disposiciones belgas en materia de exportación de insumos militares, las cuales prohibían toda reexportación a terceros países. Si tales armas, fabricadas en 1959, fueron desenterradas de un depósito clandestino en playas venezolanas, era cuestión de preguntarse si Bélgica, que mantenía por igual relaciones con Cuba y Venezuela, aceptaría sin protesta el «hecho cumplido» de su reexportación irregular, lo cual lo convertía automáticamente en cómplice involuntario de una fuga llamada a engrosar los arsenales de la insurgencia venezolana[36].

Según puede verse, el accidental hallazgo del pescador Gerardo Amaya generó bastante atención en la prensa extranjera y, como no podía ser de otro modo, obligó a que el propio Betancourt aludiera a este caso en un encuentro con periodistas nacionales y extranjeros que tuvo lugar pocos días antes de celebrarse los comicios. Sin embargo, el mandatario le bajaría el tono hasta donde le fuera posible a objeto de que el tema de las armas no empañase el alcance ni significado de la cita electoral:

> Ustedes que vienen del exterior estarán seguramente un poco o bastante sorprendidos del clima de libre juego de todos los sectores políticos en el país. Es que se ha dado excesivo énfasis a los actos de terrorismo realizados por las minorías de los Partido Comunista y Movimiento de

---

35 «A propos de la subversion communiste au Venezuela». *La dernière heure*, 05/06/64. Archivo MPPRE (País: EE. UU.) DPI/Asuntos bilaterales. Expediente N. 335-1963. Armas en el estado Falcón. Intervención cubana en Venezuela. IX Reunión de Consulta.
36 Ídem.

Izquierda Revolucionaria y poca difusión al hecho de que en Venezuela estén inscritos en los registros electorales tres millones trescientos mil venezolanos, o sea, un poco más del 93 % de la población apta para ejercer el derecho de sufragio. De que los candidatos a la Presidencia de la República hayan podido recorrer, algunos por tres veces, hasta los más apartados caseríos de los campos venezolanos, realizando actos públicos. Ayer leía la estimación de que uno de los candidatos a la Presidencia de la República ha recorrido tantos kilómetros en su campaña electoral como si le hubiera dado dos veces la vuelta a la tierra. Esto significa que en Venezuela han podido las parcialidades políticas, cualquiera que sea su ubicación ideológica, actuar electoralmente. (...) Lo que se ha destacado mucho, y ésta es una crítica que ya me permití formular en un discurso pronunciado en el Press Club de Washington (...), son los actos de terrorismo, algunos de ellos con evidentes fines publicitarios [que] (...) adquieren una publicidad de primera página, un *headline* de ocho columnas.

Es que parece que está muy generalizada la tesis de un profesor de periodismo de que lo que hace noticia no es que un perro muerda a un diplomático sino que el diplomático muerda al perro. Aquí tenemos, y hemos tenido, y seguiremos teniendo, actos de terrorismo perpetrados por una pequeña minoría desesperada porque no tiene apoyo ni respaldos populares y cumple en alguna forma las consignas que le vienen del castro-comunismo y justificar el dinero que de Cuba recibe. Ya no solamente se les ha dado adiestramiento en ese marxismo delirante en su variante habanera, sino también armas de guerra de gran potencialidad.

Ustedes pudieron constatar ayer cómo fue recientemente incautado un equipo bélico de cierta magnitud y cómo quedó perfectamente comprobado que esas armas son procedentes de Cuba: lanza-cohetes, cañones de tiro sin retroceso, fusiles automáticos, ametralladoras punto 50, transportadas clandestinamente de Cuba a Venezuela. Nuestro Gobierno y sus Fuerzas Armadas, que están alertas y vigilantes, han redoblado el control aéreo-naval de las costas del país, y se va a presentar ante la Organización de Estados Americanos una demostración de que se está incumpliendo el Tratado de Asistencia Recíproca de Río de Janeiro y las resoluciones adoptadas en la Octava Conferencia Inter-Americana (...).

Tenemos la confianza de que algunos gobiernos americanos que en otras oportunidades han adoptado actitudes de vacilación ante el caso cubano, ahora quedarán convencidos de que ese régimen constituye un riesgo para la seguridad de los países americanos, especialmente los que están en la cuenca del Caribe. Ese riesgo fue mayor cuando estuvieron depositadas armas atómicas, medias e intermedias, en Cuba, pero ese riesgo no desapareció cuando esas armas fueron retornadas a Rusia[37].

Motivado seguramente por la estridencia propagandística que se generara en La Habana a propósito del hallazgo de las armas, Betancourt quiso ser enfático una vez más acerca de la autonomía de acción de su propio gobierno en relación con todas cuantas medidas hubiese tomado y tomara en el futuro contra Cuba:

> [S]e verá, contra todo lo que han dicho los comunistas y sus altavoces, y otros que sin ser comunistas son resentidos, [que] éste ha sido un Gobierno que, dentro del cumplimiento de sus compromisos interamericanos, ha actuado con independencia. Cuando rompió relaciones mi Gobierno con el Gobierno de Cuba, lo vino a saber el Embajador de los Estados Unidos porque su esposa, que estaba viendo la televisión, lo despertó. El Embajador de los Estados Unidos no sabía que el Consejo de Ministros de Venezuela estaba sesionando para tomar la decisión de romper relaciones con Cuba. No solamente en eso, sino en muchos aspectos, el Gobierno de Venezuela, dentro de la lealtad a los compromisos internacionales (…) ha actuado, no como Gobierno títere, sino como un Gobierno en pleno, cabal y total ejercicio de su soberanía[38].

Como se ha dicho, el hallazgo de las armas procedentes de Cuba no solo coincidirá con la antesala de la justa electoral que se libraba en Venezuela en noviembre del 63 sino con el asesinato de John F. Kennedy y su improvisado reemplazo por parte

---

37   *El Universal*, 30/11/63: 10; *El Nacional*, 30/11/63: D-1.
38   Ídem.

de Lyndon B. Johnson, quien, como era lógico suponer, llegaría a la Casa Blanca con su propio bagaje de impericias respecto a muchos temas de política exterior –desde Vietnam hasta Berlín– con los cuales debió familiarizarse sobre la marcha. Ello comprendería desde luego el área del Caribe y lo ocurrido recientemente en Venezuela. En este sentido, no hay duda de que al estrenarse de manera accidental en la Presidencia de los Estados Unidos la cuestión cubana figuraba en un lugar prominente de la agenda de política exterior que habría de manejar Johnson junto al Departamento de Estado.

Por ello, a la hora de opinar al respecto, un cable de la agencia UPI observaría lo siguiente:

> El presidente Johnson ha pedido a los funcionarios que forjan la política exterior del país que realicen un estudio especial de la política norteamericana respecto a Cuba. Afirman los funcionarios que Cuba es la única cuestión sobre la cual el Presidente ha pedido un estudio. Johnson está recibiendo por otra parte informes sobre todos los aspectos de la política exterior norteamericana. Recalcan los informantes que el propósito de estos estudios es llevar a la práctica, más que cambiar radicalmente, la política general adoptada durante la presidencia del asesinado John F. Kennedy. En todos sus discursos y declaraciones desde que se hizo cargo de la primera magistratura del país, Johnson ha recalcado que continuará la misma política exterior de su predecesor. El estudio sobre Cuba fue decidido en parte debido al reciente descubrimiento de armas cubanas en Venezuela[39].

Si bien, como lo reconocería el gobierno de EE. UU., el incidente de las armas no montaba a un caso lo suficientemente grave como para promover algún tipo de acción directa contra la isla justo al cumplirse un año de la crisis de los misiles y de los entendimientos alcanzados con Moscú en tal sentido, dejaba planteada no obstante «una excelente oportunidad para seguir (...) extendiendo

---

39 *El Universal*, 11/12/63: 1.

nuestra actual política hacia Cuba», como lo expresara Gordon Chase, miembro del Consejo de Seguridad Nacional[40]. Según lo sintetizaran las recomendaciones formuladas por este alto funcionario al gobierno provisional de Johnson, la estrategia a seguir debía ser, por consiguiente, «[dejar] a Venezuela liderar el asunto [en la OEA]. Sin embargo, la seguiremos de cerca, [apoyándola] desde atrás»[41].

Escepticismo en el vecindario

En ese mismo informe dirigido a Johnson, Gordon Chase opinaba que lo ocurrido en las costas de Falcón llevaría a Cuba a ser menos temeraria a la hora de proponerse abastecer de nuevo a la insurgencia venezolana[42]. Empero, llama la atención la tranquilidad exhibida por este funcionario estadounidense justo cuando la Comisión Investigadora del caso de Venezuela en la OEA detallaba la forma como, desde Cuba, había venido suministrándose armamento para el fomento de la insurrección en otros países como Nicaragua, Colombia, República Dominicana, Honduras, Panamá, El Salvador y la Guayana Británica[43]. Más allá de lo paranoico que pudieran sonar muchos de estos informes elaborados a la luz de lo que significaba la Guerra Fría en el Caribe, llama la atención que, en algunos casos, las noticias acerca del supuesto envío de armas a destinos cercanos fuera obra de datos de inteligencia recabados dentro de la propia Cuba. Según tales informes, la labor de trasiego se veía reforzada a menudo por naves pesqueras con asiento en puertos cubanos que tenían a su cargo detectar los mejores puntos de desembarco para realizar el transporte clandestino[44].

---

40 Salcedo A., G. (2016): 237.
41 Ídem.
42 Ídem.
43 «Cuba transporta armas a Latinoamérica». *La Esfera*, 10/12/63: 10.
44 Ídem.

De alguna forma, y paranoias aparte, Chase incurría en cierta excesiva confianza a la hora de suponer que Cuba moderaría su curso de acción a partir de ese punto. De hecho, entre las consecuencias debidas a la impericia con que actuaron los grupos a cargo de recibir las armas en Falcón figuraría, más temprano que tarde, la decisión de La Habana de radicalizar aún más su apoyo a la violencia armada como producto de su cada vez mayor marginalización en el área del Caribe. Conviene sin embargo hacer algunas precisiones acerca de la forma en que, desde Washington y otras capitales de la región, intentó implementarse dicho aislamiento y los límites reales que, a la larga, corrió tal empeño.

Para la fecha del más sonoro desencuentro entre Cuba y Venezuela a propósito de las armas, ya se habían hecho sentir los efectos de la restricción comercial que EE. UU. venía imponiéndole a la isla desde los años finales del gobierno de Eisenhower; pero también, al mismo tiempo, todo cuanto la OEA había puesto de su parte para privar a Cuba de algunas de las ventanas que todavía mantenía abiertas en la región. Aun así lo cierto es que, además del apoyo económico que continuaba brindándole la URSS (pese a las cada vez mayores diferencias registradas entre La Habana y Moscú), el régimen de Castro seguía disfrutando de un fluido intercambio comercial, entre otros países, con Gran Bretaña, Francia, Canadá y Alemania Occidental. Esta situación es lo que había llevado al gobierno de Eisenhower a insistir ante sus principales aliados en Europa, además de Canadá, en que el respiro que se le permitía a Cuba, al comerciar libremente con ella, atentaba contra todo cuanto Adolfo López Mateos, en México, o Betancourt, en Venezuela, podían estar haciendo en pro de instrumentar políticas democrático-reformistas[45].

Si bien a Eisenhower se le dificultaría materializar la amenaza de negar el uso de puertos estadounidenses a países aliados que

---

45   *El Universal*, 26/08/63. Archivo MPPRE (País: EE. UU.). Expediente N. 3-14-63. Recortes sobre Cuba.

llevasen mercancías a La Habana⁴⁶, estas tensiones en relación con Cuba persistirían aún en tiempos de Kennedy. Tanto así que, en agosto de 1963, unos tres meses antes de su asesinato, el presidente demócrata terminó cediendo ante el empeño de la Cámara de Representantes del Congreso de EE. UU., dominada por la oposición republicana, de aprobar una enmienda a la «Ley de Ayuda al Exterior» según la cual tal ayuda se vería condicionada si, en el futuro, no se daba por concluido todo intercambio comercial con Cuba. Según lo observaba la prensa, «[Kennedy] se había opuesto a esta restricción, esperando mantener a disposición del Presidente la flexibilidad necesaria para tratar con países que no encaran la cuestión cubana de manera igual que los EE. UU.». Aun así, pues, la bancada demócrata se vio obligada a ceder ante semejante enmienda que imponía restricciones a esa ley que disponía de un fondo de ayuda de cuatro mil cien millones de dólares, siendo Gran Bretaña, Grecia, Italia y Noruega, por ejemplo, no solo destinatarios de tan importante ayuda económica y militar sino, a juicio de la Cámara de Representantes, los países europeos que más habían contribuido a aumentar los embarques procedentes o con destino a Cuba⁴⁷.

Las sensibles implicaciones que tenía el tema del libre intercambio comercial se harían sentir de igual forma en el ámbito americano para el momento en que Venezuela, en el marco de la IX Conferencia de Cancilleres de la OEA, resolviera sustanciar sus acusaciones contra Cuba a raíz del cargamento clandestino de armas y municiones descubierto en Falcón. Justamente, la mejor prueba de que este caso heredado por la gestión de Leoni tendría una complicada trayectoria a nivel de la OEA fue que el proceso consumió alrededor de seis meses entre la fecha en que fuera

---

46 «A los barcos extranjeros que [traficasen] con Cuba se les [negaría] el transporte de cargamentos del Gobierno de EE. UU.» Ídem.
47 *El Universal*, 23/08/63. Archivo MPPRE (País: EE. UU.). Expediente N. 3-14-63. Recortes sobre Cuba.

convocada la primera reunión consultiva, en diciembre de 1963, y la aprobación del documento condenatorio a mediados de julio de 1964. Todo ello revelaría de paso la renuencia manifestada por los cinco países que aún mantenían relaciones diplomáticas con Cuba, algunos de los cuales se caracterizaban precisamente por sus conexiones comerciales con la isla. De hecho, con la sola excepción de Argentina –que las había roto poco menos de un año antes tras el golpe militar contra Frondizi– se trataba de los mismos países que, en la VIII Reunión de Punta del Este, se habían abstenido de votar a favor de la suspensión de Cuba del órgano regional.

Al considerar que las pruebas que se acumulaban en relación con el contrabando de las armas hacían que el caso ameritara ser calificado como una acción militar directa en contra de Venezuela, lo primero que haría el canciller de Betancourt, Marcos Falcón Briceño, sería considerar que se habían incumplido las resoluciones de aquella VIII Conferencia de Cancilleres; lo segundo, que al tratarse de la «agresión de un país americano contra otro», según lo estipulaba el Tratado de Río, ello hacía posible –a su juicio– que las sanciones fuesen tan «amplias» como para «llegar incluso a la intervención armada contra el país culpable»[48].

Por otra parte, de acuerdo con una nota de la delegación ante la OEA, nada le impedía a Venezuela reservarse el derecho a defender su integridad territorial por sus propios medios, al margen de los procedimientos que estuviesen previstos en los instrumentos interamericanos[49]. Incluso, el propio embajador Tejera París iría más allá a la hora de las apreciaciones: a su parecer, si bien hasta ese momento solo se había podido demostrar que el gobierno de Castro le brindaba «apoyo moral» a los grupos armados que operaban en Venezuela, la situación había variado de punto desde que las pruebas practicadas al arsenal descubierto en la península

---

48 *El Nacional*, 30/11/63: A-1.
49 Ídem.

de Paraguaná indicaran que tales armas procedían de Cuba, «lo cual era prueba plena de apoyo material», hecho que colocaba los desencuentros entre ambos gobiernos sobre la base de un pie de actuación diferente[50].

Por muy temerario que sonara este tipo de declaraciones, lo cierto era que el menú de opciones del cual disponía el saliente gobierno de Betancourt a la hora de impulsar una resolución condenatoria contra Cuba era casi tan amplio como lo había estimado el canciller Falcón Briceño. Además de insistir en verse actuando sin precisar para ello de la anuencia o conformidad de los EE. UU., Venezuela asumió con inteligencia la decisión de hacer que su denuncia contra Cuba no se contrajera única y exclusivamente al lote de armas hallado en las playas del estado Falcón. De allí que, luego de que la comisión investigadora de la OEA sustanciara el reclamo, la Cancillería venezolana se propusiera contar con el copatrocinio que a su propuesta pudiesen brindarle otros países de la región que también se veían directamente afectados por movimientos armados de inspiración castrista.

La cuestión más espinosa redundaba sin embargo en el tipo de sanciones aplicables como resultado de la presentación de los cargos: desde lo que figuraba previsto por el Tratado de Asistencia Recíproca en materia de ruptura de relaciones diplomáticas, hasta la extensión del embargo comercial, pasando por una de las alternativas más prontamente descartables de todas, como podía serlo una intervención colectiva de tipo armado, la cual, por extrema, habría requerido del voto unánime de las veinte naciones afiliadas a la OEA.

Todo ello por no hablar de otra medida casi impracticable como la anterior, como lo sería la adopción de un programa conjunto de vigilancia aérea y naval que garantizase que no saliera de

---

50 *La Religión*, 02/12/63. Archivo MPPRE (País: EE. UU.) DPI/Asuntos bilaterales. Expediente N. 335-1963. Armas en el estado Falcón. Intervención cubana en Venezuela. IX Reunión de Consulta.

la isla material de guerra con destino a otros países del vecindario o que, en caso de darse la sospecha de su traslado, se procediera a la intercepción y registro de las naves en aguas internacionales[51]. Problemas de coordinación aparte, ello habría equivalido a implementar una especie de bloqueo, lo cual resultaba impensable no solo en virtud de su aparatosa ejecución, sino por la gravedad de lo que tal cosa habría entrañado; de hecho, solo una vez, en el pasado reciente, se había adoptado una medida similar contra Cuba utilizando para ello la cobertura que brindara el eufemismo de «cuarentena», al darse una crisis tan excepcional y de tal envergadura como la de los misiles de octubre del 62, acción a la cual, por cierto, Venezuela había contribuido modestamente bajo el paraguas de la OEA con la provisión de dos naves de guerra y su único submarino disponible en ese momento.

Al margen de la estridencia

El caso es que, aun cuando no se sepa mucho al respecto, dada la forma en que ello quedó sepultado por obra de la mitología revolucionaria, lo cierto es que en vísperas de celebrarse la IX Reunión de Cancilleres para tratar una vez más el tema de Cuba y considerar la aplicación de nuevas sanciones en su contra, el régimen de Castro ensayó un discreto acercamiento a Washington cuyo objeto apuntaba a la posibilidad de restablecer relaciones comerciales con los EE. UU. Para el matutino francés *Combat*, que siguió de cerca el caso, el gobierno de Johnson podía ser «víctima cándida de las añagazas castristas» justo cuando los apremios económicos que ya experimentaba la isla ponían en evidencia el debilitamiento de Castro. A juicio de ese diario, habría sido un error que EE. UU. saliera a prestar oídos a semejante iniciativa, máxime si se tomaba

---

51 Department of State. Outgoing telegram 446 to Am-Embassy Caracas, 21/11/63. President Betancourt's briefing of LA chiefs on Cuban arms cache. Top Secret. FRUS, Vols. X, XI, XII. Microfiche supplement, document 231: 3-4.

en cuenta que la «implantación» revolucionaria promovida por Cuba en la zona del Caribe, así como las simpatías que había suscitado hasta entonces a nivel regional, topaban ahora con un triple obstáculo: el derrocamiento del gobierno de Joao Goulart en Brasil (cuyas simpatías por la causa cubana habían sido indisimulables); la elección de Gustavo Díaz Ordaz en México (considerado poco inclinado hacia la izquierda dentro del gobernante partido PRI) y, por último, lo que se apreciaba ya como «la estabilización de la situación venezolana», al darse sin mayores sobresaltos el traspaso del gobierno de parte de Betancourt a Leoni[52].

El *New York Times* (en su edición europea) también habría de llamar la atención acerca de esta curiosa iniciativa castrista dado que –a su juicio– el mandatario cubano trataba «seguramente de interferir en la Conferencia Inter-Americana». El diario en cuestión subrayaría en una nota editorial publicada durante ese mes de julio del 64 que la producción azucarera cubana había caído drásticamente en un 40%, que el ingreso nacional se había desplomado en un 20% y que Cuba sufría para ese momento «una carencia de vehículos, piezas de recambio industriales, así como de muchos productos manufacturados de consumo corriente». Con todo, reconocía que esa disposición de ánimo por parte de Castro podía ser importante y, por ello, apuntaba: «El errático líder cubano no es hombre con quien se pueda negociar fácilmente. Pero el ofrecimiento que ha hecho ahora es tal que merece al menos ser examinado seria y cuidadosamente»[53].

Puede que esa supuesta aproximación a los EE.UU. no pasara de ser flor de un día; pero dice mucho respecto a los temores iniciales que Castro pudo abrigar en relación con las sanciones que pretendían ser discutidas por la OEA. El hecho de que estas,

---

52 «Castro. Estados Unidos y la América Latina». Archivo MPPRE (País: Francia) Dirección de Política Internacional. Expediente N. 803/5B. Embajada de Venezuela en Francia a Dirección de Política Exterior. París, 09/07/64.
53 Ídem.

a fin de cuentas, tampoco montaran a lo esperado es lo que quizá explique que el máximo líder de la Revolución retomara el tono de desafío que le brindara un sello tan original a sus enfrentamientos con la OEA. Pero, arrogancias aparte, el caso es que el tema de las armas descubiertas en el estado Falcón terminaría aventándolo a un mayor aislamiento en el área del Caribe.

La OEA se pronuncia

Desechando cualquier medida extrema, el resto de las opciones no resultaban de imposible, aun cuando sí de difícil o poco práctica, implementación. Aun cuando con el apoyo de catorce de sus veinte miembros, los estatutos de la OEA permitían impulsar una acción que comprendiese la ruptura total de relaciones diplomáticas y la adopción de sanciones conducentes a un mayor aislamiento económico, resultaba preciso tomar en cuenta la poca disposición de países como México a interrumpir sus relaciones diplomáticas con Cuba o, en el caso del Uruguay (importante abastecedor de productos cárnicos a la isla), de hacer lo mismo en el ámbito comercial. Sin hablar siquiera entonces de una acción armada, el hecho de acentuar el embargo económico o estrechar el asedio diplomático era ya, de por sí, un camino pedregoso. Lo cierto es que hasta ese punto, y con la sola excepción de las acciones que fueran adoptadas contra Rafael Leónidas Trujillo en 1960, la OEA había tendido en la práctica a inclinarse más bien a favor de condenas de tipo moral, y el caso de Cuba no sería diferente.

Además, como se ha dicho, el hecho de que Cuba hubiese dejado de formar parte activa del sistema interamericano no equivalía precisamente a un detalle menor. Volviendo al caso de las comparaciones, ni siquiera en los peores momentos en que la OEA debió lidiar con el régimen de Trujillo, la República Dominicana se vio apartada del ente hemisférico. Esta particular situación era lo que llevaría a un diario como *Última Hora* (tal vez el más enérgico defensor de Castro en la prensa brasileña) a señalar que, aunque Venezuela tuviese el perfecto derecho a solicitar una averiguación en relación con el tema de las armas, era desde todo punto inexplicable que la instancia elegida para ello fuese el foro hemisférico, pues «Cuba no pertenece a la OEA, necesitando, por lo tanto, de los medios para defenderse apropiadamente»[54].

La observación hecha por este diario no era tonta ni, mucho menos, inocente. Quienes simpatizaban con el régimen cubano manejaban perfectamente bien la idea de que, estando Cuba exenta de la órbita de actuación de la OEA, era recomendable que el caso fuese llevado ante las Naciones Unidas, donde cualquier medida coercitiva de carácter extremo propuesta por el sistema interamericano podía lucir incompatible con el parecer del bloque soviético. A ello sin embargo se contraponía la opinión de quienes consideraban que Cuba, pese al hecho de haber sido suspendida en el ejercicio de sus derechos, continuaba siendo miembro del órgano regional y que, por tanto, tal condición la forzaba a seguir cumpliendo con ciertas obligaciones de carácter hemisférico[55]. Además, para darle mayor contenido a sus reparos, quienes así pensaban sostenían asimismo que el hecho de recurrir a las Naciones Unidas privaría a la OEA de haber emprendido una acción autónoma en materia de seguridad, lo que equivalía a aceptar la dependencia del sistema americano a la voluntad soviética, incluyendo la posibilidad de ver tal autonomía sujeta al veto de la URSS en función de sus vínculos con Cuba[56]. En todo caso, un país que acompañaría muy de cerca la denuncia venezolana, como sería Costa Rica, estimaba que la ONU evitaría mezclarse en un asunto estrictamente de carácter

---

54   *El Nacional*, 14/12/63.
55   Aguilera Peralta, G. (2009): 10.
56   *La Mañana*, 06/09/64; 08/09/1964.

regional. A juicio de su entonces canciller, si bien «Cuba y otros países del bloque comunista» podían intentar llevar la decisión tomada por la OEA ante el foro mundial, la ONU estaba en el perfecto derecho de responder tomando tal actuación como un mero procedimiento de carácter informativo puesto que se trataba, a fin de cuentas, de una decisión emanada de un órgano creado para el mantenimiento de la paz y la seguridad a nivel regional, tal como figuraba previsto en la propia carta constitutiva de Naciones Unidas. En resumen, según este parecer, Cuba bien podía elevar el caso a la atención de la ONU, pero a cuenta y riesgo de que fuese prontamente desestimado por el Consejo de Seguridad[57].

Aun sin ser Uruguay un país que obrara dentro de la órbita de los que más pronto se sintieran inclinados a llevar el caso ante la ONU en apoyo de Cuba, algunos de sus principales diarios –como *La República*– eran partidarios de que el caso fuese examinado por el foro mundial debido a la gravedad de las sanciones propuestas[58]. Pese a que al mismo tiempo otro diario de Montevideo aclarase que ciertas cláusulas del texto condenatorio de la OEA daban amplitud interpretativa en lo que se refería al comercio con la isla[59] –sorteando así la principal preocupación de Uruguay como abastecedor–, la prensa de ese país fue, en líneas generales, muy crítica con la denuncia venezolana. Dudando inclusive de que se tratara de una decisión autónoma de Venezuela, como en realidad lo fue desde un principio, el diario *Época* señalaría, por ejemplo, lo siguiente, al conocerse las nuevas sanciones: «El rompimiento de las relaciones con Cuba fue decidido por una Conferencia de Cancilleres para dar respaldo a los EE. UU. por razones de sometimiento político y económico a éstos; y no en razón de la existencia de conflicto

---

57 Cable de agencia AP. *La República* (Montevideo), 01/08/64.
58 *La República* (Montevideo), 02/08/64.
59 *El País*, 24/09/64.

alguno de real entidad entre los países latinoamericanos y la Cuba revolucionaria»[60].

El diario *El Popular* no se quedaría atrás al subrayar que la reunión consultiva de ministros de Relaciones Exteriores promovida por Venezuela obedecía a «las mentirosas acusaciones contra Cuba fabricadas por Betancourt por encargo de los Estados Unidos, a fin de llevar adelante las medidas que desde largo tiempo ansían los imperialistas norteamericanos para aislar a Cuba y comenzar a aplicar las estipulaciones del Tratado de Río de Janeiro, que comprenden incluso medidas de carácter militar». Y agregaba: «[A] fines de mayo se ha estado realizando en la isla de Trinidad una operación militar preparatoria de la Operación 'Unitas V' (...) Si la Unitas V coincidiera o siguiera inmediatamente en el tiempo a una Conferencia de Cancilleres que resolviera llevar a la práctica el aislamiento de Cuba, y si dicha operación se realizara en el Caribe, la OEA tendría en sus manos el instrumento necesario para iniciar el logro de sus objetivos»[61].

Visto lo anterior, el resto de la prensa internacional no estaría muy descaminada a la hora de observar por su parte que cualquier condena contra Cuba corría el riesgo de encrespar las aguas en muchos países de la región más allá de la propia Uruguay, cuyo gobierno colegiado ya se veía obligado de por sí a tener la mirada puesta en este asunto por razones de política interna. Tal cosa –según esta percepción– era igualmente válida para México o Brasil, los cuales habían pretendido adoptar un curso «autónomo» en sus relaciones con la isla; o para Chile, donde, si bien gobernaba el «viejo Chile» del conservador Jorge Alessandri, este, al igual que sus colegas uruguayos, sentía la presión constantemente ejercida desde la izquierda, la cual había crecido en términos electorales dada la fuerza que cobrara el allendismo. Así pues, por contraste con lo actuado en contra del régimen de Trujillo

---

60 «La responsabilidad de nuestro gobierno». *Época*, 17/09/64.
61 «Ante la reunión de la O.E.A.» *El Popular*, 15/06/64.

en 1960, el caso de Cuba era distinto: dividía internamente, tal como lo demostraban las manifestaciones de repudio a las sanciones que seguían teniendo lugar en las calles de Caracas o Montevideo[62].

Al tomar en cuenta este y otros elementos similares, el *Corriere della Sera* expresaría del siguiente modo sus reservas sobre la eficacia que podía tener la actuación de la OEA a raíz de la denuncia venezolana:

> En cinco años –desde que Castro asumió el poder– la OEA no ha hecho nada por detener la acción subversiva fidelista. Esto ha sido por dos razones. La primera porque algunos gobiernos (Brasil, México, Chile) quieren evitar roces con las minorías castristas o comunistas de sus países. La segunda, porque quien reacciona contra Cuba son los Estados Unidos, y cualquier acción de los Estados Unidos contra una república latinoamericana produce desconfianza en las otras repúblicas del hemisferio. Ahora es una república latinoamericana [Venezuela] la que pide asistencia contra Cuba. Y la OEA o tendrá el coraje de dársela o demostrará su inutilidad[63].

Algo similar a lo expresado por el diario milanés se vería reflejado también en las páginas de *Le Monde*. A juicio del rotativo parisiense, los motivos para oponerse eran diferentes en cada caso. En este sentido, Uruguay podía verse movido por razones más bien de carácter comercial a la hora de no adherir a la posición de quienes abogaban por la implementación de nuevas sanciones contra Cuba; pero la razón por la cual otros países –como Chile y México– optaran por transitar ese camino bien podía ubicarse dentro de una esfera distinta. Y lo pondría en estos términos:

---

62 *La Mañana*, 06/09/64; 08/09/1964.
63 *La República* (Montevideo), 10/12/63.

Para México, en particular, se plantea un problema delicado por la presencia de una fuerte corriente popular a favor de Cuba. El gobierno arriesgaría afrontarse con serias dificultades interiores si adoptara contra La Habana, por fidelidad a la OEA, una actitud dura. Y es sobre todo verdad en el momento en que el presidente López Mateos se prepara a pasar sus poderes a su sucesor. Una situación bastante análoga se presenta en Chile a un mes de las elecciones generales que pudieran dar el poder a la coalición socialista-comunista.

Luego de lo anterior proseguiría diciendo: «Abrir una crisis en el seno de la OEA negándose a aplicar la resolución anticubana, o suscitar, al aplicarla, disturbios quizá graves en el interior de sus propias fronteras, tal es el caso embarazoso que se plantea a ciertos países como México»[64].

En el patio local, el escepticismo se vería compartido por una nota aparecida en el diario *La Religión*:

> La suerte está echada. Venezuela llevará su acusación clara y precisa a la OEA. Corresponde a este máximo organismo estudiar y decidir. Pero, ¿decidir qué? ¿Tiene la OEA poder para impedir que desde Cuba se sigan haciendo esos envíos, no sólo a Venezuela sino también a Colombia, Panamá y otras naciones cuyos gobiernos han sido amenazados por Castro? ¿No ha fracasado la OEA en otros hechos similares cuando se ha comprobado la ostensible y abierta intervención castrista en países de América?[65].

Estaba claro, al parecer de este y otros diarios críticos, que la simple vía diplomática haría que lo acordado por la OEA se limitara a una serie de enunciados de carácter retórico. Ciertamente, parte del texto condenatorio adoptado por los cancilleres habría

---

[64] Editorial de *Le Monde* sobre la reunión de la OEA. Archivo MPPRE (País: Francia) Dirección de Política Internacional. Expediente N. 919/5-B. Embajada de Venezuela en Francia a Dirección de Información Exterior. París, 05/08/64.

[65] *La Religión*, 02/12/63. Archivo MPPRE (País: EE. UU.) DPI/Asuntos bilaterales. Expediente N. 335-1963. Armas en el estado Falcón. Intervención cubana en Venezuela. IX Reunión de Consulta.

de contraerse a sutilezas del lenguaje que alejarían a Venezuela de obtener resultados más contundentes y satisfactorios. Tal vez no podía ser de otro modo en medio de un ambiente tan contradictorio y donde resultaba preciso tener en cuenta tendencias ideológicas tan distintas como las que podían existir, por ejemplo, entre el gobierno priista de México y el gobierno adeísta de Venezuela en relación con Cuba. Empero, no todo cayó en el desierto tampoco, al menos si se toma en cuenta lo que entre el saliente gobierno de Betancourt y la debutante gestión de Leoni pudo alcanzarse tras seis meses de negociaciones y con tantas circunstancias en contra.

En resumidas cuentas, once de los países miembros de la OEA exhibirían una posición firme a favor de las sanciones contenidas en la resolución propuesta por Venezuela, al tiempo que cuatro de los cinco que mantenían relaciones con Cuba (Bolivia, Chile, México y Uruguay) asumirían una postura renuente frente a las mismas. En el medio, Argentina, Brasil y Perú buscarían alguna fórmula transaccional que evitase, a fin de cuentas, desembocar en posiciones extremas. La decisión que habría de emanar de la IX Reunión de Consulta, celebrada en Washington a pedido de Caracas, en julio de 1964, sería resultado de todo cuanto estos tres países, ubicados a medio camino de aquella medición de fuerzas, lograrían concordar por la mínima con los once que se inclinaban a favor de la postura venezolana y los cuatro que se mostraban en contra.

Uno de los problemas de semántica que más habría de recurrir a lo largo del debate tendría que ver con que, a juicio de los países más reticentes, Venezuela no había sido víctima, estrictamente hablando, de un «ataque armado»; lo más que estaban dispuestos a conceder era que el estímulo brindado por Cuba al movimiento insurgente local hacía que el caso calificase como un «acto de agresión», desvirtuando automáticamente así la aplicación de cualquier mecanismo que pudiese estar contemplado por el Tratado Interamericano de Asistencia Recíproca (TIAR) en materia de defensa colectiva. Para hacer la discusión aún más laberíntica, prevalecería en algunos casos el criterio de que el TIAR había sido concebido con el fin de proteger a los estados americanos de ataques armados de origen extracontinental (o, dicho de otro modo, soviéticos), pero no para enjuiciar regímenes internos ni sus respectivos sistemas políticos[66].

Visto el texto final adoptado por los cancilleres, todas estas divergencias en torno a la terminología terminarían confiriéndole un carácter más bien gaseoso a la violencia estimulada desde Cuba. Por otra parte, en cuanto a las sanciones de tipo comercial, y descontando todo cuanto en este ámbito pudiese concernir a naturales razones de tipo humanitario, la resolución dejaba planteado un margen lo suficientemente amplio para que los países miembros que así lo desearen siguiesen manteniendo la libertad de practicar el transporte aéreo y marítimo con Cuba, siempre y cuando tal comercio no involucrara mercancías consideradas de carácter estratégico.

Luego de muchos reparos de por medio (desde el modo de calificar jurídicamente el término «agresión» hasta cómo definir cualquier reserva en materia comercial), el acta final de la IX Reunión de Cancilleres fue adoptada el 26 de julio del 64. Hubo –sí– un triunfo importante que pudo acreditarse el gobierno de Leoni: se trató a fin de cuentas del punto más bajo al cual había llegado Cuba hasta entonces en su relación con el resto de los gobiernos del hemisferio. De allí que, aparte de considerar que Venezuela había procedido «con claro sentido americanista» al solicitar que se castigasen las agresiones procedentes de «un país que voluntariamente se ha[bía] marginado de la comunidad continental», el gobierno de Leoni estimara como «una gran victoria» lo actuado por la IX Reunión de Cancilleres, especialmente por el carácter de

---

66   *La Mañana*, 06/09/64; 08/09/1964.

las sanciones que fuesen acordadas en rechazo al intervencionismo cubano[67].

Las resoluciones, por obvio que suene decirlo, no tendrían efecto en las relaciones de Cuba con el resto del mundo. Aparte del hecho de que lo decidido por la OEA pudiese haber llegado a estimular una asistencia mucho más decidida por parte del bloque socialista en respuesta a la agresión «imperial» y de sus «satélites» en la región, estaban casos como el de Francia que, a los efectos de sustraerse de la influencia de EE. UU., instrumentaría una política muy propia hacia Cuba, concluyendo diversos acuerdos de tipo comercial casi al mismo tiempo en que la OEA pretendía aislarla[68].

Vale por caso señalar que, en esta oportunidad, los EE. UU. habían tenido más que sus razones habituales para acompañar la denuncia presentada por Venezuela ante la IX Conferencia de la OEA reunida en Washington. Ello era así porque, al margen de su consabida posición en torno al tema de Cuba, privaba en estas circunstancias una cuestión de política interna a la que Johnson y los suyos le conferían particular peso. El caso era que, para noviembre de ese mismo año 64, el presidente pretendía convalidar electoralmente sus títulos enfrentándose al republicano ultraconservador Barry Goldwater, lo cual hacía necesario que nada de cuanto EE. UU. emprendiera en este sentido fuese interpretado por Goldwater como una debilidad de la política del gobierno provisorio de Johnson y, menos, que se le permitiese a este «monopolizar» la firmeza contra Cuba[69].

Además, la autorización emanada de la IX Conferencia, según la cual a la OEA se le permitiría actuar en el futuro invocando el principio de legítima defensa colectiva en caso de que Cuba rein-

---

67   Leoni, R. (1965): I, 246.
68   Archivo MPPRE (País: Francia) Dirección de Política Internacional. Expediente N. 45. Embajada de Venezuela en Francia a la Dirección de Política Internacional. París, 09/10/63. N. 1641/5-B: III.
69   *La Mañana*, 05/09/1964.

cidiera en su apoyo militar a la actividad guerrillera, daba a los EE. UU. –a juicio del secretario de Estado Dean Rusk– la posibilidad de contar con esa potencial amenaza para influir sobre Jruchov y, a través de este, en Castro. Según habría de explicarlo Rusk, el hecho de que se hubiese desmantelado de manera progresiva la presencia militar soviética en Cuba desde el fin de la crisis de los misiles hacía que la URSS fuese la primera en no querer que se diera motivo alguno a reacciones que incluyeran el uso de la fuerza a nivel hemisférico como resultado de actos de provocación alentados por el gobierno de Castro[70].

Empero, nada se cumplió con relación a los vaticinios de Gordon Chase ni tampoco a los de Dean Rusk. Es decir, ni Cuba dejó de motorizar su ayuda a la guerrilla en el vecindario caribeño ni la OEA tomó por ello ninguna medida para actuar con mayor determinación frente al régimen de Castro. Tampoco se logró que, independientemente de todo cuanto de negativo pensara al respecto, incluyendo sus cuestionamientos y críticas dirigidas a La Habana de manera confidencial, el ya lánguido primado de Nikita Jruchov pudiese hacer algo por contener la impetuosa actividad insurgente que seguía emanando de Cuba.

De modo que, llegado este punto, Castro habría podido sentir que no le faltaban razones para verse confiado ante el desenlace de la IX Conferencia o, incluso, para retarla abiertamente mediante su propia «Declaración de Santiago de Cuba», dada a conocer ese mismo 26 de julio cuando fue adoptado el texto condenatorio de la OEA. Coincidiendo así, por mera casualidad, con una de las fechas más emblemáticas del calendario revolucionario, como lo era el aniversario de la toma del cuartel Moncada, y dándole cabida a su habitual estruendo, Castro señalaría lo siguiente a propósito de la declaración anticubana: «[L]os países que se inmiscuyen en los asuntos internos de Cuba

---

70 Ídem.

y promueven la contrarrevolución no tienen ningún derecho a quejarse de que nosotros ayudemos a la revolución de esos países»[71].

La guerra, por el tono de tales palabras, prometía continuar con firmeza.

---

71 Citado por Aguilera P., G. (2009): 11.

Capítulo 7
El Ejército se prepara para la guerra

Allá en mi tierra natal/comunistas insensibles nos vinieron a buscar.
[E]ran esclavos de Cuba / que vinieron a pelear
para imponer por la fuerza / la doctrina del quitar
las cosas que el pobre gana / con sudor de trabajar.
[Y] la pobre Venezuela / se nos iba a desangrar
hasta que al fin dijo basta (...) y dijo que la pelea / iba a ser de igual a igual
(...) para batir al cubano / que aquí vino a molestar.
[S]urgieron los Cazadores / los pusieron a entrenar (...)
hasta que estuvieron listos / pa' la guerra irregular.

«OTTO, EL ALEMÁN»[1]

Para mis queridos subtenientes, advenedizos en este tipo de jaleos, les tengo un consejo: en esta jaiba hay que andar con los ojos como un dos de oro. No se me descuiden, mucho guillo con los flancos, no me dejen ningún chaparro sin escudriñar. Y Dios les libre de que sus hombres se enteren de que (...) les dio culillo cuando les hagan los primeros tiros. Los errores acá se pagan con (...) la muerte, y la «pelona» acostumbra a esconderse detrás de cada árbol, entre el mogote que hay arriba (...). No me vayan pensando en las novias que tienen (...) porque los bandoleros se las van a borrar de un pepazo.

OFICIAL (EJ.) APODADO EL «CARIBE» A SU PERSONAL DE COMBATE.
Operación «Judibana», estado Falcón[2]

Los venezolanos fueron sorpresivamente lentos en darse cuenta de que la única forma de combatir a la guerrilla era a través de la formación de unidades especializadas en la lucha anti-insurgente.

INFORME CONFIDENCIAL. AGREGADURÍA MILITAR BRITÁNICA, 1968[3]

---

1 «Corrío de Otto, el alemán» (s/f). Recogido en Curimagua, estado Falcón, por el doctor Fernando Falcón Veloz.
2 Citado por Biaggini G., J. *et al.* (1980): 110.
3 British Embassy, Caracas. Naval & Military Attaché (1968). Review of the present guerrilla situation in Venezuela. Archivo de Ottawa. Documento DA/S 215/1. Carpeta 27-1-2-VENEZ: 5.

Leoni no las tiene todas consigo

Puede que la insurgencia no tocara ya a las puertas de los cuarteles en 1964; pero ello no quiere decir que no las tocaran otros elementos que estimaban que el antecesor de Leoni había sido un «coleccionista de derrotas» en el campo de la lucha anti-insurreccional[4]. En este sentido, los informes confidenciales de la época, y muy reveladoramente los que se conservan en el archivo del propio Leoni, hablan de conspiraciones estimuladas por «sectores retrógrados» que le daban aliento a la idea de que el nuevo gobernante era «incapaz de liquidar al comunismo criollo». Lo más sorprendente es que el primero de tales informes, del que se deriva la afirmación anterior, datase de junio del 64, es decir, cuando Leoni no había cumplido siquiera seis meses en el poder[5]. Otra pincelada igual de fuerte proviene de un «memorando particular», fechado en septiembre de ese mismo año. Hay que decir sin embargo que algunas de las apreciaciones formuladas en este texto difieren notablemente del anterior. Tal vez la primera y más importante de todas las diferencias estribe en lo que, a juicio del autor del memorando en cuestión, podía significar el talante del nuevo presidente comparado al carácter beligerante de su predecesor:

> La actividad subversiva (...) cobra cada día mayor impulso (...) [y] el gobierno permanece como impotente ante la situación creada por la actividad comunista (...). [Y]a no está en la Presidencia nuestro máximo líder, Rómulo Betancourt, a quien, por sus condiciones personales, los golpistas le temían. Decían que él todo lo adivinaba y lo desbarataba. (...)
> La política de concordia llevada a cabo por nuestro compañero, el presidente Leoni, aparte del sentido humanitario de la misma, tiene sus inconvenientes. El espíritu democrático de nuestro Presidente,

---

4 Confidencial. 15/06/64. Archivo Leoni. Carpeta N. 106.
5 Ídem.

[así como] su humanitarismo contemporizador [hacia] la izquierda, son juzgados por los reaccionarios como demostración de debilidades. La misma actitud ecuánime de no juzgar a nadie sin pruebas, es interpretada como miedo en el gobierno[6].

La supuesta difusión de un documento dirigido por Fidel Castro a los grupos en armas, en el cual se hacía referencia al aceleramiento que cobrara la dinámica insurgente en los diferentes frentes de combate venezolanos, llevaba a quienes adelantaban manejos golpistas a darle curso a un cuadro de calamidades y concluir que era «una urgente necesidad derrocar al gobierno que preside el Dr. Leoni»[7]. Curiosa que tal fuera la lógica que imperara entre esos círculos luego del reciente proceso comicial que arrojara, como gran total de concurrencia a las urnas, una cifra superior al 90 % del electorado. No obstante, la conclusión a la cual llegaban los expertos en lides conspirativas era que la prédica «comunista» gozaba de eco y recepción en el país, y crecía a pasos agigantados a causa del régimen «hambreador» que, luego de Betancourt, había llevado a Leoni al poder[8]. Una vez más, como en tiempos de su antecesor, los añorantes del golpismo parecían hacer, de manera involuntaria, causa común con las fuerzas insurgentes de signo contrario basándose para ello en lo que Juan Liscano llamara en algún momento, provocadoramente hablando, «el complejo antiadeco» de ambas parcelas[9].

Al mismo tiempo, el malestar de los desafectos se expresaba a través de costados muy curiosos como, por ejemplo, la supuesta lenidad de quienes, en el ámbito de los tribunales, tenían a su cargo procesar a aquellos que se hubiesen visto incursos en delitos

---

6 Memorando para el coronel Manuel Bereciartu Partidas, jefe de la Casa Militar del Presidente de la República (documento para ser mostrado también al Presidente). Caracas, 28/09/64. Archivo Leoni. Carpeta 108.
7 Confidencial. 15/06/64. Archivo Leoni. Carpeta N. 106.
8 Ídem.
9 Liscano, J. «Publicidad insurreccional». *El Nacional*, 19/09/63: A-4.

conexos con la lucha armada. Alguien que trabajaba para el gobierno de manera confidencial resumiría de este modo el sentir de los conjurados cuando de tal punto se trataba: «Para nadie es un secreto que los jueces [a cargo de tribunales ordinarios] le[s] tiemblan a los camaradas; siempre inventan motivos para favorecerlos [aduciendo falta de pruebas para condenarlos]»[10].

Además, por si fuera poco a la hora de recabar pistas sobre quienes aún –en 1964– pretendían seguir motorizando conspiraciones, las fuentes cercanas a Leoni estimaban que la «conjura fuerte» era azuzada por «elementos de derecha» y «militares retirados», así como por «efectivos descontentos» con el «régimen actual» quienes, entre otras cosas, se veían animados por la idea de que el nuevo presidente, al igual que Betancourt, hacía una «hábil explotación» de los medios castrenses desde lo alto del poder[11]. En este sentido, se repetía entre los conjurados un criterio similar al que fuera esbozado por primera vez durante el trienio 1945-1948, en el sentido de que el gobierno presidido por Leoni pretendía convertir a las FF.AA. en un brazo de Acción Democrática, y que la mejor prueba de ello era que los oficiales que recién asumieran cargos claves en la debutante administración habían recibido para ello la buena pro del Comité Ejecutivo Nacional (CEN) de AD[12].

A la hora de enervar la conjura, y por más fantástica que sonara esta especie teniendo en cuenta además que se trataba de un gobierno de coalición bastante *sui generis* y no exclusivamente de AD[13], la mesa estaba servida para insistir en la vieja especie del «sectarismo» adeco, expresada esta vez en clave militar. A juicio de

---

10   Confidencial. 15/06/64. Archivo Leoni. Carpeta N. 106.
11   Informe confidencial para Pedro Barrios Astudillo. 22/06/64. Archivo Leoni. Carpeta N. 106.
12   Ídem.
13   La distinción a este respecto con el gobierno de Betancourt es particularmente significativa, según lo precisa el biógrafo de Leoni, Rafael Arráiz Lucca. A su juicio, la asociación de Leoni con las otras fuerzas que integrarían la llamada «Amplia Base» sería de «colaboración» y no de gobierno paritario, según lo establecía el Pacto de Puntofijo. Arráiz L., R. (2005a): 92.

los complotistas, bastaba observar quiénes dirigían la política de las FF.AA. para advertir que, del ministro de la Defensa para abajo, todos quienes integraban la cúpula castrense eran «compañeros de partido», al «servicio incondicional de AD» y provistos de «mando»[14].

Si bien ninguna conjura de tipo militar estallaría en términos efectivos durante ese año inicial ni tampoco (a excepción de uno que otro conato menor) en lo que se refiere al resto del mandato de Leoni, llama la atención el modo en que volverían a reavivarse los «fantasmas del octubrismo», al acusarse en este caso al componente militar de obrar de manera subordinada a una parcialidad política y, por tanto, de verse actuando «a manera de un tumor maligno en el campo social», algo que, en el contexto de la lucha antiguerrillera –y a juicio de los complotados–, llevaba a que las FF.AA. recorriesen el peligroso camino de la «degradación» hasta convertirse, a la larga, en «acreedoras del odio popular»[15].

Una nueva modalidad

A propósito del crecimiento de la actividad armada alentada por el fidelismo que había llegado a registrarse desde 1962, y especialmente a lo largo de 1963, un informe confidencial estadounidense también llamaría la atención acerca de este asunto. Sin embargo, lejos de compartir la percepción de los conjurados, lo haría centrándose más bien en los recelos y falta de confianza que creía observar entre el alto mando de las FF.AA. y el gobernante partido AD. A pesar de que ya estuviese a punto de concluir el primer quinquenio del ensayo democrático, el informe en cuestión precisaba que, en lugar de seguir exhibiendo una actitud llena de aprensiones hacia el sector militar, era desde todo punto de

---

14 Informe confidencial para Pedro Barrios Astudillo. 22/06/64. Archivo Leoni. Carpeta N. 106.
15 Ídem.

vista recomendable que la dirigencia civil aceptase a fondo la capacidad que podían tener las FF. AA. a la hora de contribuir al fortalecimiento del sistema democrático[16]. Puede que en este sentido, y tomando en cuenta lo que habían sido las tirantes relaciones históricas entre AD y las FF. AA., Leoni estuviese dispuesto también a llegar a un mejor entendimiento con el sector militar de lo que lo había hecho su predecesor, revelando así, como en muchos otros aspectos que irían desde la política exterior hasta sus ofertas dirigidas a los actores de la izquierda dispuestos al diálogo, un perfil propio que cierta tradición ha pretendido hurtarle, atribuyéndole a Leoni una simple continuidad de la gestión de Betancourt en casi cualquier campo.

En todo caso, frente a los desafíos que debía asumir el nuevo presidente, la presión del sector castrense debió ser lo suficientemente significativa para que se intentara instrumentar a partir de entonces un cambio radical de enfoque ante la amenaza insurgente, así como en procura de dotar a las unidades militares de un equipamiento más adecuado al tipo de guerra que se planteaba. Heredero como lo era Leoni de una situación bastante complicada en cuanto a la capacidad de combate de las fuerzas leales y la supuesta efectividad del adversario, no era mucho lo que se había adelantado hasta ese punto, es decir, hasta 1964, en la implementación de recomendaciones novedosas en el ámbito militar. Cabe aclarar que semejante afirmación no pretende ir en demérito de algunos esfuerzos que corrieran a cargo de la gestión de Betancourt, como lo fue la creación del primer batallón de cazadores (el José Antonio Páez) en 1963, o que unidades combinadas de las FAN hubiesen intervenido en operaciones contraguerrilleras durante su gobierno[17]. Sin embargo, si nos atenemos a las evidencias, todo hace suponer que persistía la necesidad de modificar el tipo

---

16 Highlights of General Landsdale's report on communist insurgency in Venezuela. FRUS, Vols. X, XI, XII. Microfiche supplement, document 230: 4.
17 Ministerio de la Defensa. Introducción a la *Memoria y Cuenta*. (1964): s/p.

de formación imperante y, sin duda, la gestión de Leoni fue clave en tal sentido[18].

No de otro modo se explica que el ministro de la Defensa saliente, Antonio Briceño Linares, le expresara lo siguiente a Leoni pocos días después de su proclamación como presidente electo:

> Las experiencias vividas hasta ahora dejan la conclusión de que nuestros efectivos en personal son insuficientes (...). Y no podemos pasar por alto que la lucha con las organizaciones extremistas está vigente, pues así lo demuestra la realidad que ha venido a plantear la situación cubana. (...) Se explica, entonces, la preocupación de los mandos militares por la situación actual de las unidades cuya dotación es generalmente obsoleta. (...) [E]s obvio que [los grupos armados] están muy lejos de haber dejado de constituir una amenaza para la tranquilidad de la colectividad venezolana. En estos días, precisamente, se ha conocido que proyectan redoblar las acciones de terrorismo y de guerrillas en las próximas semanas, una vez se haya efectuado la toma de posesión del Presidente electo[19].

La necesidad de superar en este caso los fundamentos de la guerra convencional pasaba por advertir, por ejemplo, que la forma habitual de persecución que caracterizara al Ejército era hacerlo en forma compacta, tal como lo exigían sus lineamientos doctrinarios, con la consecuencia de verse retardados o dificultados de hacerlo de un modo mucho más efectivo[20]. A ello se agregaba lo inconveniente que resultaba el acarreo de una impedimenta inapropiada para el combate irregular, la necesidad de garantizar un abastecimiento adecuado al volumen de tropas o, incluso, sortear la fácil detección de su presencia en las zonas de guerra, poniendo

---

18   Castillo M., A.J. (1996): 99.
19   Carta de Antonio Briceño Linares, Ministro de la Defensa, a Raúl Leoni, Presidente Electo de la República. Asunto: Memorándum contentivo de las cuestiones que más preocupan a los comandos y al personal profesional en general, 10/03/64: (II: 1.2; VII: 1). Archivo Leoni. Carpeta N. 128.
20   Castillo M., A.J. (1996): 89.

en riesgo el factor sorpresa[21]. Visto como lo hace un testigo, ello se resumía de la siguiente manera: «La infantería entraba en la zona de acción con su personal y equipo completo. Tropa muy numerosa y equipo inadecuado para esta [clase de] guerra hacían más lentos los desplazamientos en el terreno. Igual fue [el caso de] la artillería con su pesado armamento [a la hora de] apoyar con numerosas concentraciones de fuego las operaciones de superficie de las tropas de infantería»[22].

Aparte de no conocerse bien las técnicas apropiadas para afrontar el tipo de conflicto planteado por la insurgencia, el autor antes citado menciona cuatro aspectos que, a la vez, son cruciales para entender las limitaciones que afrontaban las fuerzas leales al concluir el quinquenio de Betancourt. En primer lugar figuraba, a juicio de quien así hablara, un franco y notable desconocimiento del terreno en líneas generales. Por ello apunta: «No se conocían las regiones (...), las características de la topografía, los cursos de agua, los puntos críticos (...) y, por lo tanto, no era correcta la planificación»[23]. El rezago que se acusaba en esta materia era tan notorio que las FF.AA. debieron recurrir en más de una oportunidad a mapas distritales levantados por el Ministerio de Obras Públicas o, incluso por alguna de las compañías petroleras, como Shell, para su empleo en los teatros de guerra. Y, en cuanto a la cartografía militar propiamente dicha, el problema era tan agudo que hasta un comandante guerrillero se jactaría de señalar lo siguiente en 1966:

> El enemigo, en cuanto al conocimiento del terreno y a las informaciones, es tan ciego como un murciélago. Mientras ellos estén inmersos en esa situación existirán las condiciones favorables a nuestra actividad militar y podremos continuar empleando la sorpresa, la emboscada

---

21 Ibíd., 99.
22 Ibíd., 85.
23 Ibíd., 87.

y utilizando las informaciones (...) para que, en el momento oportuno, nuestras unidades monten y lleven a cabo las emboscadas en las que, indefectiblemente, caen las unidades del gobierno y en las que irremediablemente son aniquiladas[24].

En segundo lugar, el autor al cual se ha hecho referencia observaba que, hasta entonces, había privado también la falta de un adecuado apoyo aéreo: «Inicialmente no se contaba [con controladores aéreos avanzados que guiaran] la formación de las naves sobre los objetivos que se presentaran y, como sucedió en diferentes oportunidades, los pilotos no conocían el terreno donde se desenvolvían»[25]. Tercero: la falta de una preparación apropiada por parte de la tropa con el fin de responder al recurso del hostigamiento, las emboscadas o las acciones nocturnas planteadas por un enemigo que operaba sobre la base de su invisibilidad: «Se conoció de soldados que, en el momento del combate, eran presa de estados psíquicos, se asustaban, soltaban los fusiles [o] se quedaban estáticos»[26]. Cuarto: la falta de textos cónsonos con la materia, algo que no podía suplirse simplemente mediante el uso de manuales concebidos para una clase de guerra más bien próxima a lo convencional, aspecto que –de paso– el autor ilustraba recurriendo a su propia experiencia: «Escaseaban documentos que pudiesen aportar experiencias combativas, y los pocos libros que se observaban (...) se referían a manuales de artillería (...) y otros folletos de menor importancia que ninguna enseñanza aportaban sobre este tipo de guerra»[27].

Vale la pena comentar por cierto que, en el archivo del presidente Leoni, reposa un informe de carácter militar que, aun cuando fechado antes de su llegada al poder, no solo llamaba la atención acerca de las ventajas con que contaba la insurgencia sino

---

24   Citado por Biaggini G., J. *et al.* (1980): 70.
25   Castillo M., A.J. (1996): 89.
26   Ídem.
27   Ibíd., 87.

que justamente ponía el dedo en la llaga al referirse a la situación en términos bastante desventajosos para las fuerzas leales. Solo para comenzar, el informe en cuestión se refería al estado de «franca insurgencia» o «activa beligerancia» de grupos armados que, con mayor o menor grado de intensidad, operaban a lo largo de ocho estados del país (Sucre, Monagas, Portuguesa, Falcón, Yaracuy, Lara, Trujillo y Mérida)[28].

Lo segundo acerca de lo cual llamaba la atención era con respecto a la condición «estudiantil» de muchos de los combatientes, lo cual revelaba un índice de cultura y grado de instrucción apreciable y que, aunado a su filiación política y a los niveles de convicción que se manejaban en el terreno ideológico, redundaba en un estado de «buena moral» para la lucha[29]. En este sentido, si la solidez del factor «doctrinario» lucía como lo predominante entre las fuerzas insurgentes, amén del hecho de contar con una propaganda «efectiva» y «bien dirigida», la situación oficial era totalmente la opuesta, al punto de que –a juicio del redactor de este informe– no solo la labor de «propaganda» y «contrapropaganda» era ineficiente sino que, por si fuera poco, las fuerzas en combate precisaban de un adiestramiento y una organización *sui generis* que comprendiese cursos en técnicas de emboscadas, contraemboscadas, escudriñamiento, evasión y escape[30].

Visto lo anterior, el proponente del nuevo enfoque pasaba a recomendar de seguidas la planificación de medidas de carácter «político, económico y social» que complementasen las que fueran necesarias desde el punto de vista militar para la realización de operaciones contrainsurgentes. La iniciativa pasaba también por concebir un nuevo «mapa operacional» que tuviese en la cúspide

---

28 Memorando del coronel director del Servicio de Información de las FF. AA. al ciudadano General de Brigada Ministro de la Defensa. Asunto: Consideraciones sobre el actual movimiento de guerrillas en el país y sugerencias al respecto. Marzo de 1962. Archivo Leoni. Carpeta N. 106.
29 Ídem.
30 Ídem.

un «Comando Nacional Unificado» y que dependiera a su vez, en orden decreciente, de comandos regionales, comandos distritales y comandos municipales, todo lo cual fuese capaz de garantizar una acción de coordinación y retroalimentación entre los distintos niveles de gobierno y, especialmente, a la hora de tomar medidas conjuntas en sitios limítrofes con las regiones en conflicto[31].

Si la guerra reclamaba el trazado de un mapa distinto, ello también se hacía necesario en relación con una serie de requerimientos que iban desde las exigencias propias del combate hasta tareas de carácter «psicológico». En lo estrictamente militar, se aconsejaba el establecimiento de un control «rígido» de todas las publicaciones relacionadas con las operaciones que llevara a cabo el Ejército; la intensificación del entrenamiento de oficiales y tropas para esta nueva modalidad de lucha y, entre otras cosas, mayor peritaje en el manejo e interpretación de fotografías aéreas[32]. El reto redundaba pues, entre otras cosas, en proveer a las unidades de infantería misionadas en acciones antiguerrilleras de una dotación más adecuada a tal clase de operaciones, es decir, en términos del tipo de armas, bagajes, trenes de subsistencia, raciones de combate y material para la curación individual de los efectivos[33].

Mención aparte, por lo puntilloso, tiene que ver con lo que se explicaba en relación con el trato que debía recibir la población civil dentro de las áreas de guerra y, muy especialmente, respecto a la actitud que cabía esperar de ellas tanto frente a las unidades militares como ante las propias guerrillas. El informe en cuestión lo veía como una situación espinosa para quienes, atrapados en la soledad de caseríos y montañas, se hallaban expuestos a las labores de captación de ambas fuerzas combatientes[34]. En esto de involucrar al mundo civil en la consecución de diversas tareas de apoyo

---

31 Ídem.
32 Ídem.
33 Ídem.
34 Ídem.

a las FF.AA. –en calidad de informantes o en labores de rastreo, por ejemplo–, el informe no dejaba de mencionar lo que significaba poder contar con los afiliados de la Federación Nacional Campesina o la Confederación de Trabajadores de Venezuela (CTV), fuerzas fundamentales dentro de la estructura gremial de AD, en la conformación de «cuerpos cívicos de vigilancia»[35].

Por otra parte se recomendaba poner énfasis en actividades de inteligencia, contrainteligencia, propaganda y contrapropaganda, que abonasen el terreno de la «guerra psicológica», labor que presuponía una mayor tecnificación del aparato represivo y de vigilancia. Así, pues, aparte de recomendar que se estructurara un archivo centralizado en manos de la Dirección General de Policía (Digepol) que permitiera recabar información de todos los organismos partidistas, sindicales o estudiantiles que le sirvieran de apoyo a la actividad insurgente, se recomendaba contar con «centros de interrogatorio» en los que se dispusiera de facilidades suficientes para la segregación y aislamiento de los combatientes capturados, así como la formación de interrogadores en técnicas modernas y la creación de centros de «rehabilitación» para exguerrilleros. Por último, y como no podía faltar en estas labores donde el dinero pudiese facilitar las tareas de inteligencia, el informe recomendaba la «erogación de suficientes recursos económicos» que pudiesen destinarse al desarrollo de la «actividad informativa» (simple eufemismo para calificar seguramente así las labores de delación por parte de quienes estaban dispuestos a «aflojar» desde las filas del movimiento insurgente)[36].

Cuánto, al pie de la letra, había tomado el gobierno de Betancourt estas recomendaciones emanadas directamente de las FF.AA., o cuánto lo haría a su vez el debutante gobierno de Leoni, es un asunto que resulta difícil precisar con absoluta claridad. Pero si de evidencias documentales se trata, saltan a la vista varios

---

35 Ídem.
36 Ídem.

puntos de las recomendaciones que, traducidos a la práctica, parecieran haber sido asimiladas por el mandatario guayanés.

Primero que todo, en lo que se refiere al perfeccionamiento de la política informativa, tenemos como indicio de ello lo que el propio general Ramón Florencio Gómez –ministro de la Defensa a todo lo largo del quinquenio de Leoni– precisara durante el año final de su cuenta. Como síntesis de lo que fuera la acción comunicacional de las FF. AA. en relación con las operaciones contrainsurgentes, corre aquí lo dicho por el ministro:

> Cada vez que se ha producido un encuentro, cualquiera sea su importancia o algún hecho relacionado con las operaciones contra los bandoleros, se emiten radiogramas, circulares internas y comunicados de prensa con detalles precisos de lo ocurrido. Esas informaciones, cuando no implican peligro para el personal que interviene en la persecución o para el buen éxito de las operaciones, señalan el lugar del hecho, unidad a la cual pertenecen los efectivos, nombres de muertos y heridos, las bajas causadas a los alzados en armas y su identificación (si esto es posible), material capturado y campamentos destruidos. En esas comunicaciones se dan todos los detalles imprescindibles para mantener a la nación verazmente informada de la situación[37].

Si bien no se trataba de poner en práctica un «cepo» informativo, se entiende que el gobierno de Leoni procuró ser más cuidadoso frente a las correrías de la prensa y, especialmente, ante la tentación de algunos medios de gran tiraje a la hora de intentar llevar a cabo reportajes o entrevistas en los propios teatros de combate y que, tal como ocurrió durante la gestión de Betancourt –e incluso a principios del gobierno del propio Leoni–, pudieron prestarse a cierto enaltecimiento romántico de la acción guerrillera o, incluso, para cuestionar la naturaleza de las operaciones

---

37   Ministerio de la Defensa. Introducción a la *Memoria y Cuenta*. (1969): XII.

militares[38]. Era lógico que el gobierno intentase evitar que algún reportero concitara la atención de su lectoría hablando del «terrible pero fascinante universo guerrillero»[39], o pretendiera obtener alguna «exclusiva» con los jefes máximos de la insurgencia. Por cierto, vale comentar que este tipo de prevenciones que tanto se cuidara de practicar la gestión de Leoni fue burlada, por ejemplo, en 1966, cuando un corresponsal de la revista mexicana *Sucesos* (sufragada por Cuba[40]) logró obtener de manera subrepticia una entrevista en las serranías del estado Falcón con los comandantes guerrilleros Douglas Bravo, Luben Petkoff y Francisco Prada, muy al estilo de la que Herbert Matthews, el legendario corresponsal del *New York Times*, le hiciera a Fidel Castro en su campamento de la Sierra Maestra en 1957.

En segundo lugar, uno de los productos de lo que se recomendara en términos de lo que debía ser un nuevo comando a nivel nacional con sus respectivas ramificaciones locales pareció verse materializado, en la órbita de lo estrictamente militar, en el diseño y puesta en funcionamiento de seis teatros de operaciones (TO) en las diferentes regiones del país donde se había evidenciado actividad guerrillera, el primero de los cuales fue creado en julio de 1964, a pocos meses de haber asumido Leoni[41].

Aparte de centralizar funciones que se hallaban dispersas hasta entonces desde el punto de vista castrense, la responsabilidad

---

38 Respecto al malestar de las autoridades en este sentido vale señalar que, en noviembre de 1964, ya durante el primer año de la gestión de Leoni, tanto la revista *Venezuela Gráfica* como el diario *Extra* fueron clausurados por publicar un reportaje sobre las guerrillas escrito por Teodoro Petkoff desde el cuartel San Carlos, donde estaba preso. Dicho material fue considerado subversivo porque, a juicio del gobierno, incitaba a la guerra. Cañizález, A. (2016): 9.

39 Esta frase, por ejemplo, fue empleada por el periodista Ultabio de León en su reportaje titulado «4 días con las guerrillas». *Venezuela Gráfica*, 20/11/64, N. 685: 18.

40 Tal afirmación corre por cuenta del exdirigente del PCV, de Héctor Rodríguez Bauza. Rodríguez Bauza, H. (2015): 322.

41 Castillo M., A.J. (1996): 100. Los teatros en cuestión fueron el TO1 (Falcón), el TO2 (Boconó), el TO3 (El Tocuyo), el TO4 (Maturín/Cachipo), el TO5 (Yumare) y el TO6 (Altagracia de Orituco).

de su manejo era, en líneas generales, bastante propia de cada uno de sus respectivos comandos[42]. Quizá uno de los aspectos que más llamen la atención al examinar su organigrama sea que, aparte de que en sus instalaciones operaran simultáneamente los efectivos de los cuatro componentes en la ejecución de tareas específicas (inteligencia, operaciones, comunicaciones, justicia militar o, inclusive, coordinación aérea), los teatros de operaciones sirvieran a la vez de asiento al importante brazo que habrían de significar los programas de «acción cívica» dirigidos a la prestación de servicios a las comunidades aledañas[43]. Esta fusión, bajo una sola unidad de mando, de elementos provenientes de las cuatro fuerzas, debió ser vista como algo particularmente efectivo y novedoso. Al menos así lo reseñaría un informe confidencial británico a la hora de contrastarlo con la práctica que recién se dejara atrás:

> Cuando la amenaza guerrillera emergió en Venezuela, por primera vez en 1961-62, el Ejército se hallaba adiestrado solamente en guerra convencional; por tanto, a las unidades de infantería se les ordenaba enviar a sus compañías mejor entrenadas a las áreas bajo control de la guerrilla. Lo mismo ocurría con la Infantería de Marina, la cual mantenía en zonas de combate algunas compañías sobresalientes por su excelente reputación. La Guardia Nacional también formó compañías «ad hoc» para el servicio en áreas de combate. Inclusive, la Fuerza Aérea contribuyó con sus propios servicios.
> No sólo pretendían funcionar así sobre la base de una rotación efectuada cada seis meses sino al reunir una diversidad de fuerzas que, por lo general, operaban sin conocerse entre sí, ni tan siquiera sus oficiales, provocando obviamente que esto deviniera, a la larga, en un arreglo poco satisfactorio, aun cuando cabe advertir que hicieron todo cuanto les fue posible para contener una seria amenaza[44].

---

42 Ibíd., 103.
43 Ibíd., 102.
44 British Embassy, Caracas. Naval & Military Attaché (1968). Review of the present guerrilla situation in Venezuela. Archivo de Ottawa. Documento DA/S 215/1. Carpeta 27-1-2-VENEZ: 4.

Para las voces críticas, especialmente desde el Congreso y la prensa clandestina de izquierda, los teatros de operaciones serán vistos como auténticos «campos de concentración»; para las FF.AA., en cambio, se trataría de estructuras caracterizadas por una enorme eficacia debido a la simultaneidad y diversidad de sus funciones, capaces –por ello mismo– de superar las limitaciones propias del acantonamiento tradicional y que, por efectivas en el cumplimiento de tal variedad de tareas, no podían dejar de sumar detractores o concitar la animosidad de quienes, desde la dirigencia civil, mantenían contacto con el campo insurreccional[45]. De paso, la apreciación que la propia sociedad hiciera acerca del papel cumplido por los teatros de operaciones es algo que vale la pena mencionar, así sea por lo justo que resulta hacerlo a la hora de examinar los papeles y documentos de la época, independientemente de su procedencia. En este sentido llama la atención que, en diciembre de 1965, representantes de la industria y del comercio, así como algunas organizaciones por cuenta propia, se sumaran a una campaña de «donativos navideños» para el personal de tropa acantonado en los pocos teatros de operaciones creados hasta entonces con el fin de recompensar de esta forma a quienes «con riesgo de sus vidas, cumplen con el honroso e ineludible deber (...) de garantizar la (...) seguridad de todos los venezolanos»[46].

Otro elemento destacable, como parte de la conversión a un nuevo formato en tiempos de Leoni para hacer más efectiva la participación del Ejército en la guerra irregular, fue la acelerada formación de lo que, en el argot militar, sería conocido como los «batacaza», o sea, los batallones de cazadores. Ello demostraba, a tono con las recomendaciones antes mencionadas, la necesidad de adoptar cuanto antes cuerpos especializados en este género de combate y consolidar así una doctrina cónsona con esta clase de conflicto, cuyo peso recayera sobre unidades de fácil movilidad

---

45 Castillo M., A.J. (1996): 102.
46 Ministerio de la Defensa. Introducción a la *Memoria y Cuenta*. (1966): s/p.

y equipadas con un menaje de campaña distinto al empleado para una guerra convencional[47]. Tres autores consultados a este fin coinciden en señalar que, entre 1963 y 1967, el Ejército activó trece batallones de cazadores, lo cual equivalió a poner en pie, bajo tal modalidad, una cifra aproximada de cuatro mil efectivos[48].

A la hora de valorar esta tecnificación en la lucha contra la guerrilla, y lo que habría de significar semejante cambio, vale por lo revelador lo dicho por un combatiente:

> Cuando comenzó la organización de los cuerpos de cazadores se produjo una diferencia enorme con respecto al sistema que utilizaba el Ejército. Con el Ejército se daban miles de casos en que tú los hacías correr, donde los detenías, o donde ya no te seguían persiguiendo. Incluso, los oficiales del Ejército no estaban muy interesados. Se metían al monte y a lo que les daba determinada hora se salían del monte. Pero los cazadores no. Esta era gente adoctrinada políticamente, militarmente más hábiles, utilizaron tácticas guerrilleras para combatir a las guerrillas. Grupos de cazadores dormían en la montaña. Hacían su campamento como si fueran unos guerrilleros[49].

Al mismo tiempo, por tratarse de un tipo de guerra caracterizada por la constante movilidad de los combatientes, otra práctica que vino a instrumentarse consistiría en la implementación de censos a nivel rural, mecanismo que, junto a una supervisión continua de la población civil por parte de las unidades militares, facilitaría la detección de colaboradores y enlaces con los grupos armados, reduciendo así su radio de acción y obligándolos, en consecuencia, a tomar precauciones más enojosas en materia de desplazamientos y suministro de víveres[50].

---

47 Hernández G., C.E. (2014): 270.
48 Ídem; Castillo M., A.J. (1996): 103; Presutto, F. (1993): 15. Solo en 1967 se crearon diez de esos trece batallones, según lo informara el Ministerio de la Defensa. Introducción a la *Memoria y Cuenta*. (1966): s/p.
49 Entrevista con Luben Petkoff. En Blanco M., A. (1981a): 125.
50 Biaggini G., J. *et al.* (1980): 203.

En la lista de lo que figuraba también como otro elemento nada desdeñable dentro de esta dinámica de combate resulta necesario hacer mención de lo que, a fin de cuentas, sería un apoyo aéreo más decidido en relación con las actividades contrainsurgentes, sobre todo en lo que, para entonces, constituía su novedosa modalidad helitáctica. Ya se mencionó, por ejemplo, que cada teatro de operaciones habría de contar con su propio controlador aéreo avanzado, lo cual permitía guiar, de manera aire-tierra, a las fuerzas de superficie hacia los objetivos que se presentaran. El apoyo brindado por helicópteros franceses del tipo Alouette III y IV, o de los Bell UHID y 47G de fabricación estadounidense, cumpliría justamente el papel de ofrecerles esa aéreo-movilidad táctica a las fuerzas leales[51]. Además, un informe confidencial británico precisaría lo siguiente en relación con la forma como estos equipos volantes terminaron involucrándose al fin y al cabo en funciones de guerra propiamente dichas:

> Estas unidades fueron utilizadas originalmente para brindar apoyo logístico y para servir de enlace, a la hora de las comunicaciones, entre las fuerzas de tierra y los aviones bombarderos. Sin embargo, de un tiempo a esta parte, los militares venezolanos las están empleando directamente, con fines tácticos, en los propios teatros de combate, bien en tareas de reconocimiento, de apoyo a las unidades del Ejército o para el transporte de tropas[52].

El mismo testimoniante que líneas antes reconociera la efectividad de lo que había significado lanzar a los cazadores del Ejército en persecución de los grupos armados diría lo siguiente a este respecto:

> Mandaron aviación a bombardear la montaña y después mandaban cada cierto tiempo patrullitas que eran duramente castigadas por

---

51 Hernández G., C.E. (2014): 271.
52 British Embassy, Caracas. Naval & Military Attaché (1968). Review of the present guerrilla situation in Venezuela. Archivo de Ottawa. Documento DA/S 215/1. Carpeta 27-1-2-VENEZ: 6.

nosotros. Hasta que organizaron en forma la ofensiva a la zona. (...) Entonces mandaron fuerzas a hacer cuartel allí en una población, un caserío de montaña (...). Allí comenzaron a operar con escuadras que las dirigían a los distintos sitios donde, por huellas, por deducciones, espionaje o eventuales delaciones (que también las hubo) suponían que estábamos. Y comenzaron a montar ellos también sus emboscadas. Montaban sus operativos con morteros, *usaban ya los helicópteros para ametrallar,* no sólo con aviones. *Y tú sabes que los helicópteros son más efectivos que la aviación*[53].

Dentro de este mismo renglón, la compra de un lote de aparatos de combate del tipo F.86 K en tiempos de Leoni, los cuales estaban provistos de una aviónica más simple que otros cazas a reacción con los cuales contaba ya la Fuerza Aérea, serviría de refuerzo a las operaciones en contra de la guerrilla[54]. Como apoyo a estas misiones figuraría también la adquisición de naves de reconocimiento del tipo Cessna 182 (Skylane), encargadas del marcaje de objetivos, la cobertura previa al desarrollo de las operaciones, la comparación fotográfica capaz de revelar la evolución de una zona donde estuviesen implantados focos rebeldes, el suministro de datos precisos sobre blancos para los aviones de combate, así como la detección de zonas de refugio, tomando en cuenta, en todos estos casos, la extrema movilidad y fluidez de los grupos insurgentes[55].

El mismo tipo de innovaciones se dará para el traslado de las nuevas unidades de infantería ligera a los teatros de combate. El hecho de que estas carecieran de un transporte adecuado que les brindase el máximo de movilidad en terrenos farragosos y en operaciones de campo hizo que el gobierno de Leoni sustituyera los vehículos propios para el bagaje ordinario, utilizados hasta entonces

---

53 Entrevista con Luben Petkoff. En Blanco M., A. (1981a): 128. Énfasis agregado.
54 Ministerio de la Defensa. Introducción a la *Memoria y Cuenta*. (1967): s/f.
55 Chalbaud T.P.J. «El reconocimiento aéreo en guerra subversiva». *Revista del Ejército*, abril/mayo 1964: 8-12 (*Passim*).

por el Ejército, a favor de los más poderosos camiones tácticos del tipo M-35 para el transporte de tropa[56]. Ello, a la vez, tenía la ventaja de que, al efectuarse una marcha motorizada de aproximación hacia un enemigo que operaba en formato de guerrilla, los M-35 le brindaban a la tropa un tiempo prudencial de reacción con el fin de establecer una base de fuego y contrarrestar acciones de emboscada[57].

Mención aparte merece lo que al respecto pueda decirse acerca de la orientación y adiestramiento recibido por parte del Ejército estadounidense. El hecho es que, en lo que a la guerra irregular se refiere, los EE. UU. –comprometidos como habían estado en Vietnam desde fines de la década de 1950– se habían visto llevados a darle un vuelco sustantivo a la doctrina implementada al comienzo de ese conflicto, basada en la superioridad masiva, pero no necesariamente efectiva, de sus cuadros de fuerza convencional. Con base en el aprendizaje derivado de esa experiencia actuarían, pues, los equipos de instructores que hicieron presencia en los centros educativos militares venezolanos para impartir enseñanza en técnicas y tácticas de guerra irregular. En particular –según lo precisa Gustavo Salcedo– «operaban en Venezuela las 'Special Forces Mobile Training Teams', personal del Departamento de Defensa que entrenaba a los militares venezolanos en el uso y mantenimiento de armamentos, así como en la conducción de operaciones militares. En forma especial, la Guardia Nacional recibió intensa preparación para la lucha anti-guerrillera [dentro de esta modalidad instruccional]»[58].

Tanto o más importante que lo anterior fue que oficiales y suboficiales siguieran cursos de guerra de selva en la Escuela de las Américas (Fort Gulick, Panamá) e, incluso, de combate

---

56   Biaggini G., J. *et al.* (1980): 103.
57   Ibíd., 106.
58   Salcedo A., G. (2016): 203.

antiguerrillero en la Escuela de Lanceros en Melgar (Colombia)[59]. Al hablar específicamente del caso de Panamá, Salcedo agrega que, ya para inicios de 1964, un número importante de oficiales venezolanos había recibido formación en tácticas antiguerrilleras en ese centro, pero también en el «Special Warfare Center» (Centro de Estudios Militares especiales) en Fort Bragg, Carolina del Norte[60].

Sin embargo, la presencia en el país de los instructores estadounidenses tendría sus límites, a juzgar por lo que figura recogido en un informe de la inteligencia británica:

> A las FAN venezolanas no les agrada verse asesoradas por elementos extraños a ellas. (....) Aunque existe en el país una fuerte presencia de la Misión Militar estadounidense, los militares venezolanos han aprovechado tal presencia fundamentalmente en lo que se refiere al adiestramiento logístico y asistencia material; pero, en lo esencial, han excluido a los miembros de tal Misión de verse presentes en las áreas operacionales o los han alejado de todo cuanto se refiera a los aspectos organizativos de las operaciones que pretenden planificar. Sin embargo, han hecho buen uso de las facilidades que, para fines de adiestramiento, se les ha dispensado en la Escuela de las Américas en Panamá con el fin de familiarizarse con la doctrina y táctica estadounidense de lucha anti-subversiva[61].

De hecho, el asesoramiento impartido por la Misión Militar de los EE. UU. para enfrentar esta modalidad de guerra se vería reemplazado en algún momento por el equipo móvil de instrucción creado por el propio Ejército venezolano con el fin de continuar los adiestramientos en el medio rural[62].

---

59 Castillo M., A.J. (1996): 97, 98.
60 Salcedo A., G. (2016): 202.
61 British Embassy, Caracas. Naval & Military Attaché (1968). Review of the present guerrilla situation in Venezuela. Archivo de Ottawa. Documento DA/S 215/1. Carpeta 27-1-2-VENEZ: 4.
62 Biaggini G., J. *et al.* (1980): 105.

La doctrina Johnson

Puede que la administración de Lyndon B. Johnson no se hubiese propuesto modificar en esencia la política hemisférica seguida por su predecesor; pero lo cierto del caso es que, especialmente a partir de 1965, a raíz de la intervención directa en la República Dominicana con motivo del regreso de Juan Bosch al poder, la crisis planteada hizo que Johnson pusiera mucho mayor énfasis en uno de los dos elementos que habían conformado la línea seguida hasta entonces tanto por él como por Kennedy: combatir la influencia cubana a través del reformismo más que por la vía de la represión, salvo en aquellos países donde el reformismo se viera demasiado comprometido por la amenaza insurgente[63]. Ahora bien, el hecho de que la tendencia fuera acentuándose a favor de lo segundo era lo que llevaría a hablar, a partir de ese momento, de la adopción de una suerte de «doctrina Johnson» en el área del Caribe.

Discrepancias aparte con respecto a la forma como Leoni reaccionó ante la intervención de los EE. UU. en la República Dominicana, y de lo cual hizo sonora protesta ante la OEA, la «doctrina Johnson» debió guardar cierto grado de consonancia con el significativo incremento que llegó a registrar a partir de entonces la asistencia brindada al gobierno venezolano para el combate militar contra la guerrilla.

En febrero de 1957, es decir, casi un año antes del fin del régimen de Pérez Jiménez, Venezuela había suscrito con los Estados Unidos un convenio crediticio con el fin de hacer pedidos de material de guerra y cancelarlos mediante un plan de pagos con base en «tiempos muertos» que diera la posibilidad de saldar dichas adquisiciones a través de cómodos plazos de vencimiento. Este mismo programa de ventas a crédito continuó implementándose a partir del primer quinquenio democrático, si bien

---

63 Boersner, D. (1996): 219-221.

modificándolo para obtener mejores términos en la cancelación de los aprestos debido al desorden presupuestario heredado de la dictadura. Comoquiera que fuere, y con las variaciones del caso entre un año y otro, el gobierno de Betancourt –y, aún más, el de Leoni– dispondrían de una sustanciosa línea crediticia para la adquisición de material militar, todo lo cual solo era posible en función de los programas específicos que el Congreso de EE. UU. estuviese dispuesto a aprobar en materia de seguridad.

En tal sentido, resulta importante observar las particularidades que revestiría el caso de Venezuela para los legisladores en Washington. Como ejemplo de ello figura lo que significara que, ya desde fines de 1962, en plena presidencia de Betancourt, el Departamento de Estado recomendase la adopción de un plan de cooperación en materia contrainsurgente debido al constante crecimiento de los grupos armados. Según lo precisa Gustavo Salcedo, dicho plan se contraía a la premisa de «ayudar a Venezuela a desarrollar su capacidad militar a fin de mantener la seguridad interna, contrarrestar actividades de la guerrilla y de otros insurgentes y proteger campos petroleros venezolanos (...), facilit[ando] entrenamiento a personal militar venezolano en Venezuela y/o en instalaciones en EE. UU.»[64]. Asimismo, con base en el convenio crediticio al cual se ha hecho referencia, el Departamento de Estado insistía en «acelerar la entrega de equipo bajo nuestro programa bilateral de créditos militares»[65].

Por otra parte, Venezuela constituía por sí misma una excepción bastante notable respecto a tal programa de modernización si se le compara, por ejemplo, con el resto de la región. Lo que en este caso así lo demuestra fue la celosa actitud adoptada por el Congreso de EE. UU. a la hora de dar su buena pro a este tipo de asignaciones cuando de otros países del vecindario se trataba. Semejante

---

64   Memorando del Comité de Política Latinoamericana. Secretario de Personal, Clint E. Smith, 09/09/62. Citado por Salcedo A., G. (2016): 203.
65   Ídem.

actitud, según lo resumía una nota diplomática, se derivaba del hecho de que «el Congreso se [mostraba] cada vez más reacio a aprobar asignaciones para ayuda militar a la América Latina (...) [debido] a la intervención de las fuerzas militares en el proceso constitucional de ciertos países del hemisferio»[66]. Así, pues, por contraste con la reciente epidemia de pronunciamientos militares, como la que había tenido lugar en Argentina, Guatemala, Ecuador y Perú entre 1962 y 1963 –coincidiendo con los años finales de la gestión de Betancourt–, Venezuela era vista como receptora confiable de cierto tipo de aprestos de fabricación moderna a raíz de la amenaza insurgente. Reajustes periódicos de por medio, pero dándole invariablemente un carácter urgente al material considerado de alta prioridad, el convenio con los EE.UU., tanto en su etapa 64/65 como en su etapa 66/67 –ambas coincidentes con el quinquenio de Leoni–, revelaría, por ejemplo, la adquisición de helicópteros y aviones destinados específicamente al combate antiguerrillero, con el fin de responder de este modo al tipo de apoyo táctico al cual se hizo mención en líneas anteriores.

Lo cierto es que el crecimiento en número de efectivos y medios, tanto como la evolución misma de los pedidos y la magnitud del plan de compras, llevó a que el gobierno incurriese en erogaciones presupuestarias bastante significativas en materia militar durante el período en cuestión, incluyendo desde luego el refinanciamiento de deudas no canceladas que formaban parte del convenio crediticio con los EE.UU. Tal vez sea este el aspecto que requiera menos pruebas a la hora de advertir la dimensión que llegó a cobrar la emergencia guerrillera, sobre todo teniendo en cuenta la forma tan decolorada como, años más tarde, tendió a minimizarse el alcance de sus acciones y su potencial carácter de amenaza, debido al esfuerzo hecho por ambas parcelas con el fin de bajarle el tono a lo ocurrido.

---

[66] Carta de John Calvis, Ministro Consejero, a Rómulo Betancourt, Presidente de Venezuela (Personal y confidencial). Caracas, 22/01/63: 2. Archivo Leoni. Carpeta 129.

Lo dicho en relación con los acuerdos militares Johnson-Leoni lleva a hacer mención expresa en este punto a lo que señalara alguna vez Antonio García Ponce. La cita es larga, pero ello quizá merezca ser excusado por todo cuanto de valioso aporta en tal sentido:

> Johnson (...) ya había tomado la decisión de alterar fundamentalmente la posición militar venezolana hacia la insurgencia comunista en el país. Tanto él como Leoni percibían los límites del bloqueo diplomático [a Cuba] y estaban muy motivados en la presunción de que las guerrillas representaban una seria amenaza a la estabilidad nacional. (...) La posición de línea dura de Cuba y los disidentes [venezolanos], combinada con lo que parecía ser una retracción de la posición soviética, condujo a Johnson y Leoni a estar de acuerdo (...) en ponerle fin a la amenaza comunista en Venezuela. En una reunión previa a la cumbre (...) de los jefes de Estado americanos en Punta del Este, Uruguay [abril de 1967], Leoni introdujo el tema de la amenaza guerrillera. (...) Leoni propuso que los dos países concertaran una inversión especial para equipos (...) para ser despachados a un ritmo muy acelerado. En respuesta, Johnson preguntó que le precisara cuál era la clase de equipos en la que estaba pensando Leoni, y le hizo notar (...) que la escalada de la guerra en Vietnam ya le imponía a Estados Unidos una creciente demanda de suministro de material. Leoni hizo énfasis en que el interés de Venezuela descansaba menos en equipos de alta tecnología que en un suministro extra de material de fuego. (...)
> Johnson hizo notar dos problemas: primero, la global disminución de desembolsos para América Latina aprobada por el Congreso; y, en segundo lugar, la resistencia de la Administración ante la reiterada acusación que se le [hacía] a su país de ser «los traficantes de armas del mundo». (...)
> Consiguientemente, si Leoni pudiera presentar una lista detallada y específica de equipos, Johnson prometía volverse a ver pronto con el Ministro del Exterior venezolano. (...)
> Una misión del Departamento de Defensa viajó a Venezuela y, de inmediato, se sentó a trabajar en la implementación de este acuerdo entre Leoni y Johnson. El 26 de abril [de 1967], un contingente de

funcionarios del Departamento de Defensa trabajó a todo vapor en los planes para (...) tener 10 nuevos batallones de cazadores a ser bien equipados y entrenados en las operaciones anti-guerrilla. Gracias a estos pasos acelerados, el Departamento de Estado predijo que 6 batallones (...) estarían en acción para diciembre de 1967. (...)
[Apenas unos años después], es decir, en 1969, los Estados Unidos seguían enviando una ayuda militar calculada en casi US$ 8 millones, cantidad que más tarde se redujo a 1 millón al año cuando la amenaza guerrillera disminuyó de manera notable[67].

Antes de cerrar esta parte conviene hacer referencia a un asunto raras veces mencionado, especialmente teniendo en cuenta la forma en que tanto Betancourt como Leoni han sido objeto de una particular detestación a causa de su política militar contra la insurgencia, bien se expresara esta en clave de alzamientos cuartelarios o de lucha en formato guerrillero. El comentario apunta a lo siguiente: una cosa eran los entendimientos a los que podían llegar Johnson y Leoni, en su calidad de mandatarios civiles, y otra muy distinta los canales, más o menos discrecionales, más o menos autónomos, a través de los cuales las burocracias castrenses de cada uno de los respectivos países podían llegar a entenderse entre sí para darles curso a sus propias preferencias de carácter bélico. Esto, por supuesto, es siempre muy peligroso. Ahora bien, nada niega que la cooperación brindada por EE.UU. en tiempos de Leoni fuera un factor de monta para que las Fuerzas Armadas venezolanas pudiesen afrontar con mayor eficacia el fenómeno insurreccional desde el punto de vista del material de guerra disponible para ello.

Sin embargo, hablamos en este caso de la actitud que Leoni debía exhibir en tales circunstancias como el presidente civil que era. De hecho, entre las dificultades que debió sortear el mandatario figura el haber tenido que tascarle el freno a quienes creían

---

67   García P., A. (2010): 103-104.

necesario mostrar unos colmillos más afilados y, por tanto, tomar medidas mucho más radicales en contra de la guerrilla, especialmente en el terreno armado. Su predicamento recuerda, en cierta forma, al que experimentara Betancourt cuando, en su momento, debió refrenar a una parte del sector militar que aún creía que sus actuaciones revelaban innecesarios pruritos legalistas a la hora de enfrentar a los disidentes de las FF. AA. alzados en armas. A propósito de ello, Betancourt le había escrito lo siguiente a Kennedy: «Los impacientes querrían que pasáramos por encima de la ley escrita y aun de la ley no escrita (...) [p]ero no me desviaré de una línea de conducta que me trazan la Ley fundamental de Venezuela y mi propia conciencia»[68].

Algo similar, aunque ya en el contexto del combate contra la guerrilla, será lo que Leoni, sucesor de Betancourt, tuviese que asegurarle a Johnson, sucesor a su vez de Kennedy:

> La paciencia de los pueblos no es veta inagotable y nunca se puede garantizar que la repetición de actos ofensivos no pueda provocar la justificada reacción de los que, [en] Venezuela, siempre han estado apegados a los buenos principios de civilizada convivencia. Sin embargo, mientras yo esté al frente del Gobierno de Venezuela puede esperarse de nosotros tanta paciencia y flexibilidad como la que han tenido las grandes potencias para enfrentar aquellos conflictos que tan gravemente amenazan la paz del mundo[69].

El comentario viene a propósito de lo que, para un civil en el poder, significaba tener que lidiar con el parecer, siempre irreductible, de los «duros» del sector militar. Ello, válido por igual para Betancourt o Leoni, como pudo serlo también para Kennedy cuando este prácticamente debió librar un duelo a pulso para

---

68 Rómulo Betancourt a John F. Kennedy. Miraflores, 9 de mayo de 1962. ARB, Tomo XXXIX (1962). Complemento «B». Doc. 17.
69 Borrador de carta de Raúl Leoni, Presidente de la República de Venezuela, a Lyndon B. Johnson, Presidente de los Estados Unidos de América. Miraflores, S/F. Archivo Leoni. Carpeta 158.

contener las presiones ejercidas por el Pentágono a fin de que respondiese, «cabilla en mano», al desafío planteado por la presencia de los misiles soviéticos en Cuba.

A la hora de ponerles límites a las recomendaciones formuladas por el sector militar existe un extraordinario ejemplo en lo que a Leoni se refiere y que, por lo demás, deja en evidencia las angustias que debe padecer el sector civil frente a tales menesteres. El caso en cuestión se halla recogido en una comunicación reservada, dirigida a Leoni por parte de Enrique Tejera París –ahora su embajador ante la Casa Blanca– y en la cual el diplomático le resumía al presidente una conversación sostenida con Allan Stewart quien, hasta fecha muy reciente, se desempeñara como embajador de los Estados Unidos en Caracas: «Me dijo Allan [Stewart] que le dijera [a Usted] lo siguiente, muy confidencialmente, que había sabido que el Pentágono ofreció al Ministerio de Defensa bombas o cohetes de NAPALM, para usar contra los guerrilleros. Allan las considera innecesarias y estima, además, que el impacto de opinión, aquí y allá, puede ser muy malo, <u>no sólo por usarlas sino por el hecho de tenerlas</u>»[70]. Alertado ante los riesgos e implicaciones que supondría el empleo de semejantes dispositivos, el interlocutor de Tejera confiaba en que Leoni, y solo él, tendría la última palabra para imponer su criterio sobre un asunto que en ningún caso debía ser decidido por –ni entre– militares[71].

No resulta aventurado suponer entonces que, en casos como este, el gobierno de Leoni debió haberse visto obligado a imponer la sensatez, independientemente de lo que los militares tuvieran a bien pensar por su cuenta, a la hora de hacer frente a la insurrección guerrillera.

---

70 Carta de Enrique Tejera París, Embajador de Venezuela en Washington, a Raúl Leoni, Presidente de la República de Venezuela. Washington, 21/09/64: 1-2. Archivo Leoni, Carpeta 158. Subrayado original.

71 Según Tejera, «'Esta es una decisión que sólo Raúl debe tomar', me dijo», refiriéndose así a palabras textuales de Stewart. Ibíd., 2.

La «acción cívica»

Tratándose de un tipo de conflicto que, por su dinámica, guardaba puntos de coincidencia con el que venía librándose en Vietnam, y del cual –como se ha dicho– los EE. UU. derivaron valiosos aprendizajes, vale la pena mencionar otro aspecto que le daría una característica más diferenciadora aún a la gestión antiinsurgente de Leoni. En este sentido, el enfoque ofrecido por los instructores estadounidenses habría de redundar también en un elemento de enormes implicancias para el futuro y que, de igual modo, vendría a ser producto de la experiencia vivida militarmente en el sureste asiático: el involucramiento de las FF. AA. en tareas de tipo civil y, de manera especial, el manejo de cuanto significara obtener la confianza de las comunidades afectadas por la presencia guerrillera.

La posibilidad de que las FF. AA. llevasen a cabo su acción contra los focos insurgentes en las zonas rurales con un grado de mayor eficacia pasaba, pues, por implementar el novedoso concepto de la «acción cívica». Ello era así puesto que la tendencia más temprana, aun en tiempos de Betancourt, había sido la de confiar las tareas de instrucción a oficiales venezolanos que venían de formarse en estudios superiores de guerra en Francia y que, por tanto, habían entrado en contacto con una serie de técnicas de combate y un conjunto de principios derivados específicamente de la experiencia antisubversiva en Argelia. En este caso, frente a la nueva doctrina que pretendía adoptarse, las diferencias serán notables en más de un sentido; para comenzar, por tratarse de una «guerra de liberación nacional», la de Argelia era efectivamente una clase de conflicto que planteaba un relacionamiento distinto (y distante) con la población civil, como solo podía ser concebido dentro de un tipo de guerra basado en el esquema metrópoli-colonia. De allí que, en el caso venezolano, se partiera de suponer que la población civil no debía ser tratada como un ente pasivo –o, en el peor de los casos, como potencial aliada o sostén de la guerrilla– sino que la actividad bélica debía verse acompañada al mismo tiempo por la tarea de hacer que el Ejército se consustanciara con los moradores de la zona, atendiendo y canalizando los problemas derivados de su vida cotidiana.

Esto quería decir, en otras palabras, que el reto planteado llevaba a reconocer que la acción armada era apenas parte del problema y que, por tanto, resultaba determinante ver el enfrentamiento con la guerrilla tanto en términos de combate como de medidas no militares dirigidas a obtener el apoyo de la población campesina. La nueva doctrina partía del supuesto de que las llamadas operaciones de «acción cívica» debían formar el núcleo esencial de la estrategia antisubversiva en la medida en que ello le permitiera a las Fuerzas Armadas «ganarse la simpatía de la población, atendiendo inmediatamente, en espacios bien delimitados, las necesidades sociales más obvias e inmediatas como las de higiene, salud y educación»[72].

Un testigo-actor como Antonio García Ponce resume de esta forma lo actuado desde el campo oficialista con base en las nuevas recomendaciones:

> [E]n el terreno de la acción social, al mando militar no le pasó desapercibida la importancia que podría tener un programa populista destinado a la atención de algunas de las numerosas carencias de la población campesina. Fue tanta la preocupación en este sentido que se creó una sección especial, la G-5, es decir, las tareas de oficiales dedicados a «asuntos civiles».
> La actividad bélica estaba acompañada ahora de algo si se quiere extraño al puro elemento castrense, como era tomar en sus manos los problemas de la población (...): agua, luz, vías de comunicación, atención médica y odontológica, alfabetización y aspectos tan de la vida cotidiana como cedulación, corte de pelo, ceremonial civil o religiosa del matrimonio, bautizos, comuniones, procesiones, fiestas

---

72   Irwin, D. y Micett, I., 2008: 251.

patronales (...), reparto de juguetes, actos deportivos y hasta retretas a cargo de las muy ruidosas bandas militares (...). Pero tampoco escapó al ojo militar el acto de emprender algo más sustancioso como parodias (*sic*) de reforma agraria, con la atención más fundamentada [en] las labores de la tierra y de la cría[73].

Acercarse al campesino formaba parte, pues, de la misma política que, en el plano militar, pretendía ir descalabrando a las formaciones guerrilleras a partir de una acción de hostigamiento mucho más metódica. Si bien existen indicios de que, desde la gestión de Betancourt, se aludía ya a programas de «acción cívica» asignados a las FF.AA. con base en «su deseo de participar efectivamente en el desarrollo económico del país»[74], tales programas se hicieron en realidad mucho más intensos y cuantiosos, en términos de los recursos invertidos para ello, durante la gestión de Leoni. Resulta bastante significativo a este respecto que el propio ministro de la Defensa, al año siguiente de su primera cuenta, hablase del hecho de haberse dispuesto de un incremento en la leva de reclutas tanto para la «erradicación definitiva de los elementos subversivos» como para realizar «[los] crecientes programas de desarrollo en ejecución»[75]. Además, la envergadura que cobraran estos programas llama la atención puesto que el esfuerzo no se contrajo únicamente a las zonas afectadas por la actividad guerrillera sino que llegó a desplegarse a una escala mayor, como lo supuso la incorporación de Guayana al diseño vial del país a través de un sistema carretero ejecutado por los servicios de ingeniería militar durante los años finales de la gestión de Betancourt e inicios de la presidencia de Leoni[76]. En este sentido, vale hacer mención a lo que apunta Carlos Hernández González, al observar que las operaciones de «acción cívica» comprendidas dentro de

---

73 García P., A. (2010): 98.
74 Ministerio de la Defensa. Introducción a la *Memoria y Cuenta*. (1964): s/f.
75 Ministerio de la Defensa. Introducción a la *Memoria y Cuenta*. (1967): s/f.
76 Ministerio de la Defensa. Introducción a la *Memoria y Cuenta*. (1965 y 1966): s/f.

la nueva doctrina le darían a los batallones de ingenieros una relevancia de la cual no habían gozado hasta entonces[77].

Tan determinante resultaba esta política de involucramiento en tareas fuera de lo estrictamente militar que el ministro de la Defensa durante la gestión de Leoni la resumiría en los siguientes términos: «[El Despacho a mi cargo] ha venido proyectando y ejecutando un amplio programa de acción cívica que se cumple de manera especial en las zonas rurales (...), incluyendo aquellas donde se ejecutan operaciones contra los grupos de bandoleros empeñados en subvertir el orden interno, auspiciados y apoyados por quienes, en el Caribe, representan la dictadura comunista, disfrazada de revolución»[78].

Una vez más, resulta preciso leer esta modalidad de la «acción cívica» en consonancia con lo que recomendaran los formuladores de la política contrainsurgente en los EE.UU., comenzando por Robert MacNamara, quien hubo de desempeñarse como secretario de Defensa de Kennedy y, también, de Johnson: sin desarrollo no existe seguridad. Es un tanto paradójico pensar que lo que más tarde daría lugar a una intensa polémica acerca de la ampliación del rol de los militares, más allá de las funciones estrictamente concernientes al campo de la defensa, tuviese su origen durante la década de 1960 en el propósito de privar a la guerrilla de apoyos sustanciales en el medio rural. Aún más paradójico resulta que tan recurrente empeño por parte del sector militar, y de sus voceros civiles con respecto al involucramiento de las FF.AA en tareas de desarrollo nacional, terminase alcanzando su máxima cota en tiempos de la Revolución Bolivariana.

Visto como quiera verse, estos programas de «ayuda social al campesino» –los cuales seguramente fueron pasto en más de una oportunidad de la desidia burocrática– pretendían conferirle en todo caso una imagen distinta al elemento militar y lo que podía

---

77 Hernández G., C.E. (2014): 271.
78 Ministerio de la Defensa. Introducción a la *Memoria y Cuenta*. (1967): s/f.

significar su presencia en el medio rural. La creación de asentamientos agrícolas y parques deportivos; la construcción de dispensarios; la provisión de servicios médicos y de ayuda odontológica a cargo de los servicios de sanidad de las FF. AA.; la preparación de terrenos para la siembra; la erección de caminos vecinales y carreteras para que las cosechas tuviesen más fácil acceso a los centros de consumo; las tareas de saneamiento ambiental; la construcción de pistas de aterrizaje; el reacondicionamiento y mejora de viviendas rurales; la edificación de escuelas y casas sindicales; la promoción de campañas de alfabetización; la creación de acueductos, el tendido de alcantarillas y el suministro de agua potable, o hasta la legalización de matrimonios por medio del rol cumplido en este caso por los capellanes militares, habla claramente de una gramática distinta.

La experiencia de un oficial del Ejército, destacado en las zonas de operaciones del estado Lara en 1965, resume bien el propósito de la «acción cívica»:

> [D]e inmediato pone en práctica la táctica de captación militar [combinado] con tareas de acción cívica (...) [y] se dedica por entero al mejoramiento de las condiciones de vida de los campesinos en su zona de responsabilidad, siendo éste un pueblo atemorizado por las continuas tomas de los poblados por [parte de] los bandoleros, el reclutamiento de jóvenes para las guerrillas y las exigencias de contribución para «la causa»[79].

Un segundo testimonio particularmente interesante proviene de otro oficial contrainsurgente quien, a la hora de evaluar el alcance de tales programas, ofrecería un cuadro que se ubica a significativa distancia de la imagen romántica que la guerrilla intentó cultivar en su relación con el elemento campesino:

---

[79] Biaggini G., J. *et al.* (1980): 291-292.

[En] determinados caseríos el Ejército pudo constatar que, durante los primeros años de actividad guerrillera, los campesinos dejaron de comer carne de ganado. (....) Como los campesinos habitan en zonas de difícil crianza de ganado vacuno se abstenían entonces de tener vacas o novillos porque los bandoleros (sic) se los comían y, por otra parte, se privaban de bajar a los poblados por miedo a ser reclutados para las guerrillas (...). Por ello fue que ahora, y bajo esta nueva acción del Ejército, llamó poderosamente la atención el encontrar algunas familias enfermas en su totalidad por su ingestión de dietas alimenticias muy pobres en vitaminas y calorías[80].

Se tratara –o no– de un simple ejercicio de relaciones públicas, lo cierto es que el oficial en cuestión concluiría observando que «nuestra ayuda y la prestación de servicios de toda índole ha llevado la tranquilidad a los campesinos por una parte y, por la otra, a comer mucho mejor que antes»[81].

En algunos casos no se trataba siquiera de planes dirigidos a obtener la confianza de los campesinos sino, más bien, a restituirla. Un informe de la época, que pretendía describir la situación experimentada en el distrito Morán del estado Lara, se refería en tal sentido al hecho de que hubiese mermado la confianza en el Ejército a causa de «detenciones arbitrarias» y «malos tratos» de los que fueran objeto los moradores de la zona, llamando especialmente la atención de las autoridades el hecho de que tales denuncias fuesen mal acogidas por el comando militar antiguerrillero activo en esa región[82].

Resulta dable observar otro detalle, al margen de que la puesta en práctica de los planes de «acción cívica» fuese producto, en buena medida, de las recomendaciones hechas por los asesores estadounidenses. El detalle en cuestión tiene que ver con que, en

---

80 «125 mil kilómetros de montañas han rastreado soldados cazadores». *Últimas Noticias*: 10/05/70: 9.
81 Ídem.
82 Informe acerca de las operaciones militares que actualmente se realizan en el Distrito Morán del Estado Lara. S/F: 1. Archivo Leoni. Carpeta 114.

más de una oportunidad, pareciera como si tales planes hubiesen sido instrumentados en respuesta a lo que la guerrilla llevaba ganado en ese mismo terreno a través de sus propios incentivos en zonas donde creía contar con suficiente apoyo social. En tal sentido resulta muy revelador un informe de la Dirección General de Policía (Digepol) con relación a cómo, por ejemplo, operaban los grupos armados en el estado Sucre a la hora de enfrentar los problemas que afectaban a las comunidades campesinas:

> Se ha puesto en práctica la teoría (...) que tiende, en su primera fase, a conquistar para su causa a los campesinos, prometiéndoles resolver los urgentes problemas por los cuales atraviesan, solucionándoselos en parte. Ciertamente, en conversaciones sostenidas con campesinos militantes de Acción Democrática, éstos han informado que [los insurgentes] les ofrecen dinero para sembrar, les ayudan a limpiar la cosecha, les proporcionan maíz para las trojas y les prestan asistencia médica y sanitaria.
> Líderes políticos compenetrados con la región han manifestado que a la mayoría de los caseríos afectados actualmente por los focos guerrilleros les han ofrecido (...) solucionarles los problemas que les afectan. (...) [S]e llegó [así] a la conclusión de que es necesario agilizar los programas de orden social que tiene presupuestado el Ejecutivo del estado Sucre y recomendar por otra parte, al Ejecutivo Nacional, el estudio de algunas obras inmediatas para la región[83].

Es por ello que, a la hora de ver la guerra desde el costado opuesto, conviene citar lo dicho por un efectivo del Frente Simón Bolívar, a cuyo juicio los planes de «acción cívica» llevados a cabo por las FF. AA. estorbaban seriamente el propio relacionamiento de los grupos armados con las comunidades campesinas: «De acuerdo a lo aprendido en Vietnam (...) [las FF. AA.] trajeron

---

83 Recomendaciones de medidas que hay que poner en práctica para combatir el problema guerrillero en el Estado Sucre. Dirección General de Policía. 10/05/65: 12. Archivo Leoni. Carpeta 114.

(...) una política de halago para la población (...) sabiendo que lo determinante para una guerrilla era la población»[84].

De igual modo, otro combatiente daría a entender que ambas parcelas competían en este ámbito a la hora de intentar ganarse la confianza de los campesinos como elemento clave en la lucha:

> [C]olaborábamos con [ellos], curando a los niños enfermos, llevándoles medicinas, haciendo tareas de casa (*sic*), ayudándoles a arrancar yuca, cortar leña, cargar agua y, a veces, los enseñábamos a leer y escribir. Entonces, por supuesto, eso era para ellos un impacto emocional grandísimo. De modo que el primer vínculo que establecíamos con ellos era de tipo sentimental. Los ganábamos sentimentalmente al llegar. [Los militares hicieron lo mismo], pero no tanto porque lo habían aprendido de nosotros, sino que esos eran los cursos que les daba la Misión Militar Norteamericana. Sabían que una de las formas de retardar el apoyo de los campesinos era con esa táctica[85].

Resulta llamativo que, más allá de la ocupación relámpago de caseríos, los grupos armados insistieran en destacar el papel de protectores que pretendían arrogarse sobre aquellos territorios declarados «zonas liberadas» en respuesta, supuestamente, a la forma como solían ocuparlas las fuerzas leales al entrar en campaña. Valga por caso un ejemplo. Fabricio Ojeda, actor clave del contexto, y cuya trayectoria guerrillera fuese mistificada más tarde por la izquierda, le confiaría lo siguiente al fotógrafo y reportero Ultabio de León del semanario *Venezuela Gráfica:* «[C]ada vez que pasa el Ejército deja una estela de maltratos, gallinas robadas, registros brutales y detenciones injustificadas, que ilustra a los campesinos mejor que mil discursos acerca del carácter de clase del Estado. Después aparecemos nosotros y encauzamos la cólera sorda que ha

---

84 Testimonio de Tirso Pinto, comandante del Frente Simón Bolívar. Citado por Linarez, P.P. (2006): 103.
85 Entrevista con Juan Vicente Cabezas. En Blanco M., (1981a): 325-326.

quedado»[86]. Líneas más adelante, en esta misma conversación con el reportero de *Venezuela Gráfica*, el testimonio de Ojeda pretendía poner el acento en algo mucho más profundo: en el hecho de que, mediante el empleo de fórmulas prestadas del mundo civil, la guerrilla intentara instituir un orden político o un sistema de administración que fuese acatado en las zonas que se hallaban bajo su control. Esas formas propias de gobierno generalmente consistían en designar autoridades a dedo entre los lugareños o implementar ritos que, según la crónica de Ultabio de León, iban desde la celebración de matrimonios hasta la tarea de mediar en los enervantes litigios entre campesinos. En esto de los ritos hasta el combatiente Luben Petkoff se preciaría de hablar de la amistad que lo ligaba a un «compadre de sacramento» a cuya hija bautizara en un caserío de la sierra falconiana donde el jefe guerrillero operaba como segundo comandante del Frente José Leonardo Chirinos[87]. Como bien lo observara en una oportunidad el historiador Manuel Caballero: en la guerra jamás hay ateos[88], ni tan siquiera —como puede verse en este caso— entre encumbrados promotores del marxismo-leninismo en su versión armada.

«Así andan las cosas en este pedazo de Venezuela», apuntaría el periodista Ultabio de León al concluir su reportaje acerca de las andanzas de Fabricio Ojeda y su destacamento guerrillero por las zonas más impenetrables del estado Trujillo. «Un gobierno afuera y otro adentro», remataría observando el cronista[89], sin descartar, al menos para ese año 64, que la guerrilla aún experimentara el goce y la ilusión de hallarse apenas a pocas cuadras del poder.

---

86 León, U. «4 días con las guerrillas». *Venezuela Gráfica*, 20/11/64, N. 685: 20.
87 Biaggini G., J. *et al.* (1980): 65.
88 Caballero, M. (2004): 87.
89 León, U. «4 días con las guerrillas». *Venezuela Gráfica*, 20/11/64, N. 685: 21.

Capítulo 8
Una tricontinental para avivar la hoguera

Transcríbole texto declaraciones Presidente Leoni insertas [en] El Constitucional 29 de diciembre: «Venezuela considera que la Conferencia Tricontinental, próxima a efectuarse en La Habana, presagia nuevas agresiones a la paz interna de los países democráticos de América, declaró ayer el Presidente de la República, doctor Raúl Leoni, al ser consultado en Miraflores sobre la organización de ese evento por parte de países bajo la influencia comunista.

Al ampliar su declaración, dijo que la agresión «constituye el objetivo preciso de la conferencia convocada desde La Habana, según se desprende de las informaciones precisas que el Gobierno de Venezuela tiene hasta este momento».

CABLE PARA LA EMBAJADA DE VENEZUELA EN WASHINGTON, 05/01/66[1]

No se puede admitir el peldaño menor como alternativa del siguiente (...). No podemos permitirnos engañarnos o amedrentarnos (...). La lucha es a muerte (...) Los pueblos de los tres continentes deben responder a la violencia imperialista con la violencia revolucionaria.

INFORME POLÍTICO. PRIMERA CONFERENCIA TRICONTINENTAL.
La Habana, enero de 1966[2]

Creemos que es el ejemplo de Cuba, el ejemplo que está dando Fidel Castro en Cuba, el que hoy señala el camino que deben seguir los países liberados, en cuanto a la interpretación del verdadero internacionalismo proletario. Observamos con admiración que Cuba (....) es fuerte en su ayuda en el Asia, en el África y en América Latina a los movimientos de liberación nacional (...) a pesar de los riesgos que corre enfrentando al imperialismo norteamericano. (...) [V]emos cómo Fidel Castro, en cada uno de sus discursos, insiste cada vez con más claridad en que es necesario que todo el campo revolucionario se convenza de que todos los estados anti-imperialistas ayuden, entiendan, como él lo entiende, como lo entiende toda Cuba, como lo entiende el pueblo

---

1 Archivo MPPRE (País: EE. UU.) Dirección de Política Internacional/Asuntos Multilaterales. Expediente N. 1-10-66. Cable a Embavenez/Washington. Caracas, 05/01/66.
2 Archivo MPPRE (País: EE. UU.) Dirección de Política Internacional. Expediente N. 1-10-66. Comisión Especial de Consulta sobre Seguridad. La «Primera Conferencia Tricontinental», otra amenaza a la seguridad del sistema interamericano. Estudio preparado por la Comisión Especial de Consulta sobre Seguridad en su VI Período de Sesiones Ordinarias. Unión Panamericana. Washington, DC, 02/04/66: 26.

cubano, la necesidad de ayudar al máximo a aquellos pueblos que aún no han logrado liberarse.

COMANDANTE FRANCISCO PRADA BARAZARTE. MIEMBRO DEL ESTADO MAYOR. FRENTE JOSÉ LEONARDO CHIRINOS. Serranías del estado Falcón, diciembre de 1966[3]

La segunda independencia

La IX Reunión de Cancilleres celebrada en 1964 no sería la última oportunidad en que la OEA intentara condenar el apoyo cubano a la insurgencia. No obstante, nada a partir de ese punto conllevaría a la aplicación de nuevas sanciones, ni siquiera cuando, tres años más tarde, en 1967, el gobierno de Leoni denunciara que Cuba había pasado del trasiego de armas a la temeridad de hacer desembarcar un lote de combatientes propios en costas venezolanas. Pero conviene retener que, a pesar de todo, la actuación del órgano hemisférico entre una y otra fecha volvió a provocar polémica a propósito de la llamada «Conferencia Tricontinental», bautizada oficialmente por sus organizadores como la Primera Conferencia de Solidaridad de los Pueblos de Asia, África y América Latina, que tuvo por objeto coordinar la actuación de diversos movimientos armados en línea con la teoría insurreccional. Para sus críticos más inmediatos –que, en otras palabras, quería decir la OEA–, el nombre era lo de menos; lo importante, en todo caso, era lo que podía significar la palabra «solidaridad» luego de un atento análisis de los propósitos de esta cita en La Habana: «El nombre en realidad no tiene mayor interés puesto que, de cualquier modo que se le denomine, el hecho real, notorio, es uno: es que [de todas las actividades de] la Conferencia trasciende un espíritu subversivo (...) de enorme peligrosidad»[4].

---

3 Citado por Biaggini G., J. *et al.* (1980): 84.
4 Archivo MPPRE (País: EE. UU.) Dirección de Política Internacional. Expediente N. 1-10-66. Comisión Especial de Consulta sobre Seguridad. La «Primera Conferencia Tricontinental», otra amenaza a la seguridad del sistema interamericano. Estudio preparado por la Comisión Especial de Consulta sobre Seguridad en su VI Período de Sesiones Ordinarias». Unión Panamericana. Washington, DC, 02/04/66: 1.

La conferencia tuvo, entre otras, la particularidad de ser la primera –y única– vez que se le diera espacio, entre otras cosas, a la posibilidad de discutir abiertamente las fórmulas armadas aplicadas o aplicables en distintas latitudes del tercer mundo. Como lo enfatizara una nota emanada de la propia OEA en Washington: «Debe reconocerse que ésta es la primera oportunidad en que se realiza en América un evento de esta naturaleza propiciado por el comunismo internacional»[5]. Ya, de por sí, el detalle resultaba llamativo; pero más aún lo sería su amplitud geográfica: basta decir que hasta la República Popular de Mongolia figuró entre las distintas delegaciones presentes en la conferencia[6]. Héctor Pérez Marcano, delegado del MIR, y quien trabajó directamente en el comité internacional preparatorio de la cita, precisa lo siguiente al respecto: «Participaban 513 delegados de 83 grupos provenientes de Asia, África y América Latina. Entre los asistentes figuraban dos grandes líderes africanos, el guineano Amílcar Cabral, y el líder del Movimiento Popular de Liberación de Angola (MPLA), Agostino Neto, que llegaría a ser presidente de Angola, así como el máximo líder de la izquierda chilena, el médico socialista Salvador Allende»[7].

Para los mismos críticos de lo que significaba semejante ejercicio de «solidaridad», la conferencia estaba llamada a provocar un impacto propagandístico de primera magnitud[8]. Citando justamente el lenguaje utilizado por los promotores de la Tricontinental, la OEA observaría lo siguiente en uno de sus textos: «Desde el

---

5 Ídem.
6 Archivo MPPRE (País: EE.UU.) Dirección de Política Internacional. Expediente 1-10-66. «Cuba-Conferencia Tricontinental».
7 Sánchez G., A. y Pérez M., H. (2007): 73.
8 Archivo MPPRE (País: EE.UU.). Dirección de Política Internacional. Expediente N. 1-10-66. Comisión Especial de Consulta sobre Seguridad. La «Primera Conferencia Tricontinental», otra amenaza a la seguridad del sistema interamericano. Estudio preparado por la Comisión Especial de Consulta sobre Seguridad en su VI Período de Sesiones Ordinarias. Unión Panamericana. Washington, DC, 02/04/66: 6.

punto de vista de la propaganda es también muy evidente el deseo de obtener las mayores ventajas de reunir en el *único territorio libre de América*' a los llamados 'representantes de movimientos de liberación nacional'»[9].

Viéndolo desde la prensa, es decir, lejos del ajetreo que tenía lugar en los corredores de la OEA, Juan Liscano también tendría una opinión acerca de la cita prevista a celebrarse en la capital cubana. Con su agudeza habitual se expresaría de este modo:

> Se trata de la más importante operación de propaganda y alianza revolucionaria efectuada por los marxistas desde la Tercera Internacional. El hecho de que esta Conferencia coincida con determinados descalabros de la política exterior intervencionista y belicista seguida por China no le quita su verdadero carácter, a saber: fomentar las llamadas «guerras de liberación nacional» a través de los llamados «Frentes de Liberación Nacional». (...)
> La verdad es que el movimiento marxista intensifica su lucha a través de una nueva fórmula: la liberación nacional. (...) Ahora se trata de incitar a los países subdesarrollados a una acción común para que en cada uno de ellos tomen el poder los comunistas o sus aliados sumisos. El intervencionismo será condenado cuando se trate de una acción de contención anti-comunista, pero será alentado cuando se trate de enviar armas y de preparar guerrillas para la guerra civil intestina[10].

Liscano no parecía estar desorientado al hablar así de lo que parecía ser un cambio significativo desde el «neutralismo» –que había predicado, por ejemplo, Yugoslavia, como lenguaje propio para el tercer mundo– a este llamado a organizar esfuerzos en pro de la «liberación nacional», entendido ello como el fomento sistemático de guerras locales llamadas de «liberación» o, cuando menos, la desestimación de cualquier alternativa política que excluyera la violencia armada en el mundo periférico.

---

9   Ibíd., 14-15. Énfasis agregado.
10 Liscano, J. «Disyuntivas y dilemas». *El Nacional*, 11/12/65: A-4.

Tratándose como lo fue de una iniciativa tan elogiada por la mitología insurreccional de la época, vale la pena hacer algunas referencias más acerca de los alcances que pretendió cobrar aquella conferencia congregada en La Habana durante la primera quincena de enero de 1966. Concebida en clave «extrarregional», ello ya revelaba de por sí el alto vuelo que había adquirido Castro en la escena internacional tras la crisis de los misiles soviéticos en 1962. De hecho, la intención del gobierno de La Habana de actuar como rector principal de la cita era algo ante lo cual habrían de detenerse también los llamados de atención de la OEA: «Cabe anotar que los (...) cubanos desde un principio habían estado buscando la manera de alcanzar más prestigio e influencia en el movimiento comunista internacional»[11]. Visto como quiera verse, la Tricontinental era prueba no solo de que Castro había logrado protagonizar la Guerra Fría a su propia manera sino que, además, serviría de contrarréplica al esfuerzo hemisférico por aislar a Cuba.

Dentro del cuadro directivo de la conferencia, y aparte del ministro de Relaciones Exteriores, Raúl Roa, quien fungiría como su presidente, figuraba como primer vicepresidente el venezolano Pedro Medina Silva (en representación de las FALN), lo cual le daría particular relevancia a lo que, dentro del temario de la Tricontinental, expresaba el aparte que llevaba por nombre «Cuestiones candentes de la lucha anti-imperialista en países de los tres continentes» y en el cual se destacaba, para América Latina, el caso concreto de Venezuela, junto a la República Dominicana, Guatemala, Perú, Colombia y Panamá[12]. El combatiente Luben Petkoff valoraría en estos términos el alto nivel que adquirió la presencia venezolana:

---

11   Archivo MPPRE (País: EE. UU.). Dirección de Política Internacional. Expediente N. 1-10-66. Comisión Especial de Consulta sobre Seguridad. La «Primera Conferencia Tricontinental», otra amenaza a la seguridad del sistema interamericano. Estudio preparado por la Comisión Especial de Consulta sobre Seguridad en su VI Período de Sesiones Ordinarias. Unión Panamericana. Washington, DC, 02/04/66: 12.
12   Ibíd., 16-17.

[Y]a para enero del 66 se realiza la Primera Conferencia Tricontinental. Ahí, por supuesto, tuvimos una figuración principalísima. (...) Para nosotros lo importante era (...) que Venezuela tuviera la representación en la Vicepresidencia. Y digo que es importante porque se nos catalogaba como el movimiento armado más importante, no en cuanto al más poderoso, ni más fuerte ni desarrollado, sino por la importancia estratégica que tenía eventualmente un desarrollo verdadero de la lucha armada aquí en Venezuela[13].

En la sesión inaugural, el jefe del Estado cubano, Osvaldo Dorticós, diría lo siguiente para sentar el tono: «Cuba declara que es un derecho y un deber de los pueblos y gobiernos de los países que han ganado la independencia y han emprendido la construcción de una nueva vida *el apoyo irrestricto a los movimientos de liberación de Asia, África y América Latina*»[14]. «Por eso —continuaba—, al inaugurar esta Conferencia, [saludamos] desde esta tribuna a los combatientes que hoy, en parajes diversos de los tres continentes, luchan con las armas en las manos por la liberación de sus pueblos, ya sea en los países de América Latina *como Venezuela* (...), ya sea en las colonias portuguesas de África (...) y donde quiera que exista un combatiente o estén dispuestos a empuñar las armas nuevos combatientes»[15].

La clausura, a cargo del propio Fidel Castro, no sería menos explícita en lo que al exhorto de las armas se refiere:

En muchas otras naciones de América se dan las condiciones plenas para la lucha armada revolucionaria. *Esta lucha se desenvuelve ya también desde hace rato en Venezuela* (...). En la América Latina no

---

13 Entrevista con Luben Petkoff. En Blanco M., A. (1981a): 138.
14 Archivo MPPRE (País: EE. UU.). Dirección de Política Internacional. Expediente N. 1-10-66. Comisión Especial de Consulta sobre Seguridad. La «Primera Conferencia Tricontinental», otra amenaza a la seguridad del sistema interamericano. Estudio preparado por la Comisión Especial de Consulta sobre Seguridad en su VI Período de Sesiones Ordinarias. Unión Panamericana. Washington, DC, 02/04/66: 30. Énfasis agregado.
15 Ibíd., 31. Énfasis agregado.

debe quedar ni uno, ni dos, ni tres pueblos luchando solos contra el imperialismo. (...) [E]l deber de todo revolucionario, como dice la *Declaración de La Habana*, es hacer la revolución y hacer la revolución de hecho y no de palabra. (...) Nosotros creemos que, en este continente, en todos o en casi todos los pueblos, la lucha asumirá las formas más violentas. Y cuando se sabe eso, lo único correcto es prepararse para cuando esa lucha llegue[16].

Así, pues, luego de quince días de debate, la llamada «Declaración de La Habana» haría referencia al «derecho» y «deber» de los habitantes de Asia, África y América Latina, así como de los gobiernos «progresistas» del mundo, a brindarle asistencia política y material a todo movimiento insurgente que luchase por la «liberación» de sus respectivos países o, cuando no, en el caso de que estos se vieran directa o indirectamente agredidos «por potencias imperialistas». Semejante conclusión sería calificada por sus artífices como el máximo desarrollo al cual era capaz de llegar la solidaridad militante[17].

El tenor de dicha declaración, tanto como buena parte del resto de los documentos producidos por aquella Conferencia Tricontinental, no podía menos –como se ha dicho– que concitar la atención de la OEA. Para países como Venezuela, y más allá de los eufemismos utilizados como parte de la retórica revolucionaria, la cita en La Habana había servido lisa y llanamente para discutir tácticas de naturaleza insurreccional, recomendar métodos efectivos de infiltración o, incluso, para darle asiento al intercambio de experiencias en el ámbito subversivo, todo ello con el objeto de alcanzar con mayor eficacia los procesos de implantación violenta. El hecho de que así fuera montaba, a juicio del gobierno de Leoni y, por extensión, del grueso de la región, a lo que debía interpretarse como una intromisión en sus respectivos asuntos internos,

---

16 Ibíd., 33-34. Énfasis agregado.
17 Archivo MPPRE (País: EE. UU.). Dirección de Política Internacional. Expediente N. 1-10-66. Exteriores/Caracas. Telex OEA-7, 10/01/66.

cuando no del intento más abiertamente practicado en tal sentido hasta ese momento[18].

La OEA respondería esta vez mediante la convocatoria a una reunión extraordinaria basada en la siguiente consideración:

> [E]n la ciudad de La Habana se efectuó durante la primera quincena de este mes [de enero de 1966], y bajo el patrocinio oficial del gobierno de Cuba, una conferencia llamada de «Solidaridad de los pueblos de Asia, África y América Latina», con la participación de (...) delegados de la Unión Soviética, la República Popular China, Cuba y otros estados comunistas, cuyas resoluciones finales proclamaron el compromiso de los participantes de prestarle[s] ayuda financiera, política y militar a los movimientos subversivos comunistas en este continente, lo mismo que en otras partes del mundo (...).
> [Esta] política de intervención y agresión en el continente de parte de los estados comunistas y sus satélites constituye una violación del principio de la libre determinación de los pueblos y una trasgresión del principio de no intervención de un Estado en los asuntos internos y externos de otro, que fue objeto de la resolución N. 2131 aprobada el 21 de diciembre de 1965 por la Asamblea General de las Naciones Unidas[19].

De este modo, dieciocho de los veinte miembros de la OEA –incluyendo así, con la sola excepción de México y Chile[20], a los que se mostraran renuentes ante la denuncia impulsada por Venezuela en 1964– concordarían en que semejante desafío equivalía a

---

18 Archivo MPPRE (País: EE. UU.). Dirección de Política Internacional. Expediente N. 1-10-66. Comisión Especial de Consulta sobre Seguridad. La «Primera Conferencia Tricontinental», otra amenaza a la seguridad del sistema interamericano. Estudio preparado por la Comisión Especial de Consulta sobre Seguridad en su VI Período de Sesiones Ordinarias. Unión Panamericana. Washington, DC, 02/04/66: 26.
19 Archivo MPPRE (País: EE. UU.) Dirección de Política Internacional. Expediente N. 1-10-66, 1966. Washington DC, 27/01/66. Mensaje personal urgente del Embajador Representante en la OEA para el Canciller. Telex N. OEA-8. MRE.
20 México y Chile fueron los dos únicos países no mencionados dentro de las estrategias recomendadas desde La Habana, siendo además México el único miembro de la OEA que, para 1966, aún mantenía relaciones diplomáticas con el régimen cubano («Condena en la OEA contra Rusia». *El Universal*, 25/01/66).

la violación de una serie de principios fundamentales consagrados por la ONU, habiendo sido Cuba, como país que sirviera de anfitrión a la cita, la primera en incurrir en semejante desacato[21]. De allí que, para la OEA, las directrices emanadas de la Tricontinental ameritasen una reprobación categórica al haberse proclamado desde La Habana un apoyo indisimulado a las llamadas «guerras de liberación» en América Latina.

Sin embargo, en esta ocasión tampoco hubo unanimidad en la expresión condenatoria. México –siempre cauto a la hora de repudiar abiertamente las iniciativas cubanas– expresó sus reservas al considerar que la OEA no tenía facultades para pronunciarse en repudio de una conferencia, cualesquiera fuesen sus directrices ideológicas, por el hecho de haberse celebrado en La Habana. Chile también mostró su desacuerdo expresando que no le temía a palabras como «revolución» y «liberación nacional» si estas se entendían en el mismo sentido en que lo preconizara el presidente Johnson: como la pacífica revolución social y democrática que solo era posible encaminar a través de la «Alianza para el Progreso» propuesta por Kennedy y continuada por él mismo. Los reparos chilenos se expresarían en términos bastante curiosos: «Creemos –sostendría su embajador ante la OEA–, como el presidente Johnson, que nuestro continente está en una fermentación y aceptamos la paradoja de Lenin que dijo que la 'mejor manera de impedir una revolución es hacerla antes'»[22].

Al mismo tiempo, según lo precisaba la OEA desde su sede en Washington, no era asunto de citar exclusivamente la carta

---

21 Archivo MPPRE (País: EE. UU.) Dirección de Política Internacional. Expediente N. 1-10-66, 1966. Carta dirigida al Presidente del Consejo de Seguridad por los representantes de Argentina, Bolivia, Brasil, Chile, Colombia, Costa Rica, Ecuador, El Salvador, Guatemala, Haití, Honduras, Nicaragua, Panamá, Paraguay, Perú, República Dominicana, Uruguay y Venezuela. Naciones Unidas, 08/02/1966, S/7123.
22 «Resuelve la OEA condenar los acuerdos de la Junta de Cuba. México y Chile se abstienen de votar». *Novedades* (México), 03/02/66; «Chile denunció todo tipo de intervención foránea en los países americanos». *El Nacional*, 03/02/66: A-7.

constitutiva de la ONU a la hora de juzgar lo acordado por la Tricontinental a la luz del carácter violatorio de ciertas normas básicas de no intervención. En este caso, para mayor reproche, la conferencia habanera entraba en contradicción con el hecho de que, en fecha tan reciente como diciembre de 1965, la Asamblea General de Naciones Unidas hubiese aprobado una resolución que instaba a que ningún Estado «organizara, ayudara, fomentara, financiara, incitara o tolerara actividades subversivas, terroristas o armadas, destinadas a derrocar por la fuerza el régimen de otro Estado»[23]. En el caso concreto de América Latina, y especialmente para Venezuela, la naturaleza de esta resolución ponía claramente en evidencia que el uso de fuerzas convencionales no era el signo distintivo de la dinámica hemisférica vinculada a las tensiones Este/Oeste sino la presencia de formas indirectas de agresión, visto ello a partir de la organización de grupos irregulares, el suministro de material de guerra o la provisión de combatientes. Por algo, en el contexto de las gestiones iniciadas por Venezuela referentes a la penetración y agresión que provenía del Caribe, el canciller de Leoni, Ignacio Iribarren Borges, diría lo siguiente ante la Asamblea General de Naciones Unidas en 1964, justo un año antes de la adopción de esa histórica resolución en el contexto de la Guerra Fría:

> Ya frente a (...) [la causa más frecuente de guerras regionales como hasta ahora han sido los conflictos fronterizos] se ha venido a sumar la insurgencia [como] un nuevo tipo de agresión indirecta.
> Se caracteriza por la ayuda que prestan algunos Estados en dinero, material de propaganda y armamentos a grupos terroristas enguerrillados (...). Creemos (...) que por lo que respecta a la nueva forma de agresión indirecta, deberían los países aquí representados proponerse el estudio de sus características y métodos. (...) Pensamos que para contrarrestar sus consecuencias podría concertarse un pacto especial,

---

[23] Asamblea General de Naciones Unidas. Resolución N. 2131. Sesión plenaria del 21/12/65.

contentivo de reglas y procedimientos y el establecimiento de sanciones ejemplares para ser aplicadas a los gobiernos que aparezcan culpables de esos actos de intervención y agresión indirecta[24].

Aparte, el texto de condena que sería adoptado por la OEA como respuesta a los desarrollos que tuvieran lugar en La Habana sostendría, en su versión preliminar, que «los delegados extracontinentales a la conferencia, que son representantes oficiales de los gobiernos o representantes de partidos políticos, no sólo acogieron como 'camaradas' a los representantes de los grupos subversivos en los Estados americanos, sino que les prometieron toda su ayuda para llevar actos de violencia y de terrorismo contra sus gobiernos»[25]. Más interesante es que el borrador hablase de haberse tomado nota acerca del hecho de que algunos miembros de las distintas delegaciones latinoamericanas a la conferencia hubiesen resuelto permanecer en La Habana, tras el cierre de sus deliberaciones, con propósitos inconfesables[26]. A juicio de la OEA, se trataba de crear, con todo el aparato del caso, un «organismo subversivo», dirigido a la exportación organizada de la insurgencia, decidido a desencadenar nuevos movimientos armados o seguir alentando los existentes[27].

Al tiempo que EE. UU. y Brasil no vacilarían en calificar a la Conferencia Tricontinental como la mayor amenaza a la seguridad del hemisferio desde la crisis de los cohetes en Cuba[28], el embajador de Venezuela ante la OEA, Enrique Tejera París, sostendría más bien que se trataba de un congreso de segunda fila,

---

24 Archivo MPPRE (País: EE. UU.). Expediente N. 527. Discurso pronunciado por el Dr. Ignacio Iribarren Borges, Ministro de Relaciones Exteriores, durante el XIX Periodo de sesiones de la Asamblea General de NNUU. Nueva York, 08/12/64: 13-14.
25 Archivo MPPRE (País: EE. UU.). Dirección de Política Internacional. Expediente N. 1-10-66. Exteriores/Caracas. Telex OEA-7, 10/01/66.
26 Ídem.
27 Ídem.
28 «Condena el Consejo de la OEA apoyo a subversión y terrorismo acordado en reunión de La Habana». *El Universal*, 25/01/66: 6.

de «héroes de control a distancia», y que si alguna importancia revestía era por haber elevado al terrorismo a la categoría de institución[29].

Habrá en cambio quien, a la hora de expresar sus simpatías por los resultados de la conferencia, dijese lo siguiente, como lo haría el expresidente ecuatoriano y católico liberal José María Velasco Ibarra, simpatizante a su manera del proceso cubano: «Las declaraciones de la Conferencia Tricontinental de La Habana no son una intervención. Ningún Estado fuerte de aquellos cuyos representantes estuvieron en La Habana está hoy imponiendo su voluntad a un Estado débil de la América Latina. La única intervención efectiva y delictuosa que hay hoy en América Latina es la que sufre la República de Santo Domingo (*sic*) [desde su ocupación]»[30]. A la hora de los apoyos también se registrarían algunas declaraciones un tanto hiperbólicas como la que corriera por cuenta de Ricardo Alarcón –en esos momentos, embajador de Cuba ante la ONU–, a juicio de quien la Conferencia Tricontinental «hizo más por los pueblos que todos los gobiernos de esos [países que la han criticado] en los pasados 150 años[31].

La respuesta de Castro a la condena expresada por el resto de la región se centraría en que, a su parecer, resultaba preciso distinguir entre «independentismo» e «intervencionismo», siendo la Tricontinental ejemplo de lo primero[32]. El máximo comandante de la Revolución y anfitrión de la conferencia invocaría de esta forma el respaldo que podía estar ofreciéndole la historia al señalar lo siguiente: «A nadie se le ocurriría decir que los revolucionarios franceses, que en el siglo XVIII ayudaron al pueblo

---

29 Ídem.
30 Velazco I., J.M. «Tricontinental e intervención». Diario *La Marcha*, 11/03/66: 15.
31 «Ataque verbal de Cuba a EUA y a la OEA» (Cable de AP). *La República*, 12/12/66. Archivo MPPRE (País: EE. UU.). Dirección de Política Internacional. Expediente N. 1-10-66.
32 Archivo MPPRE (País: EE. UU.). Dirección de Política Internacional. Expediente N. 1-10-66. Carta dirigida al Secretario General de Naciones Unidas por el encargado interino de Negocios de Cuba. Nueva York, 11/02/66. S/7134: 3.

norteamericano a obtener su independencia del dominio colonial inglés, pueden ser acusados de intervencionistas»[33]. En su derroche de verbosidad, y haciéndose eco del lenguaje emanado de la conferencia, Castro habría de referirse de seguidas a lo que llamara la «solidaridad militante» trasladada a sus propios tiempos, y cuyo mejor ejemplo había sido el socorro prestado por muchos «revolucionarios» a la «epopeya liberadora» encabezada por Bolívar, San Martín y Sucre[34]. Para rematar el punto señalaría: «Los pueblos de América Latina recuerdan con agradecimiento aquella solidaridad»[35].

Exagerando la nota, pero con el fin de equiparar las gestas del pasado con los propósitos de esta conferencia, Castro dirá también: «En 1826, Simón Bolívar convocó a los pueblos de América a la Conferencia de Panamá (sic) a fin de discutir los medios más adecuados para completar la liberación del Continente»[36]. No hace falta ir muy lejos para advertir el señuelo de identidad y las mañosas analogías que el primer ministro cubano pretendía construir entre la «causa bolivariana» y la causa insurgente de su tiempo. Además, teniendo muy presentes aún en la cabeza los cohetes del año 62, Castro hablaría de lo mucho que podía ayudarse a los «movimientos de liberación nacional» mediante el empleo de «cohetes morales»[37]. Tampoco vacilaría en subrayar que el Gobierno Revolucionario de Cuba adhería plena y totalmente a lo aprobado durante la Tricontinental en tanto que ello fuera entendido como todo lo contrario al intervencionismo[38].

---

33 Ídem.
34 Ídem.
35 Ídem.
36 Ibíd., 4.
37 Archivo MPPRE (País: EE.UU.). Dirección de Política Internacional. Expediente N. 1-10-66. Delegación de Venezuela a Ministerio de Relaciones Exteriores. Informaciones confidenciales sobre la Conferencia Tricontinental. OEA, 54/0094. Washington, 09/02/66: 4.
38 Archivo MPPRE (País: EE.UU.). Dirección de Política Internacional. Expediente N. 1-10-66. Carta dirigida al Secretario General de Naciones Unidas por el encargado interino de Negocios de Cuba. S/7134, 11/02/66): 4.

Estas últimas palabras suyas hallarían eco en lo que la URSS tuviese que decir al respecto. A juicio de Moscú, lo que se afirmaba desde la OEA acerca de las decisiones adoptadas por la Tricontinental eran meras «elucubraciones», las cuales no tenían otro objeto que «distraer la atención» sobre actos de auténtica intromisión, bien fuera tal el caso en Vietnam, o de la entonces reciente intervención en la República Dominicana[39].

A pesar de sus dudas en cuanto a lo conveniente que pudiese resultar la línea armada propugnada por un aliado tan indócil dentro del campo socialista como lo era Cuba, la URSS saldría en defensa de la cita tricontinental señalando que se había tratado de una oportunidad para abordar problemas en la lucha contra el «imperialismo» y la explotación «colonialista» y «neocolonialista», pero que sus resoluciones finales habían sido «groseramente tergiversadas» con el fin de dar a entender que el propósito de tal encuentro no había sido de «solidaridad» sino de «agresión»[40]. El texto soviético dirá más:

> [S]e han esparcido varias declaraciones en el sentido de que los representantes oficiales soviéticos en la Conferencia (...) han sido llamados a realizar actividades subversivas en los países latinoamericanos (...). La Unión Soviética ha repudiado invariablemente y sigue repudiando la así llamada «exportación de la revolución» (...). Estaba en el espíritu de la delegación oficial soviética [darle importancia] en la Conferencia de Solidaridad de los Pueblos de Tres Continentes (...) a la necesidad de aplicar (...) el principio de la coexistencia pacífica[41].

---

39 Archivo MPPRE (País: EE. UU.). Dirección de Política Internacional. Expediente N. 1-10-66. Carta dirigida al Presidente del Consejo de Seguridad por el Representante Permanente de la URSS. Nueva York, 19/02/66.

40 Archivo MPPRE (País: EE. UU.). Dirección de Política Internacional. Expediente N. 1-10-66. Texto de Memorando de la Misión de la URSS ante Naciones Unidas dirigido a la Delegación venezolana. Nueva York, 02/03/66. Traducción N. 61: 1.

41 Archivo MPPRE (País: EE. UU.). Dirección de Política Internacional. Expediente N. 1-10-66. Traducción N. 61 (Extraoficial).

Ciertamente, la URSS afrontaba un serio predicamento a raíz del hecho de que los textos finales de la conferencia le pusieran un acento tan claro a la labor de exportar la revolución. Por un lado prevalecía su línea «coexistencial» frente a los llamados a la guerra; por el otro, en vista de las particulares autonomías que regían dentro de la Federación soviética, Moscú no habría podido impedir que algunas de sus repúblicas centro-asiáticas participasen de las decisiones tomadas en La Habana y, mucho menos, que dejaran de solidarizarse con ellas. De allí que una vez leída entre líneas la declaración de la URSS en apoyo de la Tricontinental, el gobierno de Leoni no tardase en advertir que, en el fondo, «la Unión Soviética [estaba] tratando de aparecer desligada de las decisiones y resoluciones de la referida conferencia», impedida como lo estaba de hacer «un pronunciamiento [condenatorio] público y categórico» al respecto[42].

Si algo, a fin de cuentas, llama la atención acerca de la Tricontinental es que el tono agresivo de sus resoluciones superara por mucho cualquier intención más o menos romántica que nutriera el imaginario rebelde en boga por aquel entonces. Más aún, para Venezuela, ya inmersa como se veía en su propio enfrentamiento con la guerrilla de inspiración (y, pronto también, de firme orientación) fidelista, las decisiones de la cita aludían de manera peligrosa al área del Caribe.

Además de su carácter indisimuladamente intervencionista, lo cierto era que el lenguaje manejado por los promotores de la Tricontinental se empeñaba en englobar dentro de una misma órbita a todos los grupos armados que decían actuar en nombre de guerras «anticoloniales», pero también a todos aquellos que estuviesen combatiendo contra las modernas expresiones

---

42 Archivo MPPRE (País: EE. UU.). Dirección de Política Internacional. Expediente N. 1-10-66. Delegación de Venezuela ante Naciones Unidas al Ministro de Relaciones Exteriores. N. 428. Nueva York, 02/03/66.

del «neocolonialismo»[43]. Esto, dicho así, significa que la llamada «Conferencia de Solidaridad» tendría la intención, a partir de la cuidada fraseología insurgente, de reafirmar directa y emocionalmente los vínculos que existían entre América Latina y el resto del tercer mundo.

Será precisamente en este punto donde las formulaciones teóricas de la Tricontinental tropiecen con el reto –planteado ya de antes por la literatura marxista en su versión «habanera»– de ver a América Latina como si, en realidad, no fuese una experiencia sustancialmente distinta del resto de la periferia que ya había emergido como producto de la descolonización reciente o que, en algunos casos, se hallaba aún en trance de hacerlo. Después de todo, ¿qué podía tener en común un guerrillero de las FALN en el estado Falcón con un campesino vietnamita, un activista marroquí o un combatiente africano que luchaba en esos momentos contra el colonialismo portugués en Angola? O bien, dicho en otras palabras, ¿cómo podía explicarse la presencia de «movimientos de liberación nacional» en países como Venezuela, Perú o Colombia que llevaban más de un siglo actuando como repúblicas independientes?

Para salir de semejante túnel era preciso darle curso a una peculiar visión del concepto de «guerra de liberación nacional». De allí que, para aclarar el asunto y concebir a la vez una respuesta que permitiese articular a los frentes guerrilleros locales con los movimientos herederos de la lucha anticolonialista en otras latitudes, seguramente la conclusión a la que debió arribarse fuera la siguiente: si bien no cabía hablar de una «emancipación» en el sentido estricto como ello se entendía en África o Asia ante una metrópoli determinada, el caso de América Latina debía leerse al menos en consonancia con todo cuanto, dentro de un amplísimo catálogo, podían calificar como otras formas –tangibles e intangibles– de dominación.

---

43 Ídem.

El segundo problema era que, en el caso de la lucha «anticolonialista» propiamente dicha, era preciso tomar en cuenta que fueron los gobiernos al estilo de Betancourt –y, sobre todo, de Leoni– los más entusiastas en abogar por la descolonización del mundo europeo de ultramar a través de las Naciones Unidas y del Grupo de los 77 al cual –por cierto– Venezuela se incorporaría desde muy temprana fecha. No pudiendo, pues, competir tan enérgicamente a nivel retórico ni hacer gala de mayor novedad frente a la política «anticolonialista» propulsada por los gobiernos reformistas de la región, el «neocolonialismo» (categoría dentro de la actual caería Venezuela como exportadora neta de hidrocarburos) obraría entonces como un concepto atractivo entre quienes postulaban la tesis del capitalismo «dependiente».

A juicio de sus críticos, los promotores de la cita extracontinental intentaban vincular la acción subversiva adelantada en la región por los grupos adscritos al fidelismo a los esfuerzos hechos en muchos de los dominios asiáticos y africanos en su acelerada marcha hacia la independencia, propendiendo a construir de esta forma una identidad asociativa que permitiera fusionar el «anticolonialismo», en su versión más canónica, con lo que pudiese llamarse «el antineocolonialismo» en todas sus formas, cualesquiera –y por muy abstractas– que estas fueren[44].

Así, pues, el hecho de que desde La Habana se abogara por mayores formas de asistencia financiera o material a los movimientos que operaban en varios países de la región –con poca disimulada referencia a los casos de Colombia, República Dominicana, Guatemala, Perú y especialmente Venezuela– era algo que debía llamar la atención tanto por el nivel del tono asumido como por

---

44   Archivo MPPRE (País: EE.UU.). Dirección de Política Internacional. Expediente N. 1-10-66. Comisión Especial de Consulta sobre Seguridad. La «Primera Conferencia Tricontinental», otra amenaza a la seguridad del sistema interamericano. Estudio preparado por la Comisión Especial de Consulta sobre Seguridad en su VI Período de Sesiones Ordinarias. Unión Panamericana. Washington, DC, 02/04/66: 9, 11, 14.

el carácter francamente insurreccional que entrañaban sus resoluciones finales.

Además, lo dicho antes acerca de las dudas soviéticas con respecto a la alternativa armada se vería confirmado por un «informe confidencial» emanado de la Conferencia Tricontinental, y cuyo contenido llegaría a oídos de la delegación de Venezuela en la OEA[45]. Uno de sus pasajes, referido precisamente al caso de la URSS, resulta muy revelador:

> Confidencialmente se tiene conocimiento de que las delegaciones de Venezuela, Guatemala y Perú pidieron a puerta cerrada que se les auxiliara con armas y dinero para incrementar sus movimientos de «liberación nacional». A tal pretensión la Unión Soviética no prestó oídos, habiendo eludido el tema, pues se concretó a escuchar a los peticionarios. Tengo la convicción de que la Unión Soviética no ayudará eficazmente y menos abiertamente a las guerrillas latinoamericanas, pues todo hace pensar que la política rusa es de no comprometerse más en América Latina y buscar en cambio un acercamiento con los Estados Unidos[46].

En vista de que los insalvables divisionismos dentro del mundo socialista también se pondrían de manifiesto durante la conferencia, no menos interesante resulta lo que el informante tuviese que decir con respecto a los chinos, especialmente teniendo en cuenta la forma en que, desde 1963, había escalado la querella entre Pekín y Moscú en cuanto al empeño de cada una por continuar actuando como guía y rectora del movimiento comunista mundial: «China, aunque vio con buenos ojos la petición de ayuda a las guerrillas latinoamericanas, no hizo gran cosa en tal sentido. Se estima en círculos bien informados que no está en

---

45 Archivo MPPRE (País: EE. UU.). Dirección de Política Internacional. Expediente N. 1-10-66. Delegación de Venezuela a Ministerio de Relaciones Exteriores. Informaciones confidenciales sobre la Conferencia Tricontinental, OEA, 54/0094. Washington, 09/02/66.
46 Ibíd, 1.

condiciones de ayudar a dichos movimientos ni con armas ni con dinero»[47]. Sobre la propia Cuba, como «vitrina del Caribe», el informante concluiría señalando: «Cuba sólo propició la discusión y las resoluciones adoptadas y pidió que se hiciera algo efectivo, pero me inclino a afirmar que no está en posición de ayudar a las guerrillas latinoamericanas, en vista de su situación precaria[48].

Visto como quiera verse, tres apreciaciones de interés emanarían de este informe confidencial: la primera, que tanto China como Cuba temiesen que las guerrillas en Guatemala, Colombia y Venezuela no contaran aún con un apoyo efectivo por parte de la población rural[49]; segundo, que la Tricontinental terminara arrojando más lodo al terreno de la confrontación abierta entre Rusia y China con respecto al movimiento guerrillero mundial, conllevando a la vez a que Cuba tomase distancia de esta polémica[50]. Lo tercero era que la Tricontinental había demostrado ser una experiencia principalmente deliberativa, de intensa propaganda y poca acción efectiva[51]. El informe en cuestión lo pondría así: «[Se estima] que no deben exagerarse las consecuencias de esta Conferencia pues los resultados positivos fueron casi nulos; gran propaganda, mucha palabrería»[52].

El mandado está hecho

Hubo empero dos puntos respecto a los cuales el informante pareció estar lejos de acertar a la hora de las predicciones. Primero, que no todo se fue en simple palabrería como resultado de aquellos quince días de deliberaciones en La Habana; segundo, y al margen de lo que él mismo llamase su «situación precaria», puede

---

47 Ídem.
48 Ídem.
49 Ibíd., 2.
50 Ibíd., 3.
51 Ibíd., 4.
52 Ídem.

que Cuba no llevara su prédica internacionalista hasta el punto de lo que deseara como producto de la Conferencia Tricontinental; pero no por ello dejaría de ejercer un rol mucho más importante, al menos en el vecindario inmediato y, concretamente hablando, con relación a las guerrillas venezolanas.

En tal sentido, como resultado de que el PCV «ortodoxo» se distanciara cada vez más de las fórmulas violentas, La Habana habría de actuar directamente como brújula y erigirse, a partir de entonces, en centro rector de la insurgencia, afincándose para ello en el apoyo que le prestaría a los «fraccionalistas» que, dentro de ese partido, estaban dispuestos a darle curso a una nueva etapa de la dinámica insurgente derivada del espíritu tricontinental. Como remate de todo aquello, el cambio en la dirección del proceso quedaría puesto de manifiesto, por ejemplo, en lo dicho por Luben Petkoff, quien habría de contar desde ese momento con una valiosa apoyatura en armas pero, más importante aún, si no por su número, por su calidad: con la presencia de elementos cubanos curtidos en experiencia de combate. Estas son sus palabras:

> Ya la dirección del [PCV], aun cuando quería seguir haciendo carantoñas con la lucha armada, a la hora de las definiciones públicas se mostraba timorato. Lo suyo era la paz democrática como herramienta para liquidar la lucha armada. (...)
> En la Conferencia Tricontinental afloran las contradicciones que teníamos, nosotros los guerrilleros, con los representantes del [Comité Central] del partido que se hallaban en La Habana. (...) [F]ue cuando pedí hablar con Fidel para explicarle cuál era nuestra posición y, en consecuencia, pedirle ayuda. Fidel me recibió y cuando oyó toda la historia que yo le conté pudo constatar personalmente el engaño de que había sido objeto hasta ese momento. Sin embargo, yo le manifesté que no todo estaba perdido porque había un grupo que estaba decidido a seguir la lucha pero que, para eso, necesitábamos que se nos ayudara, no a través del PCV, sino directamente. (...)
> Fidel me [preguntó]: «¿qué es lo que tú quieres?». Bueno, yo lo que quiero es ayuda. «Y ¿para qué?». Pues, para mí. Y me pidió que le

contara cómo era la cosa, quién era yo, qué había hecho, a quién iba a ayudar. Y le dije: bueno, mira, yo no soy nadie, un tipo que viene de allá, que estuvo alzado, que estuvo preso, le conté, pues, todo lo que había hecho. Pero –le añadí–, lo importante es que yo quiero pelear, regresar a Venezuela, y el partido no me deja pelear. Yo quiero llegar a la montaña, no llegar a Caracas, sino a la montaña. (...) Lo que quiero es que me des algunos hombres y unas armas (...).
Y Fidel me dijo: «caramba, ese es un planteamiento igual al que yo hacía cuando andaba buscando ayuda. Y a mí me producía una gran tristeza cuando pedía alguna ayuda y no me la daban». Y cuando me contestó así, me dije: «ya está el mandado hecho». Es decir, en aquel momento las cosas que se conversaban eran que estábamos viviendo un momento histórico que debíamos aprovechar[53].

Si bien no podía existir una manifestación más elevada de voluntarismo que la que se desprende de este testimonio, más sorprendente aún resulta el nivel casi sideral al que podían llegar los ofrecimientos del interlocutor de Petkoff: «Cuando hablé con Fidel, le dije: yo cuento con usted y usted debe contar conmigo. ¿Si yo desarrollo la lucha, usted me ayuda? A esto respondió [Fidel]: 'carajo, yo te ayudo si tú desarrollas la lucha. El día en que tú liberes una región y me pidas ayuda, yo te envío un avión, con tanques. Pero eso sí, tienes que echar eso para adelante. Si no lo haces fracasaremos todos'»[54].

Con razón, como lo sostienen los historiadores Irwin y Micett, el enfrentamiento que se registró desde comienzos de los años sesenta se prolongaría a partir de esta nueva etapa, justamente por lo que al reforzamiento del apoyo foráneo se refiere[55]. Además, conviene tener en cuenta lo siguiente: puede que la vocación confesamente partidaria del máximo jefe de la Revolución cubana a favor de la tesis armada no le permitiera verle fruto a todos

---

53 Entrevista con Luben Petkoff. En Blanco M., A. (1981a): 138, 149, 154.
54 Ibíd., 150.
55 Irwin, D. y Micett, I. 2008: 220.

sus anhelos en el tercer mundo; pero si algo resolvió privilegiar en lo inmediato, como producto de esa refrescada cosmovisión surgida de la Tricontinental, fue «el profundo, el definitivo, el mortal enfrentamiento [que se libraba] entre su gobierno y el gobierno venezolano», como lo expresara un testigo[56]. El caso resulta estremecedor por la magnitud del delirio: «Cuba aceptaba la declaración de guerra de Raúl Leoni –que, por la parte venezolana, se limitaba y restringía al ámbito estrictamente declamatorio y diplomático (acusaciones ante la OEA)–, confirmando su respaldo a las FALN y al MIR»[57].

No resultaba necesario contar, pues, con mayores estímulos. Para julio de ese mismo año 66, Petkoff habría de practicar un desembarco por Chichiriviche, teniendo a su cargo alrededor de quince efectivos que se sumarían al frente que ya, desde 1962, operaba bajo la dirección de Douglas Bravo en la sierra montañosa costera del estado Falcón[58]. De los «internacionalistas» que lo acompañaban, sin duda el más importante sería el futuro general Arnaldo Ochoa Sánchez, con experiencia de lucha en la Sierra Maestra contra el régimen de Fulgencio Batista[59]. Luego de su aventura más o menos iniciática en Venezuela, como lo observa por su parte Américo Martín, Ochoa pasaría a desempeñarse en guerras de envergadura en Angola, Suráfrica y Etiopía, dentro del mismo espíritu «internacionalista»[60].

A la hora de valorar la forma en que su hermano operó en combinación con los efectivos cubanos, Teodoro Petkoff precisaría lo siguiente:

> [A]quella columna llegó a ser la mejor columna armada que hubo en Venezuela en toda la historia de la lucha armada, la que más recursos

---

56 Sánchez G., A. y Pérez M., H. (2007): 92.
57 Ídem.
58 Ibíd., 76.
59 Ibíd., 77 (nota 40).
60 Martín, A. (2001): 118.

tenía. Mi hermano [Luben Petkoff] cuando desembarcó, desembarcó con dinero, armas, es decir, con un respaldo muy bueno. Además, vinieron también algunos cubanos, algunos de ellos muy expertos[61].

Para el gobierno de Leoni, impuesto en algún momento de tal novedad, el caso de los refuerzos «cubanos» contaba sensiblemente por dos razones: la primera, por el hecho de tratarse, por su extensión y relativa soledad, de una zona susceptible al fácil reaprovisionamiento; la segunda, por el hecho de que tanto la Shell como la Standard Oil tuviesen sus principales complejos en la península de Paraguaná[62]. Un informe de inteligencia precisaría lo siguiente al respecto: «Ciertos rumores hablan del (...) desembarco de efectivos cubanos [en las costas del estado Falcón], algo que las propias FF.AA. no niegan que haya podido ocurrir. Estiman que se trata de una franja costera tan extensa y deshabitada que resulta prácticamente imposible vigilarla de manera efectiva»[63]. Como respuesta, las FF.AA. reforzarían el V Teatro de Operaciones (creado en 1963, con asiento en la colonia agrícola de Yumare) para cubrir a un tiempo las actividades que este nuevo núcleo de combatientes pudiese haberse visto dispuesto a desarrollar entre los estados Falcón y Yaracuy[64]. Para más señas, el batallón de cazadores Cruz Carrillo daría muerte a cinco de los internacionalistas cubanos en un enfrentamiento librado en abril del 68[65].

Otro actor de relieve en relación con la ruptura ocurrida dentro del PCV, tanto como con respecto al apoyo cubano a la nueva línea de acción, sería Douglas Bravo, cuyo disenso frente a los «pacifistas» llegaría a oídos del gobierno de Leoni en estos términos: «Las disputas internas del PCV son cada vez más graves.

---

61 Entrevista con Teodoro Petkoff. En Blanco M., A. (1980): 230.
62 British Embassy, Caracas. Naval & Military Attaché (1968). Review of the present guerrilla situation in Venezuela. Archivo de Ottawa. Documento DA/S 215/1. Carpeta 27-1-2-VENEZ: 2.
63 Ibíd., 8.
64 Biaggini G., J. *et al.* (1980): 224.
65 Ibíd., 99.

Douglas Bravo está tomando control muy eficiente de la organización, contando con el respaldo de quienes están en los llamados Frentes Guerrilleros»[66]. Producto de las fricciones planteadas, y seguramente estimulado también por la renovada visión guerrillera que emanara de la Conferencia Tricontinental, Bravo se separaría finalmente del PCV en abril del 66, crearía una organización propia bajo el nombre de «Partido de la Revolución Venezolana» (PRV) y, para más señas, se alzaría con la propiedad exclusiva de las siglas de las FALN. Sobre él, un opinante dirá por la prensa, tal vez con un dejo de exageración respecto a su capacidad operativa en este nuevo contexto:

> [Douglas] Bravo es el hombre de La Habana en Venezuela. Ha recibido ayuda inmensurable en armas, equipo, propaganda, dinero y hombres, especialmente desde que radicalizó su posición frente a los comunistas ortodoxos venezolanos que no acataron las órdenes de Castro y que prefirieron someterse a la línea anti-guerrillera recomendada por Moscú.
> Cuando ellos [los «comunistas ortodoxos»] entraron en franca riña con Fidel Castro, Douglas Bravo hizo causa común con él y repitió, agrandando, el caudal de injurias endilgado a los comunistas venezolanos por Castro[67].

Pero si el pulso dependía ahora de Castro, resulta preciso no perder de vista el hecho de que el MIR, empleado como se había visto hasta entonces en la continuación de la vía armada sin abrigar tantas dudas como sus colegas comunistas, pretendería ser tomado en cuenta también como el otro haz de luz de esta nueva trayectoria. A juicio de los miristas, ellos –más que cualquier fracción del PCV que continuase metida en la lucha armada– eran los interlocutores indicados en vista de la importancia que Cuba había resuelto conferirle a la renovación guerrillera tras colocarse a

---

66 Informe Confidencial. Caracas, 29/12/65. Archivo Leoni. Carpeta 107.
67 Pellecer, C. M. «La Pacificación de Venezuela (II)». *Últimas Noticias*, 14/05/69: 29.

la cabeza del tercer mundo en el marco de la Conferencia Tricontinental[68].

De acuerdo con Héctor Pérez Marcano, testigo fundamental en lo que a las gestiones del MIR se refiere, los delegados de este partido en La Habana cumplieron con plantearle a Castro sus propios requerimientos en el ámbito militar con el fin de mantener en pie los destacamentos que operaban bajo su control en el oriente venezolano y mejorar su capacidad de fuerza. En cualquier caso, como lo reconoce el testimoniante, la tarea en cuestión se haría tanto más ardua en razón del «duro, amargo y permanente enfrentamiento que había tenido lugar entre el PCV y nosotros durante todo este tiempo»[69]. En medio de ello, la alta dirigencia cubana tampoco ocultaría su preferencia hacia los elementos disidentes del PCV en detrimento de su organización rival, y así lo explicaría Pérez Marcano: «[D]urante todo ese tiempo el principal objetivo [de los cubanos] sería respaldar al PCV más que al MIR; e, incluso, después del rompimiento del PCV con Douglas [Bravo] en 1966, su favoritismo se desplazará hacia él y el *douglismo*»[70].

En los hechos, tal preferencia pudo tener su origen en una simple opción realista en la medida en que, según lo reconociera el mismo Pérez Marcano, la dirección revolucionaria cubana había mantenido hasta entonces relaciones mucho más estrechas con el PCV que con el MIR. Pero también podía explicarse en función de lo que a continuación apunta Moisés Moleiro, otro de sus principales dirigentes: «[E]l gobierno cubano seguía con mucha atención la crisis interna del PCV y, al producirse la ruptura de esta organización (...), primero atendió al movimiento de Douglas Bravo. Supongo que de ese modo ellos creían influir en el resto de los partidos comunistas latinoamericanos, [es decir],

---
68 Sánchez G., A. y Pérez M., H. (2007): 63.
69 Ibíd., 87.
70 Ibíd., 64-65.

que los gana[rían] más para la guerra»[71]. Además, debe tomarse en cuenta que no se trataba tampoco de los tiempos iniciales de la lucha armada, durante los cuales las fuerzas insurgentes de ambos partidos compartieran tareas y frentes mixtos. Y si a ello se suma la sensación de minusvalía que el MIR había experimentado desde siempre frente a la forma en que la Comisión Militar del PCV absorbía el grueso de los recursos captados para la guerra, pues mucha más razón existe entonces para comprender que, en La Habana de 1966, convertida ya en capital de la revolución por obra de la Tricontinental, el MIR rivalizara en procura de ganar de igual modo el oído de Castro.

Aparte de revelar así la forma en que se habían acentuado las diferencias entre los dos partidos protagonistas de la lucha armada, esto también pondría de manifiesto los dilemas del propio Castro con respecto a cuál de ambas fuerzas guerrilleras apoyar con mayor determinación y fuerza. Ello es así puesto que tampoco era cuestión de desahuciar a los fervientes miristas ni dejar de sacarle provecho a la reputación de sus combatientes. Si tal cosa puede afirmarse con tal grado de certitud es porque el propio Pérez Marcano se hace cargo de observar que, frente a tamaño dilema, Castro optó a fin de cuentas por saldarlo mediante una solución salomónica: ofreciéndole 60% de apoyo militar y logístico al PC y 40% al MIR[72].

A pesar de esta relativa asimetría en términos de apoyo, el MIR se vería a partir de entonces en capacidad de desarrollar aún más su segundo frente a fines de ese mismo año 66[73] y ya, para mayo del año siguiente, contar con el apoyo de sus propios «internacionalistas» que formarían parte –junto a los combatientes venezolanos que lideraran la expedición– de los veinticuatro efectivos

---

71 Citado por Sánchez G., A. y Pérez M., H., ibíd., 76 (nota 39).
72 Ibíd., 70.
73 Nos referimos en este caso al Frente Antonio José de Sucre, creado junto al Frente Ezequiel Zamora entre 1963 y 1964.

que desembarcaran en un sector cercano a Machurucuto, en el estado Miranda[74]. La decisión, pues, de dotar también al MIR de elementos cubanos con experiencia de combate para incorporarse a las guerrillas no solo habla de lo que significaba darle respuesta al problema de no poder sentar en una misma mesa a los camaradas de armas del PCV y del MIR sino de la necesidad de diseñar una ofensiva que complicase el mapa operativo de las FF. AA. venezolanas al reforzar la existencia de dos teatros de guerra distintos y ubicados en geografías opuestas.

No deja de resultar curioso el hecho de que, aparte de Raúl Menéndez Tomassevich, quien una década más tarde se desempeñaría como jefe máximo de los efectivos cubanos en Angola, figurara entre los internacionalistas que combatieran junto al MIR en el oriente de Venezuela el futuro general de División Ulises Rosales del Toro, quien tendría a su cargo presidir el tribunal de guerra que en 1988 condenara a muerte a Arnaldo Ochoa. El también futuro general Ochoa no solo formaría parte de la gesta africana de los años setenta y ochenta sino que, como ya se señaló, sería el elemento más valioso de todos cuantos fueran seleccionados para combatir junto a Douglas Bravo en el extremo opuesto del país, luego de la operación de desembarco exitosamente dirigida por Luben Petkoff en las costas del estado Falcón[75].

Paradojas aparte en cuanto a lo que el destino habría de depararle al general Ochoa luego de haber actuado casi simultáneamente en acciones de guerra junto a su futuro verdugo en la misma Venezuela presidida por Leoni, lo cierto es que, a partir de los años 66 y 67, la participación cubana quedaría asegurada al más alto nivel militar. Dado que el valor de este testimonio viene dado por su procedencia, conviene oír una vez más a Pérez Marcano, quien desembarcó junto a Menéndez Tomassevich y Ulises Rosales del Toro por los lados de Machurucuto: «Haber escogido a

---

74   Sánchez G., A. y Pérez M., H. (2007): 103-105.
75   Ibíd., 102.

[estos dos] combatientes, conjuntamente con Arnaldo Ochoa Sánchez ya en Falcón (...), demostraba que Fidel estaba decidido a poner toda la carne en el asador venezolano y jugarse el todo por el todo, como lo demostró durante los meses siguientes»[76].

Así, pues, desde el desembarco que se verificara en Falcón, en 1966, y en Miranda, en 1967, llegaría a plantearse por primera vez la contribución de efectivos armados como parte de la estrategia de apoyo a los grupos insurgentes venezolanos. Para diferenciar este de cualquier otro tipo de ayuda ofrecida previamente, vale recalcar que el problema no se contraía ya al suministro de aprestos sino que abarcaría a partir de ese momento la presencia de combatientes regulares de otro país y, más concretamente hablando, de oficiales pertenecientes a las Fuerzas Armadas cubanas, experimentados en guerra de guerrillas y con destacada participación en la propia guerra revolucionaria cubana[77].

A la hora de comprender las motivaciones que pudo haber tenido Cuba para dar semejante paso –mucho más decidido en su orientación del proceso armado–, conviene reparar en lo que fuera la fase previa de su compromiso con la izquierda insurgente venezolana y que, rudamente hablando, llegó a estar comprendida entre 1962 y 1965. Hasta entonces su conducta en estos menesteres se había visto caracterizada por dos cosas: por un lado, si bien irrestricto, se trataría de un apoyo cauteloso y a distancia; por el otro, sería una etapa en la cual la dirigencia cubana aún confiaba en los informes que les trasmitían los grupos armados del PCV y del MIR en función de supuestas «zonas liberadas». Dicho en otras palabras, será solo luego de aquella etapa inicial cuando Cuba experimente cierto desengaño respecto al curso de la guerra y vea que sus expectativas habían sido repetidas veces burladas a causa de las optimistas apreciaciones y cálculos falsos hechos por las guerrillas venezolanas con respecto a la disponibilidad de

---

76 Ibíd., 89.
77 Ibíd., 79.

fuerzas y recursos. Un testigo, compenetrado con el desarrollo de esta segunda etapa que correría a partir de 1966, dirá lo siguiente a propósito de la forma en que habría de variar la línea a favor de una intervención más decidida por parte de Cuba en la dinámica de la guerra:

> La contraparte nuestra [en La Habana] lo que hacía era informar una lista de mentiras de la A a la Z. (...) Allá había mapas donde se señalaban «zonas liberadas», etc., etc. (...) A raíz de eso, y con toda razón además, los cubanos varían su óptica y asumen una posición muy crítica con relación a la dirección (...) acá. A eso hay que agregar el problema voluntarista cubano que quería imponer determinados criterios. (...)
> A raíz del desmonte de toda esa falsa apreciación de la realidad venezolana que había sido alimentada hasta el infinito por los compañeros que tenían la relación con Cuba, comenzamos a reestudiar y a redefinir algunas líneas de acción[78].

En otras palabras: ya no era un asunto que redundara en la provisión de armas, el apoyo logístico ni, muchísimo menos, en la simple inspiración ideológica que pudiera seguir despertando el ejemplo cubano. Esto, por supuesto, no tendría una sola lectura sino que se interpretaría de manera diametralmente opuesta: una cosa es lo que pensara el gobierno venezolano y, otra diferente, los guerrilleros. Para Leoni y las Fuerzas Armadas venezolanas, el hecho de que efectivos de las Fuerzas Armadas cubanas penetraran directamente en territorio venezolano montaba, sin más, al acto injerencista de mayor gravedad que hubiese podido registrarse hasta ese momento. Pero tal no sería el razonamiento de los dirigentes de este nuevo capítulo de la insurgencia para quienes, en cambio, «injerencia» eran los programas de apoyo ofrecidos por EE. UU. al gobierno de Leoni con el fin de combatir a los

---

78 Entrevista con Luis Correa. En Blanco M., A. (1981a): 308.

grupos en armas. Así, dentro de este particular entendimiento de los hechos, lo que practicaba Cuba se encuadraba más bien dentro de la filosofía del «internacionalismo». Esto, al igual que muchos otros ejercicios de semántica, habla a las claras de la forma como, desde los predios de la lucha armada, resultaba posible excusar cualquier práctica que pudiese ser tildada de injerencista. Aun así, eximiéndose de tales acrobacias conceptuales, un excombatiente hablaría crudamente en estos términos:

> [Eso era] una guerra, entonces, si hay gente que te va a ayudar con su pellejo, tú no te puedes dar el lujo de rechazarlos. Si tú, en vez de tener cien hombres, tienes mil porque 900 van a venir de afuera, qué carajo te importa a ti de donde vengan.
> Yo soy el que los va a dirigir, y yo no estoy trayendo una invasión, no estoy trayendo 500 mil cubanos para que me hagan la guerra. Y es más (...), yo llego a decirte que yo sí los trajera (*sic*). ¿Me quieres dar carne de cañón para venir a pelear aquí?, pues dámela, mándamela. El día que yo no pueda poner a pelear a mi pueblo y consigo un pueblo que sí quiere pelear, lo traigo. En todo caso lo que importa es traer compañeros que vengan a ayudar, que vengan a cooperar contigo[79].

Como bien se sabe, el empeño por aclarar contribuye muchas veces a oscurecer las cosas. Puede que hasta este punto se agradezca la sinceridad del testimonio en cuestión puesto que pone de manifiesto una forma muy particular de entender la guerra. Para Luben Petkoff, no era cuestión de ver la presencia cubana como un caso de invasión sino como un ejercicio de internacionalismo. Pero cuando el excombatiente que así hablara le diera cabida de seguidas a la idea de que todo lo practicado en Venezuela obedecía a una «solidaridad bien manejada», sin «ninguna condición de tipo político», o «dependencia de un poder extranjero»[80], se revela un intento terrible por justificar la ayuda directa aportada

---

79 Entrevista con Luben Petkoff. En ibíd., 151.
80 Ibíd., 152.

por el aparato militar cubano como si, desde La Habana –y con tanta sed de recursos de por medio–, no se le pretendiera reclamar nada a cambio a la dirección revolucionaria venezolana.

La columna guerrillera

Desde 1966, y mucho más a partir de 1967, la guerra estará repartida entre «douglistas» y «miristas», unos en occidente, otros en oriente, pero cada cual provisto –además– de su propia dotación de efectivos cubanos. En resumidas cuentas, tanto para el MIR como para el sector que se inclinó por continuar la lucha armada abandonando para ello las filas del PCV, esta sería la última y más breve pero, al mismo tiempo, la más errática de todas las etapas que formaron parte de la llamada «solidaridad cubana».

Aparte de la decisión de reanudar la ofensiva en Venezuela hubo otra que, de darle crédito a lo que figura recogido en un informe de inteligencia de las FF.AA., pareció emanar directamente de las recomendaciones hechas por la «Organización Latinoamericana de Solidaridad» (OLAS), órgano subsidiario de la Conferencia Tricontinental. El hecho era que la guerra requería, a partir de ese punto, nuevas concepciones tácticas y, entre ellas, la de que los grupos armados se movilizaran «sin apego al concepto de límites» y, para lo cual, la noción de «frente» perdía por tanto toda su utilidad y razón de ser. De lo que se trataba, a partir de las recomendaciones hechas por los expertos de la OLAS, era de que se reestructurasen los distintos frentes que habían existido hasta entonces y fuesen sustituidos por columnas[81]. La lógica que imperaba detrás de esta táctica era que, con base en un mayor sentido de movilidad, la capacidad de la guerrilla mejorara en términos de calidad y efecto, amén de que, de esta forma, se facilitaran

---

81   Centro de Operaciones Conjuntas. Informe de Inteligencia Especial Destocaribe, 05/07/67. N. 039 (Secreto). Archivo Leoni. Carpeta 121: 1.

también los combates de encuentro con las fuerzas leales[82]. En tanto que esta sería la línea seguida por los insurrectos que hasta el pasado reciente pertenecieran al PCV[83], el MIR proseguiría en cambio su estrategia guerrillera manteniendo en vigor el concepto de «frente», reorganizándolos y dándoles mayor fuerza a los dos que ya existían dentro de su respectiva área de operaciones con el fin de desarrollar mejor su aparato armado[84]. En vista de los resultados esto es quizá lo que explique que, a la larga, los núcleos guerrilleros de oriente sobrevivieran por un poco más de tiempo, al menos comparado al descalabro ocurrido en el teatro que obraba bajo la jefatura de Bravo y Petkoff.

Sea como fuere, los comandantes de Falcón coincidirían con los estrategas cubanos en que era posible liderar un combate más efectivo si se abandonaba la táctica empleada hasta ese momento y se acogían a la nueva modalidad de la columna. Un guerrillero local reconocería a tales efectos haber confiado en la experiencia que traían los elementos importados directamente de Cuba: «Nos unimos con los cubanos y ahí nos vimos con más fuerza. Claro, los cubanos venían con toda una experiencia de guerra y eran unos hombres bien armados»[85]. Pero no era solo cuestión de sentir simpatía hacia los nuevos combatientes. El mismo guerrillero que así hablaba vería también de manera positiva las posibilidades que ofrecía el concepto de columna. Y lo haría en estos términos: «[L]a idea de la columna nace por la necesidad de (...) buscar (...) nuevas perspectivas. No se podía seguir combatiendo como lo veníamos haciendo»[86].

Ahora bien, en la práctica, esta nueva concepción adolecería de dos problemas concretos. El primero era una cuestión de tamaño.

---

82 Biaggini G., J. *et al.* (1980): 99, 225.
83 Azael Rangel Rojas, General de Brigada Director del COC. Orden de Batalla de las Bandas Comunistas. Copia numero C.O.C. (Secreto). Fuerte Tiuna, septiembre de 1967. Archivo Leoni. Carpeta 121: 1.3.
84 Biaggini G., J. *et al.* (1980): 99.
85 Entrevista con Elegido Sibada, «Magoya». En Blanco M., A. (1981a): 60.
86 Ibíd., 63.

El hecho de tratarse de un grupo armado numeroso forzaría a sus integrantes a someterse a un complicado sistema de movilidad, situación que tendería a agravarse cada vez que se plantearan combates directos con el Ejército. Lo segundo era la limitación que parecía habérseles escapado a los efectivos cubanos cuando de una geografía no muy bien manejada por ellos se trataba. El caso es que esto último redundaría en el problema de lo que significaba mantener a la columna sobre un pie adecuado desde el punto de su dotación y abastecimiento. Por ello, otro testigo observaría lo siguiente: «[Los cubanos] vinieron con una concepción que hizo posible la constitución de la columna guerrillera, pero esto trajo también sus problemas, sobre todo en el campo de la logística en tanto que era difícil alimentar a 120 hombres. (...) Y se presentan entonces problemas de concepción, de carácter estratégico, que condujeron a lo que todos conocemos ya: la salida de los cubanos»[87].

Dado que fue él quien se ocupó de alistar a los guerreros procedentes de Cuba y de hacerlos desembarcar por las costas del estado Falcón, el balance que Luben Petkoff ofrecería a la vuelta de los años buscaría minimizar todo cuanto de negativo tuvo esa nueva experiencia a la hora de seguir haciéndole la guerra a Leoni:

> [Hasta entonces] siempre había por lo menos una [baja] nuestra. Ahora no, aun cuando fuera desfavorable para nosotros la situación del encuentro, el enemigo salía golpeado. Esto denotaba el salto de calidad que habíamos logrado. (...)
> Lo que era correcto era lo que habíamos planteado desde el comienzo: vamos a crecer con esta columna, vamos a desarrollarla (...). [S]i el Ejército sabe que tiene que vérselas con cien hombres hace lo que hizo cuando supo que nosotros éramos 100 hombres que andábamos juntos: no se metía a la montaña. (...) Y lo que sí sé es que, en las pocas experiencias que tuvimos, logramos golpear al Ejército, lo

---

87 Entrevista con Luis Correa. En ibíd., 308.

hicimos correr y los botamos de la montaña. Pero eso no lo pudimos mantener ni desarrollar[88].

Sin embargo, el mismo guerrillero citado más arriba, en cuyas palabras se hacía perceptible una fe inicial en la capacidad de combate que podía ofrecer la concepción de la guerra en su versión de «columna», ofrecería un balance que contrasta de manera significativa con lo dicho por Petkoff:

> [C]omienzan los problemas de la jefatura con los combatientes. Y, bueno, la columna es muy grande. (...). Además, hubo un enredo porque la jefatura no hallaba qué hacer con tanta gente. Éramos un gentío (...), y un gentío bien armado y pura gente veterana. La mentalidad en nosotros se manifestaba en andar pendientes de que [con] esa columna íbamos a hacer cosas diferentes a las que habíamos hecho antes. Es decir, una columna de esa magnitud era para dar golpes, tomar poblaciones grandes. Pero no se hizo nada. (...) Andábamos en una columna y, en esos montañones, uno pasaba mucha hambre. (...) Y había presión hacia la jefatura porque se le veía el enredo de que no sabía qué hacer, porque había ya la descomposición incluso de la misma jefatura, problemas, etc. [D]espués de muchas caminatas y [de pensar] que con esa columna íbamos a efectuar muchas operaciones, lo que hicimos fue[ron] dos o tres. (...) Yo, por ejemplo, fui uno de los primeros que dije (...): vámonos, porque aquí hay un vainero. (...) Militarmente fue un error haber tenido esa columna concentrada[89].

Sin embargo, no solo elementales cuestiones de logística envenenarían el ánimo entre cubanos y venezolanos, quienes, al cabo de unos meses, no solo terminarían viendo cómo se desintegraba la columna sino que afrontarían la agonía de constatar que en sus bolsillos promediaba un número cada vez más bajo de municiones para seguir combatiendo a los batallones de cazadores. Por

---

88 Entrevista con Luben Petkoff. En ibíd., 156, 157, 163.
89 Entrevista con Elegido Sibada, «Magoya». En ibíd., 61, 64.

ejemplo, a pesar de que en este punto Luben Petkoff luciera un tanto esquivo a la hora de contestar, el historiador Agustín Blanco Muñoz lo confrontaría con el testimonio de otros combatientes a juicio de quienes hubo momentos de tensión por verse bajo las órdenes de un extranjero, «por muy cubano que [este] fuera», destacándose además el hecho de que llegasen a cometer ciertos excesos a la hora de ejercer la autoridad[90]. La respuesta de Petkoff se contraería simplemente a lo siguiente: «[C]ualquiera, siendo venezolano, cubano, o de donde sea, teniendo un puesto de dirección, de jefatura, puede cometer excesos. No quiero decir que los cometa porque sea cubano. Y quizá hubo [algún] maltrato por parte de un compañero cubano en un momento que estaba al frente de un pelotón, pero también hubo maltratos en muchas oportunidades de mi parte y de otros compañeros. La cuestión, te repito, está en aceptar o no la ayuda de un compañero que no es nacido aquí»[91].

Sin embargo, por más que se tratara de relativizar de esta forma lo que venía ocurriendo, la tirantez entre ambos grupos cobraría rasgos que poco a poco terminarían dándole sus contornos definitivos a la decisión de los cubanos de abandonar la guerra en el occidente venezolano ante la perspectiva de continuar vagando sin fruto. Con todo y no querer mostrar mucho las costuras del problema, el propio Luben Petkoff, quien tanto se había jugado su reputación como comandante en esta acción guerrera, terminaría observando con amargura: «[A]quí se produjo una competencia entre los combatientes venezolanos y los cubanos que, de no haber tenido la crisis el desenlace que tuvo, esa competencia hubiera sido aprovechada también. Hubo momentos incluso en los cuales hubo que intervenir porque había quienes querían competir en quién mataba más soldados y quién cogía más armas, poniendo aún en peligro sus propias vidas»[92].

---

90   Entrevista con Luben Petkoff. En ibíd., 161.
91   Ídem.
92   Ibíd., 151-152.

Así como se hizo cargo de traerlos en julio del 66, el propio Petkoff también se haría cargo de sacarlos de regreso a Cuba, sin que quede claro en qué fecha ello ocurrió exactamente, aunque todo hace suponer que Arnaldo Ochoa y el resto de los que estuvieron combatiendo en el occidente venezolano siguieron haciéndolo hasta –por lo menos– mediados de 1967. Como por lo general la derrota es huérfana, tiende a ocurrir que las explicaciones que se ofrezcan a la postre comporten, como único propósito, hacer que la culpa recaiga en lomos ajenos. Pero, en este caso, debe reconocerse que Petkoff tuvo la sinceridad de hacerse cargo de admitir que el desenlace de esta fallida aventura había sido obra de su más absoluta responsabilidad:

> Quise quedarme con los cubanos (...) y llevar la lucha adelante, pero tampoco me fue posible. Fidel me dijo: tienes problemas, mejor tráete a la gente. (...) Y en verdad, por lo menos, las cosas me salieron más o menos bien porque logré sacar a toda la gente. No me cayó ninguno y yo salí detrás de ellos. (...)
> [Yo] había hecho un compromiso personal con Fidel. (...) Me sentía responsable de unos compañeros, me sentía como si los hubiera embarcado, que los había traído a una empresa que no había resultado tal (...). Entonces, en medio de todo eso, decidí irme, y así lo hice[93].

Importar al Che

Entre los desacuerdos que anidaron dentro del PCV pocos suscitaron un efecto tan polémico como la sola idea de que Ernesto *Che* Guevara pudiera incorporarse a las guerrillas locales en calidad de combatiente. Después de todo, no se hablaba en este caso de un comandante más o menos desconocido, como los que habrían de integrarse a los desembarcos efectuados por los estados Falcón y Miranda en 1966 y 1967, sino de quien, méritos aparte

---

93   Ibíd., 158, 160.

en lo que a los asuntos propios de la guerra de guerrillas se refiere, era el principal y más radical exponente de la teoría foquista y, si se quiere también, el único capaz de rivalizar con el entusiasmo de Castro respecto al diseño de una política internacional basada en las ideas que dieron lugar a la Conferencia Tricontinental. Además, si se trataba de exhibir un rutilante cartel a nivel internacional, nada en principio habría podido redundar en mayor prestigio para el movimiento guerrillero venezolano que el hecho de contar con la marca registrada que significaba el Che en estos menesteres.

El principal problema era lo que habría implicado una presencia, que al tiempo de ser formidable desde el punto propagandístico, erosionaba la opinión de quienes consideraban que debía respetarse el funcionamiento autónomo de las guerrillas locales, sobre todo a nivel de su jefatura máxima. Por si fuera poco, las veces que esta idea llegó a circular entre los mandos insurgentes vendrían a coincidir ya con la etapa en que el PCV se mostraba proclive a pensar que la lucha armada se hallaba en un callejón sin salida, y que lo más recomendable era darle curso a la tesis de la Paz Democrática. Sin embargo, eso no era todo a la hora de los reparos. En tiempos en que la rivalidad entre el PCV y el MIR iba en aumento, ello se reflejaría también en la tendencia de los distintos grupos a actuar con mayor independencia entre sí. Justamente, parte de la presión cubana se concretaría en insistir que el movimiento insurgente venezolano debía rearmar un Estado Mayor militar y unificar estrategias, marco en el cual el Che habría podido tener perfecta cabida en cuanto a tareas de liderazgo y conducción[94]. Es aquí donde cabe observar que la doble insistencia, es decir, la del gobierno cubano y la del propio Che –para quien Venezuela siempre figuró en su lista como una opción atractiva– se estrellaría contra una realidad guerrillera local hecha de fisuras.

---

94 Pereira, J. «El sueño venezolano del Che Guevara». *El Nacional*, 14/10/2007. Siete Días: 2.

En tanto que el parecer de muchos sería claro en términos negativos, habrá quienes, como Douglas Bravo, estimasen en cambio que la incorporación de Guevara a los teatros de combate venezolanos habría sido un factor decisivo en la lucha contra el gobierno de Leoni. Además, Bravo –quien hablaría así a la vuelta de los años– reconocería que figuró entre quienes no estuvieron enterados de semejante posibilidad puesto que, de lo contrario, habría manifestado su total disposición a recibirlo, considerando además que su presencia en Venezuela le habría ahorrado al combatiente argentino-cubano la desgraciada aventura de Bolivia[95]. Habiendo llegado a disponer de poco más de cien combatientes para 1965, Bravo insiste en lo mucho que habría significado en tales circunstancias que la guerrilla a su cargo hubiese contado con la orientación y pedagogía del Che[96].

Pero así como Bravo reconocería no haber estado al tanto de las intenciones del Che de querer sumarse a las guerrillas venezolanas, Luben Petkoff testimonia en cambio la forma en que se hizo personalmente cargo de convencerlo, aun cuando su gestión fuera ya un asunto planteado a destiempo:

> [Tú] debes saber que yo invité al Che a que se viniera conmigo. Y el Che no quiso porque él con anterioridad había querido venirse y se lo había planteado a Germán Lairet, quien era el que estaba en Cuba representando al [Comité Central del PCV], y Germán le dijo: yo sí quisiera, pero tengo que planteárselo al partido. Y, por supuesto, el partido no quiso. Entonces, cuando yo invité al Che, él me dio otra excusa, pero después supe que era eso. En esa ocasión el Che me dijo que no porque él quería comenzar por un país que estuviera en cero y que ya nosotros estábamos adelantados. Y aún más: nosotros no estábamos tan adelantados pero es que a él también le llegaban los informes mentirosos [sobre el supuesto curso exitoso de la guerra][97].

---

95 Ídem.
96 Ídem.
97 Entrevista con Luben Petkoff. En Blanco M., A. (1981a): 149.

No obstante, al consultar los testimonios que perviven al respecto, las simpatías de Douglas Bravo y Luben Petkoff lucen en franca minoría frente a la opinión de quienes, por el contrario, consideraban la sola idea como un craso error. Ello sería así, independientemente del momento específico de la coyuntura armada de la cual se tratara. Esto quiere decir que las reservas que se expresaron en tal sentido llegaron a ser hechas por igual en 1964 y 1965 y, por tanto, fueron igualmente válidas para las FALN, cuando estas aún se hallaban operando bajo el mando de los oficiales que habían participado en los alzamientos contra Betancourt, o para el MIR, cuando este partido ya había proclamado a los cuatro vientos el camino de la «guerra popular prolongada».

Por vía de ejemplo sobrevive el testimonio del capitán de fragata y máximo dirigente de las FALN, Pedro Medina Silva quien, durante una visita a Pekín, debió lidiar con la insistencia del Che no solo de considerar a Venezuela como un «foco» perfecto sino al poner de bulto su total empeño en querer comandar el esfuerzo insurgente. Según él mismo lo recordara, el Che le dijo textualmente lo siguiente: «Con mi presencia reforzamos el movimiento, garantizamos el apoyo del campesinado y seguiremos avanzando para hacer la revolución continental. [Venezuela es] el lugar ideal»[98]. Medina Silva, quien se mantendría firme en la idea de que la guerrilla local debía conservar a como fuere su propia identidad, logró disuadirlo finalmente, aun cuando no sin resistencias y encontronazos durante ese encuentro registrado en Pekín[99].

Una situación similar la afrontaría el MIR en la capital cubana. En tal caso cabría pensar que la elección del MIR, a fin de que fuera esta organización la que acogiese la idea, tuviera algo que ver quizá con el hecho de que el Che se sintiera más cómodo con partidos que no se veían históricamente atados a la III Internacional o no tuviesen compromisos con ninguna otra estructura

---

98 Pereira, J. «El sueño venezolano del Che Guevara». *El Nacional*, 14/10/2007. Siete Días: 1.
99 Ídem.

formal dentro del mundo comunista[100]. Sin embargo, al igual que el PCV, el MIR tampoco pudo superar las dudas de contar con el Che entre sus filas, y así lo confirma Héctor Pérez Marcano, quien fungiera por algún tiempo como el principal representante de su partido en La Habana: «El propio Che me lo pidió en una ocasión, pero me negué. La presión era tal que una vez los cubanos plantearon una reunión entre el PCV y el MIR tutelada por ellos para obligarnos a aceptar y tuvimos que ceder en primera instancia, pero luego se deshizo el acuerdo[101]. El predicamento tampoco sería distinto para aquellos que, en Argelia, fungían de enlaces entre el gobierno de Ahmed Ben Bella y los grupos armados venezolanos. La experiencia de estos se resumió también en la negativa que debieron trasmitirle al Che cuando este se hallaba de paso por el país norafricano ocupado, entre otras cosas, de criticar las duras presiones que Cuba recibía de Moscú a cambio de continuar recibiendo ayuda económica[102].

El filósofo Pedro Duno, quien sería uno de los venezolanos que coincidirían con el Che en Argelia, estaba consciente de que, en ese sentido, cualquier consulta con el Comité Central del PCV estaría condenada al fracaso. Pero de su testimonio se colige lo mucho que le impresionó la determinación del Che por desentenderse de las tareas burocráticas que cumplía en Cuba y priorizar su regreso a las andanzas guerrilleras:

> [E]l Che estaba convencido y decidido a venirse a Venezuela, y afirmaba «He decidido irme a Venezuela, he decidido renunciar a la nacionalidad cubana, al Ministerio de Industrias, renunciar a todas mis responsabilidades políticas dentro del Estado cubano y pienso que, en medio de todo, el país que mejor está en condiciones para una insurgencia, para la lucha armada, el que tiene mejor sus condiciones

---

100 Hernández, R. (2010): 37-38,40.
101 Citado por Pereira, J. «El sueño venezolano del Che Guevara». *El Nacional*, 14/10/2007. Siete Días: 2.
102 Ídem.

históricas (...) es Venezuela. Naturalmente, ustedes deben garantizarme el ingreso a Venezuela en primer lugar y luego ponerme en contacto con los núcleos guerrilleros sin pasar por esa gente de la dirección del PCV»[103].

El empeño del comandante Guevara, quien daba la impresión de ejercer el don de la ubicuidad y, por tanto, estar en todas partes del mundo al mismo tiempo, sería rechazado –como se ha visto– por los venezolanos que actuaban como enlaces, representantes o simples emisarios de los grupos insurgentes en Pekín, Argel o La Habana. Pero lo mismo cabe decir, casi con la sola excepción de Douglas Bravo y Luben Petkoff, de los efectivos que se hallaban operando en los propios frentes de combate. Por ejemplo, un actor que calza dentro de este grupo, y que también se mostraría poco receptivo a la presencia del Che en los teatros venezolanos, sería Teodoro Petkoff, hermano de Luben. Casi cuarenta años más tarde, el cofundador del Movimiento al Socialismo (MAS) le confiaría lo siguiente al periodista Alonso Moleiro:

> Otro de los puntos que nos distanciaron de los cubanos no fue sólo el paso político del «repliegue», sino que ellos en una oportunidad llegaron a plantearnos que querían meter al Che Guevara en Venezuela porque acá era donde había un movimiento guerrillero de envergadura. El PCV les contestó que no. El Buró Político hizo la consulta puertas adentro y, de manera unánime, la militancia no lo quiso: supimos que eso iba a significar que pasaríamos a ser un satélite cubano y que eso iba a hipotecar el futuro de la revolución venezolana[104].

Lo peor, según lo daría a entender Petkoff, era que la propuesta cubana respondía en cierto modo al deseo del Che de seguir poniendo en uso sus resortes como estratega guerrillero a fin de redimirse de alguna forma de la frustrante y amarga experiencia

---
103   Citado por Biaggini G., J. *et al.* (1980): 42.
104   Moleiro, A. (2006): 107-108.

que supuso su reciente paso por África para combatir al lado de los rebeldes congoleños[105]. Un útil complemento a la opinión de Teodoro Petkoff lo provee en este sentido Pompeyo Márquez, secretario general del PCV y quien, ya para 1965, veía mucho más alejada que otros correligionarios suyos las posibilidades reales con las que podía contar la opción armada. Ante la pregunta que le formulara el historiador y periodista Agustín Blanco Muñoz («¿Ustedes se opusieron a la venida del Ché?»), Márquez respondería sin titubeos lo siguiente:

> Este era un problema nuestro, un problema venezolano que contaba con la solidaridad internacional. Pero la venida del Che tergiversaba por completo todo el contenido nacional de nuestra lucha. Convertía nuestra lucha en parte de la estrategia de una potencia extranjera, de otro país. Le quitaba las raíces nacionales. Estoy hablando del caso venezolano. (...) Un movimiento dirigido por el Che Guevara no hubiera sido un movimiento venezolano, nacional[106].

Comoquiera que fuere, el caso vale la pena verlo también por lo que, en el imaginario local, significaba esa presencia casi ubicua del Che y, desde luego, su muy bien ganada actuación legendaria. Luben Petkoff apunta por ejemplo que, al entrar por Falcón junto a los efectivos cubanos que lo acompañaban, hubo quien especulara que resultaba imposible suponer que el Che no viniera al frente de esa expedición, dando a entender así que, de otra suerte, esta no sería tan respetada, acatada o temida[107]. Sin embargo, al margen de que el Che mostrara en repetidas oportunidades un interés bastante personal por el desarrollo guerrillero venezolano, al punto de manifestar su voluntad de incorporarse, lo que vale subrayar es el celo con que el PCV, más que incluso el propio MIR, se propuso pensar con cabeza propia a la hora de darle respuesta a este asunto.

---

105 Ibíd., 108.
106 Entrevista con Pompeyo Márquez. En Blanco M., A. (1980): 119.
107 Entrevista con Luben Petkoff. En Blanco M., A. (1981a): 140.

Así, pues, tanto como no querer contar con el Che entre sus filas, el PCV también hizo lo mismo en relación con muchos otros asuntos. Ya se ha dicho en alguna parte que, a diferencia de los demás PC en América Latina, el partido, en su versión venezolana, fue particularmente *sui generis*. Esto, válido en distintos aspectos, pasando incluso por el grado de libertad con que, en algún momento, se sintió capaz de decidir acerca de algo tan trivial en apariencia como podía serlo la adopción del *gallo* como imagen del partido frente a la heráldica más tradicional de procedencia soviética. Pero al hablar de lo que significó su empeño por preservar a todo trance una política autónoma y, sobre todo, al poner por encima de cualquier cosa la especificidad nacional de sus objetivos, resulta particularmente importante ver la forma en que el PCV desafió la opinión de la URSS a la hora de adoptar la línea insurreccional y, tanto como ello, su determinación a enfrentarse radicalmente a los cubanos a la hora de abandonarla.

El pragmatismo frente al cielo

Al analizar el fenómeno armado en América Latina durante la década de los sesenta, el historiador inglés Eric Hobsbawm llegó a observar amargamente que la mayoría de estos intentos solo sirvieron para dejar tras sí una ristra de cadáveres famosos (el del Che en Bolivia; el del cura rebelde Camilo Torres Restrepo, en Colombia), pero también el de muchos desconocidos[108]. Es una forma válida de verlo en la medida en que el saldo de la lucha armada fue significativamente trágico en tal sentido. Pero habría que agregar, por mucho que a sus partidarios venezolanos les pesara reconocerlo, que se trató de una acción capaz de producir mártires, pero cuya escasa viabilidad la destinaba al museo de la revolución. Ello, entre otras razones, porque en el terreno propiamente

---

108 Hobsbawm, E. (2003): 439.

militar, la derrota no pudo ser más pavorosa dado el grado de tecnificación y pericia alcanzado por el Ejército dentro de esta modalidad de guerra a lo largo del período de Leoni. Pero no todo se contrajo a la capacidad que tuvieron las FF.AA. de desarticular los cuadros de la guerrilla o minimizar su actuación hasta convertirlas en grupos inestables. Esa fue tal vez una de las causas de la derrota; pero también estará, entre otras, todo cuanto los propios grupos armados pusieron de su parte en materia de incoherencia, improvisación, descontrol, aventurerismo e, incluso, desviaciones lindantes en actos de delincuencia común. Particularmente esto último es lo que llevaría a alguien como el capitán de fragata Pedro Medina Silva, uno de los jefes originarios de las FALN, a juzgar con horror la descomposición del movimiento insurgente[109]. Pero habrá quienes también llegarían a ver como factores erosivos de la lucha armada las rivalidades que vinieron a plantearse entre tendencias opuestas, la delación que tuvo lugar entre grupos antagónicos o, inclusive, la práctica de represalias internas que les fueron atribuidas en muchos casos a las fuerzas policiales. Tampoco escapa a este punto lo que llegara a opinar el futuro general Ulises Rosales del Toro luego de su paso por el oriente de Venezuela. Convendría escucharlo:

> La verdad es que a nosotros nos estuvieron combatiendo sin cesar, desde el primer día que desembarcamos en Machurucuto [y], aunque hicimos varias acciones ofensivas exitosas en forma de emboscadas, la iniciativa casi siempre estuvo en manos del enemigo. Fueron catorce meses muy tensos, de un contacto permanente con el contrincante en condiciones muy, pero muy desventajosas. No sólo resultaba sumamente difícil la supervivencia por las dificultades de alimentación sino que, en nuestro romanticismo, queriendo demostrar que se podían resistir los ataques enemigos, en varias oportunidades los cuatro cubanos nos quedamos solos. Nos enfrentamos a situaciones

---

109 Blanco M., A. (2004): 141.

muy complejas para poder vincularnos nuevamente con el resto de la guerrilla. Hasta que comprendimos que la posición que adoptan los guerrilleros venezolanos estaba dada por toda una línea de política, de partido, muy interiorizada, que no íbamos a poder transformar[110].

En realidad, no queda muy claro lo que el veterano combatiente cubano quiso decir al final con respecto a la «línea de partido muy interiorizada», a no ser que su crítica apuntara al hecho de que los guerrilleros venezolanos utilizaran el elemento armado como medio de presión política más que con el verdadero fin de hacer la guerra. Si tal es el caso pues entonces, a la hora de hacer el balance, una particularidad salvaría a la guerrilla local del trágico desenlace de toda aquella experiencia. Nos referimos a que, frente a sus correligionarios cubanos, la insurgencia venezolana se preció cuando menos de privilegiar lo político por encima de lo exclusivamente militar, buscando conferirle consistencia teórica a lo actuado y también, en la medida de lo posible, procurando dar con una interpretación cabal del momento y de los factores que incidían en la situación en la cual se desarrollaba la contienda. Esto era algo que –según un testigo altamente confiable de la coyuntura– contrastaba de modo abismal con la incultura política que caracterizara a los combatientes cubanos, para quienes lo único necesario en cualquier escenario insurreccional era «tener muy buena puntería y, sobre todo, cojones, muchos cojones»[111]. Por coincidencia, este mismo testigo, embriagado por la forma en que Fidel Castro había desplegado todo su poder a la hora de respaldar el relanzamiento de la lucha armada como producto de la «euforia» tricontinental, estaba convencido, para 1966, de que antes tendrían que ocurrir demasiadas catástrofes juntas como para que la Revolución cubana dejase de estar a la cabeza de aquella hora histórica[112].

---

110 Testimonio del general Ulises Rosales del Toro. Citado por Linarez, P.P. (2006): 139-140.
111 Sánchez G., A. y Pérez M., H. (2007): 95.
112 Ibíd., 93-94.

Pero las catástrofes ocurrieron y, más o menos al cabo de los catorce meses acerca de los cuales hablara el general Ulises Rosales del Toro, Castro se vio llevado a recoger las velas, él, que tan acerbamente criticara en el pasado reciente el «repliegue» practicado por el PCV en el frente armado. Y cuando lo hizo, no dudó en hacerlo con la misma practicidad de sus combatientes: terminó plegándose a la política de inspiración soviética de la cual había denostado con tanta fiereza a lo largo de buena parte de aquella década.

Después de todo, el propio Castro también había dicho lo siguiente en el acto de clausura de la Conferencia Tricontinental: «[E]ntre los que teorizan y los que critican a los que teorizan, y a la vez se ponen a teorizar, desgraciadamente se pierden muchas energías y mucho tiempo»[113].

Haciendo uso pues del clásico recurso de la acción hasta donde le fuere útil o necesario, lo suyo sería a partir de ese punto, y tal vez como lo había sido en otros casos (y como sin duda seguiría siéndolo en muchos aspectos que tocaran el terreno de la política internacional cubana en el futuro) un ejercicio del más brutal y descarnado pragmatismo.

Así, luego de pretender transformarse en centro de una nueva internacional revolucionaria, ofreciéndole a Castro el jugoso sueño de dirigir la «revolución» más allá de sus fronteras, Cuba hizo que, al fin y al cabo, prevaleciera su propio interés nacional en función de un entorno internacional que comenzaba a cambiar. Discretamente, los cubanos decidieron dejar morir la lucha armada en Venezuela.

---

113 Citado en ibíd., 94.

Capítulo 9
Adiós a todo eso

Recuerdo que una vez estábamos celebrando el aniversario de la Revolución cubana, nosotros ya teníamos tres años alzados (...). Estábamos sentados en unas piedras en un páramo por allá y en una situación difícil. Y uno de nosotros decía bueno, fíjate como son las cosas, Fidel se alzó y a los dos años estaba entrando al campamento Columbia, en La Habana, arriba de un tanque. Y nosotros nos alzamos, tenemos tres años, y estamos sentados como unos bolsas aquí arriba de esta piedra.

JUAN VICENTE CABEZAS, (A) «COMANDANTE PABLO» (1981)[1]

[E]se camino de nihilismo y regresión guerrillera, de crueldad estéril y aventurerismo irresponsable, conduce a situaciones destructivas, a combates fratricidas, en los que no impera propiamente la buena fe, sino la violencia acezante, el jadeo bestial del homicidio, la vertiginosa regresión psíquica de los fusilamientos sin juicio. Por eso hemos calificado de aberrante el fenómeno insurreccional, independientemente de la convicción con la que pueden luchar sus partidarios.

JUAN LISCANO, 21/11/64[2]

Desconocer que las guerrillas fueron un gran problema para el país sería negar la verdad; fueron perturbadoras en el orden político, social, militar, psicológico y económico, afectando la vida nacional con derramamiento de sangre inútil, tanto para las guerrillas como para las fuerzas del orden.

ADOLFO RAMÍREZ TORRES, 04/03/74[3]

Fidel Castro ha sido absuelto por la Historia, ¿quién puede dudarlo?
HUGO CHÁVEZ. MANAGUA, 11/01/2007[4]

---

1 Entrevista con Juan Vicente Cabezas. En: Blanco M., A. (1981a): 329.
2 Liscano, J. «¡Recapacitar! ¡Tender puentes!». *El Nacional*, 21/11/64: A-4.
3 Ramírez T., A. «Desmantelamiento de los campamentos antiguerrilleros». *El Nacional*, 04/03/74: A-4.
4 Herrera, C. (2015): 414.

Entre la *détente* y la Pacificación

A pesar de Vietnam, a pesar incluso de las tensiones que generara la entonces recién concluida Guerra de los Seis Días en el Medio Oriente, el presidente estadounidense Lyndon B. Johnson se preciaría de decir que «no conocía de ningún otro período en la historia [pos-1945] en el cual se hubiesen registrado mayores coincidencias entre los EE. UU. y la Unión Soviética»[5]. Johnson hablaba así en junio de 1967, luego de sostener un encuentro con el premier soviético Alexei Kosygin en la localidad de Glassboro, Nueva Jersey, en el cual ambos pretendieron despejar incomprensiones y reticencias. Dicho encuentro tuvo además la particularidad de ser la primera cumbre celebrada al más alto nivel entre ambos países desde que Jruchov y Kennedy se entrevistaran en Viena, en 1961, dentro de un cuadro muy distinto, es decir, en medio de las crecientes tensiones registradas en relación con el tema de Cuba y el futuro de Berlín. Y, si bien no sería hasta el verano del año siguiente cuando se dieran avances significativos entre EE. UU. y la URSS en materia de no proliferación nuclear, ya Johnson había podido atisbar, a partir de la cumbre con Kosygin, lo que serían los inicios de la llamada *détente* soviético-norteamericana[6].

Según el historiador John Lewis Gaddis, calificado experto en el tema de la Guerra Fría, la *détente* simplemente buscaba transformar una dinámica peligrosa en un sistema predecible. Dicho así, lo que se pretendía era «congelar» la Guerra Fría más allá de lo que había sido posible hacerlo en otros escenarios. Así, pues, su propósito no era acabar con el conflicto, en vista de que las diferencias entre los antagonistas eran aún demasiado profundas, sino establecer reglas definitivas de conducta en términos globales[7].

---

5   Dallek, R. (2004): 290.
6   Ibíd., 291.
7   Lewis G., J. (2007): 198.

El punto es importante puesto que, entre otras cosas, la *détente* definirá a su manera la suerte de la lucha insurreccional en Venezuela. Para comenzar, Cuba se verá atrapada en un dilema del cual solo habría de zafarse adoptando una visión un tanto cruda, aun cuando ello supusiera renunciar a su papel como «centro de dirección» y dejar en la estacada a los movimientos que aún actuaban en función de la teoría revolucionaria castrista, revigorizada como se vio tras la Conferencia Tricontinental de 1966. Dicho en otras palabras: más allá de todo cuanto aún sobreviviera de la alardosa retórica «prolucha armada»[8], La Habana resolvería subordinar los objetivos de los movimientos armados que todavía dependían de su aliento e inspiración a lo que dictaran los estrechos límites de sus intereses nacionales.

Con la guerrilla venezolana amenazada de que el castrismo la dejara librada a su suerte, el problema se contraería a partir de entonces a lo que un excombatiente llamara la «enmienda cubana», ligada esta a una reformulación de su concepción sobre la efectividad de los movimientos insurgentes en América Latina. A su juicio, «la dirigencia cubana [trancó] todo tipo de ayuda cuando ya no pudo más. En todo caso, el cambio de la política cubana hay que verlo en el contexto de la política internacional, en relación a Estados Unidos, en relación a Europa, en relación a la Unión Soviética»[9]. Otro testigo de la época coincide en mucho con esta apreciación al señalar lo siguiente: «[D]espués de la derrota sufrida por nosotros, fue cuando [los soviéticos] empezaron a apretar a la Revolución cubana y, por supuesto, [esto] fue lo que obligó a Fidel a comenzar a pensar un poquito más en frío»[10].

---

8   Ello era así aunque la dirigencia cubana aún se preciara de decir en 1969 que «la guerrilla [seguía] siendo el medio más idóneo para (...) el triunfo de la revolución en el continente suramericano» («Realizan las guerrillas venezolanas las primeras actividades frente al nuevo Gobierno». *El Mundo*, 27/06/69: 8).
9   Entrevista con Luis Correa. En Blanco M., A. (1981a): 309.
10 Entrevista con Luben Petkoff. Ibíd., 150.

Lo más importante, a los efectos de lo que interesa destacar, es que Kosygin había regresado a Moscú llevándose el tema de Cuba dentro de su maletín. Y lo que lo revela claramente es el contenido de una carta personal dirigida por Johnson a Leoni:

> Aunque las declaraciones hechas públicamente después de [mi encuentro con Kosygin] reflejan (...) la falta de progreso obtenido sobre asuntos específicos, quiero informarle que mis conversaciones con él fueron amigables, francas y muy directas a la materia.
> Como usted puede suponer, nuestras discusiones se concentraron en los temas de mayor interés, o sea, el del Medio Oriente, el del sureste de Asia, y el tema del control de armamentos.
> También expresé mi inquietud acerca de las operaciones ilegales guerrilleras del Ministro [Fidel] Castro en toda América Latina, indicando particularmente las actividades cubanas en Venezuela.
> Expliqué al Primer Ministro [Kosygin] que tenemos evidencia convincente de la existencia de operaciones guerrilleras activas y directas en siete países latinoamericanos fomentadas por Cuba (...).
> También mencioné el intento de infiltración que hubo en el mes de mayo último [por Machurucuto] durante el cual fueron capturados varios cubanos y venezolanos entrenados en Cuba. (...)
> Me pareció que las instrucciones del Primer Ministro [Kosygin] fueron de dejar estos asuntos en reserva hasta su regreso a Moscú cuando consultaría con sus colegas. Por lo tanto, puede ser una cuestión de tiempo hasta saber si la política soviética cambiará de alguna manera su presente y conocida forma de proceder[11].

Y en efecto cambió, como se ha mencionado, pasando la URSS de ver cuestionada su política de Coexistencia Pacífica, a raíz del entusiasmo que despertara la gramática de la violencia, a ponerle finalmente un cepo a su indócil aliado en el área del Caribe. Tal y no otra fue la coda al esfuerzo hecho por Cuba entre 1966 y 1968

---

11 Carta de Francis Herron, Embajada de Estados Unidos de América, a Raúl Leoni, Presidente de la República de Venezuela. Reservado (Traducción no oficial). Caracas, 29/06/67. Archivo Leoni. Carpeta N. 158.

de seguir brindándole al sector «prolucha armada» del PCV y, especialmente al MIR, un apoyo tan irrestricto como lo había hecho desde el comienzo, solo que basado, a partir de 1966, en la presencia directa de elementos militares designados por La Habana (al estilo de los «internacionalistas», excomandantes de la Sierra Maestra y futuros generales de la Revolución, como Arnaldo Ochoa, Ulises Rosales del Toro o Raúl Menéndez Tomassevich), quienes se trasladarían a Venezuela para tener a su cargo corregir la línea de acción, así como los errores tácticos y de concepción cometidos durante la primera fase de la lucha insurreccional.

Esto es lo que explica que, dos años más tarde –hacia 1968–, la perspectiva de seguir apostando a favor de la violencia armada luciera radicalmente diferente, entre otras cosas porque el mundo de la Guerra Fría no habría de permanecer inalterado frente a lo que parecía ser un nuevo orden en las relaciones internacionales, en el cual no solo EE. UU. y la URSS sino China y dos nuevos actores como la Comunidad Europea y Japón obtendrían ventajas y reaseguros dentro de una dinámica más orientada hacia la multipolaridad[12]. La existencia, pues, de un entorno muy diferente al de los años intermedios de la década de los sesenta, al menos en lo que al papel de Cuba como factor clave de apoyo a la lucha insurreccional se refiere, sería advertida mejor que nadie por Juan Liscano, mucho antes –incluso– de que Castro optase por recomponer sus relaciones con el mundo soviético: «Desde un punto de vista teórico –sostendría Liscano–, [a Cuba] le conviene la tesis insurreccional; pero, desde un punto de vista práctico, necesita la ayuda económica de Moscú. La verdad es que los comunistas chinos son pródigos en discursos y declaraciones, pero su escaso desarrollo económico limita al extremo la ayuda material que pudieran prestar. En cambio, la URSS dispone de cuantiosos recursos económicos»[13].

---

12   Procacci, G. (2005): 482, 485.
13   Liscano, J. «Hechos y rumores». *El Nacional*, 12/09/64: A-4.

Visto así, el proceso cubano había experimentado desde 1960 una auténtica dinámica de carrusel: primero, al debutar en una alianza con la URSS que terminaría revelando fisuras una vez concluida la crisis de los misiles en octubre de 1962. A partir de este punto, Cuba estrenaría una especie de matrimonio fugaz con China, aprovechándose de las crecientes tensiones sino-soviéticas y buscando que las tesis insurreccionales dirigidas desde La Habana hacia el mundo latinoamericano y afro-asiático coincidiesen con las que también pregonaba Pekín. Por último, y tras darle una vuelta completa a la noria, Cuba se vería enrumbada a normalizar sus relaciones con Moscú hacia finales de la década de los sesenta y a aceptar la tesis de la «coexistencia», algo que, a la vez, podía allanarle el camino hacia el establecimiento de vínculos estables con el resto del continente, del cual se había visto apartada por obra de las medidas instrumentadas por la OEA en 1961, 1962 y, especialmente, a partir de 1964.

En este punto, y entre las presiones puestas en práctica por la URSS, asomarían una vez más el petróleo y la ayuda militar a la hora de hacer que su indómita aliada entrase de nuevo al redil. De acuerdo con el politólogo Cole Blasier, «las autoridades soviéticas siempre tuvieron el poder de colocar a la economía cubana en una situación muy difícil simplemente [mediante] la interrupción de los suministros de petróleo. [Por otra parte], las [propias] Fuerzas Armadas cubanas dependían de las fuentes soviéticas (...) para la mayor parte de sus equipos militares, inventarios que los militares soviéticos limitaron como regla. Castro estuvo siempre dolorosamente consciente de este hecho, especialmente desde que la Unión Soviética recortara las entregas de petróleo en 1968»[14].

Si bien fue mucho lo que aportó por su lado la normalización de las relaciones con la URSS para que Cuba abandonara la promoción de la violencia armada, tampoco escapaban a estos

---

14 Blasier, C. (1993): 297-298.

reacomodos que tenían lugar en la escena internacional las discretas, pero potencialmente importantes, negociaciones que empezarían a verificarse entre Washington y La Habana a inicios de la década de 1970. Tales negociaciones versarían sobre temas diversos como el secuestro de aeronaves, algo que, dentro del mismo contexto de la *détente*, auguraba la posibilidad de que dichas conversaciones derivasen en un foro más amplio para el mejoramiento de las relaciones bilaterales, lo cual podía traducirse también en un rudo golpe para los movimientos armados en América Latina[15].

En pocas palabras, los desencuentros planteados a raíz de la división entre la línea de inspiración soviética y el movimiento de orientación belicista, denominado de modo general «prochino», efectivamente separaron a Castro, durante los años intermedios de la década de 1960, de gran parte del área estratégica tradicional del comunismo. Aún más, podría afirmarse que el reacomodo con la URSS liquidó definitivamente la tensión que había persistido desde largo tiempo atrás en la propia Cuba entre dos tendencias, una recesiva, y la otra en franco predominio. En predominio había figurado la línea encabezada por el Che y el propio Fidel, quienes actuaban en contra de las orientaciones ofrecidas por la URSS; por el lado recesivo figuraba la tendencia comprometida justamente con el PCUS (Partido Comunista de la Unión Soviética) cuyas recomendaciones contemplaban, entre otros aspectos, que Cuba abandonase su apoyo a los movimientos insurgentes. Antonio Sánchez García y Héctor Pérez Marcano resumen lo básico de esta segunda línea del siguiente modo:

> En el seno del Partido Comunista cubano (...) esa tendencia estaba constituida por viejos dirigentes del Partido Socialista Popular, el antiguo Partido comunista cubano. Algunos de ellos eran dirigentes muy importantes del aparato del Estado, como Carlos Rafael Rodríguez, Vicepresidente de la República y uno de los hombres de

---
15 «Las Guerrillas en América Latina» (Cable de AP). *El Nacional*, 07/12/72: A-13.

mayor confianza del PCUS dentro de la alta jerarquía cubana. Pero también se cuadraba dentro de esa línea Raúl Castro, inmensamente preocupado [por] las acciones de Cuba en América Latina[16].

Otro elemento que afectó –y, en este caso, de manera notable– el estímulo cubano a la lucha armada fue la suerte descrita por la aventura guerrillera del Che en Bolivia, cuyo descalabro provocaría, al decir de un columnista de prensa, «desgarradoras revisiones» en la táctica impulsada desde La Habana[17]. En ello concordaría Teodoro Petkoff quien, fugado del cuartel San Carlos y de paso por París explicando la necesidad de que se adoptase una política de «repliegue», ofrecería el siguiente testimonio:

> Fui a *Le Nouvel Observateur*: me recibe un periodista displicente (...) que ni siquiera se molestó en tomar nota de lo que le decía. Cuando me estoy yendo, me enseña la portada de esa semana: era una imitación del dibujo de Picasso del Quijote pero con una imagen del Che. Estaba escribiendo un reportaje ditirámbico sobre el foquismo: Guevara, el guerrillero heroico (...) Me pregunta ¿qué te parece? Yo le digo: pues mira, el reportaje está muy bien escrito pero te puedo vaticinar una cosa: en América Latina esto va a terminar en una tragedia. Ese es un error colosal el que está cometiendo esa guerrilla en Bolivia. Lo que no me imaginaba entonces era que parte de la tragedia iba a consistir en que el Che iba a morir también[18].

Si la aventura en el sureste boliviano pretendió servir como el mejor laboratorio para validar la teoría del foco guerrillero en condiciones escogidas, la conclusión a la que seguramente se llegó en La Habana fue que el guevarismo había tropezado con sus propios límites, algo a lo cual no escapaba tampoco el desarreglo ideológico que cundía entre las filas armadas en otras latitudes de la

---

16 Sánchez G., A. y Pérez M., H. (2007): 125.
17 Guye, R. «América Latina: guerrilleros urbanos». *La Religión*, 11/11/69: 4.
18 Moleiro, A. (2006): 118.

región y la falta de conexiones efectivas con el mundo campesino. De algún modo podría decirse que la muerte del Che, vista en el contexto de la llamada «acción directa» e impulsada por los resortes del voluntarismo, devino en la derrota de mayor envergadura para la mitomanía ruralista, precedida como lo estuvo además, en poco tiempo, por la muerte de los líderes insurgentes Luis Turcios Lima en Guatemala, Luis de la Puente Uceda, del MIR, en Perú, y Camilo Torres Restrepo, del ELN, en Colombia[19].

El camino que Castro emprendería a partir de entonces sería, pues, el de diluir la estridencia provocada por la «era guevarista» a fin de emular a Moscú en la construcción de nuevas relaciones con el mundo no comunista. De este modo, según lo observa el estadounidense Hal Brands, el contenido fuertemente ideológico de la política cubana de los años sesenta hacia América Latina se vio temperado durante los años por venir por una aproximación menos impetuosa y romántica[20]. Para darle aún mayor sustancia a lo dicho en relación con este punto vale la pena traer a colación el testimonio del excombatiente Héctor Pérez Marcano, a juicio de quien la retirada de los internacionalistas cubanos diseminados en los distintos teatros de combate venezolanos no se produjo voluntariamente sino que, muy por el contrario, se dio a raíz de instrucciones perentorias procedentes de La Habana: «Las razones están muy claras: ya había procedido la grave derrota infligida a su estrategia en América Latina, particularmente con la muerte del Che, la aniquilación de su grupo y la derrota de nuestros frentes en Venezuela. A lo que se unía su decisión de doblegarse a la política de coexistencia pacífica de la Unión Soviética»[21].

---

19 Ravines, E. «El movimiento guerrillero se hunde en América Latina». *La Verdad*, 12/10/71. Colección Santiago Gerardo Suárez. Carpeta M-32. «Guerrillas/opiniones». Academia Nacional de la Historia, Caracas.
20 Brands, H. (2009): 52.
21 Sánchez G., A. y Pérez M., H. (2007): 147.

Solo una vez más en el futuro Cuba se vería aguijoneada por el aventurerismo militar. Sin embargo, cuando así ocurra, el escenario no será ya América Latina sino África, en el contexto de un recalentamiento transitorio de la Guerra Fría. El hecho de adentrarse en esta nueva y última frontera del conflicto bipolar le permitirá recobrar de momento un estatus que difícilmente habría podido alcanzar cualquier otra potencia menor en la escena mundial[22]. Y, si bien al cabo de unos años la Guerra Fría tocará a su fin, esto no quiere decir que Cuba renunciara a su proverbial activismo. Actuará desde luego bajo otro formato; se tratará, en suma, de una solidaridad «desarmada», aunque no por ello menos resuelta y decidida. En fecha tan reciente como el 2015, Raúl Castro se jactaría de proclamar que alrededor de sesenta y cinco mil cubanos, desparramados en ochenta y nueve países, cumplían tareas como sanitaristas, educadores o entrenadores deportivos[23], siempre bajo la cobertura que a tal fin confería el internacionalismo proletario y la idea del «hombre nuevo» formado por la Revolución.

Caminando sobre las cenizas

El cierre de la elipsis descrita entre la Conferencia Tricontinental de enero del 66 y la muerte del Che, en octubre del 67, tendría consecuencias aún más trágicas para el caso venezolano cuando, desde los cuarteles de la insurgencia, sus protagonistas tratasen de explotar lo que aún quedaba en pie de la «mentalidad de guerra». Ello es así puesto que otros movimientos, de regreso de la efímera experiencia de lo que había prometido ser la «guerra popular prolongada» en el medio rural, ensayarían, a partir de la década de 1970, un curso de acción dirigido a actos de violencia urbana. También cabe mencionar en este sentido lo que fue el

---

22   Pérez-S., M. (2016): 64.
23   Ibíd., 76.

caso del Movimiento de Liberación Nacional Tupamaros en Uruguay, el cual simplemente se decantó por el desarrollo directo de este tipo de lucha como estrategia autónoma al no poder copiar la teoría del foco campesino o selvático. Por contraste, y en lo que a Venezuela se refiere, la lucha urbana figuraba ya como una experiencia superada y difícilmente recuperable desde que sus aparatos quedaran prácticamente desmantelados a favor de la «guerra larga», dándose el traslado de la mayor parte de sus efectivos al teatro rural al concluir la gestión de Betancourt e iniciarse la de Leoni. Si el desarrollo insurreccional en formato de ciudad había sido una modalidad previamente ensayada y derrotada, ¿cómo podía reconstruirse ahora la capacidad militar de los destacamentos y brigadas para una nueva guerra de carácter urbano? Además, la ciudad pasaría a convertirse a partir de entonces, en el caso específicamente venezolano, en asiento para el desarrollo de la «lucha no armada» pregonada por un importante sector de la izquierda en trance de pacificarse, cuya idea principal era que la calle cobrase de nuevo un contenido eminentemente político para superar de este modo la debilidad de los vínculos orgánicos con la masa.

Todo esto, dicho en otras palabras, se resume en lo siguiente: mientras la guerrilla en otros países, bajo la presión de la derrota rural, cambió de escenario para encuadrar sus operaciones dentro de una estrategia urbana, floreciendo de este modo en varias ciudades de importancia como Sao Paolo o Río de Janeiro, la insurgencia venezolana no solo había encallado en su versión castrista-guerrillera-rural entre 1964 y 1968, sino que se le hacía difícil retomar aquella gramática hecha a base de acciones sensacionalistas por parte de comandos urbanos o regresar, a fin de cuentas, a la dinámica del sabotaje y la agitación callejera que fuera signo característico de la acción librada durante buena parte de la gestión de Betancourt entre 1960 y 1963.

Evidentemente —como se ha dicho— también contaría para los resultados de la derrota la eficacia con que actuara la maquinaria militar en el combate contra las guerrillas, las operaciones de cerco lanzadas por el Ejército con el fin de inmovilizar a los enclaves insurrectos, su capacidad de actuar con mayor eficacia contra los focos insurreccionales, los métodos utilizados para superar el recelo campesino ante la presencia de las FF. AA. en las zonas de combate, así como la ruptura de las líneas de aprovisionamiento de los grupos armados, al punto de llevar al sector oficial a concluir que así como en 1964, al iniciarse la presidencia de Leoni, existían aún alrededor de dieciséis focos activos en todo el país, solo quedaban, al cierre de su gestión, unos tres «que daban señales de vida en forma muy esporádica y aislada»[24].

Para no hablar siquiera de la propia izquierda, la cual regresó al tablero de la legalidad arrastrando los pies y totalmente fragmentada a causa de la guerra, vale la pena observar que la dirigencia democrática civil tampoco salió librada de esta experiencia sin exhibir de su parte algunas heridas de consideración. Ello es así al menos más allá de lo que en términos meramente retóricos pueda decirse acerca de lo que significó la consolidación y estabilidad del régimen representativo. Cuesta admitirlo, pero el gran ganador (si acaso hubo alguno en medio de este desangramiento) fueron las Fuerzas Armadas. Escasamente en diez años (1958-1968) mediaba una distancia significativa entre el hecho de haber soportado un abrumador estigma al concluir el régimen de Pérez Jiménez y verse aureoladas ahora por obra de su participación en la lucha antiinsurgente con una efectividad que no habían logrado alcanzar las restantes fuerzas de seguridad. De hecho, la experiencia tuvo peligrosas implicaciones a la larga a raíz de todo cuanto las FF. AA. ganarían en términos de cierta independencia de acción y, sobre todo, de aceptación como sustitutas del gobierno civil en algunas regiones, tal como se colige a partir del siguiente testimonio:

---

24 «Venezuela. Resurgen las guerrillas». *Semana Confidencial*, 20-27/03/69: 11.

Dos días estuvieron los periodistas en la zona guerrillera de Falcón. Impresionados vienen varios colegas de allá (...) «Allá no creen en los políticos», me contaba [uno de los reporteros]. Y la verdad es que pude observar tal cosa cuando fui a esa zona acompañando al Dr. [Rafael] Caldera en la contienda electoral última [de 1963]. Existe indiferencia total. Este gobierno, y los pasados, han descuidado grandemente a esa parte de la sierra falconiana. Ahí está el fenómeno de la indiferencia con que se ve a los políticos. No les creen. No han vivido sus necesidades. No conocen sus problemas. Cuatro años de guerrillas han hecho aflorar el verdadero problema que existe en la mayor parte de las zonas rurales. (...)
La sierra se convirtió en pasto guerrillero. (...) Olvido total y mentiras de los políticos han hecho que aquel lugar sea uno de los sitios más propicios para el desarrollo guerrillero. (...) Por eso, ahí ha triunfado la conducción psicológica del Ejército. Su labor ha sido positiva. Ha ganado dos batallas. La Militar y la Cívica. (...) Me decía justamente [el reportero] que los cuerpos policiales que han venido actuando –o que actuaban allá– no eran bien vistos por el campesinado. Nadie colaboraba con ellos. En cambio (...) los campesinos respetan al Ejército. Lo respetan y colaboran con él. (...) Ha ganado la batalla de las balas. Pero a su paso deja escuelas, dispensarios, iglesias y tantas otras cosas que forman parte del plan de «Acción Cívica» que es algo así como el remate de su labor en el campo de batalla. (...) Por eso, el factor decisivo del triunfo militar en la zona guerrillera ha sido su labor cívica[25].

Cabe preguntarse, acaso ingenuamente, frente a la estampa que se permitía trasmitir de esta forma el reportero en cuestión a la hora de dar cuenta de la «simpatía» y aceptación con que obraban los militares en el medio rural: ¿es que acaso esas decisiones emprendidas por las FF. AA. en materia de «acción cívica» no fueron aprobadas de antemano y conducidas luego bajo el estímulo que para ello brindaran en todo momento los (deleznablemente llamados)

---

25 Fossi, J.V. «Victoria civil y militar». *El Mundo*, 11/03/65. Colección Santiago Gerardo Suárez. Carpeta M-32. «Guerrillas/opiniones». Academia Nacional de la Historia, Caracas.

«políticos» que integraban el gobierno civil? En otras palabras, ¿pudo tratarse acaso de una actuación autónoma e independiente de las Fuerzas Armadas a la hora de conectarse con las urgencias padecidas por la población campesina? Dudamos de que ello fuese así, aun cuando las FF. AA. pretendieran reclamar semejante crédito.

En todo caso, más allá de acusaciones de vejación y atropello en su proceder antiguerrillero, las FF. AA. salieron cohesionadas de esta contienda, con un nivel de aceptación bastante respetable ante la opinión pública y, más aún, dispuestas a definir el precio que la dirigencia civil debía pagar a cambio de esta participación contra los factores violentos en términos de espacios de actuación y nuevas áreas de influencia, habiendo incluso probado insertarse con éxito en la órbita de la «acción civil», tal como puede colegirse del testimonio antes citado y a partir de otros indicios ofrecidos a lo largo de este libro. De hecho, según Frédérique Langue, el precio fue relativamente alto, tomando en cuenta la importancia adquirida posteriormente por la institución militar, al punto de debilitar en muchos sentidos –dadas las nuevas autonomías y áreas de influencia– el ejercicio del control civil sobre el sector castrense[26].

Además, mucho de cuanto significó este proceso coincidiría con la puesta en boga, durante aquellos mismos años intermedios de la década de los sesenta, de la Doctrina de Seguridad Nacional, a juicio de la cual la «acción cívica» –traducida en la construcción de puentes o escuelas, o en la colaboración de la Sanidad Militar en medicina preventiva, por ejemplo– caía justamente dentro de ese paraguas. Según el parecer de una académica como Deborah Norden, ello pudo haber contribuido a avivar las tensiones entre militares y dirigentes civiles, dándose en consecuencia una concepción expandida de sus roles y responsabilidades[27].

Todo ello supondría que las FF. AA. habían logrado incorporarse a su modo a tareas orientadas al desarrollo social, compitiendo

---

26 Langue, F. (2006): 192.
27 Norden, D. (2008): 176, 177.

de esta forma con el mundo civil en materia asistencial y, por ello, ampliando sus facultades más allá de la misión específica relacionada con el campo de la defensa. Producto en parte de lo que debía ser la reorientación del papel de los militares en la sociedad venezolana luego de la experiencia antiguerrillera, y en parte también a fin de que la izquierda «pacificada» pudiese exhibirse como una oferta digerible frente al estamento militar, fue que la década de 1970 se convirtió en escenario justamente para que esa izquierda, en su empeño por congraciarse con las FF.AA., promoviera un debate sobre el rol que estas debían desempeñar más allá de las limitadas atribuciones que le confería la Constitución vigente desde 1961. Huelga decir que este debate tendría como protagonistas, entre otros, a uno de los mayores cuestionadores de la política militar instrumentada hasta ese momento –el parlamentario y periodista José Vicente Rangel–, así como a dos políticos provenientes de las organizaciones armadas y ahora dirigentes del nuevo partido «Movimiento al Socialismo» (MAS): Pompeyo Márquez y Germán Lairet[28].

Aun cuando inconcluso, el debate en cuestión dejaría larvado el tema de una presencia más activa de los militares en el proceso de desarrollo, algo que solo habrá de saldarse finalmente mediante la aprobación de la Constitución de 1999 donde, sin precisarse alcances ni límites de ninguna naturaleza, se invitaría a las FF.AA. a involucrarse en asuntos claves dentro de esta órbita o, peor aún, se las estimularía, con todos los riesgos del caso, a participar de una agenda cívico-militar[29]. De acuerdo con Harold Trinkunas, especialista en estos asuntos, el hecho de abogar a favor de «la participación militar en el desarrollo nacional» no era un asunto nuevo si se le ve en el contexto de lo que significó el programa de «acción cívica» implementado durante los años de la lucha antiguerrillera; lo distinto –en 1999– sería que limitar

---

28 Irwin, D. y Micett, I. (2008): 234.
29 Ibíd., 235.

o restringir tales compromisos en el marco de la discusión que habría de conducir a la aprobación del nuevo texto constitucional se haría mucho más difícil que antes[30].

Por otra parte, a raíz de una política internacional cuyo cariz —como se ha dicho— lucía sustancialmente diferente al que prevaleciera durante casi toda la década de 1960, los grupos armados venezolanos, cuyo eje oscilaba entre Pekín y La Habana, quedarían desorientados frente a la línea «no guerrerista» que, ya desde diciembre de 1968, había entrado definitivamente por la puerta de atrás del juego democrático. De hecho, sería en el contexto de las mismas elecciones que condujeron a Rafael Caldera por primera vez a la Presidencia, en diciembre del año 68, que el PCV «pacifista» obtendría poco más de cien mil votos en todo el país bajo una organización de fachada conocida como Unión para Avanzar (UPA)[31]. Así, pues, la nueva realidad hemisférica vinculada a la Guerra Fría en su etapa de *détente* había puesto en evidencia que se aceleraba la perspectiva de una reconciliación política relativa, ensayada ya (aunque frustrada en el camino) durante la etapa de Leoni. Ahora, tal posibilidad será vista como parte de la oferta electoral del candidato copeyano, contando para ello con el apoyo de quienes venían siendo partidarios de la línea rectificadora. Esto, dicho desde luego más en relación con el PCV, puesto que al MIR (el cual, a fin de cuentas, se había entendido mejor con los cubanos durante la etapa final de la lucha armada entre el 66 y el 68) le costaría mucho más tiempo apartarse de los barrancos de la guerra, reajustarse psicológicamente a la dinámica democrática y renunciar a su legendario radicalismo[32].

En todo caso, y así fuera más tarde que temprano, el propio MIR pasaría también por la doma de los tiempos. En este

---

30 Citado por Norden, D. (2008): 181.
31 «Venezuela. Resurgen las guerrillas». *Semana Confidencial*, 20-27/03/69: 7. Aun así, la destrucción del PCV llegaría a ser tan trágica como resultado de la guerra que UPA lograría alzarse apenas con el 2,8 % de los votos a nivel nacional frente al 6,3 % que el PCV legal obtuvo diez años antes, en los comicios de 1958. Muñoz, N. (2016): 40.
32 Moleiro, A. (2006): 123.

sentido, uno de los primeros estímulos que llevó al proceso de discusión que se viviría dentro de ese partido como resultado del propósito de algunos de sus dirigentes de imitar al PCV en relación con la oferta pacificadora promovida por Caldera vendrá dado por dos hechos. Primero, al verificarse la captura, en agosto del 69, de Moisés Moleiro, excomandante de las guerrillas de El Bachiller, excombatiente del Frente Guerrillero Antonio José de Sucre (FGAJS) y secretario general encargado del MIR en la clandestinidad[33]. Segundo, al producirse la liberación, a principios de julio de ese mismo año 69, del excombatiente Américo Martín, quien purgaba presidio en el cuartel San Carlos.

La causa de Martín será sobreseída en tanto que el indulto a Moleiro —de más compleja instrumentación en vista de su entonces reciente detención y del elevado rango que ostentara dentro del MIR— habría de ameritar mayor estudio, aun cuando este caso figurara también entre las prioridades de Caldera, según se colige de una nota publicada en la prensa y citada por Agustín Blanco Muñoz[34]. Lo importante a advertir es que las posiciones del MIR se irán definiendo cada vez más de cara a la oferta pacificadora[35]. De hecho, la captura de Moleiro marcará el inicio de un gran debate público sobre la situación interna del MIR, según lo precisa el propio Blanco Muñoz[36].

En tanto que dirigentes de renombre, la inclinación de ambos —Moleiro y Martín— hacia la Pacificación propuesta por Caldera no solo habría de darle fuerte impulso al proceso de renovación dentro del MIR —como ya se ha dicho—, sino que pondrá de manifiesto el estado de crisis que experimentaba dicho partido a raíz de las posiciones en pugna: por un lado, los elementos

---

33 Blanco M., A. (2004): 218.
34 «[El] de Moleiro puede ser uno de los casos que el Jefe del Estado resuelva en cualquier momento». *El Universal*, 07/08/69: 1; citado en ibíd.: 147.
35 Ibíd., 223.
36 Ibíd., 218.

conciliadores y dialogantes; por el otro, los que aún se mostraban a favor de una estrategia insurreccional de tipo foquista[37]. La voluntad de los primeros por acoplarse al sistema democrático hará que los últimos, al calor del verbalismo revolucionario, los tildasen de «oportunistas» «negociantes», «aventureros», «derechistas», rehenes de una tendencia «pequeñoburguesa» y, como producto de todo lo anterior, movidos a actuar por simples afanes burocráticos. Serán estos quienes sostengan que la «verdadera» dirección, los auténticos revolucionarios del MIR, aún se hallaban combatiendo en la montaña[38].

Como fuere, ese «verdadero» MIR, que persistiría en sostener la tesis insurreccional, entraría a su vez en un proceso de fragmentación múltiple, haciendo que a partir de entonces solo pervivieran grupos menores y cada vez más aislados entre sí en la órbita armada. Dentro de este conjunto, es decir, entre los que no habrían de ver mayor estímulo en la oferta pacificadora, actuarán movimientos como Bandera Roja y la Organización de Revolucionarios (ambos de los cuales serían desprendimientos del MIR); Punto Cero (de cuna cubana, en lo que al adiestramiento de sus cuadros se refiere) y, por el lado de los desgarres ocurridos mucho antes en el seno del PCV, el Partido de la Revolución Venezolana, (PRV), liderado por Douglas Bravo. Este último formará parte a su vez de quienes fueron pacificados diez años más tarde, al darse otro ciclo de indultos y sobreseimientos conducido por el gobierno de Luis Herrera Campíns. Esta etapa del proceso, en su versión «herrerista», pondría en la calle, a partir de entonces, a otros connotados jefes de la lucha armada como Julio Escalona, Marcos Gómez, Diego Salazar, Ernesto Virla y David Nieves[39].

Lo cierto en todo caso es que la Pacificación cobrará también tal grado de impacto en la vida del MIR que, en conclusión,

---

37 Ibíd., 221.
38 Ibíd., 231.
39 Sanoja H., J. (2007): II, 132-133.

podría sostenerse lo siguiente, como lo hace Blanco Muñoz: «El MIR primigenio había dejado de existir para dar paso a una serie de grupos o tendencias y, a la larga, aunque se reprodujese el esquema organizativo (...), y aunque se mantuvieran algunos de [sus] viejos fundadores, el MIR que resurgiría vendría necesariamente a convertirse en una organización que no puede identificarse con el MIR de los años sesenta»[40].

El legado de la lucha armada

En los últimos dieciocho años, y como parte del esfuerzo por construir su propia épica, la lucha insurgente de los años sesenta se ha distinguido como una de las tantas nostalgias que alimenta a la Revolución Bolivariana, al punto de hacer que la evocación de la guerrilla opere como uno de los nervios centrales de la narrativa gubernamental. De hecho, el imaginario oficialista ha pretendido conferirle un rango muy significativo a la violencia armada de la década de los sesenta, llegando inclusive a atribuirle una serie de conexiones directas con la rebelión militar de 1992. No en vano, el propio Hugo Chávez llegaría a afirmar lo siguiente en algún momento: «Yo creo que la lucha de los sesenta dejó una fragmentación tal y un veneno (*sic*) que hasta nosotros fuimos impregnados de ese producto[41].

Conviene detenerse en este punto, tal como lo han hecho dos autoras[42], a fin de valorar la poderosa carga simbólica que han cobrado algunos protagonistas de la guerrilla en la construcción de este imaginario que, de manera muy particular aunque no original, ha impulsado la Revolución Bolivariana. Resulta importante recalcar lo último, al menos teniendo en cuenta lo que señalan la periodista Cristina Marcano y el escritor Alberto Barrera Tyszka, a

---

40   Blanco M., A., (2004): 233.
41   Blanco Muñoz, citado por Marcano, C. y Barrera, A. (2005): 84.
42   Carmona, J. y Snijder, L. (2010).

juicio de quienes el poder tiende, con bastante frecuencia, a propiciar la construcción de una nueva memoria[43].

En tal sentido, no han faltado homenajes o tributos públicos dispensados a los combatientes guerrilleros, ni tampoco ha estado ausente de este empeño por proponer un entendimiento distinto del período violento el legado de diversos líderes de estirpe civil (que no civilista) que se incorporaron en distintos grados y modalidades a la lucha insurgente. Cabe mencionar además que la invocación ritual de algunas de las figuras más destacadas por el nivel y determinación de su enfrentamiento a los gobiernos de Betancourt y Leoni contó, entre otros espacios privilegiados, con un sitio de honor en algunas de las largas y desordenadas alocuciones televisivas ofrecidas por Chávez a lo largo de su Presidencia.

A propósito de lo que aquí se comenta, las dos autoras antes aludidas –Joanth Carmona y Laura Snijder–, quienes han incursionado en este tema poco explorado hasta ahora, señalan a modo de ejemplo la puesta en marcha de una planta termoeléctrica en Lara[44], así como de un Centro Integral de Café[45], ambos de los cuales llevan el nombre de Argimiro Gabaldón (alias comandante Carache), miembro del Comité Central del PCV y jefe del Frente Guerrillero Simón Bolívar hasta su absurda y confusa muerte en 1964. Fabricio Ojeda, expresidente de la Junta Patriótica que tuvo la responsabilidad de organizar las jornadas callejeras contra el régimen de Pérez Jiménez, y quien más tarde renunciara a su curul como diputado por URD para incorporarse a la acción armada en 1962, es otra figura que no se ha visto desprovista de homenajes: desde un núcleo de desarrollo endógeno que lleva su nombre[46], pasando por una clínica popular[47] y por un distribuidor

---

43   Marcano, C. y Barrera, A. (2005): 42.
44   Carmona, J. y Snijder, L. (2010): 38-39.
45   Ibíd., 38.
46   Ibíd., 39
47   Ibíd., 40.

ubicado en Lechería, estado Anzoátegui, hasta el traslado de sus restos al Panteón Nacional. Por cierto que, según la versión más popularizada por la izquierda, Ojeda fue asesinado en los calabozos del Servicio de Inteligencia de las Fuerzas Armadas (SIFA) en julio de 1966[48], durante el gobierno de Leoni, versión que contrasta significativamente con lo que alguna vez sostuviera el veterano dirigente del PCV, Gustavo Machado, a cuyo juicio Ojeda se quitó la vida en prisión[49]. Otro que comparte este parecer, aunque dejando abierta la posibilidad de que se le indujese al suicidio, es Luben Petkoff[50].

Dentro de la construcción de este universo laudatorio destaca también el caso de José María *Chema* Saher, hijo de Pablo Saher, gobernador del estado Falcón durante el gobierno de Betancourt, y muerto, en circunstancias bastante cuestionables, en 1966, al igual que el miembro del Buró Político del PCV, y uno de los responsables del aparato armado de ese partido, Alberto Lovera, en 1965. Ambos han sido honrados a lo largo del proceso bolivariano: el primero mediante una planta trituradora de piedras que lleva su nombre en el estado Falcón[51]; el otro, con un busto y una plaza que llevan el suyo en la redoma de Guaraguao[52].

Por otra parte, ante lo que podría verse cuando menos como un gesto estrambótico, Venezuela debe figurar como el único país que, en medio del afán por organizar su memoria de manera radicalmente distinta en estos tiempos, ha resuelto consagrarle una placa conmemorativa a un grupo de expedicionarios extranjeros. Corrijo lo dicho: más que por ser extranjeros, la extravagancia del gesto radica en el hecho, puro y simple, de que se tratara de soldados invasores.

---

48 http://www.psuv.org.ve/temas/noticias/6-febrero-86-anos-natalicio-fabricio-ojeda/#.V2BxnPnhCUk
49 «Se dice que lo habían matado, que lo habían colgado. Pero yo creo que no, él se ahorcó desesperado». Entrevista con Gustavo Machado. En Blanco M., A. (1980): 30.
50 Entrevista con Luben Petkoff. En Blanco M., A. (1981a): 171.
51 Carmona, J. y Snijder, L. (2010): 43.
52 Ibíd., 44.

Después de todo, los voluntarios británicos que acudieron a la región del Orinoco atraídos por los llamados de Bolívar a partir de 1818, confirmaron la presencia de extranjeros entre las filas del ejército insurgente. Con todo, no se puede pasar por alto la elasticidad –en materia de palabras y conceptos– con que cierta izquierda pretendió manejar este nudo, especialmente si se piensa con la mirada puesta en dos casos tan distintos entre sí: la Venezuela jefaturada por Pablo Morillo en 1818 y la Venezuela republicana de 1964-1969.

Dado que en este punto aludimos de manera específica a los combatientes que penetraron por las costas del estado Miranda en mayo de 1967 con el objeto de internarse en una zona controlada por el Frente Guerrillero Ezequiel Zamora en plena región barloventeña, siempre cabía la posibilidad –a juicio de quienes así pensaban– de ver a ese contingente actuando también, como sus antepasados que formaran parte del Ejército de Bolívar, en vena «libertadora». Para ello –y vale la pena subrayarlo– el llamado «internacionalismo» preconizado por Cuba generaría un enorme grado de indulgencia y serviría de magnífico parapeto justificativo, sobre todo si se trataba de prestarles auxilio a las guerrillas locales con el fin de redimir a Venezuela de su pesadilla «neocolonial» o «semicolonial», para decirlo a tono con cierto lenguaje de la época. La idea de acudir en apoyo de la consagración de una «segunda independencia», o para ponerle broche a una «independencia inconclusa», se convierte, por decir lo menos, en un argumento sospechoso por su falta de credibilidad; pero al menos posee el suficiente mérito imaginativo de hacer aparecer a Raúl Leoni como una suerte de Fernando VII, o como si la insurgencia profidelista, y sus apoyos foráneos, hablasen con la voz de ese «bolivarianismo» que Castro tanto se preciara de invocar en función de los tiempos que corrieran a partir de la Conferencia Tricontinental promovida por Cuba en 1966.

En resumidas cuentas, el hecho cierto es que, en el marco de una serie de actos con motivo de una «caravana ideológica» por el oriente del país, el gobierno bolivariano develó en el 2006 una placa en honor de los milicianos que desembarcaron cerca de Machurucuto con el objeto de alcanzar las montañas de El Bachiller, expedición que –como se ha visto en páginas anteriores– fue considerada por el gobierno venezolano como expresión de la más cruda injerencia en razón de que procedía no solo avituallada y organizada desde La Habana sino integrada por elementos regulares pertenecientes a las Fuerzas Armadas cubanas. La placa en cuestión honraba así a quienes se habían unido a la expedición que, junto con algunos combatientes del MIR, zarpara de la isla caribeña con destino a las costas del estado Miranda y, de manera especial, a Antonio Briones Montoto, exjefe de la seguridad personal de Fidel Castro, muerto tras el fallido desembarco[53].

También vale la pena tener en cuenta lo que supone, por un lado, el esfuerzo por construir una clase de memoria que apunte a la glorificación de la guerrilla y al gesto de honrar a los caídos durante la lucha armada, y lo que equivale lógicamente por el otro al vituperio, detrimento o negación –incluso simbólica–, del pasado inmediato en términos muy parecidos al proceder de la tradición paleocristiana o de la iconoclasia medieval. Un caso emblemático en este sentido lo representa el hecho de que la presa de Guri, conocida como «Central Hidroeléctrica Raúl Leoni» desde que así lo acordara, a modo de homenaje, el Congreso Nacional[54], fuese rebautizada como «Central Hidroeléctrica Simón Bolívar» mediante un decreto firmado por Chávez en el 2006[55]. Este empeño por arrasar con el pasado, y la preferencia por hacer que el país retrocediera simbólicamente dos siglos atrás –o, al menos, hasta un punto lo más alejado posible de la llegada de Acción Democrática al poder–, llevó a que se instrumentara una operación similar cuatro años antes, en el 2002, al cambiársele el nombre de

---

53 http://www.aporrea.org/actualidad/n80593.html
54 Arráiz L., R. (2005a): 105.
55 «Cambiados los nombres de las centrales hidroeléctricas venezolanas». http://www.aporrea.org/actualidad/n76298.html

parque «Rómulo Betancourt» al comúnmente conocido Parque del Este de la ciudad de Caracas, por el también manido nombre de «Generalísimo Francisco de Miranda».

Al mismo tiempo, la Revolución Bolivariana ha hecho esfuerzos por echar los cimientos de la nueva memoria en otros ámbitos. Así por caso, como parte de su llamado compromiso con los centros universitarios, el gobierno de Chávez creó el «Núcleo bolivariano Dr. Ernesto Che Guevara» para estudios de Medicina Integral Comunitaria en el estado Carabobo, al tiempo de haberse instituido, a través del Ministerio de Educación, un premio que lleva igualmente el nombre del combatiente argentino-cubano.

Dicho esto, vale la pena mencionar por cierto que los programas educativos también se han hecho cargo de allanarle el camino a la construcción de esta nueva memoria impulsada por las instituciones del Estado. Por ejemplo, en los textos escolares de la etapa chavista llegó a ofrecerse una revaloración del proceso armado de los años sesenta que enfatizaba muy particularmente lo que significó la supuesta responsabilidad de Betancourt en el surgimiento directo de la alternativa guerrillera, así como el advenimiento de la represión, en su más elevado tono, durante el gobierno de Raúl Leoni. El sociólogo, abogado y doctor en educación Tulio Ramírez, quien ha estudiado con atención el nuevo dispositivo curricular y, especialmente, el contenido de tales textos y su marcado sesgo ideológico, se explaya del siguiente modo al analizar los contenidos del manual titulado *Venezuela y su gente*, concebido para la asignatura Ciencias Sociales del 6º Grado de Educación Primaria, elaborado para la Colección Bicentenario y distribuido de manera gratuita por el Ministerio de Educación:

> Quizás uno de los períodos en los que más se exponen calificativos negativos sea el de Rómulo Betancourt [en lo que se refiere a la historia reciente de Venezuela, específicamente a partir de 1958 hasta el período del presidente Chávez] (...).
> [De acuerdo con el texto en cuestión] la juventud revolucionaria com-

prende que el gobierno [de Betancourt] no dará acceso a la confrontación de ideas. «Entonces [según lo precisa el texto] un grupo decide tomar las armas: surgen débiles frentes guerrilleros en el campo y acciones armadas en Caracas. Fue un año después cuando el Tercer Congreso del Partido Comunista de Venezuela decide emprender la lucha armada para instaurar el socialismo, lo que algunos habían denominado 'un asalto al cielo'».

Se dedica un apartado completo a la lucha armada de los años 60 y sus episodios más sonados: Carupanazo, Porteñazo, [el] secuestro del futbolista Alfredo Di Stefano, el cual se edulcora al no asumirse como delito sino como acción política de jóvenes idealistas quienes le manifestaron al futbolista secuestrado, según los autores del texto, que «eran miembros de las FALN, que no le ocurriría nada, pues sólo querían captar la atención para que se supiera en el mundo la causa de su lucha». También se destacan las operaciones urbanas realizadas por las Unidades Tácticas de Combate de la guerrilla urbana (...). Sin embargo, es curioso que no se mencione por ninguna parte la masacre del tren de El Encanto donde murieron efectivos de la Guardia Nacional, debido a una emboscada organizada por guerrilleros[56].

En los contenidos correspondientes a la etapa de Leoni (1964-1969) los resultados, a juzgar por lo que figura en las páginas de *Venezuela y su gente*, no exhiben menos sesgos, omisiones o tergiversaciones, advirtiéndose más bien la misma tendencia a enfatizar los «desmanes» cometidos durante el régimen democrático como punto esencial de este texto ideologizador. Así, si con Betancourt se pasaba a justificar el nacimiento del movimiento guerrillero a partir de la premisa de que se trataba de un gobierno represivo y violento, con Leoni se avanza en la plena justificación de haberse tenido que transitar hacia un estadio más decidido de la lucha: el combate guerrillero rural. Según lo recogen los comentarios que ofrece Ramírez, el manual de 6to Grado expone lo siguiente:

---

56   Ramírez, T. (2012): 177, 178, 179.

En las tres páginas que le dedican a este período gubernamental (...) se continúa resaltando la lucha armada. Se justifica su permanencia por la poca voluntad de parte del poder político por llevar adelante una política de Pacificación. Así se exculpa a los partidos y dirigentes que aúpan la lucha armada y se coloca el peso de la responsabilidad del no cese al fuego al recién electo presidente Leoni quien había ofrecido, durante su campaña electoral, pacificar al país. Pero ocurrió todo lo contrario: tomó fuerza la lucha antiguerrillera y la guerrilla. Así entonces, según esta versión, la lucha guerrillera que se orientó a tomar el poder político por las armas para implantar en el país el socialismo con independencia de lo que opinaran las mayorías, al final del día no sería responsabilidad de quienes la impulsaron y auparon desde el exterior, sino de los gobiernos que no los pacificaron.
Continúa el capítulo haciendo referencia a las torturas, las desapariciones y las violaciones a los derechos humanos, a los combatientes de los grupos guerrilleros por parte del gobierno de Leoni. Se destaca la desaparición y muerte del dirigente comunista Alberto Lovera, así como la muerte en los calabozos del SIFA del periodista y dirigente político Fabricio Ojeda. (...)
Vale la pena resaltar que los autores del texto consideraron relevante mencionar que, para combatir a la guerrilla, «se trajeron expertos de Estados Unidos que entrenaron a los cuerpos militares antiguerrilleros» (...). Sin embargo, por ninguna parte se menciona que en el año 1967 hubo una invasión armada de cubanos por Machurucuto, estado Miranda, con la intención de reforzar a la guerrilla venezolana y que tal invasión, apoyada y financiada por Fidel Castro, fracasa por la intervención de las Fuerzas Armadas Nacionales.
Como se puede observar se hace una selección intencionada sobre los acontecimientos que se deben [subrayar] en detrimento de otros que ni siquiera se mencionan, pese a la trascendencia que tuvieron en la época a la cual se pretende analizar[57].

La conclusión a la que llega Ramírez en otro ensayo dedicado al mismo tema es contundente respecto al énfasis negativo que

---

57 Ibíd., 179-180.

los autores de estos textos escolares pretenden darle a los primeros quince años del ensayo democrático pos-1959, algo que solo se explica –a su juicio– por el peso que le confieren a la lucha armada como elemento determinante de la época:

> Los períodos que van desde Betancourt a la primera Presidencia de Caldera se escriben más como la historia del nacimiento, auge y caída de la lucha guerrillera en Venezuela que como períodos de consolidación de la naciente democracia, de la explosión matricular, de la construcción de escuelas, de las campañas de alfabetización [o] de la erradicación de (...) enfermedades. (...) Se dedica gran parte del texto a exaltar las acciones guerrilleras como actos heroicos[58].

Algo que también llama poderosamente la atención, basándonos en el análisis de estos textos que ofrece el pedagogo Ramírez, es la total ausencia de responsabilidades que pareciera prevaler en lo que atañe a los grupos alzados en armas. Ello se hace tanto más interesante, en lo que a la depuración de la memoria se refiere, cuanto que bastaría tener a la vista un documento emanado de las propias FALN en 1965 y en el cual, como si se sangrara por la herida, y por más que el lenguaje utilizado pretendiera matizar lo que pretendía expresarse, se admitía lo siguiente: «Se han cometido errores en la selección de objetivos, realizándose acciones que han afectado a la población»[59]. No obstante, frente a la exaltación de la emergencia guerrillera o, lo que es peor, a la hora de endilgarle al sector oficial todas las responsabilidades por lo ocurrido, los autores de este manual no parecieran reparar en ningún caso en lo que llegó a ser el grado de violencia practicado por los grupos extremistas.

Como puede comprenderse fácilmente, todo el imaginario reivindicador que ha pretendido construirse sobre la base de

---
58 Ramírez, T. (2015): 45-46.
59 Liscano, J. «La Pacificación». *El Nacional*, 04/12/65: A-4.

homenajes, símbolos, imágenes o textos escolares ha tendido no solo a propiciar un entendimiento radicalmente diferente de la coyuntura de los sesenta, sino a valorar lo más sombríamente posible, en el caso que nos ocupa, las decisiones de carácter político-militar tomadas tanto por el gobierno de Betancourt como por el de Leoni. A la hora de pretender generar esta visión, mucho de lo señalado hasta ahora tiende a bordear en ciertos casos el territorio de lo simplemente ingenuo pero, en otros, incluso el de lo peligroso.

Cabe observar desde luego que todo este esfuerzo se habría quedado corto de aliento si no hubiese tenido por detrás el emotivo verbo del presidente Chávez ni todo cuanto este puso de su parte para potenciar de manera significativa la construcción de semejante discurso. Lo dicho por él en el año 2008 es un claro ejemplo de ello. A propósito de evocar la memoria de Fabricio Ojeda con motivo de conmemorarse un aniversario más de su muerte, Chávez señaló: «Murió Fabricio, pero hubo quienes vinieron después, humildemente me incluyo»[60]. Sin embargo, más allá de responder de este modo a una dinámica concebida en un sentido casi teleológico, es decir, reivindicando la memoria de los mártires caídos y viendo el fruto de su herencia encarnado en los combatientes del presente, el esfuerzo por establecer conexiones entre el proceso bolivariano y la guerrilla de los años sesenta no se limitó de manera exclusiva a la evocación de los muertos.

Vale por caso citar en este sentido un intercambio televisado entre el líder bolivariano y un veterano de la lucha armada, el cual, dicho sea de paso, pone de relieve la capacidad infinita que siempre caracterizó a Chávez a la hora de reconstruir, recrear o, incluso, reinventar de distintos modos su propio pasado. Nos referimos en este caso al programa dominical *Aló, Presidente*, en su edición N. 312, celebrado a propósito de la puesta en marcha de la plan-

---

60 Carmona, J. y Snijder, L. (2010): 40.

ta trituradora de piedras «Chema Saher» y cuyo invitado, en este caso, fue el excombatiente Elegido Sibada (alias comandante Magoya). Lo primero que llama la atención es el carácter cuasisentimental con que el exmilitar, obligado en su momento a combatir a la insurgencia –según confesión propia expresada ante las cámaras–, se dirige al comandante guerrillero y le dice: «[M]enos mal que no te conseguí cuando yo te buscaba porque nos hubieran... Yo me hubiera ido pa' la guerrilla, yo te andaba buscando era pa' pasame pa' la guerrilla (*sic*). Menos mal que no te conseguí. ¡Claro! Esa era mi... un plan loco que yo tenía, Magoya»[61].

Acto seguido, vendría la emotiva intervención que buscaba darle paso a la simbiosis, o la fusión de destinos, que pretendía construirse a partir del punto de vista narrativo de Chávez: «Hugo Chávez, soldado; yo, de la Academia Militar, tú de la academia del monte (*sic*). Ve: guerrillero, guerrillero del pueblo, campesino; yo, campesino, y me hice soldado. [S]omos subversivos los dos. ¡Honor y gloria al comandante Magoya!»[62].

Sin embargo, la frustrada tentación de haber contado con un pasado guerrillero alcanzaría mayores cotas de inverosimilitud en el año 2012 cuando, a propósito de un acto proselitista, Chávez largara el siguiente testimonio ante sus seguidores: «Estuve a punto de irme a la guerrilla desde aquí, desde Cumaná, con unos soldados de mi batallón, y una de las cosas por las que no fui es que estaba demasiado enamorado de la negra Nancy»[63]. Resulta asombroso, pues, que en este caso Chávez confesara haberse visto dominado por un prurito tan despreciablemente «pequeñoburgués» como el amor, al punto de que tal obstáculo le impidiera enrolarse –si ello

---

61 «Así compartió Chávez con el comandante Magoya». Disponible en: http://www.laradiodelsur.com.ve/2016/02/19/asi-compartio-chavez-con-el-comandante-magoya/
62 Ídem.
63 Se refiere, desde luego, a su primera esposa. «Chávez no se fue a la guerrilla en 1977 porque 'estaba demasiado enamorado'» http://www.noticias24.com/venezuela/noticia/122486/chavez-estuvo-a-punto-de-irse-a-la-guerrilla-en-1977-pero-no-lo-hizo-por-amor-

fuera en algún grado creíble– en uno de los pocos grupos irregulares que aún se mantenían en pie para 1977, época en la cual se hallaba sirviendo como teniente en el batallón de cazadores Manuel Cedeño, enviado a operar contra la guerrilla en oriente.

Existe, por cierto, otro detalle curioso. Se trata del momento en el cual, al hacer un repaso de la experiencia guerrillera de los años sesenta –y, en parte, de la que le tocara vivir a él mismo durante los setenta–, Chávez hiciera volar por los aires, tal vez sin quererlo, parte de la construcción maniquea que le ha dado su mejor musculatura a la mitología guerrillera. Nos referimos en este caso a la forma como esa mitología ha puesto el acento del horror y toda la carga de los muertos del lado de Betancourt y Leoni e, incluso –para ir un poco más allá– del lado del Carlos Andrés Pérez durante su primera presidencia. A una pregunta del periodista Ignacio Ramonet, Chávez respondería: «*De uno y otro lado hubo excesos,* como los hay desgraciadamente en casi todas las guerras»[64]. Más curioso todavía es que su valoración de la etapa final de la guerrilla, que coincidiera con su propia época de teniente, estuviese lejos de ser muy positiva. Frente a otra pregunta del mismo Ramonet («¿Los veía usted como una necrosis de la guerrilla?»), Chávez contestaría de este modo: «Sí, algo ya gangrenado, putrefacto. Usted me preguntó cómo conseguían sobrevivir. La información que teníamos es que vivían de robar ganado y de secuestrar a alguna gente y cobrar rescates»[65]. Incluso, a la vuelta de un par de líneas, al verse inquirido de nuevo sobre el tema («¿Diría usted que se convirtieron en forajidos?»), el entrevistado agregaría, a lo ya dicho, lo siguiente: «Sí, el término que se usaba era 'bandoleros', y realmente creo que, en ese momento, eran más bandoleros que guerrilleros»[66].

Llama pues asombrosamente la atención que el mismo oficial que confesara haberse visto ante la tentación de incorporarse a la

---

[64] Ramonet, I. (2013): 372. Énfasis agregado.
[65] Ibíd., 370.
[66] Ídem.

lucha armada, en su versión años 70, estimase que la actividad de los grupos irregulares a los cuales debía combatir no se contrajera más que al abigeato y al secuestro. Como puede verse, resulta difícil hallar algún grado de consistencia en todos estos testimonios que tienen la particularidad de proceder de la misma fuente, o sea, de Chávez.

Tanto o más desconcertante aún –por lo difícilmente creíble que resulta el relato– es lo que él mismo le confesara al historiador y periodista Agustín Blanco Muñoz en una oportunidad: «Yo tenía 13 años y oía por radio que el Che estaba en Bolivia y lo tenían rodeado. Era un niño y pregunté: ¿por qué Fidel no manda unos helicópteros a rescatarlo? (...) Fidel tiene que salvarlo»[67]. Resulta dable suponer que, como toda operación antiguerrillera, el cerco al Che debió haberse llevado a cabo con el mayor sigilo y sin la menor publicidad, menos aún por radio, como para darle crédito a la idea de que Chávez, atento a un radio transistor en su Barinas natal, siguiera con atención las incidencias de la emboscada cual si se tratara de una emocionante novela por entregas. Pero eso ni siquiera es lo más importante. Lo importante es que, aparte del dramatismo inusitado del testimonio en cuestión, esta clase de retórica navega dentro de la idea de que las pulsiones revolucionarias de Chávez contaban con un claro certificado de origen que se remontaba incluso a su más temprana adolescencia. Además, y por si acaso hicieren falta mayores pruebas de su devoción por la causa insurgente, Chávez tiene el cuidado de enfatizar de esta forma que ya, desde una edad remota, sacralizaba a la dupla Guevara-Castro: el redentor Guevara quien, por obra de algún potente numen (o de una fuerza helitransportada), pudiera verse proverbialmente rescatado por el salvador Castro, así fuese en medio de la espesura de la selva boliviana.

En todo caso, inverosimilitud e inconsistencia acampan muy cerca la una de la otra cuando se trata de reparar en el alcance de lo

---

67 Blanco Muñoz, citado por Marcano, C. y Barrera, A. (2005): 84.

dicho por el comandante-presidente, dependiendo del momento y la ocasión, o de lo revelado ante interlocutores distintos. Según lo documentan Marcano y Barrera, luego de cumplir el viejo sueño de lanzar la primera bola en un juego de béisbol en el Shea Stadium de Colorado, Chávez emprendió ese mismo año de 1999 un segundo viaje a los EE. UU. que lo condujo a Washington y, entre otras paradas en la capital, a la sede de la OEA y de la Sociedad Interamericana de Prensa (SIP). Luego de cumplir la parte protocolar de su agenda –y al decir de sus dos biógrafos–:

> [Chávez] no [pudo] resistir la tentación de volver a jugar béisbol, esta vez con los oficiales del Colegio Interamericano, mientras una barra de niños y jóvenes venezolanos lo anima[ba] cantando ininterrumpidamente piezas folclóricas como *Pajarillo* y *Barlovento*. Chávez, en un gesto que dejaría patidifuso a más de uno de sus compañeros de izquierda, señala[ría] que mientras fue miembro de las Fuerzas Armadas soñaba con ser alumno de esta escuela castrense norteamericana[68].

En todo caso, independientemente de su determinación de abandonar el Ejército para incorporarse a la guerrilla en 1977 o, dicho de otra forma, más allá de las mil máscaras que siempre distinguieron a Chávez, lo cierto es que las conexiones entre exguerrilleros y oficiales rebeldes llegaron a ser absolutamente reales. En este caso, el maridaje tendría su asiento en las logias formadas por militares activos, las cuales servirían de centro de irradiación y, a fin de cuentas, como caja de resonancia para incitar la conjura[69]. Así lo abonan diversos testimonios, algunos de los cuales figuran recogidos por Cristina Marcano y Alberto Barrera. Otros autores que han indagado en el origen de tales conexiones han sido Alberto Garrido y la dupla Domingo Irwin e Ingrid Micett. Acudiendo

---

68   Marcano, C. y Barrera, A. (2005): 224.
69   Irwin, D. (2009): 14.

pues a estas distintas fuentes, amén del testimonio ofrecido por algunos de los actores directamente involucrados en lo acontecido, tal como el exlíder guerrillero Douglas Bravo, resulta posible precisar el alcance que tuvieron tales conexiones entre militares disconformes y los sobrevivientes de la guerrilla, que ahora asumían una actitud conspirativa en sintonía con los cuarteles, luego del fracaso del ensayo armado rural.

De acuerdo con la investigadora Frédérique Langue, este fracaso en el plano militar condujo por lo visto a los «sobrevivientes políticos» de la experiencia guerrillera a estrechar vínculos, por un lado, con los centros de educación superior y las universidades y, por el otro, con jóvenes oficiales, cuyo itinerario terminaría confundiéndose con el movimiento bolivariano[70]. Agrega la autora que los jefes de línea serían los tenientes coroneles William Izarra (FAV) y Hugo Chávez (EJ.) por el sector militar, y Douglas Bravo (PRV) y Pablo Medina (Causa R) por parte de la esfera civil. Las logias militares portarían a la vez los crípticos nombres de ARMA (Acción Revolucionaria de Militares Activos), M-83 (Movimiento 83) y MBR-200 (Movimiento Bolivariano Revolucionario 200)[71]. Tal como lo precisan Irwin y Micett, la primera tendría su epicentro en la Fuerza Aérea, en tanto que las dos últimas en el seno del Ejército[72].

A tal punto llegó a tenderse un puente entre ambos mundos que sorprende ver cómo los contactos subterráneos que se fueron anudando entre los reductos mal pacificados (o no pacificados del todo) que sobrevivieron a la lucha armada de los años sesenta, y las logias que comenzaron a gestarse dentro de las Fuerzas Armadas a mediados de la década siguiente, pasaron asombrosamente inadvertidos por los servicios de inteligencia del Estado durante el gobierno de Herrera Campíns (1979-1984) e, incluso, de su sucesor, Jaime Lusinchi (1984-1989). Para muestra –según lo

---

70 Langue, F. (2006): 194.
71 Ídem.
72 Irwin, D. y Micett, I. (2008): 246.

precisan Marcano y Barrera– basta señalar que entre 1982, año en que se juramentó la logia iniciática del Ejército Bolivariano Revolucionario al pie del mítico Samán de Güere durante la gestión de Herrera Campíns, y 1986, ya dentro del radio de la presidencia de Lusinchi, el movimiento conspirador fue capaz de celebrar cinco «congresos nacionales», sin que en este caso importe mucho reparar en su tamaño o escala[73]. «[Q]uedaría claro –apuntan Marcano y Barrera– que ni la inteligencia militar ni la civil se afanaban demasiado en desmontar conspiraciones, ni el Ejército le prestaba mayor atención [a ello]»[74]. Esta falta de interés por parte de sus superiores (o, lo que equivaldría a decir, la falta de todo seguimiento a sus actividades) es algo que Simón Alberto Consalvi, exministro tanto de Relaciones Exteriores como de Relaciones Interiores del gobierno de Lusinchi, llegó a resumir del siguiente modo: «[A]quella República era el paraíso terrestre de los conspiradores. No hubo ninguna investigación seria. Ni seria ni no seria»[75].

En todo caso, la labor de captación de cuadros y la formación de células conspirativas dentro de los centros de enseñanza militar fue una labor que recayó con especial relevancia sobre los hombros de la organización conducida por Douglas Bravo quien, luego de darse la ruptura definitiva entre «guerristas» y «pacifistas» en el seno del PCV en 1966, resolvió montar tienda aparte, siguiendo durante algún tiempo al frente de las Fuerzas Armadas de Liberación Nacional (FALN) y creando el Partido de la Revolución Venezolana (PRV). Una influencia clave para el movimiento militar clandestino lo representaría justamente el hecho de que el hermano mayor del expresidente Chávez, el biólogo y profesor de la Universidad de los Andes Adán Chávez, figurase vinculado al PRV, partido que ayudaría a darle vida –como fue el caso contra Isaías Medina Angarita en 1945 y fallidamente intentado por la

---

73 Marcano, C. y Barrera, A. (2005): 91.
74 Ibíd., 100.
75 Ibíd., 101.

izquierda en 1962– a la fórmula «Pueblo-Ejército» a fin de motorizar una insurrección de tipo civil-militar[76]. En este sentido, entre la miríada de fascinantes evidencias recolectadas por Marcano y Barrera, figura lo dicho en algún momento por uno de los cuadros de Douglas Bravo a uno de los oficiales rebeldes que ya venía trabajando a favor de la conspiración en el seno del Ejército: «Tú andas por allí tratando de organizar conciencia dentro de los cadetes, y hay otros que también andan solos. ¿Por qué no juntarnos, por qué no sumar esfuerzos en la misma dirección?»[77].

Al funcionar como correa de transmisión entre oficiales desafectos al sistema y acercarlos progresivamente al campo de la conjura, el PRV iría tejiendo, según lo apuntan Marcano y Barrera, una tupida red de contactos[78]. No obstante cabe agregar, así se tratara de un apoyo relativamente tardío, que el movimiento insurgente habría de contar igualmente con el concurso de los afiliados a la Causa R, «también respetuosos de Fidel y del proceso cubano», según se hiciera cargo de precisarlo Adán Chávez[79], y partido cuyos orígenes se emparentaban con la actividad guerrillera del pasado reciente. No hay duda empero de que los conceptos esenciales de referencia histórica manejados por los oficiales rebeldes procedían, en buena medida, del bagaje suministrado por el partido de Douglas Bravo.

Ahora bien, cabe señalar al mismo tiempo la forma en que, ya planteado el camino hacia el golpe de Estado del 4 de febrero de 1992, vino a darse un desarrollo particularmente inesperado, y a la vez interesante. A mediados de 1991, es decir, a meses apenas de verificarse la asonada, se registró un distanciamiento entre el movimiento militar y sus aliados civiles, especialmente frente a los activistas del PRV. Tal como lo sintetizan Marcano y Barrera:

---

76   Ibíd., 87.
77   Ibíd., 86.
78   Ídem.
79   Elizalde, R.M. y Báez, L. (s/f): 39.

«Chávez se aparta del ex guerrillero [Douglas Bravo] unos meses antes de la insurrección. Bravo ha señalado que éste desconfiaba de los civiles y que, lo que iba a ser en principio un movimiento cívico-militar, terminaría siendo únicamente militar»[80]. Sin embargo, la lectura de Bravo deja por fuera un detalle importante. Si bien la desconfianza se manifestaba hacia el componente «civil», su condición de ser además «civiles de izquierda», y específicamente procedentes de la izquierda radical, parece haber operado como un elemento que, al fin y al cabo, suscitó la desconfianza de algunos oficiales no afiliados directamente a Chávez que se incorporaron sobre la marcha a la conjura contra Carlos Andrés Pérez. Tan cierto será ello que no solo los militantes del PRV sino los de la Causa R –tal como lo comentan Marcano y Barrera– quedarían apartados al darse la insurrección[81].

Al igual que cualquier otro constructo impulsado por Chávez desde las alturas del poder, y como puede inferirse de los testimonios antes mencionados, este asunto, es decir, la alianza «cívico-militar», precisa también cierto cuidado. Así, pues, la observación no solo aplica al hecho, hasta ahora supuesto, de que Chávez se viera tentado a incursionar en la guerrilla desde sus tiempos como oficial en el Ejército sino a las muy profundas dudas que dejara sembrado el carácter «civil-militar» que inspirara la asonada del 4F de 1992 y de lo que tanto se ufanaran en proclamar a la postre algunos de sus principales protagonistas.

En este sentido, y tomando en cuenta el quiebre que vino a verificarse en la antevíspera de la asonada entre militares desafectos y civiles de izquierda, resulta necesario coincidir con la investigadora Frédérique Langue en que la llamada «Revolución Bolivariana» se ubica a la vez en un plano de continuidades y rupturas con el proceso de la lucha armada de los años sesenta[82]. Más aún,

---

80 Marcano, C. y Barrera, A. (2005): 104.
81 Ibíd., 105
82 Langue, F. (2005): 27.

frente a la coloratura tan particular y al enorme peso simbólico que se le ha conferido a la idea de la unión «cívico-militar» dentro del imaginario chavista, resulta posible sostener que el empeño por hallarle un soporte civil a lo actuado es más bien un ejercicio retórico posterior al 4-F.

Las aguas lustrales

Lo que ha intentado decirse hasta aquí con respecto al nuevo imaginario, la nueva memoria y la construcción de una nueva comunidad retórica se hace extensivo a otra operación a la cual también pueden detectársele algunas goteras. Me refiero en síntesis a la forma como, a la hora de ajustar cuentas con su propio pasado, el Ejército ha tenido que purificarse pasando por las aguas lustrales de la Revolución Bolivariana. Después de todo, ¿cómo se puede conciliar en la memoria de los venezolanos que ese Ejército actuase como principal soporte del Estado, en su carácter de titular de los medios coercitivos contra la guerrilla durante la década de 1960 y que, ya para comienzos del nuevo milenio, se autoproclamara como una fuerza «antiimperialista» (categoría que da lugar a que se interprete en su estricto significado político) o que se definiera incluso, de haberse aprobado lo previsto por la reforma constitucional del 2007, como sostén de «la guerra popular de resistencia»?[83]. Más difícil aún, ¿cómo justificar el paso por encima de tan empinada cuesta entre lo que fuera el franco desbordamiento represivo de su actuación en el contexto del Caracazo en 1989 y las nuevas Fuerzas Armadas Bolivarianas proclamadas a partir del advenimiento de la revolución liderada por Hugo Chávez?

Es poco lo que resulta posible decir al respecto puesto que, hasta ahora, no se ha intentado examinar en profundidad este proceso que ha pretendido conferirles a las FF.AA. –y, especialmente,

---

83 Tal intención quedaba de manifiesto en la propuesta de reforma del 2007 (artículo 328).

al Ejército– una firme empatía con el proceso bolivariano. Si acaso existió, entre las intenciones que anidaron alguna vez en el imaginario chavista, la idea de construir un «Ejército revolucionario bolivariano» que llevase a la desaparición del Ejército bajo su formato actual, tal cosa no ha ocurrido hasta ahora, ni tampoco pareciera posible que suceda en el futuro previsible. Claro, no excluyo de mencionar en este análisis el paradójico cuadro acerca del que hablara el historiador Manuel Caballero y según el cual el mismo régimen que le cambió el nombre a la institución, pasándola del plural al singular («Fuerza Armada Nacional») trabajase en pro de la existencia de dos fuerzas armadas a la vez: la que establecía la Constitución y la que corría al arbitrio de grupos armados paraoficiales[84]. Sin embargo, a los efectos de lo que se ha pretendido plantear, este problema es harina de otro costal y remite, por tanto, a una polémica distinta.

Lo que pretende enfatizarse más bien es que, aun cuando no se haya producido ningún desmantelamiento efectivo del Ejército como tradicionalmente se le conoce, ello no quiere decir que no se haya intentado alterar su pasado con el fin de hacerlo calzar de manera más o menos cómoda dentro de una nueva horma. Al politizarlo, incluso, al buscarle puntos de convergencia con el romanticismo guerrillero, se está frente a la posibilidad de incurrir en una seria contradicción. Lo decimos así puesto que esa institución (y volvemos a citar en este punto a Caballero) que lleva más de un siglo de haberse constituido, lo hizo dentro de un proceso que condujo al Ejército a convertirse en garante contra las guerras civiles que asolaron al país durante el siglo XIX[85]. Y, véasele como se le quiera ver, la lucha armada de los años sesenta bordeó la condición de guerra civil o, por lo menos, sus promotores hicieron el intento por servir la mesa en tal sentido.

Puede pues –como se ha dicho– que no haya ocurrido desmantelamiento alguno; pero cabe observar que al tiempo de invi-

---

84 Caballero, M. (2007): 202.
85 Ídem.

tarlas a abrazar el novísimo socialismo bolivariano, Chávez exhortó a las FF. AA. a asumir un nuevo cuerpo de creencias con el fin de contribuir de este modo a la construcción de una cosmovisión compartida que, al tiempo de silenciar su pasado, sepultara de manera criminal el esfuerzo y la memoria de aquellos oficiales y suboficiales quienes, sin haber llegado siquiera a ser responsables directos de la acción represiva, murieron en misiones antiguerrilleras de rutina durante los años sesenta.

Vale por ejemplo mencionar dos casos muy curiosos en este sentido. El primero es el del subteniente del Ejército Alberto Verde Graterol, quien falleció durante una acción sorpresiva perpetrada por el Frente Guerrillero Antonio José de Sucre en contra de un pelotón del batallón de cazadores Francisco Carvajal en septiembre de 1969. El finado subteniente, por entonces recién graduado y con apenas 79 días de haber egresado de la Escuela Militar[86], era hermano del General de División (Ej.) Nelson Verde Graterol, quien fuera integrante del Alto Mando Militar durante los primeros años del gobierno chavista y quien, además, llegó a tener una participación particularmente relevante en el retorno de Chávez al poder tras los sucesos del 11 de abril de 2002[87]. El otro caso involucra de manera tangencial a una figura del mundo civil chavista. Hablamos de la muerte en 1966, y también como consecuencia de una emboscada de las FALN, del teniente de navío Miguel Ponce Lugo, casado con Reina Victoria Chaderton y, por tanto, cuñado de Roy Chaderton Matos, actor imprescindible dentro del accionar diplomático del régimen bolivariano[88].

En todo caso, esta empinada construcción desde el campo de lo retórico, representada por la idea de un Ejército que pudiese obrar libre de ataduras frente a su propio pasado, encuentra su

---

86   «Los Cinco en Línea» (blog). http://loscincodelinea.blogspot.com/2010/04/capitulo-vii-7emboscada-origen-y.html
87   Dato aportado por el abogado y doctorando en Historia, Carlos E. Hernández González.
88   ¿Ministerio de la Defensa? (1988): 89.

desagüe en otro costado que hace que todo resulte más fácilmente manipulable: las imputaciones dirigidas contra quienes integraran los distintos altos mandos durante el período democrático. Por algo luce muy revelador lo dicho alguna vez por Adán Chávez al hablar de los «desmanes» de la cúpula militar o de la «milicia gorila» que actuaba «en complicidad» con los gobiernos de la época, algo que a su juicio llevó a que se produjera en Chávez un distanciamiento con la institución armada que por poco le cuesta su carrera militar[89].

Cosa por demás curiosa en toda esta narrativa es el carácter inmaculado que se les pretende conferir a las FF. AA. antes de su contacto con los «efectos deletéreos» del poder civil. Basta escuchar un testimonio como el que suministra el exaviador Luis Reyes Reyes para comprobar hasta qué punto, según esta visión, la naturaleza impoluta del sector militar terminó viéndose mancillada por la dirigencia partidista: «[B]uscábamos (...) las causas de los problemas de la FAN y de la distorsión de la doctrina militar. Sabíamos que la corrupción se debía a la influencia del mundo político»[90]. El propio Chávez se haría cargo de agregarle más leña al fuego: «En ese tiempo, un 99 % de los generales eran corruptos. Y casi todos –hay excepciones honrosas– eran borrachos»[91]. Sin negar la realidad fáctica de la corrupción, su sola denuncia, así sea al voleo, basta para abrir un espacio político, facilitar la lucha por el poder o, a fin de cuentas, caldear los ánimos de cualquier sociedad.

Si a ello se agrega –según Chávez– la marcada propensión del generalato de los años ochenta a la venalidad y la dipsomanía, el convite estaba servido para demoler *el viejo orden* hasta sus cimientos e intentar sustituirlo por un régimen cívico-militar. Y, vale agregar: tanto mejor si tal esfuerzo se veía acompañado por una izquierda mal pacificada que, junto a los oficiales rebeldes del 4F, era vista como la mejor opción frente al pecado. Dentro de una lógica

---

89   Elizalde, R.M. y Báez, L. (s/f): 39.
90   Ibíd., 95.
91   Ramonet, I. (2013): 373.

bastante elemental, pero a la vez susceptible de encender las pasiones, se advierte entonces que lo «puro» era lo militar y lo «impuro», la política; o, dicho de otro modo: los jóvenes oficiales conspiradores procuraban preservarse a todo trance en su inocencia originaria mientras que la cruda realidad de la política se cebaba de manera inmisericorde en aquellos que, de acuerdo con esta interpretación, integraban los escalafones más altos de la institución armada.

Visto como lo hacen Adán y Hugo Chávez, así como Reyes Reyes, es decir, buscando provocar un deslinde mecánico y contraponer de esta forma la idea de unas Fuerzas Armadas «represoras» y «corrompidas» en sus más altos grados, propias del período *ex ante* (1959-1999), a unas Fuerzas Armadas «liberadoras», impulsadas por el régimen bolivariano, se pierde de vista, en medio de semejante simplificación (y falsificación a la vez), lo que significó su compromiso con el proceso democrático más allá de todo proceder cuestionable de su parte y el cual, en ningún caso, pretende ni remotamente excusarse.

Aún más interesante resulta observar el intento por modificar radicalmente su pasado y cuerpo de creencias si se toma en cuenta que, en fecha tan reciente como 1988, esas mismas FF.AA. dieron a la imprenta una publicación bajo el título de *30 aniversario del 23 de enero de 1958. Día de la institucionalización de la democracia.* Curiosamente, se trata de una publicación de carácter institucional, aunque no aporte información alguna acerca del organismo que la editó; sin embargo, luego de presumir que se trate sin más del Ministerio de la Defensa, y hecha de esta forma la conveniente aclaratoria, vale la pena transcribir parte de las palabras que se expresan en su introducción al hablar del compromiso de las FF.AA. «con el largo período de la política de cuño representativo», para utilizar una expresión propia de Frédérique Langue[92]. El pasaje en cuestión dice lo siguiente:

---

92 Langue, F. (2009): 137.

Estos hombres, de las cuatro Fuerzas que integran nuestra institución, atentos al servicio de la Nación, *y en épocas particularmente difíciles, salieron de sus cuarteles a enfrentar a terroristas profesionales (*sic*) que, alzados en armas contra la democracia, pretendían derrocar al gobierno legítimamente establecido.*
Estos hombres hicieron (...) posible que Venezuela saliera triunfante de la agresión[93].

Diez años después, y según el nuevo léxico, los «terroristas profesionales» vendrían a ser, desde luego, uno de los entibos maestros que habrían de servirle a Chávez y a los suyos para impulsar, a través del golpe del 4-F, la formación de unas Fuerzas Armadas de carácter progresista y con arraigo popular, según las muy cuestionables honduras teóricas del proyecto bolivariano.

Existe en este punto otro detalle que daría lástima dejar escapar. Ese Ejército, llamado a combatir a los «terroristas» (según así los definiera el libro al cual hacemos referencia), y que hiciera idéntica profesión de fe en 1988 al cumplirse los primeros treinta años del 23 de Enero, es el mismo Ejército que, llevado a ello por una veleidad del presidente, adoptara como lema el grito de «¡Patria, Socialismo o Muerte!», el cual no viene a ser otra cosa, al menos a simple vista, que una copia muy húmeda de aquel «¡Patria o Muerte, Venceremos!» de los barbudos en la Sierra Maestra[94]. A juicio de Caballero, existe empero una diferencia radical entre ambos casos: estos arriesgaron el pellejo, mostrándose «estar dispuestos a seguir el ejemplo de José Martí de ser necesario, inmolándose como aquél», mientras que Chávez simplemente le hablaba a una embobada galería en la Asamblea Nacional cuando, por primera vez en el 2007, propuso la utilización de semejante lema[95]. Por cierto, la cercanía del último sustantivo de la tríada a su propio vecindario biológico llevaría a que, en el 2011, el mandatario

---

93 ¿Ministerio de la Defensa? (1988): 85-86.
94 Caballero, M. (2007): 161.
95 Ídem.

modificase por completo el mote en cuestión a favor de una versión menos lúgubre que correría así: «Patria socialista, viviremos y venceremos». Con fina ironía un diario local sentenció: «Hugo Chávez (...) aprovechó para decir adiós al lema 'Patria, socialismo o muerte' al pedir eliminar la mención negativa final en favor de una más acorde con la vida y el restablecimiento de su salud»[96].

Por otra parte, cuando de paradojas se trata, vale la pena llamar la atención una vez más acerca del hecho de que el gobierno de Hugo Chávez le diera particular impulso a lo que, a fin de cuentas, fue uno de los logros más notables de las FF.AA. en su etapa de lucha contra la guerrilla: el hecho de imbricarse en programas de «acción cívica», compitiendo así con la esfera civil. Debe quedar claro, por tanto, que la alianza civil-militar dedicada a labores asistenciales no es obra de su exclusiva originalidad; antes bien, sus antecedentes pueden trazarse al visto bueno que a ello diera la administración de Leoni, es decir, mucho antes de que la imbricación de las FF.AA. con «el desarrollo nacional» quedara expresamente consagrada en el texto constitucional de 1999. Además, con un agravante. Como se sabe, este compromiso ha descrito, en tiempos del régimen bolivariano, una modalidad particularmente perversa a partir de la creación de simples estructuras paralelas en lo que a la prestación de servicios públicos se refiere. Ello es así puesto que tales tareas no han caído siquiera dentro de la órbita formal de control por parte del Estado (como lo fue, por caso, en tiempos de Leoni) sino que se han expresado a través de simples planes *ad hoc*, como podría atestarlo el Plan Bolívar 2000, tal vez la más temprana muestra de esta desordenada política emprendida durante la gestión chavista. Así lo resume el abogado Manuel Rachadell:

---

96 «Chávez pidió eliminar palabra 'muerte' del lema socialista». *El Tiempo* (Puerto La Cruz), 29/07/2011. http://eltiempo.com.ve/venezuela/gobierno/chavez-pidio-eliminar-palabra-muerte-del-lema-socialista

Una de las primeras iniciativas que tuvo el gobierno del presidente Chávez fue la instauración del llamado «Plan Bolívar 2000», en virtud del cual se encomendó a la Fuerza Armada Nacional –y se le dieron los recursos correspondientes–, la realización de actividades de prestación de servicios públicos en áreas tan diferentes como la atención médica a la comunidad, que comprendía campañas de vacunación, consultas médicas y odontológicas, intervenciones quirúrgicas ambulatorias, suministro de medicinas; la creación y puesta en marcha de mercados populares; la realización de obras de recuperación y mantenimiento de infraestructura, referidas particularmente a escuelas, hospitales, ambulatorios, quebradas, asesoría jurídica y otros. (...) [Aunque] en los últimos años el Plan Bolívar ha bajado su perfil [y] casi ha desaparecido (...), se mantienen asignaciones presupuestarias para este programa[97].

Además, al intentar ubicar a las FF. AA. en un terreno distinto a su compromiso con la democracia representativa propia del período 1959-1998, existe algo que, aunque se trate de una simple conjetura, no pareciera dejar de verse relacionado con las exigencias de la nueva doctrina y, específicamente, en lo que para el Ejército ha podido significar en este sentido la necesidad de condenar al olvido el tipo de guerra que libró durante la década de 1960. Nos referimos a la posibilidad de que, en medio de este afán por desvincular al componente militar de su pasado, asociarlo al proceso revolucionario y allanarle el camino a la ideologización de sus integrantes, se diera la interesada desaparición de manuales, informes, expedientes y documentos relacionados con el rol que les cupo desempeñar a las FF. AA. en la derrota del proyecto insurgente.

Silenciar papeles oficiales es, como se ha dicho, algo que solo corre dentro del terreno de la especulación y, por tanto, sería poco responsable abundar sobre el punto. Pero si de un caso concreto de mutilación de la memoria se trata, algo sí podría decirse en

---

97 Rachadell, M. (2007): 36.

cambio acerca de los célebres batallones de cazadores como unidades especializadas en la guerra irregular. En este sentido, el gobierno de Chávez ordenó reestructurar dichas unidades y cambiarles su tradicional nombre por el de Caribes, cuyo significado –por estrambótico que resulte el acrónimo– quiere decir «Combatiente Autóctono Revolucionario Integral Bolivariano Especial». Como resulta fácil percibir, el proceso de legitimar la ideologización de los militares y subordinarlos a las directrices de la Revolución bien puede explicarse a partir de este tipo de iniciativas que solo pretenden alterar o desnaturalizar su pasado institucional.

Puesto que ni siquiera se privó de hablar de ello en la intimidad de su diario, volvamos, al cierre de estas páginas, a la apreciación que el propio Chávez, siendo aún un joven oficial, llegó a hacer del fenómeno guerrillero. Cristina Marcano y Alberto Barrera, quienes consultaron las páginas de tal diario, apuntan: «Dos décadas antes de convertirse en Presidente, el 25 de octubre de 1977, [Chávez] había escrito: 'Los soldados no sienten, ni comprenden la razón de ser de su lucha (...). La guerrilla, en cambio, generalmente cumple con [los] requisitos necesarios para sobrellevar sacrificios, privaciones y soledades'»[98].

Aparte del tono sentimental que le imprimiera al hablar de los naturales adversarios de todo oficial formado durante una etapa en la cual los grupos irregulares (aunque minúsculamente) aún continuaban haciendo de las suyas, llama la atención que este Chávez «con alma de guerrillero» llegase a la Presidencia en 1998, mediante el 56,20 % de los votos y por obra de una robusta rutina electoral. Hablamos en este caso de lo que, justamente antes de convertirse en un hábito integrado al músculo venezolano luego de cuarenta años de gimnasia ciudadana, fue la pedregosa ruta que debieron empeñarse en recorrer Betancourt y Leoni frente al esfuerzo de la izquierda armada por negar, o incluso combatir de

---

98   Marcano, C. y Barrera, A. (2004): 309.

manera violenta, el ejercicio democrático. Resulta imposible hallar por tanto mayor prueba de dos cosas: por un lado, de la forma en que la cultura electoral terminó anidando en el imaginario del venezolano, habiendo pasado inclusive por la dura prueba que le impuso el embate guerrillero; por el otro, que las alabanzas que el propio Chávez hiciese de la lucha armada durante catorce años en el poder alternaran con similares alabanzas de su parte a lo que significara la democracia electoral.

Al fin y al cabo, todo pareciera demostrar, utilizando en este caso una frase prestada de Cristina Marcano y Alberto Barrera[99], que ciertas cosas de los años sesenta, incluyendo el fervoroso culto a la guerrilla, jamás han pretendido pasar de moda para la narrativa bolivariana.

---

99 Ibíd., 288.

Bibliografía

Archivos

Archivo MPPRE (Ministerio del Poder Popular para Relaciones Exteriores). Casa Amarilla, Caracas.
Archivo de Raúl Leoni. Familia Leoni-Fernández, Caracas.
Archivo de Rómulo Betancourt (ARB). Fundación Rómulo Betancourt, Caracas.
Archivo de Santiago Gerardo Suárez. Academia Nacional de la Historia. Departamento de Investigaciones. Palacio de las Academias, Caracas.

Artículos en diccionarios

ROMERO M., C. «Betancourt, Rómulo, gobierno de» *Diccionario de Historia de Venezuela*. Fundación Polar, 2011 (I): 432-435.

Artículos de opinión

DÍAZ S., P. «Una candidatura de regresión». *La República*, 02/10/63: 3.
_____. «Sartre y las guerrillas». *El Nacional*, 13/11/64: A-4.
FEO C., G. «Pilatos en el Senado». *La República*, 06/05/62: 6.
_____. «Uslar Pietri-Caldera». *La República*, 28/10/63: 6.

_____. «Las Fuerzas Armadas y la subversión (IV)». *El Mundo*, 28/04/70: 2.6.

_____. «Las Fuerzas Armadas y la subversión (Fin)». *El Mundo*, 04/05/70: 2.

FONSECA, J. «Al Dr. Arturo Uslar Pietri: ¿Protágoras ante Sócrates?». *La República*, 11/05/62: 7.

FOSSI, J.V. «Victoria civil y militar». *El Mundo*, 11/03/65, s/p (Archivo de Santiago Gerardo Suárez).

GONZÁLEZ, M. «Unas palabras al guerrillero Pablo». *El Universal*, 23/12/63: 13.

GUYE, R. «América Latina: guerrilleros urbanos». *La Religión*, 11/11/69: 4.

HENRÍQUEZ V., R. «La agresividad neopedevista». *La República*, 18/09/63: 8.

HERFELD, J. «Las consignas de La Habana». *El Universal*, 20/02/63: 9.

HERRERA C., L. «Con plomo en el ala». *El Nacional*, 05/09/63: A-4.

LA RIVA, E. «Lo que dije en el Senado». *El Nacional*, ¿21/12/65?, s/p (Archivo de Santiago Gerardo Suárez).

LISCANO, J. «Perspectivas venezolanas». *El Nacional*, 29/04/62: A-4.

_____. «Seis contestaciones». *El Nacional*, 18/06/62: A-4.

_____. «Publicidad insurreccional». *El Nacional*, 19/09/63: A-4.

_____. «Sobre la insurrección armada venezolana». *El Nacional*, 25/09/63: A-4.

_____. «Remachando el clavo». *El Nacional*, 29/10/1963: A-4.

_____. «Hechos y rumores». *El Nacional*, 12/09/64: A-4.

_____. «¡Recapacitar! ¡Tender puentes!». *El Nacional*, 21/11/64: A-4.

_____. «Análisis (III)». *El Nacional*, 11/09/65: A-4.

_____. «FALN *versus* PC». *El Nacional*, 23/10/1965: A-4.
_____. «Precisiones». *El Nacional*, 13/11/65: A-4.
_____. «La Pacificación». *El Nacional*, 04/12/65: A-4.
_____. «Disyuntivas y dilemas». *El Nacional*, 11/12/65: A-4.
_____. «Sobre Pacificación». *El Nacional*, 26/03/66: A-4.
_____. «Intentos definitorios». *El Nacional*, 26/11/66: A-4.
_____. «Pacificación». *El Nacional*, 29/05/69: A-4.
OSUNA L., F.J. «Las guerrillas». *La Esfera*, 21/04/64: 13.
PELLECER, C. M. «La Pacificación de Venezuela». *Últimas Noticias*, 14/05/69: 29.
PEMÁN, J.M. «El soldado y la guerrilla». *La Religión*, 17/09/69: 4.
PEREIRA, J. «El sueño venezolano del Che Guevara». *El Nacional*, 14/10/2007. Siete Días: 1-2.
RAMÍREZ T., A. «Desmantelamiento de los campamentos antiguerrilleros». *El Nacional*, 04/03/74: A-4.
RANGEL, J.V. «TO5, campo antiguerrillero». *Últimas Noticias*, 04/02/70: 63.
RAVINES, E. «El movimiento guerrillero se hunde en América Latina». *La Verdad*, 12/10/71, s/p (Archivo de Santiago Gerardo Suárez).
RODRÍGUEZ, T. «Vuelve el PDV». *La República*, 04/07/63: 6.
RUIZ, L. «Lo de más política y menos policía». *El Universal*, 16/02/63: 5.
SCHAEL, G.J. «La bandera de Medina». *El Universal*, 18/07/63: 28.
USLAR P., A. «Isaías Medina vuelve a su terruño». *El Nacional*, 27/03/62: A-4.
VELAZCO I. «Tricontinental e intervención». *La Marcha* (Montevideo), 11/03/66: 15.
VERA I., F. «Gonzalo Barrios ante Uslar y el Medinismo». *El Nacional*, 24/08/63: A-4.
_____. «Colaboración de Copei contra Uslar Pietri». *El Nacional*, 08/09/63: A-4.

_____. «Arturo, pesadilla de Copei». *El Nacional*, 06/10/63: A-4.

_____. «Desaciertos y propagandas de Copei contra Uslar Pietri». *El Nacional*, 13/10/63: A-4.

Artículos académicos

AGUILERA P., G. (2009). «Cuba y la OEA: Apuntes de una larga y complicada relación». En: *Nueva Sociedad*. N. 223, septiembre-octubre 2009: 4-14.

BEDARIDA, F. (1998). «Definición, método y práctica de la historia del tiempo presente». En: *Cuadernos de Historia Contemporánea*. N. 20: 19-27.

BLASIER, C. (1993): «El fin de la asociación soviético-cubana». En: *Estudios Internacionales*. Vol. 26, N. 103: 296-340.

CAÑIZÁLEZ, A. (2016). «El gobierno de Raúl Leoni y los medios. La libertad de expresión e información intensamente debatida en el marco de la lucha antisubversiva» (inédito).

IZZO, C. (2016). «Quinquenio del Dr. Raúl Leoni: recuperación económica con moderados ingresos petroleros» (inédito).

MANSILLA, H.C.F. (1990). «Los iluminados y sus sombras. Crítica de la guerrilla latinoamericana, 1960-1975». En: *Nueva Sociedad*. N. 105, enero-febrero 1990: 118-132.

MARÍN, C. A. (2016). «¿Aptos o inmaduros para la democracia? Mito, pueblo y miedos sociales en el trienio adeco 1945-1948» (inédito).

MARTÍNEZ I., P.J. (1981). «La unidad de la izquierda en Venezuela. Su evolución hasta las elecciones nacionales de 1978 y 1979». En: *Politeia*. N. 9: 311-393.

NORDEN, D. «¿Autoridad civil sin dominación civil? Las relaciones político-militares en la Venezuela de Chávez». En: *Nueva Sociedad*. N. 213, enero-febrero 2008: 170-187.

RAMÍREZ, T. (2012). «El texto escolar como arma política. *Venezuela y su gente*: Ciencias Sociales, 6to. Grado». En: *Investigación y Postgrado*. Vol. 27, N. 1: 163-194.

ZUBOK, V.M. (1995). «Dismayed by the actions of the Soviet Union: Mikoyan´s talks with Fidel Castro and the Cuban leadership». En: *Cold War International History Bulletin*. Spring 1995, Issue N. 5: 59. 89-92.

Artículos y editoriales en periódicos, revistas y sitios electrónicos

ACOSTA B., P. «Nueva etapa, nueva mentalidad». Especial para *Pueblo y Revolución* (Órgano de las FALN). Mimeo. Sierra de Falcón, noviembre de 1964. Colección Santiago Gerardo Suárez. Carpeta M-32. Guerrillas/opiniones. Academia Nacional de la Historia, Caracas.

CALERS, A. «Principales temas en las conversaciones de Betancourt en EE.UU. Los problemas cubano y petrolero». *El Nacional*, 09/02/63: 1.

CHALBAUD T. P.J. «El reconocimiento aéreo en guerra subversiva». *Revista del Ejército*, abril/mayo 1964: 8-12.

JIMÉNEZ, R.S. «El tren de El Encanto», 23/09/14. *Las Verdades de Miguel* (Semanario). http://www.lasverdadesdemiguel.net/edición-501-el-tren-de-el-encanto

LEONI, R. «View from Caracas». *Foreign Affairs*, Vol. 43, July 1965: 639-646.

S/A. «Cuidado con los cimarrones» (editorial). *La Esfera*, 06/02/63: 1.

_____. «Uslar, entre el antiguo régimen y la restauración» (editorial). *La República*, 25/11/63: 6.

Colecciones documentales no oficiales

VERA G., L., (2005). *La subversión armada 1964-1967 en sus documentos*. Caracas: Editorial Fundación Rómulo Betancourt. Colección Tiempo Vigente.

Conferencias

CARRERA D., G. (2013). «La Revolución de octubre, 18 de octubre de 1945-24 de noviembre de 1948». Conferencia dictada el 25/05/2013 en el marco del Diplomado de Historia Contemporánea de Venezuela. Caracas: Fundación Rómulo Betancourt (Versión mecanografiada).

CASTILLO, H. (2014). «Las Fuerzas Armadas y la tentación pretoriana». Trabajo leído en el marco de la Conferencia Anual de la Cátedra José Gil Fortoul. Salón de Sesiones de la Academia Nacional de la Historia, 30 de octubre de 2014. En: *Boletín de la Academia Nacional de la Historia*. N. 388, tomo XCVII, octubre-diciembre: 9-28.

Contribuciones en obras colectivas

BUTTÓ, L.A. (2014). «La Doctrina de Seguridad Nacional en Venezuela, 1958-1998». En: Cardozo U., A. (dir.) *Venezuela y la Guerra Fría*. Caracas: Universidad Simón Bolívar/Editorial Nuevos Aires/Centro Latinoamericano de Estudios de Seguridad (USB) y Consorcio Geo, 125-150.

CARDOZO U., A. (2014). «La Guerra Fría cultural en Venezuela: agitación intelectual, propaganda y sensibilidades políticas». En: Cardozo U., A. (dir.) *Venezuela y la Guerra Fría*. Caracas: Universidad Simón Bolívar/Editorial Nuevos Aires/Centro Latinoamericano de Estudios de Seguridad (USB) y Consorcio Geo, 151-175.

DOMÍNGUEZ, J. (2016). «The changes in the international system since 2000». En: Domínguez, J. I. y Fernández de Castro, R. (eds). *Contemporary US-Latin American Relations: Cooperation or conflict in the 21st Century?* New York & London: Routledge, 1-29.
FREEDMAN, L. (1999). «El enfrentamiento de las superpotencias, 1945-1990». En: Howard, M. y Roger Louis, W. (eds.) *Historia Oxford del siglo XX*. Barcelona: Editorial Planeta, 249-264.
GONZÁLEZ D., M.E. (2016). «El presente desde el futuro del pasado». En: Krispin, K. (compilador). *Los retos de la Venezuela del siglo XXI. Temas para la agenda del futuro*. Capítulo Venezolano del Club de Roma. Caracas: O.T. Editores, 107-127.
HERNÁNDEZ G., C. E. (2014). «Venezuela: equipamiento militar en la Guerra Fría, 1947-1991». En: Cardozo U., A. (dir.) *Venezuela y la Guerra Fría*. Caracas: Universidad Simón Bolívar/Editorial Nuevos Aires/Centro Latinoamericano de Estudios de Seguridad (USB) y Consorcio Geo, 261-293.
IRWIN, D. (2009). «Clío y las relaciones civiles y militares venezolanas» En: Irwin, D., Langue, F. y Castillo, H. (coordinadores). *Problemas militares venezolanos: FANB y democracia en los inicios del siglo XXI*. Caracas: UCAB/Universidad Pedagógica Experimental «Libertador», 7-27.
LANGUE, F. (2005). «El acontecer histórico en la historia reciente de Venezuela: algunas reflexiones en torno a una fábrica de emociones para el tiempo presente». En: Irwin, D. y Langue, F. (coordinadores) *Militares y poder en Venezuela. Ensayos históricos vinculados con las relaciones civiles y militares venezolanas*. Caracas: UCAB/Universidad Pedagógica Experimental «Libertador», 15-28.
_____. (2006). «Las relaciones civiles y militares en la historia reciente de Venezuela. Una historiografía en perspectiva».

En: Irwin, D., Buttó, L.A. y Langue, F. (eds.) *Control civil y pretorianismo en Venezuela*. Caracas: UCAB/Universidad Pedagógica Experimental «Libertador», 187-228.

_____. (2009). «¿Encanto populista o revolución continental? El proyecto bolivariano de Hugo Chávez entre dos siglos». En: Irwin, D., Langue, F. y Castillo, H. (coordinadores). *Problemas militares venezolanos: FANB y democracia en los inicios del siglo XXI*. Caracas: UCAB/Universidad Pedagógica Experimental «Libertador», 133-165.

MONDOLFI G., E. (2000). «La relación Venezuela-Estados Unidos durante el último medio siglo (1950-1997)». En: Polanco Alcántara, T., Consalvi, S.A. y Mondolfi G., E. *Venezuela y Estados Unidos a través de 2 siglos*. Caracas: Cámara Venezolano-Americana de Comercio e Industria (Venancham), 321-450.

_____. (2016). «Rafael Caldera y la vía Apia de la Pacificación». En Arráiz L., R. (compilador). *Rafael Caldera: el estadista pacificador. Centenario de su nacimiento, 1916-2016*. Caracas: Fundación Konrad Adenauer/Universidad Metropolitana, 305-332.

MORALES, O. (2014). «Venezuela y los Estados Unidos de América durante la política de Guerra Fría entre 1954-1992». En: Cardozo U., A. (dir.). *Venezuela y la Guerra Fría*. Caracas: Universidad Simón Bolívar/Editorial Nuevos Aires/Centro Latinoamericano de Estudios de Seguridad (USB) y Consorcio Geo, 177-223.

PÉREZ-S., M. (2016). «The United States and Cuba: intimate neighbors?». En: Domínguez, J. I. y Fernández de Castro, R. (eds). *Contemporary US-Latin American Relations: Cooperation or conflict in the 21st Century?* New York & London: Routledge, 62-82.

RAMÍREZ, T. (2015). «Cuando la historia se narra interesadamente». En: Aguirre, M., Ramírez, T., Carvajal, L., y Ugalde,

L. *Política e ideología en los libros de texto. La Colección Bicentenario ante la Crítica.* Caracas: CERPE/UCAB, 45-48.

STAMBOULI, A. (1999). «La crisis y caída de la dictadura de Marcos Pérez Jiménez». En: *12 textos fundamentales de la ciencia política venezolana.* Caracas: Universidad Central de Venezuela. Facultad de Ciencias Jurídicas y Políticas. Instituto de Estudios Políticos, 225-279.

Documentos oficiales

BETANCOURT, R. (1969). *La revolución democrática en Venezuela, 1959-1964. Documentos del Gobierno presidido por Rómulo Betancourt.* Caracas: Imprenta Nacional. Tomo I.

BRITISH EMBASSY, Caracas. Naval & Military Attaché (1968). Review of the present guerrilla situation in Venezuela. Ottawa Archives. Documento DA/S 215/1. Carpeta 27-1-2-VENEZ.

CONGRESO DE LA REPÚBLICA. (1966). *Diario de debates de la Cámara de Diputados.* Sesión del 21 de marzo de 1966. Mes III, N. 9: 205-262.

DEPARTAMENTO DE VERSIONES TAQUIGRÁFICAS DEL GOBIERNO REVOLUCIONARIO (1963). Discurso pronunciado por el comandante Fidel Castro Ruz, Primer Ministro del Gobierno Revolucionario de Cuba, en la concentración popular y desfile militar para conmemorar el cuarto aniversario de la Revolución Cubana, celebrado en la Plaza de la Revolución. La Habana, 2 de enero de 1963. Departamento de versiones taquigráficas del Gobierno Revolucionario. Disponible en: http://www.cuba.cu/gobierno/discursos/1963/esp/f020163e.html

_____. (1967). Discurso pronunciado por el Comandante Fidel Castro Ruz, Primer Secretario del Partido Comunista de Cuba, y Primer Ministro del Gobierno Revolucionario, en la conmemoración del X Aniversario del asalto al Palacio Presidencial. La Habana, 13 de marzo de 1967. Departamento de versiones taquigráficas del Gobierno Revolucionario. Disponible en: http://www.cuba.cu/gobierno/discursos/1967/esp/f130367e.html.

LEONI, R. (1965). *Documentos Presidenciales,* I. (11 marzo 1964-11 marzo 1965). Caracas: Oficina Central de Información.

_____. (1966). *Documentos Presidenciales,* II. (15 marzo 1965-11 marzo 1966). Caracas: Oficina Central de Información.

_____. (1967). *Documentos Presidenciales,* III (24 marzo 1966-10 marzo 1967). Caracas: Oficina Central de Información.

MINISTERIO DE LA DEFENSA (1964). *Memoria y Cuenta que el Ministro de la Defensa de la República de Venezuela presenta al Congreso Nacional en sus sesiones ordinarias de 1964.* Caracas: Ministerio de la Defensa.

_____. (1965). *Memoria y Cuenta que el Ministro de la Defensa de la República de Venezuela presenta al Congreso Nacional en sus sesiones ordinarias de 1965.* Caracas: Ministerio de la Defensa.

_____. (1966). *Memoria y Cuenta que el Ministro de la Defensa de la República de Venezuela presenta al Congreso Nacional en sus sesiones ordinarias de 1966.* Caracas: Ministerio de la Defensa.

_____. (1967). *Memoria y Cuenta que el Ministro de la Defensa de la República de Venezuela presenta al Congreso Nacional en sus sesiones ordinarias de 1967.* Caracas: Ministerio de la Defensa.

_____. (1969). *Memoria y Cuenta que el Ministro de la Defensa de la República de Venezuela presenta al Congreso Nacional en sus sesiones ordinarias de 1969.* Caracas: Ministerio de la Defensa.

[¿MINISTERIO DE LA DEFENSA?] (1988). *30 aniversario del 23 de enero de 1958. Día de la institucionalización de la democracia*. Caracas: Talleres Litográficos de Impresos Urbina, C.A.

STATE DEPARTMENT. *Foreign Relations of the United States* (FRUS). *American Republics (1961-63); Cuba (1961-1962); Cuban Missile Crisis and aftermath*. Vols. X, XI & XII.

[WOODROW WILSON INTERNATIONAL CENTER FOR SCHOLARS] (1995): Notes of conversation between A.I. Mikoyan and Fidel Castro. 03/11/62. Document N. I. *Cold War International History Project Bulletin,* Issue 5 (Spring): 93-94.

_____. (1995). Memorandum of conversation. A. I. Mikoyan with Fidel Castro, [Cuban President] Osvaldo Dorticós Torrado, [Defense Minister] Raúl Castro, Ernesto Guevara, Emilio Aragonés and Carlos Rafael Rodríguez. 04/11/62. Document N. II. *Cold War International History Project Bulletin,* Issue 5 (Spring): 94-101.

_____. (1995). Memorandum of conversation. A. I. Mikoyan with Fidel Castro, Osvaldo Dorticós, Raúl Castro, Ernesto Guevara and Carlos Rafael Rodríguez. Document N. III. *Cold War International History Project Bulletin,* Issue 5 (Spring): 101-105.

_____. (1995). Memorandum of conversation. A. I. Mikoyan with Osvaldo Dorticós, Ernesto Guevara and Carlos Rafael Rodríguez. Document N. IV. *Cold War International History Project Bulletin,* Issue 5 (Spring): 105-109, 159.

Entrevistas y testimonios

ÁLVAREZ B., G. y DÍAZ R., E. (1962). «La estabilidad de un régimen está en razón directa de su eficiencia y capacidad para resolver los grandes problemas nacionales». Entrevista con Arturo Uslar Pietri. *El Nacional*, 05/04/62. Sección Foro: 1.

BLANCO M., A. (1980). *La Lucha Armada: hablan 5 jefes*. Caracas: Ediciones FACES-UCV. Testimonios violentos N. 2.

_____. (1981a). *La Lucha Armada: hablan 6 comandantes*. Caracas: Ediciones FACES-UCV. Testimonios violentos N. 3.

_____. (1981b). *La Lucha Armada: la izquierda revolucionaria insurge*. Caracas: Ediciones FACES-UCV. Testimonios violentos N. 4.

CAMACHO B., F. (1963). «Los candidatos se confiesan: Uslar Pietri: el Hombre». *Elite*, N. 1990: 28-31.

CARRASCO B., F. (1963). «Uslar Pietri: un fenómeno político». *Elite*, N. 1994, 14/12/63: 58-63.

HERNÁNDEZ, R. (2010). *El suicidio de la izquierda. Conversaciones con Domingo Alberto Rangel*. Caracas: Editorial Libros Marcados.

_____. (2011). *Contra el olvido. Conversaciones con Simón Alberto Consalvi*. Caracas: Editorial Alfa.

MOLEIRO, A. (2006). *Sólo los estúpidos no cambian de opinión. Conversaciones con Teodoro Petkoff*. Caracas: Editorial Libros Marcados.

RAMONET, I. (2013). *Hugo Chávez. Mi primera vida. Conversaciones con Ignacio Ramonet*. Valencia: Vadell Hermanos Editores, C.A.

RANGEL, C. (1963). «Uslar Pietri se confiesa». *Momento*, N. 367, 28/07/63: 28-33.

S/A. (1963). «Leoni: el pueblo está conmigo (Los candidatos se confiesan)». *Elite*, N. 1989, 09/11/63: 26-29.

Estudios

PRESUTTO, F. (1993): *Lessons learned by Venezuela fighting in Low Conflict*. Pensilvania: US Army War College.

Intervenciones recogidas en la prensa

USLAR P., A. (1963). «Contra la violencia y por un país en el que los venezolanos podamos vivir. Palabras del Dr. Arturo Uslar Pietri en la comisión delegada del Congreso pronunciadas en la sesión del miércoles 13 de febrero [de 1963]». *El Nacional*, 15/02/63: 29.

Libros y folletos

ARRÁIZ L. R. (2005a). *Raúl Leoni*. Caracas: Biblioteca Biográfica Venezolana. El Nacional/Banco del Caribe.
_____. (2005b). *Arturo Uslar Pietri o la hipérbole del equilibrio*. Caracas: Fundación para la Cultura Urbana.
AVELEDO, R. G. (2007). *La Cuarta República, la virtud y el pecado. Una interpretación de los aciertos y errores de los años en que los civiles estuvieron en el poder en Venezuela*. Caracas: Editorial Libros Marcados.
AVELEDO C., G.T. (2014). *La segunda república liberal democrática, 1959-1998*. Caracas: Fundación Rómulo Betancourt.
AVENDAÑO, A. (1986). *Arturo Uslar Pietri: entre la razón y la acción*. Caracas: Oscar Todtmann Editores.
BIAGGINI G., J., NORIEGA, N., MOREAN U., R., LOBO P., E. y ARLEO E., M. (1980). *Los cinco en línea (Apología a los cinco teatros de operaciones que durante 17 años formaron una sólida línea defensiva frente a la subversión que trató de imponer al pueblo venezolano una dictadura de tipo marxista-leninista)*. Caracas: Ministerio de la Defensa. Dirección de Educación del Ejército. Tomos I y II.
BLANCO M., A. (2000). *Venezuela 1963-1965. Lucha armada y paz democrática*. Caracas: Universidad Central de Venezuela. Cátedra Pío Tamayo. Centro de Estudios de Historia

Actual. Colección Historia Actual. Proyecto La Violencia en la Venezuela reciente, 1958-1980, tomo VI.

_____. (2002). *Venezuela 1965-1967. La violencia pazdemocratizada.* Caracas: Universidad Central de Venezuela. Cátedra Pío Tamayo. Centro de Estudios de Historia Actual. Colección Historia Actual. Proyecto La Violencia en la Venezuela reciente, 1958-1980, tomo VII.

_____. (2004). *Venezuela 1968-1971. El extremismo pacificado y enfrentado.* Caracas: Universidad Central de Venezuela. Cátedra Pío Tamayo. Centro de Estudios de Historia Actual. Colección Historia Actual. Proyecto La Violencia en la Venezuela reciente, 1958-1980, tomo IX.

BOERSNER, D. (1996). *Relaciones internacionales de América Latina. Breve historia.* Caracas: Editorial Nueva Sociedad, 5ta. Edición.

BRANDS, H. (2009). *Latin America's Cold War: an international history.* Disponible en: https://lbj.utexas.edu/archive/osap/uploads/file/Brands_Dissertation.pdf

CABALLERO, M. (2004). *Dramatis personae. Doce ensayos biográficos.* Caracas: Editorial Alfa.

_____. (2007). *La peste militar. Escritos polémicos 1992-2007.* Caracas: Editorial Alfa.

_____. (2008). *Rómulo Betancourt, político de nación.* Caracas: Editorial Alfa.

CARRERA D., G. (2013). *Rómulo histórico. La personalidad histórica de Rómulo Betancourt vista en la instauración de la República popular representativa y en la génesis de la democracia moderna en Venezuela.* Caracas: Editorial Alfa.

CASTILLO M., A.J. (1996). *Más allá del deber. Del tren de El Encanto a Cararabo.* Caracas: Dirección de Artes Gráficas de las FAN, 6ta. Edición.

DALLEK, R. (2004). *Lyndon B. Johnson. Portrait of a President.* Oxford/New York: Oxford University Press.

ELIZALDE, R.M. y BÁEZ, L. (s/f). *Chávez eterno*. La Habana: Casa Editora Abril.

EWELL, J. (1996). *Venezuela and the United States. From Monroe's hemisphere to petroleum's empire*. Athens, GA.: The University of Georgia Press.

GARCÍA P., A. (2010). *Sangre, locura y fantasía. La guerrilla de los 60*. Caracas: Editorial Libros Marcados.

HERRERA, C. (2015). *Frases y pensamientos de Hugo Chávez. «El legado»*. Caracas: Inversiones Primicias24.com C.A. 6ta. Edición.

HOBSBAWM, E. (2003). *Historia del siglo XX*. Barcelona: Editorial Crítica.

IRWIN, D. y MICETT, I. (2008). *Caudillos, militares y poder. Una historia del pretorianismo en Venezuela*. Caracas: Universidad Católica Andrés Bello/Universidad Pedagógica Experimental Libertador.

LEWIS G., J. (2007). *The Cold War: a new history*. New York: Penguin Books.

LINAREZ, P. P. (2006). *La Lucha Armada en Venezuela*. Caracas: Universidad Bolivariana de Venezuela.

MARCANO C. y BARRERA T., A. (2005). *Chávez sin uniforme. Una historia personal*. Caracas: Editorial Debate. Colección Actualidad.

MARTÍN, A. (2001). *América y Fidel Castro*. Caracas: Editorial Panapo.

MONDOLFI G., E. (2015). *Temporada de golpes. Las insurrecciones militares contra Rómulo Betancourt*. Caracas: Editorial Alfa.

OTERO S., M. (1998). *Escritos periodísticos*. Selección y prólogo de Jesús Sanoja Hernández. Caracas: Los Libros de El Nacional. Colección Ares.

PALACIOS, M. (2012). *Violencia pública en Colombia, 1958-2010*. Bogotá: Fondo de Cultura Económica, primera reimpresión.

PROCACCI, G. (2005). *Historia General del Siglo XX*. Barcelona: Editorial Crítica.
RACHADELL, M. (2007). *Socialismo del siglo XXI. Análisis de la reforma constitucional propuesta por el presidente Chávez en agosto de 2007*. Caracas: Fundación de Estudios de Derecho Administrativo. Editorial Jurídica Venezolana.
RANGEL, C. (1976). *Del buen salvaje al buen revolucionario*. Caracas: Monte Ávila Editores, tercera edición.
ROMERO, M.T. (2005). *Rómulo Betancourt*. Caracas: Biblioteca Biográfica Venezolana. El Nacional/Fundación BanCaribe.
SÁNCHEZ G., A. y PÉREZ M., H. (2007). *La invasión de Cuba a Venezuela. De Machurucuto a la Revolución Bolivariana*. Caracas: Los Libros de El Nacional. Colección Ares.
SANOJA H., J. (2007). *Entre golpes y revoluciones*. Bogotá: Editorial Debate. Colección Actualidad. Vols. I y II.
VALSALICE, L. (1979). *Guerrilla castrista en Venezuela y sus protagonistas 1962-1969*. Caracas: Editorial Centauro.
VARGAS LL., M. (1983). *Contra viento y marea (1962-1982)*. Barcelona: Seix Barral, Biblioteca Breve.

Memorias

MARTÍN, A. (2013). *La terrible década de los 60. Memorias II, 1960-1970*. Caracas: Editorial Libros Marcados.
MARTÍNEZ, R.E. (2013). *Conversaciones secretas. Los primeros intentos de Cuba por acabar con la democracia en Venezuela*. Caracas: Editorial Libros Marcados.
RODRÍGUEZ B., H. (2015). *Ida y vuelta de la utopía. Confidencias y revelaciones de uno de los líderes del Buró Político del PCV*. Caracas: Editorial Punto.

Obras inéditas

SALCEDO A., G. (2016). «Venezuela, campo de batalla de la Guerra Fría. Los Estados Unidos y la era de Rómulo Betancourt (1958-1964)». V Bienal de Historia Rafael María Baralt. Caracas: Academia Nacional de la Historia/Fundación Bancaribe para la Ciencia y la Cultura.

Periódicos

Izquierda (Órgano del MIR), *El Mundo, El Nacional, El Universal, El País* (Montevideo), *El Popular* (Montevideo), *La Dérniere Heure* (Bruselas), *La Esfera, La Mañana* (Montevideo), *La Marcha* (Montevideo), *La Religión, La República, La República* (Montevideo), *Época* (Montevideo), *New York Herald Tribune, New York Times* (edición europea), *Pueblo y Revolución* (Órgano de las FALN), *The Daily Telegraph* (Londres), *Times-Picayune* (New Orleans), *Tribuna Popular* (Órgano del PCV), *Últimas Noticias*.

Prólogos

PETKOFF, T. (2001). «Prólogo». En: MARTÍN, A. (2001). *América y Fidel Castro*. Caracas, Panapo, 11-18.

Referencias electrónicas

http://www.aporrea.org
http://www.cuba.cu
http://www.laradiodelsur.com.ve
http://www.lasverdadesdemiguel.net
https://lbj.utexas.edu
http://loscincodelinea.blogspot.com

http://www.noticias24.com
http://www.psuv.org.ve

Reportajes

ÁLVAREZ, G. «El PCV pone al MIR en el banquillo. Guerra de Guerrillas entre guerrilleros». *Momento*. N. 523, 24/07/66: 32-37.
LARTEGUY, J. «Los Guerrilleros». *Elite*, 15/05/70: 20-25.
LEÓN, U. de «4 días con las guerrillas». *Venezuela Gráfica*, 20/11/64, N. 685: 17-24.
S/A. «Venezuela. Resurgen las guerrillas». *Semana Confidencial*. 20 al 27 de marzo de 1969, N. 54: 7-12.
VILLAMIZAR, M. «¿Hacia dónde va el Hombre-Congreso?». *Momento*, N. 315, 29/07/62: 26-33.

Revistas

Elite, Momento, Novedades (México), *Revista del Ejército, Semana Confidencial, Venezuela Gráfica*.

Tesis de grado

CARMONA, J. y SNIJDER, L. (2010). «El discurso oficialista actual sobre las guerrillas venezolanas: leyenda e historia». Universidad Metropolitana. Facultad de Estudios Jurídicos y Políticos. Escuela de Estudios Liberales.
DIB, L. (2016). «La construcción de la memoria colectiva como mecanismo de reparación en la justicia transicional: caso 'Proyecto construcción de la paz, memoria, jóvenes y oportunidades educativas (Perú, 2012-2015)'». Universidad Metropolitana. Facultad de Estudios Jurídicos y Políticos. Escuela de Derecho/Escuela de Estudios Liberales.

MUÑOZ, N. (2016). «La Pacificación de la guerrilla: de la Lucha Armada al fortalecimiento de la democracia». Caracas: Universidad Metropolitana. Facultad de Estudios Jurídicos y Políticos. Escuela de Estudios Liberales.

REY, L. (2014). «La posición político-militar de Venezuela frente a la crisis de los misiles cubanos de 1962». Caracas: Universidad Metropolitana. Facultad de Estudios Jurídicos y Políticos. Escuela de Estudios Liberales.

SOLER, A. (2015). «Debido proceso: Estudio casuístico del enjuiciamiento por la emboscada al tren de El Encanto en 1963 y el enjuiciamiento de los alcaldes Ceballos y Scarano». Universidad Metropolitana. Facultad de Estudios Jurídicos y Políticos. Escuela de Derecho/Escuela de Estudios Liberales.

www.ingramcontent.com/pod-product-compliance
Lightning Source LLC
Chambersburg PA
CBHW021954160426
43197CB00007B/130